ロバート・サイモンズ 著
Robert Simons

伊藤邦雄 監訳
Kunio Ito

Performance Measurement & Control Systems
for Implementing Strategy

戦略評価の経営学

【戦略の実行を支える業績評価と会計システム】

ダイヤモンド社

Performance Measurement and Control Systems
for Implementing Strategy, First Edition

by
Robert Simons

Copyright © 2000 by Prentice-Hall, Inc.
All rights reserved.
Published by arrangement with the original publisher, Pearson
Education, Inc., publishing as PRENTICE HALL, INC, a Company.

監訳者まえがき

「オペレーションはあるが、戦略がない」。ハーバード・ビジネススクールのマイケル・ポーター教授にこう弾劾された日本企業も、従来と比べれば最近は戦略を意識して画くようになってきた。年次経営計画のみならず、中期経営計画などはどの日本企業も策定している。その意味では、戦略性が出てきたともいえそうである。

にもかかわらず日本企業のROE（自己資本利益率）をはじめとする収益性が、一部の例外企業を除いて、なぜこうも引き続き極端に低いのか。グローバル競争が激化しているからなのか。なかでも中国企業の台頭が著しく、コスト競争で劣勢に立たされているからなのか。韓国メーカーのスピーディな意思決定に基づいた大規模投資に圧倒され、日本企業の投資が後手後手に回っているからなのか。あるいは日本の法人税率が他国と比べて高いという、制度的理由なのか。

もちろん、これらの要因が日本企業の低収益性の背景にあることは否定しない。しかし、これらは真の原因かといえば、決してそうではない。なぜなら、中国・韓国企業による同様のグローバル競争に直面しているアメリカ企業の収益性は、法人税率の違いを考慮しても、なおはるかに日本企業よりも高いからだ。

上記の要因はすべて外的環境要因である。外的要因だけで説明できないとすれば、残るは企業内部の経営上の要因ということになる。つまり、日本企業の内部要因を改革しなければ、収益性の真の回復は達成し得ないのである。

残念なのは、最近かまびすしく語られる日本企業低迷論は外部環境要因にばかり目を向けてきたことである。しかし、このことに異を唱える向きもあろう。その理由として、前述のように企業内部の要因である「戦略性の欠如」は克服されつつあることを指摘するかもしれない。

実はここに日本企業を苦境に追いやっている本質的要因が潜んでいると私は思う。その1つが、戦略目標の立て方の問題である。つまり一見、戦略性があるように見えながら、戦略目標の立て方が不適切であれば、それは高い業績を生み得ない。文字通り「絵に画いたもち」になってしまうからである。競争環境や自社の組織能力の客観的な分析の裏づけもなしに、ストレッチ（背伸び）しすぎた目

標数値のみが一人歩きしている企業があまりに多い。社員の多くは、そうした目標数値が所詮達成し得ないことを知っている。それはそもそも戦略目標の策定の仕方が間違っているのである。そうした目標設定は社員をモチベートするどころか、かえって意気消沈させてしまう。

しかし、これよりはるかに深刻な要因が2つある。かりに戦略が策定され目標が適切に設定されたとしても、それは必ずしも企業の成功を約束しない。戦略は適切に実行されてはじめて高い業績を生み、それが企業価値を創出するからである。つまり「実行」を伴わない戦略は何ら価値を生まないのである。IBM復活劇を演じたルイス・ガースナーも最近出版した自著の中で「実行こそが、成功に導く戦略のなかで決定的な部分なのだ。（中略）世界の偉大な企業はいずれも、日々の実行で競争相手に差をつけている」と語っている（『巨象も踊る』山岡洋一訳、日本経済新聞社、2002年、302～303頁）。

ところが、「実行」を軽視し、戦略の「画きっぱなし」という状況に陥っている日本企業がなんと多いことか。これが第1の深刻な要因である。まさに戦略実行力を高めることが日本企業の大きな課題なのである。

とはいえ日本企業の戦略実行力が低いのには、それなりの理由がある。それは、戦略の実行をモニターし、評価する経営ツール（方法論）が日本企業に欠如していることである。これが第2の要因である。戦略が意図された方向に適切に実践されているのか否か、どこまで進捗しているのかを検証せずに「戦略を実行せよ」とトップが連呼しても、戦略は所期の成果を上げることはできない。

そこで大事なのが、「測定できるものはコントロールできる」という鉄則である。言い換えれば、測定できないものはコントロールできないのである。この経営原則を日本企業はこれまで軽視してきた。戦略を定期的・機動的に評価し、戦略が意図した成果を上げられるように社員をモチベートしたり、あるいは必要であれば戦略そのものに修正を加えたりすることが必要となる。そうすることで戦略そのものも彫琢される。それを実現するためには、「業績評価システムと統制システム」が不可欠となる。こうしたシステムを構築することが日本企業のもう1つの緊急課題なのである。

本書『戦略評価の経営学』（原題：*Performance Measurement & Control Systems for Implementing Strategy*）は、直接的に日本企業を意識して書かれたものではない。しかし、まさに日本企業が抱えている上記の本質的問題に対するきわめて有益な

解決法を豊富に盛り込んでいる。その意味で日本企業のために書かれたといっても決して過言ではない。

本書はもう1つ重要な特徴を持っている。それは戦略論と会計学を統合した経営モデルや方法論を提唱していることである。「戦略評価」はもちろん戦略論の知識をベースとしているが、それだけでは不十分である。会計学の知識を融合する必要がある。しかし、「学際的」と言うのは簡単であるが、それを実践して2つの学問分野を統合することはきわめて難しい。それを「実行」した本書はその意味で価値あるものといえる。

以前からささやかながら、こうした統合を進めようと奮闘してきた私にとって、本書の著者ロバート・サイモンズ教授は学問的目的を共有する同志であり、こころから共感を覚える。本書の監訳を引き受けた理由の1つはここにある。

本書はハーバード・ビジネススクールの定番的テキストであり、世界的なロングセラーでもある。また著者のサイモンズ教授は同スクールでも抜群の人気を誇る名教師でもある。そうした同教授の謦咳に接し、教えを受けた卒業生たちが自発的に本書の翻訳を思い立った。本訳書誕生のきっかけとなったのは、翻訳に当たった岡島悦子氏、須原清貴氏、柴田健一氏、戸嶋健介氏、福田太一氏、山口賢一郎氏の熱意と努力である。

最後に、本書出版に際し、私を監訳者にするという「戦略」を企画し、それを最終的に「実行」してしまったダイヤモンド社の岩佐文夫氏に感謝申し上げたい。同氏の「戦略評価」のための監訳者に対する機動的なモニタリングは実に巧妙であり、筆者を大いに鼓舞した。あとは「業績」を上げるのみである。しかし、それは市場での評価を待たねばならない。

2003年4月

若葉薫る東京・国立にて
伊藤　邦雄

原著まえがき

　この21世紀には、戦略を実行するための新たな管理会計の手法が求められている。急速に起こるイノベーション、ベンチャー企業との競争、ますます高度化する顧客の要望により、競争原理が大きく変化した。本書は、最新の業績評価と統制の手法を、現実に進行している新しい競争、戦略、組織デザインと統合させたモデルを紹介する。経験あるマネジャーであれ学生であれ、事業運営に関心ある読者は、この戦略実行の新たな概念と方法論を理解することで大きな利益を得るだろう。

　本書に盛り込まれている素材は、これまで教室の内外で、綿密に試してきたものである。ハーバード・ビジネススクールMBAプログラムの「利益目標と戦略の実現」コースでは、本書のもととなる原稿を教材として3年間使用している。いくつかの章については、ハーバード・ビジネススクールのエグゼクティブ教育プログラムやさまざまな企業研修の場でも使用している。本書にあるケーススタディは、ハーバードをはじめとする多くのビジネススクールで実際に使用されている。アメリカの有名企業や世界的企業が、この新しい考え方を実践して成功している。こうして再考を繰り返し、さらに洗練させていった結果、最新の適用法とともに、実践的な理論としての枠組みを提示できるようになった。

本書の構成

　本書は4つのパートから構成される。第Ⅰ部では、戦略実行の基礎について順序だてて説明する。第Ⅱ部では、業績評価システムと統制システムの定量的な手法について述べる。第Ⅲ部では、利益目標と戦略を実現するため、どのような手法が有効かを例示する。本書全体を通じて、実際の事例を紹介するにとどまらず、重要な概念を説明することにも努めた。本書でカバーされる幅広い概念と手法を概観するには、巻末にある用語集を参照してほしい。

第Ⅰ部
　第1章では、第Ⅰ部「戦略実行の土台」の準備として、戦略の実行を成功させ

るために必須となる経営のジレンマに焦点をあてる。つまり、利益・成長・統制とのバランス、また短期的成果と長期的ケイパビリティの両立、あるいは企業内の従業員が持つ異なる期待や行動への動機の多様性などについて議論する。

第2章では、戦略を構築し、実行する基本を概観する。まず、競争原理と事業ケイパビリティを分析する方法について述べる。次に、4つの視点から戦略を捉える。それらはパースペクティブ（展望）としての戦略、市場ポジションの戦略、目標と計画としての戦略、そして創発戦略である。戦略実行に関するこれらの方法論には、それぞれ固有の業績評価システムと統制システムが必要となることを説明する。

第3章では組織デザインの要点を述べる。この章では、機能別事業部について、地域別事業部、製品別事業部、あるいは顧客別事業部と対比させながら考察する。管理範囲、会計責任範囲、そして関心範囲など、業績評価システムの効果的な設計に必須となる主要概念についても述べる。

第4章は第Ⅰ部の締めくくりとなる。この章では、企業が決定的な成果をマネジメントするための、情報の活用法について吟味する。情報をモニターしたり測定する技術的な実行可能性、情報のコスト、そしてイノベーションの業績を評価し管理する有効性について議論する。最後に、意思決定や管理のためだけでなく、マネジャーが業績見込みを伝え、自ら学習し、外部とコミュニケーションするためにも、情報は有用であることを指摘する。

第Ⅱ部

第5章からは、本書の第Ⅱ部「業績評価システムの構築」となる。この章では、実践的な利益計画の策定方法について説明する。「利益の輪」モデルを使って、売上、利益、キャッシュフロー、新たな資産への投資、ROE（株主資本利益率）、収益性、資産回転率などについて、正確な業績見込みを行う方法について例示する。データと前提条件の収集・分析について説明し、予測を感度分析することの有効性について説明する。そして、利益計画を使って、戦略の妥当性について検証する方法について述べる。

第6章は、収益性の戦略的な分析である。これによって、利益をもたらしたのが、競争の有効性か業務の効率性かが計算できる。収益計画、市場シェア、売上げ、効率性とコストに関連するさまざまな計算について、公式や計算例とともに

示す。

　第7章では、資源配分のツールを提示する。業務効率を高めたり、売上げを増やす資産については、割引キャッシュフロー（DCF）法や内部収益率（IRR）法などの一般的な計算方法について概説する。競争の有効性を高める資産については、資源と戦略実行計画の一貫性を保つために必要な分析方法について概説する。

　第8章では、利益計画とその他の業績評価システムを、組織内外の市場と連動させる方法について説明する。まず内部移転価格システムの設計について議論し、次に企業業績を資本市場、サプライヤー市場、そして顧客市場とリンクさせるような財務指標・非財務指標の設定について述べる。最後に、経済付加価値（EVA）のような残余利益手法についても説明する。

　第II部の最後となる**第9章**では、バランス・スコアカードの構築方法について述べる。内部バリューチェーンのモデルを使って、イノベーションのプロセス、業務プロセス、販売後のサービスプロセスを、バランス・スコアカードがどのように支援し、促進するかを説明する。財務目標、顧客関連での目標、内部プロセスでの目標、そして学習と成長に関する目標の実現をモニターする業績指標の設定方法について説明する。

第III部

　第III部では「利益目標と戦略の実現」として、事業目標を達成するため、マネジャーがここまでで紹介した手法を実際にどう活用すればよいかについて焦点を当てる。

　第10章では、統制システムの診断型と対話型について述べる。トップダウンの戦略を実現したり、ボトムアップからの創発戦略へと導いたりするために統制システムをいかに活用するかを解説する。さらに、業績評価システムと統制システムの利用自体から生じる、特有のリスクについても吟味する。

　第11章では、目標設定と、一貫したインセンティブについて焦点をあてる。目標を利用して戦略をコミュニケーションする方法、動機づけ上の達成目標とベンチマークが重要であること、計画・調整・動機づけ・評価といった目標のさまざまな利用目的について学習する。

　第12章では、戦略リスクを明確にするツールを提供する。業績評価システムと統制システムを使ってオペレーション・リスク、資産減損リスク、競合リスク、

フランチャイズ・リスクをモニターする手法である。またリスクの計算法についても述べる。これは事業の失敗ないし頓挫を引き起こす可能性のあるプレッシャーの種類と大きさを測定する手法である。最後に、戦略を誤って伝えたり、不正が起こるリスクについて考察する。

第13章では、リスク管理のために、業務処理と戦略の境界を設計し活用する方法について説明する。情報と資産を保護する内部管理システムのフレームワークを提示する。このシステムの基盤となっている行動と動機づけに関する前提条件についても吟味する。

最終章である第14章では、主要な概念を統合した「コントロール・レバー」のモデルを提示する。この方法論は、2つの状況で威力を発揮する。1つは、事業ライフサイクルのどの時点でも業績評価システムと管理システムを導入できる点であり、もう1つは新規事業を管理する際、このコントロール・レバーを利用できることである。

謝辞

本書の内容を振り返ってみて、多くの人の協力なしにはこの野心的なプロジェクトは実現しなかったことを実感する。15年来の友人であり同僚であるロバート・キャプランは、第9章でバランス・スコアカードについて執筆してくれた。この重要な業績評価手法の権威であり、提唱者の1人であるキャプランは、この章といくつかのケースを本書に収録することを快諾してくれた。アントニオ・ダビラはかつてハーバード・ビジネススクールの博士課程に在学しており、現在はスペインのナバラ大学助教授であるが、在学中の4年間、私とともにこのプロジェクトに深く関わってもらった。トニーは第5章と第6章（利益計画の策定と戦略的収益性分析）の執筆を手伝ってくれた。また、参考文献の草稿を準備したり、各章についての詳細な意見や提案を出したり、いくつかのケーススタディを共同執筆してもらった。博士課程の学生であったもう1人で、現在、早稲田大学の古賀健太郎からは、貴重な意見と素材を提供してもらった。MBAプログラムで「利益目標と戦略の実現」コースを私とともに指導するトーマス・パイパーをはじめ、本書に収録した多くのケースを執筆したウイリアム・ブルンズ、私が原稿を執筆中にハーバードを訪れていたマーク・エプスタインとジョン・ウォータハウスには、アイデアと方法論を発展させるのを助けてもらった。ウイリアム・フ

ルーハン教授には、本書へのケースの収録をお願いした。

また、私の著書 Levers of Control の一部とケーススタディの再収録を許可いただいた、ハーバード・ビジネススクール・プレスとハーバード・ビジネススクール・パブリッシングにも、感謝したい。同社の許諾担当編集者のオードリー・バーレットには、すべてのケースについての調査と必要な使用許諾をとるのに大いに世話になった。

原稿について、次の方々から有益な意見をいただいた。マイケル・アレ（テキサス大学、オースチン）、シャヒッド・アンサリ（カリフォルニア州立大学、ノースリッジ）、ハワード・アーミテージ（ウォータルー大学）、ジェイコブ・ビンバーグ（ピッツバーグ大学）、レン・ブルックス（トロント大学）、クリフトン・ブラウン（イリノイ大学、アーバニアシャンペーン）、クン・チェン（ネブラスカ大学、リンカーン）、チー・チョウ（サンディエゴ州立大学）、ケネス・ユースク（海軍大学院）、ニール・ファーガ（オレゴン大学）、セブレン・グラブスキー（ミシガン州立大学）、ハリエット・グリフィン（ノースカロライナ州立大学）、サンフォード・グーン（ニューヨーク州立大学、バッファロー）、スーザン・ハカ（ミシガン州立大学）、ラフィ・インジェキアン（ミシガン大学）、クリストファー・アイトナー（ペンシルバニア大学ウォートン校）、ステファン・ジャブロスキー（ペンシルバニア州立大学）、ダグラス・ジョンソン（アリゾナ州立大学）、チャールズ・クレンスタイン（ミシガン大学）、ローレン・メインズ（インディアナ大学）、スティーブ・ライマー（アイオワ大学）、アラン・リチャードソン（クイーンズ大学）、トシ・シバノ（シカゴ大学）、マイケル・シールズ（ミシガン州立大学）、ジョン・ボーゲル（ロッキード・マーティン）。

ハーバード・ビジネススクールの「利益目標と戦略の実現」コースを受講した学生は、私が原稿を見直し実験的に使用した際、ユーモアある反応と鋭い提案をしてくれた。ニコル・デホラティウス、ティモシー・ドーナン、ケネス・ゴンザレス、ユチェック・オルジ、ユンウック・シン、カーステン・スチュワードをはじめとする多くの学生が、現在の文章に反映されている本質的な提案をしてくれた。マイケル・マホーニーには、出版に先立って数カ月間、私とともに原稿を見直し、手を入れてくれたことに、特に感謝しなければならない。マイクは多くの提案をし、用語集の草稿を作成し、段落を整える準備や多くの事例を特定してくれた。

研究員のインドラ・ラインバーグスにも、ベイカー図書館情報アナリストのジェフ・クロウニンと同様に、素材である文章を補強するための企業事例の収集でお世話になった。この2年間私の助手であるルー・ベラスケスには、締め切りに追われるプレッシャーのなかで、効率よく、明るく、原稿とケースの提出を調整してもらった。またジェニー・ツーロスにも、頁のチェックや最終変更の校正を大いに手伝ってもらった。

　出版社プレンティス・ホールでは、編集者のアニー・トビッドが、忍耐強くプロジェクトを完成に導いてくれた。編集長のPJ・ボードマンには、プロジェクト全般にわたり、大いに支援していただいた。制作担当編集者のマーク・オリバーと編集助手のフランク・トファーは、予定通りにプロジェクトを進行させてくれた。アン・クーンスには原稿整理で有用な意見をもらった。シニア・マーケティング・マネジャーのベス・トランドには、本書の新しいアイデアを読者に伝えるため、専門的なスキルを提供してもらった。

　本書が拠り所とする、概念、ケース、コースを開発することに、私はこの3年間の学究生活を費やしてきた。読者みなさんが、それに見合う価値を見出してくれることを願うものである。

ボストンにて
ロバート・サイモンズ

戦略評価の経営学

目次

監訳者まえがき

原著まえがき

第I部 戦略実行の土台
Foundations for Implementing Strategy

第1章 経営が抱えるジレンマ——3
1 業績評価システムと統制システム——5
2 経営におけるジレンマの調整——9

第2章 戦略成功の基本要件——21
1 企業戦略と事業戦略——21
2 市場ダイナミクス——23
3 事業上の経営資源とケイパビリティ——26
4 戦略の4P——34

第3章 実行体制づくり——49
1 組織づくりの目的——49
2 ワーク・ユニットの設計——50
3 組織設計上の基本的な選択肢——51
4 会計責任の階層——59
5 専門化と市場対応力——61
6 会計責任範囲と管理範囲——65
7 関心範囲——69

第4章 業績評価と統制のための情報活用——73
1 組織のプロセス・モデル——76
2 何を統制するかの選択——80
3 情報の活用——88
4 経営情報を活用するうえでの問題——94

第Ⅱ部 業績評価システムの構築
Creating Performance Measurement Systems

第5章 利益計画の作成──101
1 利益計画の3つの輪──103
2 利益の輪──105
3 キャッシュの輪──116
4 ROEの輪──123
5 利益の輪を用いた戦略の検証──130

第6章 戦略利益の評価──135
1 戦略収益性──137
2 競争有効性：市場シェア差異──141
3 競争有効性：売上差異──145
4 競争有効性差異のまとめ──148
5 数量調整後の利益計画──149
6 業務効率性：変動費──150
7 業務効率性：非変動費──154
8 業務効率性差異のまとめ──158
9 戦略収益性差異の集約──161
10 戦略収益性分析の活用──163

第7章 資産配分システムの設計──169
1 資産配分システム──170
2 資産配分カテゴリーごとの分類──177
3 資産購入提案の評価──178
4 資産取得のプロセス──194

第8章 業績と市場の連動──197
1 移転価格：社内市場の統制──198
2 移転価格の設定方法──200
3 移転価格の効果とトレードオフ──206
4 利益計画と外部市場の連動──211
5 EVA（経済付加価値）──218
6 外部市場と内部業務の連動：利益計画への回帰──226

第9章 バランス・スコアカードの構築──231
1 バランス・スコアカード──232
2 戦略実現のためのバランス・スコアカード──251
3 バランス・スコアカードの4つの視点：確認──255

第III部 利益目標と戦略の達成
Achieving Profit Goals and Strategies

第10章 診断型統制システムと対話型統制システム——259
1 診断型統制システム——261
2 対話型統制システム——269
3 ROM——283

第11章 業績目標とインセンティブの連携——287
1 業績目標の本質——288
2 業績指標の選択——293
3 業績達成基準の設定——301
4 インセンティブの整合性——308
5 フォード経営陣の報酬——317

第12章 戦略リスクの認識——321
1 戦略リスクの根源——321
2 社内リスク圧力の測定——334
3 不正と詐欺——340
4 リスク回避手段の学習——345

第13章 戦略リスクの管理——349
1 理念と境界——350
2 企業行動の境界(ガイドライン)——355
3 内部統制——361
4 戦略の境界——369

第14章 戦略実行のための統制のレバー——383
1 統制のレバー——383
2 統制のレバーと人間の行動——389
3 統制のレバーの適用——392
4 事業を担当するに当たって——398
5 利益目標と戦略の達成——401

用語集——403

索引——419

戦略評価の経営学

Performance Measurement & Control Systems
for Implementing Strategy

第I部

戦略実行の土台
Foundations for Implementing Strategy

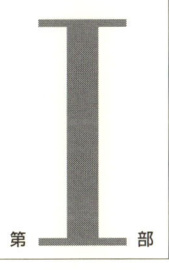

第1章
経営が抱えるジレンマ
Organizational Tension to be Managed

◆

　あなたがボストン郊外の小さな衣料品チェーン店のオーナーだったとしよう。1軒目の小さな店を始めたとき、ボストン地区の大学生をターゲットに、おしゃれな服を低価格で、気の利いたアクセサリーと共に販売しようと考えた。

　この店は大学生にターゲットを絞り、彼らのファッションやライフスタイルのトレンドを敏感に取り入れていくことで成功した。あなたは事業を拡大し、いまや6店舗100名の従業員を雇うに至った。特定地域の若者にターゲットを絞った目新しさが、この事業を大手のデパートチェーンなどと差別化した。成功のカギは若い従業員にある。彼らは客である大学生たちのニーズに精通し、新しい流行を取り入れた新商品を開発し、商品構成の変更を提案していった。

　ところが、事業が成長するに従って、予期せぬ問題が表面化してきた。6店舗の収益性にばらつきがあったのだ。2つの店舗の収益性が際立って高いが、その理由がどうもはっきりしない。ある1店舗は常に収益性が低い。加えて、あなたが店舗にいないときには、いい加減な財務管理が行われ、それが利益低下につながっているという疑惑が生じていた。

　ほかにもさまざまな問題が生じ、その対応に多くの時間を割かなくてはならない。こんなことでは、次の流行を見失ってしまうのではないかと心配になってくる。またある店舗では、従業員による自発的な試みとして、従来扱わなかった商品、たとえばベジタリアン・フードの販売なども始めた。その結果、いくつかの新商品は成功して非常に売れたが、店舗全体の売上げは低下していた。

そうしたなか、あなたはニューヨーク州への進出も検討していた。しかし、新しい店舗や在庫にどれくらい投資をすべきかわからなかった。事業が成長し、業容が拡大してくるに従い、どのように方向性を設定し、目標の共有化を図っていけばよいのだろうかと考え込んでしまう。この事業の強みは、地元の顧客に精通した従業員が自発的に新商品を開発し、顧客ニーズを具現化していくことにあった。一方で、従業員のアイデアには失敗もあった。店舗数の増加に伴い、特に距離が離れている他の州において、事業ビジョンの伝達や事業の効果的な運営に必要な情報の入手が難しくなってきた。

　こうした問題の解決に有効なのが、**業績評価システム**（performance measurement system）と**統制システム**（control system）である。これらをうまく用いれば、企業の方向づけを行い、戦略的な決断を下し、目指す目標に到達することが可能になる。方向づけと目標の達成は、すべての従業員が1カ所で働くような小規模企業の場合は比較的容易である。そこでは、インフォーマルに議論したり、直接指導することによって、事業が効果的に運営される。しかし、事業が拡大し多角化するにつれて、それが困難になる。

　問題の根幹にあるのは、さまざまな経営のジレンマ（tension）である。ジレンマとは、同時に達成することが困難な経営課題の並存のことである。たとえば、イノベーションと統制、収益性と成長、自社の目標と従業員やその他ステークホルダーの目標、価値創造のためのさまざまな事業機会と経営者の限られた時間と関心、などが挙げられる。

　本書では、マネジャーが自ら率いる組織の方向づけを行い、戦略的な目標を達成するために有効な手法について論じていく。次章以降、議論の対象となる論点は以下のとおりである。

1．イノベーションの芽を摘みとることなく、同時に組織を適切に統制し、企業利益を損なう従業員の行為をいかに防ぐことができるか。
2．高い収益性を低下させることなくどのように成長するか。
3．事業戦略と業績目標をすべての従業員に、いかにして効果的に伝達するか。
4．さまざまな経営資源を効果的に展開・活用して、経営戦略の実現を図るにはどうすべきか。
5．戦略上重要な目標に向けて、事業の達成度を測定するにはどうすべきか。

6．過剰なリスクをどのように回避するか。
7．顧客と日常的に接している最前線の従業員から情報を吸い上げ、新たな経営戦略の策定と実行に活かすにはどうすべきか。

　本書で特に重視するのは、営利目的の組織における業績評価システムと統制システムである。しかし、ここで議論する原則や手法は、目標を持ち、その成果を最大化しようとするすべての組織、たとえば非営利の教育機関、チャリティ組織、政府機関、軍隊、その他多くの組織にも応用可能である。

1　業績評価システムと統制システム

　本書の主な検討対象は、業績評価システムと統制システムである。これは、企業内で制度化されている、組織行動を維持または変更するための情報伝達の手順、手続きのことである。(注1) この定義において重要なのは、次の4つの側面である。

1．すべての業績評価システムと統制システムの目的は「情報の伝達」である。これらのシステムは財務・非財務情報のなかでも、特に意思決定やマネジメント行動に影響を与える「データ」に焦点を当てる。
2．業績評価システムと統制システムは、制度化された手順、手続きである。そこにおいて情報は書類化されるか、またはコンピュータ・システムに入力されることによって、定型化されたフォーマットとして整理されている。こうした情報の記録、分析、伝達は組織の慣習的な仕組みとなっており、通常の場合、決められた形式に従って定期的に行われている。
3．ここで学ぶ業績評価システムと統制システムは、マネジャーに利用されることを念頭に置いて設計されている。組織は非常に多くの情報を生み出しているが、その多くはマネジャーの日常業務にはあまり関係のない情報である。たとえば事業部門別の損益計算書や、顧客満足度に関するデータはマネジャーの統制システムの範疇に入るが、特定顧客の在庫管理・商品配送に関する情報など

(注1)　Robert Simons, *Levers of Control*（Boston：Harvard Business School Press, 1995）：5.（邦訳『ハーバード流「21世紀経営」4つのコントロール・レバー』中村元一他訳、産能大学出版部、1998年）

はそうではない。
4．企業は業績評価システムと統制システムを用いて、組織行動のパターンを維持または変化させようとする。望ましいパターンが、効率的でミスのない業務処理、たとえば生産工程における歩留まり向上を指す場合もある。あるいは、製品開発や業務プロセスにおける創造性や革新性、つまり新製品の売上高構成比率や業務効率の経年的な向上を指す場合もある。

　業績評価システムと統制システムは、自動車の運転にたとえると理解しやすい。運転する際には、ステアリング、アクセル、ブレーキによって自動車の進行方向とスピードをコントロールする。ダッシュボードのメーター類は現状のスピードや、運転に影響する故障などに関する情報を提供する。高業績企業は、最高速度で走るレーシングカーのようなものである。経営者がその企業の力を最大限に引き出すためには、高度な業績評価システムと統制システムが必要である。
　次項においては、利益計画システムを検討する。これは高業績企業の業績評価システムと統制システムの基盤を成し、本書全体を通じて繰り返し言及されるものである。

利益計画システム

　いかなる事業も利益の創出を目的とする。企業が長期にわたって存続し、繁栄していくためには、経営資源の流入が流出を上回らなければならない。顧客に提供する製品やサービスからの収益が、それらを生産・供給するための費用よりも継続的に大きくなければならない。
　会計システム（accounting systems）は事業の取引に関する情報を集める。個別取引の勘定（簿記）は、最終的には貸借対照表、損益計算書、キャッシュフロー計算書などの財務諸表に集約される。**内部統制システム**（internal control systems）、すなわち情報がどのような方法で、だれによって記録・確認されるかを規定する一連のシステムは、企業の資産が確かに保全され、会計システムによって集約された情報が正しいことを保証する機能を果たしている。
　会計システムは過去と現在のデータを明らかにする。企業は過去の実績を把握するだけでなく、将来の利益の見込み、または利益目標についても計画を立てなければならない。**利益計画**（profit plan）は将来の特定の会計期間における財務

面での流入と流出をまとめたものである。それは通常、損益計算書と同様の形式で作成される。企業がこれを作成する目的は、
　①事業に振り向ける経営資源の種類と量を決定するため
　②事業が生み出す経営資源を見積もるため

である。必要となる資金、機材、設備、配送施設などの経営資源を分析することによって、これらの資源を確保するための資金を事前に調達することが可能になる。また、必要資源の獲得とその利用に相当のリードタイムが必要となる場合があることも、事前の分析が重要になる理由である。事業によってもたらされる売掛金、現金収入、棚卸資産などの経営資源の増加を見積もることによって、企業の債務履行能力、将来的な生産設備への投資能力などを予測できる。

　利益計画の策定には、過去の傾向分析、因果関係についての仮説の設定（たとえば広告費と売上増加との因果関係など）、期待される結果の予測などが含まれる。たとえば、季節商品であるスキー板の製造事業であれば、過去3年間の各月における利益の拡大・縮小などを分析することによって、過去の傾向が明らかになるであろう。一方、予想される利息負担や必要な原材料、サービスの調達コスト、入手の可否について予測する必要がある。さらに、消費者の需要や競合企業の価格戦略からの影響についても仮説を立てる必要がある。

　利益計画は通常、**計画策定システム**（planning systems）によって支援される。これは社内において日常的に繰り返し行われる手続きであり、計画の前提となる仮説を周知させ、市場情報を収集し、関係する分析の詳細を伝え、さらに必要となる経営資源を予測し、業績目標と達成プランを策定することを促す。これらのシステムは必要不可欠である。なぜなら、この定期的な分析の枠組みに従うことで、完全かつ慎重な過去の傾向分析と首尾一貫した仮説に基づく、妥当性の高い将来予測が可能になるからである。これらのシステムが企業内でどのように活用されているかについては、次章以降で検討する。

業績評価システム

　利益は市場での競争に勝つことによってもたらされる。企業は、顧客にとってより魅力的な製品やサービスを提供し、顧客を勝ち取ろうと競い合う。利益は競争相手よりも優れた活動の成果としてもたらされる。したがって最初にすべきこ

とは、企業がどのようにその戦い方を決定しているか、すなわち戦略と目標をどのように設定しているかを理解することである。戦略をうまく遂行して目標を達成していくことが、利益を生み出す基本である。

事業戦略（business strategy）とは、企業がどのように顧客価値を創造し、自らを競争相手と差別化していくかを定めたものである。したがって戦略には必然的に、企業としていかに競争するのか、従業員をいかにビジネスチャンスに挑ませるか、およびいかに利益を上げるかについての決定が含まれる。本章の冒頭に取り上げたボストンの衣料品チェーン店は、ファッション・センスの鋭さとその品揃えに基づいて競争しようとした。最先端を行くファッションの魅力的な品揃えによって、競合店から顧客を奪っていくという考え方である。この場合、従業員は常に最新のファッション・トレンドに注意し、それを店頭展開に反映させることで、ファッションに敏感な顧客層を引きつけることを求められる。この店と数ブロック離れた別の店は、低価格商品によって顧客を引きつける戦略をとるかもしれない。この場合は、ファッション性の高さをさほど追求することなく、価格に敏感な顧客を引きつけることで利益を生み出そうとする。この店の従業員は、コストを低く抑えて利益を生み出していくことを常に求められるだろう。

事業目標（business goals）は、経営者が事業部に対して提示する数値化された努力目標である。目標は戦略との相関で決定される。これは、時には財務的な目標、たとえば14%の売上高利益率であったり、市場シェアを6%から9%に伸ばすという非財務的な目標であったりする。事業目標は企業の戦略によって異なり、ファッション性を重視する衣料品店と低価格を重視する衣料品店では違ったものになるであろう。後の章で論じるが、この「目標」設定は、その業績に対して責任を持つ個々のマネジャー、部、事業部、単体事業などを含む、いかなる単位にも有効である。

業績評価システムは戦略目標と実際の結果の比較を可能にし、戦略の遂行状況を把握することを助ける。典型的な業績評価システムは、事業目標とその達成度を明らかにする定期的なフィードバック情報によって構成される。業績目標には短期のものと長期のものがある。短期は1年以下の場合を指し、長期の業績目標は、変化する競争環境へ対応する企業の能力を考慮したものである。競争力のある企業は、ビジネスチャンスを見出したり創造したりすることによって、短期的・長期的な競争優位をつくり出していく。業績評価システムは、企業が環境変

化から学習し、それに適応するために重要な役割を果たす。

　業績評価システムの設計には、2つの重要な判断が必要である。1つは、システムがどのようなタイプの情報を、どの程度の頻度で集めるかについてである。2つめは、システムからだれが情報を受け取り、何のために情報を活用するか、どのような場合には活用しないかという点である。

　こうした判断の方法については次章以降で検討していくが、その前にまず、いかに精緻につくられた組織であっても、業績評価システムと統制システムに特有の限界があることについて、簡単に触れておこう。

2　経営におけるジレンマの調整

　企業組織は複雑なものである。経営者はさまざまなジレンマ（同時に達成することが困難な2つの経営目標の間に生じる力学、矛盾など）を調整し、そのバランスをとらなければならない。業績評価システムと統制システムを有効に機能させるために特に重要なのは、以下の5つのジレンマのバランスをとることである。

1．利益、成長、統制のバランス

　高業績企業は、常に収益性の高い成長を目指す。これを実現するために、経営者は常にイノベーションを起こそうと努力している。イノベーションはさまざまな形態をとりうる。新製品や新サービスの開発であったり、注文処理や生産プロセスの革新であったりする。有効なイノベーションを続けることが、企業の長期的な高収益性や成長性につながる。

　しかし、利益と成長を過度に強調することも危険である。それにより、従業員が事業リスクを高める行動をとるおそれがあるからだ。従業員は経営層の意図を誤解し、企業にとって必要のない、リスクを伴うイノベーションを生み出そうとするかもしれない。ベアリングズ・バンク、キダー・ピーボディ、その他金融機関で起こった不祥事は、一従業員の行動が企業全体を危機に陥れたことで多くの人の肝を冷やした。

　優れた経営者は、企業内の統制が事業を健全に遂行する基盤であることを理解している。内部統制が有効に機能している場合にのみ、経営者は利益の追求にそ

の全エネルギーを投入できる。そして収益性が確保されている場合にのみ、経営者は成長性を追求できるのである。

すべての事業において常に存在するのは、利益、成長、統制のバランスである（図1-1参照）。収益性の高い事業であっても適切な統制を欠いていれば、容易に崩壊する可能性がある。統制の脆弱さによって、さまざまな過失やリスクが生産や業務プロセスに、知らず知らずのうちに入り込んでくる。経営者は、「収益性の高さは、適切な統制が行われていることの証だ」と周囲の人間に吹聴する。しかし、概してこのような企業は、経営者が適切な統制を軽視して、他の点に気を取られたために大きな問題を起こし、ウォール・ストリート・ジャーナルの1面を飾ったりするのだ。

同様に、利益の上がらない事業を拡大しようとする経営者も、単に無謀なだけである。利益につながらない売上げを増やすことは、株主へのリターンを減らすことでしかない。こうした経営者は次のように言うかもしれない。「20％も市場シェアを取っていて、何が悪いって言うんだい？」

したがって、戦略を実現するための業績評価システムと統制システムをいかに設計し、活用するかを検討する際には、経営者が利益、成長、統制のバランスがうまくとれているか、常に検証することが重要である。

ここまで、会計システム、内部統制システム、利益計画システム、業績評価システムなどの管理システムについて見てきた。次章以下では、経営者が戦略を実現し、利益目標を達成するために必要な他の経営管理システムをさらに学んでい

図1-1 利益、成長、統制のバランス

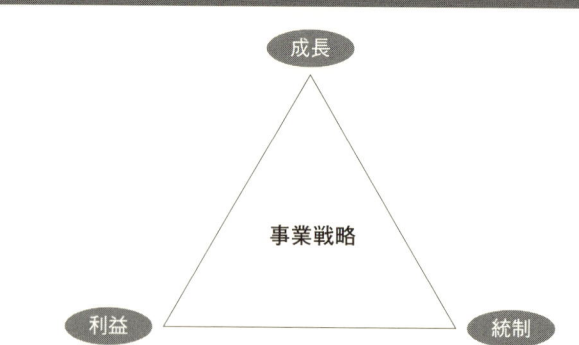

出典：Robert Simons, "Templates for Profit Planning," Boston: Harvard Business School Case 199-032, 1998.

く。これらのシステムや手法を総合的に活用することで、経営者は利益と成長の双方を追求することから生じる組織内の問題を解決できるようになる。

Column●AOLにおける利益と成長のバランス

　1992年に株式を公開した際、アメリカ・オンライン（AOL）は積極的な成長戦略をとった。数百万人のパソコン所有者にダイレクトメールでフロッピー・ディスクを「集中豪雨」のごとく送り込み、AOLの無料体験を提供した。このディスクは、音楽CD、コーンフレーク、ビデオレンタル・チェーン店のブロックバスターのビデオ、ユナイテッド航空の機内食にまでついていた。その結果、会員数は92年の15万5000人から、96年の460万人以上にまで急上昇した。

　しかしこの成長により、利益と統制に問題が生じることになった。会員獲得コストは1人当たり400ドルにまで上昇した。AOLはこの莫大なマーケティング・コストを会計上の設備投資扱いとし、12カ月から18カ月の期間で償却することを決定した。しかしその後、この会計処理方法に批判的なマスコミ記事などに配慮して償却の方針を撤回し、それまでの累積利益を上回る3億8500万ドルを特別損失として計上した。さらに、AOLが課金体系を従量制から定額制に変更した際には、同社のシステムが利用時間の爆発的な増大に対応できず、有名になった大混乱とサービス網の一時停止を招き、世間を賑わした。

　AOLの利益重視への方針転換は97年に始まった。インターネット・サービス・プロバイダとしての高いブランド力を活用して、同社はマーケティング・コストを大幅に削減した。AOLの加入者獲得コストは1人当たり90ドルまで下がったうえ、300万人以上の新会員を獲得することに成功した。また、同社はそのスケールメリット（会員数の多さ）を生かし、利用料金を50％下げることに成功した。同時にAOLは、マーケットでの圧倒的な地位を生かして、N2Kミュージック、1-800-フラワーズ、プレビュー・トラベルやCUCインターナショナルといった多くのオンライン小売業者と高額の広告契約を結んだ。たとえば、テルセーブはAOL上での通信事業者としての独占権を獲得するために1億ドルを支払った。98年には、AOLは再び単年度利益を出すと同時に、月額の利用料を引き上げた。それは、今後は成長のために収益性を犠牲にしないという経営方針の表れといえよう。

出典：Marc Gunther, "The Internet is Mr. Case's Neighborhood," *Fortune*, March 30, 1998 をもとにした。

2．短期的成果と長期的な企業力・成長力のバランス

　企業は財務的な成果を「明日」でも「1年後」でもなく、「今日」出す必要に迫られている。株主の意向を反映する株式市場は今期において成果を出すことを経営者に求めている。しかし多くの場合、毎年継続的に利益を出し続けることは非常に困難である。景気循環が激しい業界や、新製品の投入や新工場の立ち上げに大きな先行投資を必要とする場合などには、特に難しくなる。

　その一方で、企業には長期的な視点でのマネジメントも必要である。生産設備を更新したり、新製品を開発して新たな市場に参入したり、研究開発に投資して顧客ニーズの変化や競合他社の動向に対応したりする必要がある。業績評価システムと統制システムは、短期的な利益創出と長期的な成長機会に必要な投資との間でバランスをとるために重要な役割を果たす。これらのシステムには下記の機能がある。

- 事業の戦略目標と、目標達成のために必要なパフォーマンス・ドライバーを組織に伝達する。
- 長期的目標と戦略を達成するために必要な経営資源を明確にするための枠組みを提供する。
- 事業目標と利益創出の間の相関関係を明らかにする。
- 成長を測定するためのカギとなる成果指標を提示する。
- 短期の利益目標を設定し、その達成度をモニターする。
- 長期的な成長力を実現するために、経営資源を適切に配分する枠組みを提供する。

　これらの各機能については、次章以降でさらに検討を加える。

3．複数のステークホルダーの業績に対する異なる期待のバランス

　経営者は財務的・非財務的、短期・長期など、さまざまな異なった目標を達成しようと努力する。しかし、我々は次の質問に対する答えを探さなくてはならない。「いったい、だれの目標を達成しようとしているのか」。企業は複数の異なる関係者グループ（ステークホルダー）から成り立っている。各々のグループは企業の成功について異なる利害を持ち、経営者に対して異なる期待を抱いている。

企業にとって主要なステークホルダーとして、以下が挙げられる。

- 所有者（小口株主、大株主の双方を含む）
- 経営者と従業員
- 顧客
- サプライヤー
- 銀行などの債権者
- 政府系機関（税務当局、労働基準監督局など監督官庁）

　これらのステークホルダーは、それぞれ企業業績の異なる側面に注目している。企業所有者・株主は利益の増加や安定した配当を求めるかもしれない。マネジャー層は、利益に加えて、自分の昇格のチャンスを与えてくれる企業規模の拡大も望むだろう。従業員にとっては、安定した収入と雇用、業績連動型ボーナスを得るチャンスが重要であろう。顧客は提供される製品品質、サービス、価格に注目するだろう。サプライヤーにとっては、仕事のしやすさ、発注と支払いの信頼度が重要だろう。債権者にとっては、財務上の健全性と債務履行能力の高さが重要である。政府機関は、企業が法と規制を遵守しているかどうかに興味を持っている。

　したがって、業績評価システムと統制システムを設計し、活用する際には、経営者は、企業に関わる人々がそれぞれ異なった利害関係を持っていることをよく認識しなければならない(注2)。さらに、ときには衝突するこれらの異なった期待のバランスを適切にとらなければならない。たとえば、顧客は高品質な製品を低価格で手にしたいだろう。一方、経営者は価格を上げて利幅を増やし、税金はなるべく低く抑えたい。従業員は、給与アップと退職後の年金の増額を期待している。よく設計された業績評価システムと統制システムは、これらの相反する利害を明らかにし、調整するための基本的なツールとなる。

4．事業機会と経営者の時間・関心とのバランス

　企業にとってのもう1つのジレンマは、経営に必要な資源が均一に存在してい

(注2) この問題について詳細に分析したものは、以下のものである。Anthony A. Atkinson, John H. Waterhouse, and Robert B. Wells, "A Stakeholder Approach to Strategic Performance Measurement," *Sloan Management Review*（Spring 1997）: 25-37.

ないことによって起こる。すなわち、あるものは必要以上に存在するが、あるものは少ししか存在していない。経営者にとって必要以上に存在するもの、それは「機会」である。今日の企業にとって、事業展開の選択肢は非常に幅広い。企業は新製品・新サービスを投入することも、新しい業界に参入することもできる。事業提携も海外進出も可能である。

　MCIコミュニケーション（以下MCI）の例を考えてみよう。同社は1968年にハーバード・ビジネススクール出身の若者によって、長距離電話サービスにおけるAT&Tの独占と戦うために設立された。MCIの経営陣は、顧客価値を提供する多くの機会が未開発のまま存在していることに気づき、自らがさらに多くの機会を創出した。今日、MCIはマイクロソフトと長期提携して、オンラインとインターネットに関連する幅広いサービスを開発している。また、ニューズ・コーポレーションと提携し、最新の衛星を使ってテレビ放送を提供している。さらに最近では、同じ通信事業者であるワールドコムと合弁することに合意した。では、合弁後のMCIにとって事業展開上の機会の追求を制限するものはないのだろうか。

　この問いに答えるために、企業にとって不足しているものを考えてみよう。それは経営者の時間と関心である。今日の企業はさまざまな制約を受けている。財務的な制約、生産上の制約、情報における制約、技術的な制約などいろいろあるが、最も決定的な制約になるのは経営者の時間と関心の限界である。きわめて優秀な人々が十分に時間をかけて一連の問題に取り組めば、ほとんどのビジネスチャンスを生かすことができ、解決できない問題もまずないであろう。しかし1日は24時間しかない。それなのにやるべきこと、考えるべきことは山のようにあり、経営者は与えられた時間と関心をうまく配分しなければならない。本当にわずかな時間しか経営者には与えられていないのだ。

　したがって、業績評価システムと統制システムを、経営者の限られた時間と能力を最大限有効活用するのに役立つツールとなるよう設計することが重要となる。次章以降、我々は総資産利益率（ROA：return on assets）や投下資本利益率（ROI：return on investment）など、さまざまな評価手法や財務指標について検討していく。しかしながら常に注意していなければならないのは、業績評価システムと統制システムが、以下に定義する**経営者資本利益率**（**ROM**：return on management）を高めるのに役立っているかどうかという問題である。

$$\text{ROM} = \frac{\text{生み出される生産的エネルギーの合計}^{(注3)}}{\text{投入される経営者の時間と関心の合計}}$$

　実力のある経営者は、すべての経営資源のなかで最も希少なこの資源の有効活用法を熟知している。ROMを最大化するためには、分子である「生み出される生産的エネルギーの合計」をできるだけ大きくし、分母である「投入される経営者の時間と関心の合計」をできるだけ小さくする必要がある。本書で我々は、そのために業績評価システムと統制システムをどのように活用すればよいのかを学んでいく。

5．人間行動におけるさまざまな動機のバランス

　経営者が業績評価システムと統制システムを導入する主な理由の1つは、配下のマネジャーや従業員の行動に影響を与えるためである。これを実現するためには、経営者（および業績評価システムと統制システムの設計者）は、どのような動機づけを行えば人々が目標に向かって努力するようになるか、という問いに明確に答えることが必要である。

　人間の行動原理について、あなたはどんな仮説を持っているだろうか。1つの仮説は、人々は根本的に利己的であり、企業の利益より自分の利益を優先するというものである。人は何が自分にとっての利益で何が不利益かを計算し、個人の便益を最大化するために行動する。たとえそれが企業の目標であっても、自分の利益につながらない場合には最小限の努力しかしない。これは経済学的なモデルにおける組織に対する一般的な見方である。つまり、従業員と経営者は合理的で計算高く、利益を最大化しようとするが、仕事が嫌いで、要求されたことでも最小限のことしか行わず、組織を利用して自らの利益を増大させる機会をうかがっている、とする考え方である。

　この仮説は、ある状況においてはほとんどすべての人に当てはまるが、あまりに限定的な説明でしかない。たとえば、人間の他人に対する献身や責任感といっ

（注3）Robert Simons and Antonio Dávila, "How High is Your Return on Management?" *Harvard Business Review* 76（January-February 1998）: 70-80.（邦訳「リターン・オン・マネジメント（ROM）とは何か」『DIAMONDハーバード・ビジネス・レビュー』1989年9月号）

Column◉アライドシグナルの価値観

ローレンス・ボシディは、ジャック・ウェルチがゼネラル・エレクトリック（GE）を再建した際に貢献した人間である。彼はその後1991年に、年商130億ドルを誇る宇宙航空システム、自動車部品メーカーであるアライドシグナルのCEO（最高経営責任者）に就任する。彼がこの地位に就任したとき、同社は深刻な運転資金不足に苦しんでいた。彼はこの問題に対処するにあたって、彼の持論――「足場を燃やす」理論――で臨むこととした。彼は、トップが会社の状況を従業員に対して包み隠さず明らかにし、彼らが自分自身で問題を認識したときに初めて、従業員は変革に賛同してくれると信じていた。これを実現するために、彼は就任後最初の60日間を費やして5000人の従業員と対話を行った。

同社の問題はコスト高にあった。それをもたらしているのは官僚化し、水膨れした58にものぼる事業部の存在だった。そしてそれぞれの事業部のマネジャーは、自分たちの利権を守ることばかり考えていた。組織のスリム化を達成した後、ボシディは、全社にわたる価値観の共有化をいかにして実現しようと努めたかを語った。

「普通は、どうしたら勝てるかを教えるものです。基本的に人はだれでも成功したいと願っているし、夜、家に帰ったとき、自分は今日も周りに貢献したと思いたい。そこで我々は最初にビジョンと価値観を示し、それを通じて人々を結びつける必要がありました。その努力はまず経営陣から始めました。1991年の11月に、12名の幹部役員を集めて合宿し、我々は2日間、ただただ議論を重ねました。それは自分たちが持つべき価値観についてです。さんざん議論を重ねたせいで、合宿の最後にはその価値観を共有できただけでなく、それぞれの価値観の定義についても共有できました。我々が最終的に規定した7つの価値はとてもシンプルなものでした。それは、『顧客』『誠実』『人』『チームワーク』『スピード』『イノベーション』『成果』です」

出典：Noel M. Tichy and Ram Charan, "The CEO as Coach: An Interview with AlliedSignal's Lawrence A. Bossidy," *Harvard Business Review* 73 (March-April 1995): 68-78.（邦訳「アライド・シグナル社CEOローレンス・ボシディが語る　変革の達人が実践する"コーチング"」『DIAMONDハーバード・ビジネス・レビュー』1995年9月号）

たものは、この仮説では説明できない。なぜ人は、将来的な見返りがなくとも他人を助けようとするのか。なぜ人は、社会を少しでもよくしようと、貧困に苦しむ人を助ける慈善団体に参加するのか。人間についての経済学的な仮説は、人の

心の奥底にある価値観、信念、宗教などの重要性を看過している。さらにまたこの見解は、人が判断を下す際に「良識」が果たす役割も説明していないし、自尊心や達成感だけを求めて人が素晴らしい仕事をすることが稀ではないことを説明できない。

したがって、有効な業績評価システムと統制システムを設計するには、人間の本質についてより包括的かつ多面的な理解が必要である。本書では、今日の経済社会の組織における人間行動について、以下のような仮説を前提とする。[注4]

1. 人間は、自分が誇りを持てる組織に対して貢献したいと思う。すべての人間は何かに貢献したいという欲求を持っており、社会に影響を与えていると実感したい。自分が帰属している組織は、その欲求を表現するための場ともなりうる。実際、多くの人が教会に行ったり、ボランティア組織のために働いたりしている。仕事においても、自分たちの事業は社会に対して意味のあることをしていると感じたいし、自分自身も企業の社会的な使命のために意義のある役割を担っていると感じたい。多くの企業においては、この価値観と欲求を満足させることは容易である。自分が貢献していること、影響を及ぼしていることを感じられる。しかし従業員から見て、社会における使命や貢献が明確でない企業もある（ニューヨーク・タイムズは、最近、タバコ会社の経営陣が内面では葛藤している姿を伝えていた[注5]）。
2. 人間は、物事の善悪を判断でき、大概の場合は「善い」ことを行う。社会には人々に事の善悪を教える複雑な仕組みがある。たとえば、社会貢献団体、教会、慈善組織、ボーイスカウトなどの組織は、社会で許容される行動基準を教える。また教育を受けた市民は、社会行動を拘束する法律を理解しており、たいていの場合これに従って行動する。こうして我々は良識に従って行動することとなる。
3. 人間は、何かを達成しようと努力する。我々はさまざまな理由で働いている。

(注4) 現代の経済では、経済的な自由と、法を効率的に定め推進する慣行とが共存している。S. Hanke. "The Course of Corruption," *Forbes*, July 29, 1996, 103 を参照されたい。*Economic Freedom of the World by Transparency International*の1996年のレポートに基づき、これらの条件を満たした国家の概要が記されている。

(注5) J. Goldberg, "Big Tobacco's Endgame," *New York Times Magazine*, June 21, 1998.

多くの場合、人間は金銭、昇進、称賛など、仕事の結果として派生する報酬を得るために働いている。これらは常に重要であり、報酬システムを考える際には注意深く検討しなければならない要素である。しかし人間には、何かを達成することで満足感を得たいという生まれながらの欲求がある。たとえ他者からの動機づけがなくても、自らのために、ヨットで世界を一周する、あるいは新しい技能を身につけるといった個人的な目標を設定する。

4．人間は、イノベーションを起こすことを望んでいる。新しいことを試みたいという人間の力強い本能的欲求こそが、これまで人類が生活水準を向上させ続けてきた原動力である。組織においても人は、新しい技術や新たな仕事の進め方を創造したいという生来の欲求を発現する。多くの会社において「秘密プロジェクト」といえば、上司の同意を得たり、報告することなしに、従業員が何か新しいものを生み出そうと行っている秘密の取り組みのことである。企業は、このたくましい内発的な力をうまく生かすことで、成功につなげていくことができる。

5．人間は、レベルの高い仕事をしたいと思っている。すべてとまでは言わないが、多くの人は自分の能力に誇りを持っている。良い仕事をすることによって自分の技能を発揮し、自分の能力に満足する。さらに、人は後でやり直しが必要になるくらいなら、初めからキチンとした仕事をしたいと考えている。

我々は、人は社会に貢献し、何かを成し遂げ、イノベーションを生み出し、レベルの高い仕事をしたいという、人間に対する若干理想的すぎる前提を立てたわけだが、現実はどうだろうか。人々がこうした理想的な行動をとることを目にする機会は多いが、一方で、ビジネスの世界で人々がいつもこうした行動をとるとは限らない。それはなぜなのだろうか。

組織、特に大きな組織はしばしば、人々がこうした「正しい」本能に従って行動することを阻害する。それを理解するためには、組織が無意識のうちにつくり出す組織障害とでも呼ぶべきものを検討しなければならない。

第1に、企業のなかにいるために、従業員は自分がどうしたら貢献できるのか、社会に影響を及ぼせるのかがわからないことが多々ある。企業の戦略や進む方向を理解できなかったり、企業の大きな目的や使命、またそうした目標に自分がどのように貢献できるのか、わからなかったりするのだ。

第2に、企業は従業員にプレッシャーと誘惑を与える。成果を上げなければならないというプレッシャー（たとえば、「君がこの仕事をできなかったら、君に代えてだれかできる奴を雇うだけだ」）によって、人は悪いと知りながらも規則を曲げたり、情報を隠したりするかもしれない。魅力的な報酬や、企業の所有物に簡単に手をつけられるといった誘惑が、従業員が一線を越えて悪事を働くきっかけになりうる。

　第3に、仕事を完遂するのに十分な資質を持っていなかったり、あまりに多くの異なった要求のために1つのことに十分集中できなかったりすると、仕事に対するエネルギーが散漫になり、戦略的に重要な目標を達成することが困難になる。

　第4に、人々に十分な資質がなかったり、現状を打開する勇気がなかったりすると、イノベーションを生み出せなくなる。だれにでも、上司や同僚の支持が得られないのではないかという心配から、新しいアイデアを表明したり、思い切った意見を述べるのをためらった経験はあるだろう。

　人間の本質的な特性は経営におけるジレンマと強く結びついており、すべての人の行動に影響を与える。業績評価システムと統制システムを設計する際に、こうした人間の行動原則や、組織障害が与える影響を必ず考慮しなければならない。

　次章以降では、優れた経営者が業績評価システムと統制システムをどのように利用して経営におけるジレンマを調整し、戦略を巧みに実現することで収益性を維持しながら成長を図っていくのかを見ていくことにする。

◆── 本章のまとめ

　業績評価システムと統制システムは、利益目標と戦略を実現するために、すべての有能な経営者が利用する必要不可欠なツールである。このシステムは利益計画とさまざまな業績評価手法から構成されている。同時に、経営者が「ジレンマ」、すなわち利益と成長と統制、短期の成果と長期の成果、異なるステークホルダーからのさまざまな期待、事業機会と経営者の時間と関心、人々の行動の異なる動機などをバランスさせることを可能にする。業績評価システムと統制システムを適切に運用することで、組織障害を克服し、現代の組織で働くすべての人がその能力をいかんなく発揮することが可能になるのである。

第2章
戦略成功の基本要件
Basics for Successful Strategy

◆

　第2章では、成功する事業戦略の要件を検証する。過去に事業戦略や事業方針を学んだことのある読者は、本章の内容に一度は触れているかもしれない。あるいは、これから出てくるアイデアやコンセプトを初めて耳にする者もいるであろう。いずれにせよ、本章で学ぶコンセプトがこの先の分析の土台となるので、事業戦略に精通している人も、しっかりと読みこなしてほしい。
　事業戦略は、業績評価システムや統制システムとは切り離すことのできない関係にある。業績評価システムと統制システムは、事業戦略を構築するための規範とコミュニケーション・チャネルという2つの機能を提供する。これらによって事業戦略が構築され、戦略目標が組織全体に確実に伝わるようになる。また、戦略実行の進捗度合いをモニターする重要な手段でもある。
　本書で取り上げる手法やシステムは、次の2つの難題に答えるための手助けとなる。
1．従業員が目標を理解していることを確かめるにはどうすればよいか。
2．戦略目標の達成度合いを確かめるにはどうすればよいか。

1　企業戦略と事業戦略

　ビジネスに限らず、あらゆる組織で使われる「戦略」という言葉には、さまざ

まな意味合いがあるが、まずは企業戦略と事業戦略の違いを理解することが大切である。

企業戦略（corporate strategy）とは、企業の経営資源の価値を最大化するための方策である。企業戦略における意思決定は、経営資源をどこに投入するかに重点を置く。「どの事業分野に進出するべきか」「経営資源をどう配分すべきか」などは、典型的な経営課題である。ボストン・リテールの例を見てみよう。同社は婦人服だけで勝負することも、紳士服や家具など別商品を取り扱うこともできる。いずれは、既存事業をテコに、洋服の生産や卸売業などの異業種にまで手を広げることも可能である。このように企業が1つの製品市場から踏み出て事業範囲を拡大する際には、どの事業のどのセグメントで競争するかという決断を迫られる。

事業戦略（business strategy）は、特定の製品市場でいかに競争するかに焦点を当てる。ボストンの婦人服市場で競争するという意思決定を下した後には、顧客獲得とシェア拡大という課題が待ち受ける。どのように競合他社との差別化を図るのか、ターゲットとする顧客へいかに付加価値を提供するのか。本章ではこのような課題に挑んでいく。

図2-1は企業戦略と事業戦略の違いを示したものである。

業績評価システムと統制システムは、企業戦略と事業戦略のいずれにも欠かせない。本章では、これらのシステムを特定の市場で活用することを中心に取り上げていく。複数の市場で事業を手がけるには、別の業績評価システムと統制システムが必要となる。これについては本書の後半で見ていく。

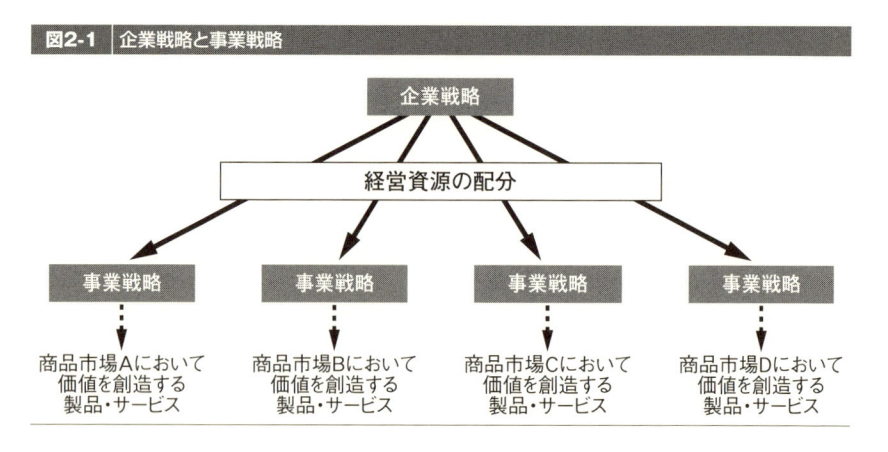

図2-1　企業戦略と事業戦略

```
                    ┌─────────┐
                    │ 企業戦略 │
                    └────┬────┘
              ┌──────────┴──────────┐
              │   経営資源の配分    │
              └─┬─────┬─────┬─────┬─┘
          ┌─────┘     │     │     └─────┐
     ┌────▼───┐ ┌────▼───┐ ┌────▼───┐ ┌────▼───┐
     │事業戦略│ │事業戦略│ │事業戦略│ │事業戦略│
     └────┬───┘ └────┬───┘ └────┬───┘ └────┬───┘
   商品市場Aにおいて 商品市場Bにおいて 商品市場Cにおいて 商品市場Dにおいて
   価値を創造する   価値を創造する   価値を創造する   価値を創造する
   製品・サービス   製品・サービス   製品・サービス   製品・サービス
```

図2-2　事業戦略の流れ

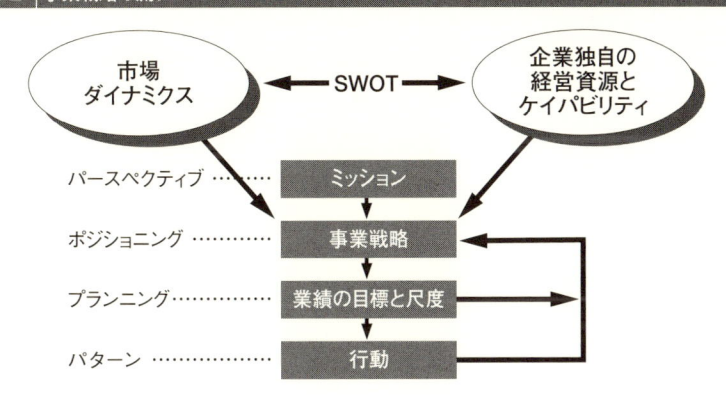

```
        市場                    企業独自の
     ダイナミクス  ←—SWOT—→   経営資源と
                              ケイパビリティ
                    ↓         ↓
  パースペクティブ……  ミッション
                       ↓
  ポジショニング……   事業戦略   ←——┐
                       ↓          │
  プランニング……   業績の目標と尺度 →│
                       ↓          │
  パターン……        行動 ────────┘
```

　図2-2は事業戦略の策定から実行までのプロセスを示している。戦略の策定・実行は、実に多くの様相を呈する。図のとおり、企業の存続目的を定めたミッションをもとに事業戦略がつくられ、事業戦略により業績の目標と尺度が定まり、最終的には行動パターンが決まるという流れになっている。

　具体的な事業戦略を練る前に、①市場環境と、②自社の経営資源とケイパビリティを把握することが欠かせない。自社の強みや弱みという内部要因を、市場の機会や脅威という外部要因と照らし合わせることが最初の作業となる。これは図2-2上段の円形に当てはまる。

　この作業にはSWOT分析が役立つ。強み（strengths）、弱み（weaknesses）、機会（opportunities）、脅威（threats）の頭文字を取ったSWOT分析は、自社の強みや弱みを市場の機会や脅威に関連づけるためにある。これを行えば、戦略づくりのための状況や背景が把握できる。

2　市場ダイナミクス

　市場の特徴は何か。競争相手はだれなのか。どのようなゲームのルールなのか。どれだけの利益が見込めるのか。これらの問いかけに答えなければ、市場での競争優位は築けない。いわゆる「5つの競争要因」は、あらゆる業界の競争環境を

分析するための優れたフレームワークであり、チェックリストである。[注1]

図2-3に示すように、競争状況を決定する**5つの競争要因**（five forces）とは、①顧客、②サプライヤー、③代替品、④新規参入者、⑤競合他社である。どの業界であれ、これらの要因が単独または相乗的に、競争環境に影響し、チャンスをもたらすこともあれば、脅威となることもある。

これから挙げる項目を詳しく分析すれば、業界の競争環境を把握することができる。

顧客
- 我々の顧客はだれか。顧客からの注文がどれだけあるか。追加注文の可能性はあるのか。どういう状況で追加注文の可能性があるのか。
- 特に重要な顧客あるいは顧客層はいるのか。
- さまざまな顧客セグメントは我々をどうとらえているか。我々の製品やサービスを購入するのはなぜか。彼らにとってどのような価値があるのか。
- 顧客はどこまで価格に敏感か。品質には。サービスには。その他の要因には。

サプライヤー
- 我々の主要なサプライヤーはだれなのか。それぞれのサプライヤーからの購

図2-3　5つの競争要因

```
              新規参入者
                  ↓
サプライヤー → ┌──────────┐ ← 顧客
              │ 既存の競合他社 │
              └──────────┘
                  ↑
                代替品
```

出典：Michael E. Porter, *Competitive Strategy*.（邦訳『競争の戦略』ダイヤモンド社、1995年）

（注1）Michael E. Porter, *Competitive Strategy*.（New York: The Free Press, 1980）: 4.（邦訳『競争の戦略』土岐坤他訳、ダイヤモンド社、1995年）

入量はどのくらいか。今後、増やすか減らすか。どういう状況になれば、そうするのか。
- 特に重要なサプライヤーあるいはサプライヤー群はいるのか。
- 我々は何を重視するのか。品質か、価格か、信頼性か、サービスか、またはその他の要因か。
- サプライヤーを切り替える際のスイッチング・コストはどのくらいか。

代替品
- 我々の製品・サービスに取って代わる代替品はあるか。
- それらは価格・品質・性能においてどう違うのか。
- 顧客が競合他社の製品・サービスに切り替える可能性はあるか。

新規参入者
- 新規参入者にとっての参入障壁は何か。
- 我々にはどれだけのブランド力があるのか。
- 新規参入者が我々のビジネスを真似るのはどれほど難しいことなのか。

競合他社
- 業界は成長しているのか、縮小しているのか。
- 競合他社の数は多いか、少ないか。
- 市場は供給過剰になっていないか。
- 競合他社の製品・サービスの購入を検討している顧客のスイッチング・コストはどのくらいか。
- 競合他社はどのような株主構成か。株主にとって、この市場はどれほど重要か。

　ボストン・リテールに話を戻そう。同社は若くておしゃれな学生に狙いをつけた。この顧客層は収入が少なく、手頃な価格の最先端商品を求めるので、同社はおしゃれな商品を安価で提供する、従来とは異なるサプライヤーを何社か探し出した。そのなかにはボストン・リテールと同じように、これから事業を軌道に乗せようとするベンチャー系のサプライヤーも含まれる。このようなサプライヤーを抱えることは、戦略上きわめて重要である。

この市場では代替品に限りがなく、競争は激しい。ボストン・リテールは、顧客層の似通った地域にのみ事業進出するというニッチ戦略を選んだ。どの地域に進出するかはきわめて慎重な判断を要する。幸運にも、ニューイングランド州で婦人服から紳士服までのフルラインを扱う企業が撤退し、事業拡大のチャンスがやってきた。

この市場における**機会**（opportunities）と**脅威**（threats）の理解が深まり、戦略策定のための下地が整ってきた。しかし、決定的な戦略を打ち出すためには、自社の強みや弱みを把握することが必要である。市場シェアを奪うだけの経営資源があり、利益をつかむ勝算がある程度なければ、戦いの場に打って出る意味はないのだ。

3　事業上の経営資源とケイパビリティ

図2-2の上に示すようにSWOT分析では、次に自社の**経営資源**（resource）と**ケイパビリティ**（capabilities）を分析し、何を得意とし、何を苦手とするかを見極める。

内なる強みや弱みを知るための第一歩は、貸借対照表の確認から始まる。それは戦うための経営資源がどれだけあるかを知ることを目的とする（なお、本書では貸借対照表の資産の部に焦点を絞り、負債と資本の部はファイナンスや財務分析のコースに任せることとする）。忘れてならないのは、会計スタッフが、どの経営資源が貸借対照表に計上できるかを、さまざまな分類テストを用いて判別しているということである。会計上の**資産**（asset）とは、企業が保有または支配し、経済的な便益を生む可能性がある経営資源のことをいう。工場、設備、現金預金、棚卸資産などがこれに当たる。戦略構築における経営資源の定義はこれより広く、企業が半永久的に保有する有形・無形の資産に潜むビジネス上の強さを意味する[注2]。これから具体例を見ていくが、貸借対照表上の資産となる経営資源もあれば、ならないものもある。

（注2）B. Wernerfelt, "A Resouce-Based View of the Firm," *Strategic Management Journal* 5 (1984): 171-180.

貸借対照表の資産

以下の資産は通常、貸借対照表に計上され、企業が収入を得るために活用する。これらの会計上の資産は、以下の章で登場する戦略の業績評価・統制の分析対象となる。

流動資産

流動資産（current assets）は、会計期間内（通常1年以内）に現金化される資産のことを指す。以下はその一例である。

- 現金
- 有価証券
- 売掛金
- 棚卸資産
- 前払費用

どのような戦略も、それを支えるだけのキャッシュフローを必要とする。請求書の支払い、在庫品の購入、サービス提供者への支払い、借金の返済などにはすべて現金が使われる。特に成長企業は、売上げと棚卸資産の現金化により得られるキャッシュフローが途絶えないよう、入念な計画を練る必要がある。十分な現金預金があれば、成長のための投資や買収も可能となる。キャッシュフローや現金預金の状態を把握し、必要資金を予測することは、利益計画と業績評価に欠かせない。

事業用資産

事業用資産（productive assets）は、顧客に提供する製品やサービスを生産するために使われる競争に必要な技術・機材・インフラなどを指す。製造工程における機械のように生産に直接関わるものもあれば、空港搭乗手続きのコンピュータ・ソフトのように間接的なものもある。以下は事業用資産の代表例である。

- コンピュータおよびIT（情報技術）機器

- 建物
- 製造装置

　事業戦略の成功は、事業用資産が質量ともに充実することにかかっている。事業用資産の購入と有効活用の方法については、後に業績評価と統制について学ぶ際に説明する。

無形資産
　以下は**無形資産**（intangible assets）の代表例である。

- 著作権、特許、商標
- のれん
- ライセンス（放送権など）
- リース

　有形・無形を問わず、どの資産も貸借対照表上に認識するには次の2つの会計的な基準を満たす必要がある。1つは、将来的にその企業に価値をもたらす資産であるかどうか。2つめに、その価値がかなりの程度、正確に数値化できるかである。建物や機械装置などの有形固定資産と、現金受取手形などの金融資産は、明らかにこの2つの基準を満たすので、貸借対照表の資産となる。しかし、無形資産が2つめの基準を満たすのは、第三者との取引により値がつく場合のみである。この例としては、放送権の購入、リース契約の締結、過去の研究投資を含めた特許の認定、買収先企業ののれんなどが挙げられる。企業の評判やディーラーとの関係など、徐々に蓄積される無形資産は会計上の整理が難しい。これらの資産の貨幣価値を測ることは困難であり、貸借対照表に載ることは稀である。

無形の経営資源
　無形の経営資源（intangible resources）が事業にとって最も重要な資産であることも多い。たとえば、以下のようなものである。

- 独自ケイパビリティ

- マーケット・フランチャイズ
- サプライヤーや顧客とのネットワークや関係性

　熾烈な競争環境では、この3つの経営資源が勝敗の決め手となる。これらは戦略実行と業績目標の達成に欠かせないが、財務諸表には載らない。企業にとって無形の経営資源は重要な項目なので、業績評価システムと統制システムを用いて、その内容と性質を十分に見極めるべきである。まずは3つの中身を見てみよう。

独自ケイパビリティ

　ケイパビリティとは、企業に競争優位をもたらす特別な経営資源やノウハウのことである。**コア・コンピタンス**（core competencies）または**独自コンピタンス**（distinctive competencies）とも言う。一流の研究開発力（メルク・アンド・カンパニー、以下メルク）、卓越した製品デザイン（アップルコンピュータ）、優れたマーケティング・スキル（コカ・コーラ）、秀でたコスト管理（バンガード投信）、独自のIT（アメリカン航空）、特有の製造技術（インテル）などは**独自ケイパビリティ**（distinctive capabilities）の一例である。これらはファンクショナル・スキル、マーケット・スキル、内包された経営資源の3タイプに分類される。

　ファンクショナル・スキル（functional skills）とは、事業のコアとなる機能の強さ（または弱さ）のことを言う。R&D、IT、生産、製造、マーケティング、販売などがこれに当たる。これらの機能は、市場機会をとらえるための原動力となる。3MではR&Dが価値を創造する。日本の自動車会社にとっては製造の品質が差別化の要因である。消費者向けのパッケージ製品を販売するゼネラル・ミルズではマーケティング力が競争力となっている。

　マーケット・スキル（market skills）は、市場のニーズに迅速かつ効果的に対応するケイパビリティである。このスキルを見るには、機能ではなく、顧客や市場セグメントという切り口で、経営資源とコンピタンスを分析するのが正しい。分析の焦点は、①顧客にとって価値ある製品・サービスの特性を理解し、②その特性を提供するだけの能力があるかを把握することにある。価格・品質・柔軟性・信頼性・サービスなど、顧客や市場セグメントが求める価値に敏速に反応することがカギとなる。アメリカン・エキスプレス（旅行と金融サービス）、ジョンソン・エンド・ジョンソン（健康製品）、ノードストローム（ファッション小売り）

などはマーケット・スキルに優れた企業の代表例である。

内包された経営資源（embedded resources）は、取得や代用が困難な有形資産のことを言う。プラント、販売チャネル、ITなどは、強みとも弱みともなりうる内包された経営資源である。貸借対照表の上では実際の取引価格で計上されるが、独自ケイパビリティを持つため、計上された金額以上の価値がある。所有するプラントが新しく高性能であれば競争市場における強みとなり、古くて非効率であれば弱みとなる。同様に、他社より優れたITは強みとなり、時代遅れの古いシステムの場合は弱みとなる。また長期のディーラー契約なども強みとなる。[注3]

独自ケイパビリティを構築するには長い年月がかかる。これはファンクショナル・スキル、マーケット・スキル、内包された経営資源のすべてに共通する。例に挙げた企業が独自ケイパビリティを築くのに、どれだけの時間を費やしたであろうか。メルクの一流の研究開発力や、コカ・コーラの強烈なマーケティング力は、一朝一夕には得られない。

また、これらのケイパビリティを模倣するのは難しい。コカ・コーラをマーケティングで打ち負かしたり、次世代高血圧薬の開発でメルクに勝つことを考えれば、それがいかに難しいか想像がつく。独自ケイパビリティを持つことは事業に競争優位をもたらし、競合他社には競争劣位をもたらす貴重な経営資源である。

他社に先駆けて事業に着手し、競合を締め出すことにより形成するケイパビリティもある。いわゆる先行者利益である。1980年代、アメリカの大手航空会社は国内線乗り継ぎ用のハブ空港を各地域に建設し、効率的なネットワークを築き上げた。これら航空会社はハブ空港の搭乗ゲート使用権の大半を手中にし、その地域の競合他社に差をつけた。こうしてデルタ航空はアトランタの72%のシェア、ノースウエスト航空はミネアポリスの80%のシェア、ユナイテッド航空はデンバーの70%のシェアを占有するに至った。[注4]

競争市場で活躍する企業にとってケイパビリティは生命線であり、最も重要な資産の1つである。ケイパビリティは、時として大型物流センターやIT投資などの形で貸借対照表に載ることもあるが、多くの場合は数字に現れない無形資産

(注3) この問題をきちんと論じた書籍は以下のものである。Pankai Ghemawat, *Commitment: The Dinamic of Strategy*（New York: The Free Press, 1991）.

(注4) Michael J. McCarthy, "Major Airlines Find Their 'Fortress' Hubs Aren't Impenetrable," *Wall Street Journal*, February 6, 1996: A1.

という、いわば「見えざる資産」なのである。(注5)

　見えざる資源の存在と中身を知り、その効果を測ることが、利益目標と戦略の達成につながる。業績評価の際に、成功の原動力に注目するのは当然のことである。ケイパビリティは常に変化する。新たなケイパビリティが絶えず開発され、古いコンピタンスは役立たずとなっていく。人やスキルの出入りは激しく、新しい技術が登場し、新たなアライアンスが組まれる。業績評価システムと統制システムの貴重なフィードバックにより、差別化された経営資源の状況が確認できるようになる。

Column●ユニリーバ対マーズ

　イギリス・オランダ系のユニリーバとアメリカのマーズは、1980年代後半からアイルランドのアイスクリーム市場で競い合っている。1980年代後半にマーズがアイルランドに進出したとき、ユニリーバは市場シェアの85％を占めていた。食品小売店内にアイスクリーム冷凍庫を所有するというユニリーバの作戦が効を奏していたのである。ほとんどの小売店はフロア面積が小さいので、アイスクリームの冷凍庫は1つしか置けない。したがって、冷凍庫を所有するユニリーバは、直接的に、またはユニリーバ印のアイスクリームで冷凍庫を一杯にするような間接的な方法で、小売店にどの商品を置くかを指示することができた。ユニリーバはマーズの市場参入を阻止するため、同社のアイスクリームを冷凍庫から締め出すように強く働きかけた。その結果、マーズは1920もある店舗のうち400店でしか商品を売ることができなかった。

　マーズはこの行為を、独禁法違反に当たる市場支配力の行使としてEUに陳情した。その結果、「冷凍庫の独占」問題として調査されることになった。マーズの目的はユニリーバの冷凍庫の中のスペースを確保し、対等に戦える土台を確保することであった。

出典：J. Willman, "Seized Unilever Papers Show Strategy to Freeze Out Mars," *Financial Times*, June 22, 1998: 22.

（注5）Hiroyuki Itami, *Mobilizing Invisible Assets*（Boston: Harvard University Press, 1987）．（邦訳、伊丹敬之『新・経営戦略の論理』日本経済新聞社、1984年）

マーケット・フランチャイズ

2つめの無形の経営資源は、**マーケット・フランチャイズ**(market franchises)である。フランチャイズという言葉は2通りの使われ方をする。狭義では、商標・商品の権利を有する事業者が、他の事業者にその使用を認める契約関係を指す。フランチャイズ契約の当事者は、商標の持ち主である「フランチャイザー」と、契約条件(品質管理、販売価格などの規定)に従ってブランド名を使用する権利を買い取る「フランチャイジー」である。マクドナルドやバーガーキングなど、至る所で見かけるファストフード店は、フランチャイズとして運営されていることが多い。自動車修理センターのマイダスやレンタカーのバジェットなども同様である。いずれも、小売店のオーナーまたは経営者であるフランチャイジーが、フランチャイザーのブランド名を使って製品やサービスを販売する権利を買い取る。

フランチャイジーは、客を呼べる有名ブランドの製品・サービスを扱う権利(フランチャイズ)を獲得する見返りに一定の対価を支払い、フランチャイズ契約の厳しい条件に従うことに合意する。

一方、ビジネスの世界における広義の**フランチャイズ**(franchise)は、製品やサービスを購入する顧客を引きつける特殊な能力のことを言う。「フランチャイズを持つ」とは、ブランド名そのものが収入源であり、ブランド名に価値があることを意味する。IBMのコンピュータ、ジョンソン・エンド・ジョンソンのバンドエイド、シティバンクのクレジットカード、チュリオスの朝食シリアル、コカ・コーラ、カルバン・クラインの化粧品などは、市場の認知とブランド・ロイヤルティによりマーケット・フランチャイズを築くことに成功している。このため、消費者はわざわざこれらの商品を選び出し、プレミアムまで支払う気になる。

言うまでもなく、フランチャイズは事業にとって最も価値のある資産の1つである。健全なフランチャイズは長期にわたる収入と利益をもたらす。このため、強いフランチャイズを持つ企業の多くは高い株価で取引される。企業はブランド・フランチャイズを守ることに最大限の注意を払い、顧客にとって常に価値あるものと映るように、ブランドへの積極的な投資を惜しまない。CEO自らがすべてのブランド広告に目を通し、誤解を招く内容でブランド・イメージに傷がつかないように細心の注意を払うのも当然である。

しかし、過去の取得原価を反映する貸借対照表を見ただけでは、ブランド・フランチャイズの価値はわからない。北米の会計基準は財務諸表にフランチャイズ

の価値を計上することを認めていない。ブランドの価値は正確に測れないからである。L.L.ビーンのブランド名はかなりの価値があるには違いないが、財務諸表には計上されない。(注6)

一方で、このルールには例外がある。それは企業や事業を売買するときである。企業を買収する際は、建物や機械などの有形資産だけを買うわけではなく、ブランド、顧客基盤、市場からの信用などのフランチャイズを手に入れる。したがって企業買収額は、その企業の資産評価額より高くなるのが常である。そこで会計上の貸方と借方をバランスさせるには、フランチャイズの価値を加味した実勢取引価格と、フランチャイズの価値を含まない貸借対照表上の資産価値の差を埋める必要がある。購入価格と資産価値の差額は「のれん」として貸借対照表の無形資産に計上し、任意の期間で償却する。

会計学の域を超えて、すべての重要資産が有効活用されているかを確認するのが、優れた業績評価システムと統制システムである。これから利益目標と戦略達成の手法を学ぶにあたっては、業績評価システムと統制システムがブランド・フランチャイズの価値を確実にとらえるものとなるよう留意していこう。

関係性とネットワークの構築

サプライヤーや顧客と長期的な関係性を構築することも、事業の成功に欠かせない。原料、部品、技術サービス、事務サポートなどを提供するサプライヤーは、どの業界でも重要である。以下の場合はサプライヤーとの関係が特に重要となるので、細心の注意が必要だ。

- サプライヤーの数が少ない。
- サプライヤーの製品・サービスの代替が限られている。
- サプライヤーの製品・サービスが、事業の競争優位のカギを握る。
- 他のサプライヤーへ切り替える際のコストが高い。(注7)

同様に、顧客との関係性が重要な場合がある。

(注6) 北米で用いられる会計基準とは異なるイギリスのような国では、フランチャイズの価値が見積もられ貸借対照表に明示されることもある。
(注7) Porter, *Competitive Strategy*, 27-28.（邦訳『競争の戦略』土岐坤他訳、ダイヤモンド社、1995年）

- 1顧客の購買量が売上げの大部分を占める。
- 製品・サービスが標準化されていて、差別化しにくい(顧客は他社からも簡単に購入できる)。
- 顧客が他のサプライヤーに切り替える際のコストが低い。[注8]

　物流が成功要因となる業界もある。生産者が卸売業者に製品を引き渡し、卸売業者が倉庫から小売店に製品を配送し、それを小売店が最終消費者に売るという形態である。ビール業界などがこれに当てはまる。たとえば、ミラーは各供給地域の卸売業者に大量にビールを卸す。これら卸売業者の販売員は毎週のようにレストランや酒屋などの小売店を訪問して商品を納入陳列し、次の注文を取る。ミラーは、卸売業者なくしては競争力を持ちえない。このような業界では、生産者から最終消費者まで製品・サービスの流れを絶やさない流通チャネルは、貴重な経営資源なのだ。

　また、電子メディアの発展は人々の生活に大きな変化をもたらしたが、顧客との関係性をも大きく変えた。生産者と中間業者と最終消費者がネットワークでつながったことにより、顧客の注文が瞬時に売り手に届き、受注記録・在庫状況・配達日程がリアルタイムで更新されるようになった。このようなネットワークも、競争優位のための貴重な無形の経営資源となりうる。

4　戦略の4P

　図2-2に戻り、これまでの分析を振り返ってみよう。まずはSWOT分析を用い、企業の経営資源やケイパビリティと市場競争環境、企業の強み・弱み・機会・脅威の知見を得て、戦略構築のための環境状況を把握した。次は、これに続く図2-2上の4つの項目を学び、優れた事業戦略の立案・実行に役立てる。「戦略の4P」という視点から、戦略に対する理解を深めていくが、これは後の業績評価および統制の手法にもつながる重要な作業である。4Pとは、パースペクティブ (perspective)、ポジショニング (position)、プランニング (plan)、行動パターン

(注8) 前掲書、24-26.

Column● ウォルマートにおけるIT

ウォルマートは、アメリカ小売業の巨人として知られる1000億ドル企業である。同社はITを駆使して利益を増やすことを常に求めている。1週間に6500万件の売買取引を行う同社にとって、わずかな効率向上も大きな成果である。

ウォルマートはIT技術を外注するよりも、独自のアプリケーションを社内で開発することに注力している。同社のIT費用は売上高の0.5%であり、競合他社の1.0〜1.4%に比べると控えめだ。常に350ほどの新しいITアプリケーションの内部開発を進めているので、60万人のレジ係は2週間に1回のペースでトレーニングを受ける。

ウォルマートのSMART情報システム（Smart Merchandising through Applied Retail Technology：小売技術応用による「スマートな」販売促進）は1000以上のアプリケーションを有し、店員は携帯端末から自由にアクセスすることができる。

また同社の「店舗マネジャー・ワークベンチ」システムは、1分単位で収益性をはじき、店舗レベルの意思決定に役立つ業務シミュレーションを行うことができる。世界7カ国3017にも及ぶ店舗に関する、ショッピングカート単位の収益性から売上高・利益率・給与支払額までが、毎週月曜午前6時までに本社に集計されるのは、このシステムのおかげである。

ウォルマートは「エブリデイ・ロープライス」戦略の収益性を維持するために、強力な購買力にものを言わせ、サプライヤーから有利な条件で商品を購入する。見返りとして、サプライヤーを自社のITシステムに組み入れている。5000のうち3500以上のサプライヤーには、週間売上予想を提供し、在庫コストを削減させる。

出典：Bruce Calwell, "Wal-Mart Ups the Pace," *Informationweek*, December 9, 1996: 37-51.

(patterns of action) のことを指す。[注9]

ミッションの作成：パースペクティブとしての戦略

事業戦略の策定と実行の第一歩はミッション（mission）である。ミッションとは企業の存在意義や理念であり、定款などに記載される。しかし、ほとんどの経営者はこれとは別にミッションを作成する。それは、会社の価値観や理念に関す

(注9) Henry Mintzberg, "Five Ps for Strategy," *California Management Review* (fall 1987). 本書では、「5つめのP」である策略（Ploy）としての戦略は取り扱わない。

る自分の考えを従業員に伝えるためである。
　優れたミッションは従業員を奮い立たせるとともに、会社の歩むべき方向を示す。ソニーは1945年に次の目的で設立された。

- 真面目ナル技術者ノ技能ヲ、最高度ニ発揮セシムベキ自由闊達ニシテ愉快ナル理想工場ノ建設
- 日本再建、文化向上ニ対スル技術面、生産面ヨリノ活発ナル活動
- 国民科学知識ノ実際的啓蒙活動[注10]

　ソニーのミッションは、国の再建に貢献することを奨励し、志の高い理念を持つ企業の一員であることに誇りを持たせることを目的としている。
　多くの場合、ミッション・ステートメント（mission statement）という書面にして、社内に配布する。ミッション・ステートメントを「クレド」もしくは「ステートメント・オブ・パーパス」と呼ぶ企業もあるが、目的は同じだ。会社の崇高な理念を伝え、従業員に誇りを持たせることである。
　資料2-1は、ジョンソン・エンド・ジョンソンのミッションだが、ソニーと同様に、利益を最大の目的としていないことに注目してほしい。この2社に限らず、業績がよい企業のほとんどのミッションがそうである。従業員に誇りとやる気を持たせるためには、利益追求を掲げるだけでは不十分なのだ。もちろん、人間が酸素と水を必要とするように、企業は利益を必要とする。しかし人間は、呼吸をして、喉の渇きをいやすことだけを目的に生きているわけではない。企業も、利益を必要とはするが、それだけでは成功しない。
　ミッションは、あらゆる企業活動に大所高所からのパースペクティブを与える。企業の歴史、文化、経営陣の価値観に根差したミッション・ステートメントは、その企業がどのように事業機会をとらえていくかを示す道標となる。ジャガーが現代自動車に対抗するために、低価格の大衆車を生産するだろうか。マクドナルドがおしゃれなフランス料理店を始めるだろうか。ロレックスがプラスチックの安時計をつくるだろうか。スウォッチが5000ドルもする時計を売り出すだろうか。いずれもありえないのは、なぜであろう。どのような事業を追い求めるべきか、

（注10）James C. Collins and Jerry I. Porras, *Built to Last*（New York: Harper Business, 1994）: 50.（邦訳『ビジョナリー・カンパニー』山岡洋一訳、日経BP社、1995年）

またはどのような事業を選択するべきかの判断を迫られる局面において、企業のパースペクティブが方向性を定めるからである。このパースペクティブは、事業戦略の輪郭をくっきりと浮き上がらせるレンズの役割を果たすのだ。

資料2-1●ジョンソン・エンド・ジョンソンのミッション

我が信条

我々の第1の責任は、我々の製品およびサービスを使用してくれる医師、看護婦、患者、そして母親、父親をはじめとする、すべての消費者に対するものであると確信する。
消費者1人ひとりのニーズに応えるにあたり、
我々の行うすべての活動は本質的に高い水準のものでなければならない。
適正な価格を維持するため、我々は常に製品原価を引き下げる努力をしなければならない。
顧客からの注文には、迅速かつ正確に応えなければならない。
我々の取引先には、適正な利益を上げる機会を提供しなければならない。

我々の第2の責任は全社員 ── 世界中で共に働く男性も女性も ── に対するものである。
社員一人ひとりは個人として尊重され、その尊厳と価値が認められなければならない。
社員は安心して仕事に従事できなければならない。
待遇は公正かつ適切でなければならず、働く環境は清潔で、整理整頓され、
かつ安全でなければならない。
社員が家族に対する責任を十分に果たすことができるよう、配慮しなければならない。
社員の提案、苦情が自由に出る環境でなければならない。
能力ある人々には、雇用、能力開発および昇進の機会が平等に与えられなければならない。
我々は有能な管理者を任命しなければならない。
そして、その行動は公正かつ道義にかなったものでなければならない。

我々の第3の責任は、我々が生活し、働いている地域社会、
さらには全世界の共同社会に対するものである。
我々は良き市民として、有益な社会事業および福祉に貢献し、
適切な租税を負担しなければならない。
我々は社会の発展、健康の増進、教育の改善に寄与する活動に参画しなければならない。
我々が使用する施設を常に良好な状態に保ち、環境と資源の保護に努めなければならない。

> 我々の第4の、そして最後の責任は、会社の株主に対するものである。
> 事業は健全な利益を生まなければならない。
> 我々は新しい考えを試みなければならない。
> 研究開発は継続され、革新的な企画は開発され、失敗は償わなければならない。
> 新しい施設を購入し、新しい設備を整備し、新しい製品を市場に導入しなければならない。
> 逆境の時に備えて蓄積をしなければならない。
> これらすべての原則が実行されて初めて、
> 株主は正当な報酬を享受することができるものと確信する。

資料2-2のボストン・リテールのミッションはどうであろうか。このミッションの長所や欠点を考えてほしい。ミッションとは、全社員を鼓舞し、会社に誇りを持たせ、皆に大きな方向性とパースペクティブを示すものであるという目で見てみよう。

資料2-2●ボストン・リテールのミッション

ボストン・リテールは、流行に敏感なお客様に最高のファッション・価値・楽しさを提供するために設立された。我が社は一丸となり、あらゆる意見に耳を傾け、できる限りのことを学び、力の限りを尽くす。我が社は、従業員が自ら購入して着てみたいと思うような商品しか販売しない。ファッション・トレンドを予見し、最先端の商品であることを保証する。

いかに競争するか：ポジショニングとしての戦略

ミッションの作成により事業のパースペクティブが備わり、戦略構築の下準備ができた。そこで、**企業（事業）ポジショニング**（position of a business）に関する次の2つの質問について考えてみよう。

1．どのようにして顧客への価値を創造するのか。
2．どうすれば製品・サービスを競合他社と差別化できるのか。

答えは企業によって異なる。低価格の製品・サービスで価格に敏感な顧客を狙

うところもあれば、製品・サービスの差別化で他社にはない付加価値を提供したり、特定セグメントの特別なニーズを狙って特注品を出すところもある。投資信託のフィデリティ投信は、質の高いサービスと優れた投資リターンにより差別化を図っている。ここでは、ファンド・マネジャーの運用実績が市場平均を上回ることが戦略上のカギを握る。多くの顧客が同社に高い手数料を支払う気になるのは、優れた投資リターンと質の高いサービスが得られるからにほかならない。一方、バンガード投信は、手数料を可能な限り下げるという価格勝負の戦略で顧客を引きつける。バンガードは株式市場全体の動きに連動するインデックス・ファンドを専門とし、市場平均を上回ることには労力をかけない。ほかには、大学の年金運用を専門とする教員所得年金ファンドのように、特定の顧客だけを相手とする投資信託もある。

Column● ブリティッシュ・ペトロリアムにおけるパースペクティブとポジショニング

ブリティッシュ・ペトロリアムのCEOであるジョン・ブラウンは、同社の成功要因について次のように説明した。

「事業には明確な目的が必要だ。明確な目的があれば、学習する領域が絞られ、競争優位が高まる。では目的とは何か。自分が何者であり、ほかとどう違うかである。企業として何を達成するために存在し、そのために何をするかという意志である。我が社はエネルギー分野において、4つの領域でのみ事業を推進する。石油ガスの探鉱開発、石油の精製・販売、光電池、太陽エネルギーである。我々は上場企業なので、資金を得るために競争する宿命にある。それは株主に満足できるリターンを差し出すことを意味する。しかし我々は、飛び抜けた業績と持続的成長を追求しながらも、財務上越えてはならない一線を認識しており、侵すことのできない理念を持ち合わせている。その理念とは、倫理、健康、安全、環境、社員の扱い方、対外関係に関わるものである」

出典：Steven E. Prokesch, "Unleashing the Power of Learning: An Interview with British Petroleum's John Browne," *Harvard Business Review* 75 (September-October 1997): 146-168.

業績目標の設定：プランニングとしての戦略

　ここまでは、競争環境と経営資源、ケイパビリティの分析によりミッションを定め、ポジショニングを固めることを学んだ。次は計画と目標の設定（プランニング）に移る。これは企業が、①組織に戦略を伝え、②社内の経営資源を配分するためにある。戦略計画は、「貴社の戦略は何か」と問かれたときの答えとなるものでもある。

　プランニングの最大の目的は、**意図した戦略**（intended strategy）を伝えることである。企業のトップは、戦略を決定し、その方向性を組織全体に伝えるという重要な任務を担う。計画と目標を使えば、戦略が伝わり、行動を引き起こすことができる。図2-4は、この一連の流れを示す。

　利益計画や事業計画などの「目標」は、事業戦略実行に期待する成果である。ボストン・リテールの場合、次のような目標が考えられる。

- 市場シェアの拡大
- 新店舗の開店
- 新商品の発売
- コスト削減
- IT活用能力の開発
- 顧客満足度の向上

図2-4　行動までの一連の流れ

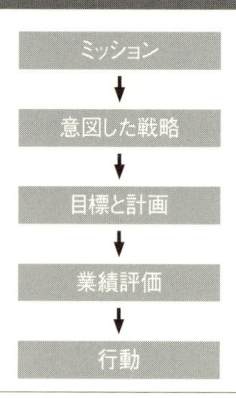

ミッション
↓
意図した戦略
↓
目標と計画
↓
業績評価
↓
行動

しかし、時間軸と定量的な目標がなければ、行動をとりづらい。進捗状況を確認することができず、どこまで目標に近づいているのかを判断できないからである。そこで、上記の目標を実現可能なものに修正した。

- 18カ月以内に市場シェアを４％拡大
- １年以内に２店舗を開店
- ７月１日までに新商品を発売
- １年間でコストを５％削減
- ６カ月以内に新たな在庫管理システムを導入
- 顧客満足度を12％向上

　目標の伝達と達成に欠かせないものがもう１つある。それは目標への到達度合いをモニターする物差し、または尺度である。車で長旅に出て、最初に給油するまでに100マイルは走り切るという目標を定めたとしよう。車に走行距離計と燃料計がなければ、どこまで目標に近づいているのか確認のしようがない。同様に、ビジネスにも物差しが必要である。ボストン・リテールの場合、次の物差しが考えられる。

- 販売数量
- 新店舗の開店数
- 新製品の数
- 支出金額
- １を最低、10を最高とした顧客満足度調査

　プランニングは、戦略を伝え、目標を設定し、経営資源を配分するのに役立つ。本書では、業績評価システムと統制システムに必要な情報の性質について考えた後に、プランニング関連のさまざまな事項を詳しく学んでいく。利益計画の策定、計画対比の業績評価、戦略実行を支える経営資源の確保、市場と連動した業績目標、戦略目標の達成度を確認および伝達するためのバランスのとれた業績評価システム、などである。

フィードバックと調整：行動パターンとしての戦略

　図2-4は、ミッション→実行すべき戦略→目標と計画→業績評価→行動というフローを示していた。この流れは、SWOT分析などによるプランニングに支えられている。しかし、これが戦略プロセスのすべてではない。優れた戦略のすべてが綿密に計画されるわけではなく、多くは自然に発生するものである。このような話がある。

　　ハミルトン銀行のロバート・ステージ社長がハーバード・ビジネススクールで講演したときの話である。ハミルトン銀行は、企業オーナーである裕福な個人顧客層を専門としたプライベート・バンキング有数のプレーヤーとして知れる。
　　1人の学生が手を挙げ、次のような質問をした。「ステージさん、ハミルトンのプライベート・バンキング戦略は画期的であるとの説明でしたが、どこから来たものなのですか。だれのアイデアですか」
　　ステージ氏はこう答えた。「デニース、それは大変良い質問です。君はおそらく、ハミルトンの役員会議で市場機会や会社の強みを分析した結果として、戦略がつくりだされたのだと考えたのでしょう。しかし、実際は違います。初期の戦略はもっと漠然としたものであり、良いものとは言えませんでした。我々は世界各国の主要マーケットの支社長との業績レビュー会議を設け、その年の実績と翌年の利益計画につき個別に話し合いました。
　　その際、多くの支社長が、地元の裕福な会社オーナーというニッチな顧客層を開拓して利益を稼いでいることに興味を引かれました。会社全体として、このようなビジネスにどれだけ着手しているのか疑問に思い、実際に調べてみました。
　　数カ月の調査により、驚くべき事実が判明しました。我が社は実にさまざまな国で、このマーケット・セグメントで安定した利益を上げていたのです。それが意味するところをよく考えたところ、この事業には勢いがあり、今後の戦略のカギとなることを悟りました。さらに分析を重ねて熟考した後に、古い戦略を投げ捨て、この新しい戦略に賭けてみることを決断しました。いま、この戦略を展開しているところです。このように、我が社の戦略は上層部が考え出したものではありません。各国の支社長が、個々の市場でいかに価値を創造す

るかを真剣に考えたことで生み出された、ボトムアップ型の戦略なのです」

　この手の話は珍しくない。多くの優れた戦略は、現場の試行錯誤から生まれる。新しい試みの多くが失敗することは否定できないが、思いもよらず、企業全体の戦略を立て直すきっかけとなるものもある。新しい戦術や競争方法は、どこから湧き出てくるかわからない。ちょっとした冒険から発覚することもあれば、試行錯誤の積み重ねの場合もある。時にはまったくの偶然であったりもする。いずれにせよ、これらのイノベーションが組織内で広がれば、戦略変更または改善のヒントとなる。このボトムアップ戦略を示したのが図2-5である。

　創発戦略（emergent strategy）と学習の大切さは、ビジネスでも人生でも変わりない。ビジネス界に限らず、成功した人物の伝記を読んで、次のことを考えてみよう。成功のどこまでが計画どおりであったのか。どこまでが、新たな状況を受け入れ、そこから何かをつかんだ結果であったのか。

　基本的に、戦略は計画するものであり、これまで見てきたポジショニングやプランニングが重要であることに変わりはない。しかし、ときには予期せぬかたちで発生するのも事実である。ボストン・リテールは最初から大学生に的を絞っていたわけではない。最初の店舗は紳士服も婦人服も扱ったうえで、さらに家庭用品まで揃えていた。しかし、アルバイトの女子大生たちが、アクセサリーを組み合わせて大胆なファッションを楽しむ仲間を店に呼ぶようになった。やがて、珍

図2-5　ボトムアップ戦略または創発戦略

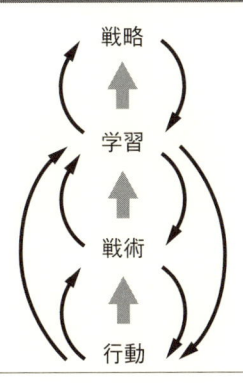

戦略
↑
学習
↑
戦術
↑
行動

しいファッション・アクセサリーを売る店として、地元の女子大生の間で評判になった。この商品は、経営陣が考えるまでもなく、売上げを順調に伸ばした。同社が大学生ファッションというニッチに特化し、その他の扱い商品の廃止を決めるまで、それほど時間はかからなかった。同社は、この事業モデルを展開することにより成長し、新店舗を続々と開店した。

ヘンリー・ミンツバーグによる別の例を挙げよう。

あるセールスマンが客先を訪問する。しかし製品が客の求めるものと少し違ったため、2人で改良策を考える。セールスマンは会社に戻り、製品に直しを加える。これを数度繰り返し、ようやく完成する。新製品が登場し、新しい市場が生まれる。会社は戦略の方向性を変更する。[注11]

このように突然新しい戦略が出現する可能性があるので、社内の行動パターンの変化に敏感であることが大切である。インテルは1980年代に、汎用コンピュータ用メモリーの製造から高付加価値マイクロプロセッサの製造に戦略転換した。これはトップダウンではなく、限られた生産能力を最大限に活用しようとしたマネジャーと現場担当者からのボトムアップであった。このとき、トップには学ぶ姿勢があり、ビジネス・パターンの変化に敏感であった。従業員の行動パターンの変化と新しい手法が将来的に利益を生むことを確信し、すんなりと新しい戦略に切り換えた。[注12]

創発戦略の恩恵にあずかるためには、**組織の学習能力**（organizational learning）の強化が欠かせない。組織全体が環境変化を察知し、その変化に乗じてプロセス・製品・サービスの内容を変えていく能力である。これには、業績評価システムと統制システムを用いて、従業員が新たな手法を試み、新たな機会を追求し、新たなアイデアを実行するように励ますことである。これにより、チャレンジ精神が持続され、環境の変化を見逃さないようになる。また、業績評価システムと

（注11）Henry Mintzberg, "Crafting Strategy," *Harvard Business Review*（July-August, 1987）.（邦訳「戦略クラフティング」『DIAMONDハーバード・ビジネス・レビュー』2003年1月号）

（注12）Robert Burgelman, "A Prosess View of Strategic Business Exit: Implications for an Evolutionary Perspective on Strategy," *Strategic Management Journal* 17（Summer 1996）: 193-214.

統制システムをコミュニケーション手段にして、従業員からの情報が経営幹部に伝わるようにすることも大切である。この有益なフィードバックは、事業戦略の修正・変更を可能にする。

Column● 3Mの創発戦略

3Mの戦略の要はイノベーションである。1997年の売上げの30％は、発売から4年未満の新製品からもたらされている。1994年の26％から、さらに増えている。しかし、イノベーションは簡単にできることではない。3Mの卓越した創造力は、長年築き上げてきた独特の文化およびプロセスの賜物である。

3Mでは全従業員がリスクを取ることについての訓練を受ける。また、研究者は勤務時間の15％を現業以外のプロジェクトに費やすことが定められている。事業部内でプロジェクトが却下されても、担当する研究者が外部から資金を調達してくることも珍しくない。3Mは、研究者と顧客が導く方向に邁進していく覚悟だ。3Mの研究者は顧客と密着した仕事をする。顧客の要望に応じるだけではなく、顧客側も気づかないニーズを探し出していくためである。さらに、情報やアイデアを企業全体で共有するよう、頻繁に従業員を異動させる。ポストイット・ノートの発売を控えている時期に、担当製品課長を新種の釣り糸を開発するチームに派遣したほど徹底している。

業界の競争原理を変えてしまうほどの潜在力がある新技術には、利用法が定まらなくとも積極的に投資していく制度を導入している。1961年にはマイクロ・レプリケーションという新技術を開発した。これは数百万単位の数のブロック体や球形など、均等形の立方体で表面を覆うものである。この技術が1981年に照明用のレンズという小規模な事業に使われ始めた頃には、他事業部も新たな利用法を模索していた。この技術の潜在力に気づいた3Mは多くの資金を投入していた。マイクロ・レプリケーションはいまや10億ドル以上を稼ぐドル箱であり、今後も爆発的に成長することが見込まれている。

しかし、先の長い投資にはリスクも伴う。3Mは磁気貯蔵事業に投資し続けたが、コストが急速度で下がってしまい、目論んでいたハイテク製品ではなく、汎用製品になってしまった。このため、3Mは1994年に6億ドルの損金を計上し、何千人もの従業員を解雇して、この事業を本体から切り離した。

出典：Thomas A. Stewart, "3M Fights Back," *Fortune*, February 5, 1996: 94-99; 3M 1997 Annual Report Chairman's Letter. から一部修正。

◆──本章のまとめ

　優れた戦略を策定することは、容易ではない。困難だからこそ、その成功の見返りとして、企業は経営トップに高い給与とボーナスを支払うのである。市場の競争環境と自社ケイパビリティのSWOT分析を行うことができなければ、優れた戦略は生まれない。さらには「４つのＰ」にある戦略のさまざまな側面をうまくコントロールする力量が求められる（図2-6参照）。

　まず、企業の理念、価値観、歴史を１つにまとめ、事業機会を探し出す独自のものの見方を築くことが必要だ。これがパースペクティブとしての戦略である。また、業界の市場競争環境を骨身にしみるまで熟知していない者は失敗する。これには、「５つの競争要因」分析を活用して、顧客、サプライヤー、代替品、競合他社をよく理解することである。SWOT分析により、自らの強みと弱みをとらえ、顧客に価値を提供する手段を選ぶのである。価格で競争するのか、品質で競争するのか、サービスで競争するのか、それとも製品特性で競争するのか。これがポジショニングとしての戦略である。戦略が固まったら、実行のためのツールを揃えなければならない。計画を立て、目標を伝え、経営資源を配分し、従業員を鼓舞して、実行度合いを測定する。これがプランニングとしての戦略である。最後に、顧客と競争環境から目を離すことなく、継続的に状況把握に努めること

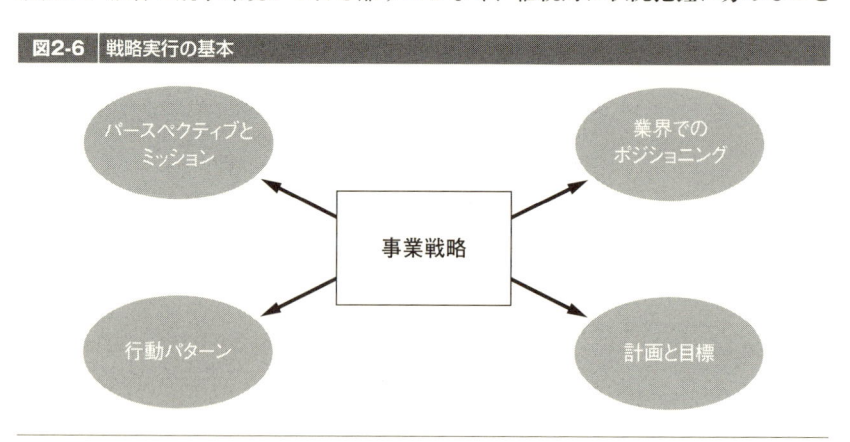

図2-6 戦略実行の基本

も欠かせない。常に聞く耳を持ち、常に学ぶ姿勢を保つ。また、従業員の挑戦を奨励し、アイデアや成功体験の共有化を図り、そこから得られる情報から戦略を軌道修正する。これが行動パターンとしての戦略である。

　ここから先は、利益目標と戦略を達成するために、いかに業績評価システムと統制システムを活用するかに専念する。戦略をあらゆる側面から自在に操れるようなツールと技術を紹介していく。

第 **3** 章
実行体制づくり
Organizing for Performance
◆

　事業戦略を策定した後は、それを実行するために人やその他の経営資源をどのように組織に割り当てるかを決めなければならない。本章で見ていくように、事業の実行体制づくりにはさまざまな優れた手法がある。以下では、「人や経営資源をどのように各ワーク・ユニットに振り分けるか」「戦略を実行する際、こうした選択がどのような意味を持つか」といった問題について検討する。

　まず、組織形態の基本であるワーク・ユニットを検証した後、他のさまざまな組織形態について考察する。続いて、組織構造を選択する際の判断基準について学ぶ。業績評価システムと統制システムは、組織の構造と整合性がとれていなければ有効に機能しないので、組織設計を理解することは重要である。

　組織は、集団で働く個々人から成り立っている。組織には、チーム、タスクフォース、シフト、事業部、機能別グループ、工場、部、事業ユニットなど大小さまざまなものがあり、それぞれの専門機能によって全社の戦略を支えている。

1　組織づくりの目的

　辞書によれば、「構造」とは「個々の要素が集まって全体を形成する際の、構成のあり方」のことである。**組織構造**（organizational structure）を設計するうえでの「要素」とは、組織の基本単位、すなわち人々を振り分けたワーク・ユニッ

トを指し、「全体」とは、ビジネスを構成するこれらのグループ間の協業関係のことである。

経営者が組織化を推し進めようとするのは、主として、①ワークフローを促進し、②関心を集中させるためである。前者は原材料や情報といった物理的な流れ、後者は従業員が注ぐ時間とエネルギーの目標に関連している。

ワークフローのパターンは、活動内容によって決定される。たとえばマネジャーは、生産ラインにおいて組立工程の順番をどのように構成すべきか、また販売部門からの注文情報をどのようなルートで流すべきかなどを判断しなければならない。いずれの場合も、ワークフローの設計次第で、生産、販売、代金回収といったプロセスのどの段階で、どれほどの付加価値が生み出されるかが決まる。

マネジャーはまた、従業員の関心をどこに向けさせるかを決定しなければならない。この場合、その決定はワークフローそのものにではなく、従業員が何について考え、憂慮し、情報を収集し、決断を下せばよいか、ということに影響を及ぼす。実行体制づくりにこうした側面も含まれるのは、企業内のマネジャーや従業員の創造力やエネルギーを最大限に引き出すよう、方向づけなければならないことを示している。

人々の関心をうまく統制するためには、ワーク・ユニットの設計、管理範囲、会計責任範囲の3つの基本的なドライバーをうまく操らなければならない。

2　ワーク・ユニットの設計

組織の基本となる構成要素は、関連し合う事業活動の集まり、すなわちワーク・ユニットである。**ワーク・ユニット**（work unit）とは、企業の経営資源を利用して活動し、業績責任を負う「個々人の集団」を指す。たとえばメインテナンス・チーム、生産部門、大学の史学部などもすべてそれに該当する。

ある特定の仕事を行うために、人々はワーク・ユニットにグループ分けされる。たとえば工場では、生産ラインごとに労働者のグループが配置される。またガス会社の管理部門では、経理担当者が集められて伝票処理や経理事務を行っている。国際的なメーカーでは、地域ごとに製品を生産、配送するために地域別組織が編成されている。

会計責任（accountability）は、①ワーク・ユニットが達成すべき成果、②ワーク・ユニットのマネジャーと従業員が達成すべき業績水準を規定する。ほとんどの企業が会計責任を表す図、すなわち**組織図**（organization chart）を作成する。組織図は、視覚に訴えるツールとして非常に優れている。というのは、組織のメンバーは、組織図を見れば従業員や経営資源がどのようにグループ分けされ、だれがどの活動に関して指示を出し、まただれがその活動に関わる会計責任情報（すなわち業績評価や統制のための情報）を受け取るかがわかるからだ。

　最小のワーク・ユニット（チーム）から最大のワーク・ユニット（企業）へと目を移していけば、組織設計の基礎を反映した階層構造を目にすることになる。つまり、小さなワーク・ユニットが集まって、より大きなワーク・ユニットを構成する。生産ラインが集まって、工場となる。3つの工場が集まって生産事業部となる。生産事業部と販売事業部が1つになって、たとえば北アメリカ市場を担当する地域事業部となる。この北アメリカ事業部が他の海外事業部と共に海外事業本部を構成する。そして、この海外事業本部と国内事業本部が一緒になって、最大レベルのグループ、すなわち企業を形成するのである。

3　組織設計上の基本的な選択肢

　ワーク・ユニットには、基本的に2つのタイプがある。①似通った「ワークプロセス」に携わる人々と経営資源で構成される集団、②ある特定の「市場」に対応する人々と経営資源で構成される集団、である。通常、前者は機能別組織、後者は事業部、あるいは事業ユニットと呼ばれている。

ワークプロセスの組織（機能別組織）

　組織が新しく、まだ小さいうちは、従業員は「何でも屋」として働くことになる。たとえばボストン・リテールが最初の店をオープンしたとき、従業員はそれぞれの肩書きや担当にこだわらず、やらなければならない仕事は何でもこなした。あなたの身近に自分で事業を興した人はいないだろうか。事業を始めた当初、彼らは販売、仕入れ、経理、契約交渉から許認可の申請まで、何でも自分自身でやらなければならなかったはずである。しかし、事業が拡大し、従業員の数が増え

るにつれ、このやり方は以下の2つの理由により、次第に非効率なものになっていく。第1の理由は、特定の仕事において、自分よりも優れた人がいるという事実である。これは**専門化**（specialization）、すなわちある特定の人にその人が得意とする仕事を与えることにより、効率を上げられることを示している。有能なセールスマンに経理を担当させるのは馬鹿げており、その逆もまたしかりである。生産性と貢献度を最大化するために、労働時間をすべて販売に費やすべき人もいれば、経理だけに集中すべき人もいる。第2の理由は、担当業務を頻繁に変更すると、新たな活動に集中するまでに無駄な時間が発生すること、また**関心の拡散**（diffusion of attention）をもたらすおそれがあることである。次々に指示や問題を与え、従業員の関心がそれらに振り回されると、結局どの業務活動にも、本来必要とされる関心やノウハウが十分に振り向けられないことになる。

したがって、事業が成長するにつれ、マネジャーはワークフローを効率化し、またワークプロセスによって人々をグループ分けすることで、関心を集中させようとする。**機能**（function）は、特定のワークプロセスに特化したマネジャーと従業員のグループから成る、最も基本的な組織構成要素である。

ワークプロセスに基づいた機能とは、たとえば下記のようなものである。

- マーケティング／販売部門
- 経理部門
- 情報システム部門
- 生産部門

機能別組織、つまり業務内容で分類されたワーク・ユニットから成り立つ組織では、特定の人々が、たとえば仕入れや在庫管理、販売、経理といった専門業務に特化することとなる。いずれの部署も、事業遂行に必要な専門機能（その機能がユニット名となる）を果たす。すなわち、売上げの計上（販売・マーケティング本部）、新製品の開発（研究・開発本部）、伝票処理・経理（経理部）、社内のコンピュータ・システム整備（情報システム本部）、製品の製造（生産本部）などである。

機能別に組織することで、専門化によるメリットを強め、生産、研究・開発（R&D）、マーケティングなどの部門では規模の経済を実現できる。専門化によって多くの経営資源が効果的に割り振られ、組織全体の効率と効果が最大化する。

専門化された経営資源、知識、支援機能が、限られた投入資源から最大限の結果を生み出すことに集中され、力を発揮するのである。

専門化を究極まで追求すると、ワークプロセスはしばしば専門知識を基準に編成される[注1]。たとえば病院や大学では、専門分野ごとに組織が分かれ、その分野の訓練を受けた専門家集団がそれぞれに所属している。病院では、産科医は産科に、心臓外科医は心臓外科に、という具合に配属されている。同様に、大学の経営学部では、金融が専門の教授が1つの組織に集められ、会計を専門とする教授がまた別の組織に集められる。これらのケースでは、特定の課題に共通した理論や技術で取り組む専門家を1つの組織に集めることで、特定分野の専門知識から最大限の成果を引き出せるのである。

通常、機能別組織は定量的および定性的な目標を与えられるとともに、事業の損益計算書の特定部分に責任を負わされる。たとえば販売・マーケティング本部は、新製品の順調な立ち上げ（定性目標）と売上高（損益計算書の最上段項目）に責任を持つ。生産本部は製品の品質レベル（定性目標）と同時に、損益計算書上の売上原価と変動費についても責任を負う。病院においてさえ、医師は患者の満足度から経費支出、経営資源の活用度に至るまで責任を負っているのである。

Column◉PSAでの生産部門の合理化

1997年10月1日、ジャン・マルティン・フォルツは、フランスのプジョー・シトロエン（以下PSA）のCEOに就任した。同社は70年代にプジョーとシトロエンが合併してできたヨーロッパ最大の自動車メーカーであり、20年以上にわたって事実上、2つのブランドを別々に生産してきた。フォルツは、2つのブランドの生産を統合することでコストを削減できると考えた。彼の狙いは、自動車のプラットフォーム（同種の構成部品の集まり）の数を7から3、自動車部品のプラットフォームを7から1に減らすことだった。その一方で、それぞれのブランドのマーケティング、販売、スタイルの独自性については差別化を図ろうとした。

プジョーとシトロエンは、財務、情報システム、エンジニアリング、購買、エンジンを含む主要部品の製造といった機能についてはすでに共有化していた。フォルクスワーゲンやフィアットといったライバルたちは、それらに加えて生産設備もすでに合理化していた。この新しい戦略を実行に移すため、フォルツは会社を3つの機能別事業部、すなわち1つの製造

（注1） Henry Mintzberg, *The Structuring of Organizations* (Englewood Cliffs, N.J.: Prentice Hall, 1979): 108.

部門（グループのすべての生産を担当）と2つの販売部門、シトロエン販売部門とプジョー販売部門に再編した。

全社的な組織再編は、PSAの生産開発戦略を支える3つの新たな部門、すなわちシトロエン・ブランドを改善し、プジョーからの独自性を確立するための改善・品質維持部門、コストと品質管理に責任を負ったプラットフォーム部門、およびエンジニアリング・購買部門を加え、6カ月後に完了した。

出典：Stephane Farhi, "PSA Managers to Enter the Folz Era," *Automotive News Europe*, March 2, 1998: 8; "Peugot Starts Revamp to Boost Image and Sales," *Wall Street Journal Europe*, January 22, 1998, 3; "France's Peugot Merging Production of Core Auto Brands," *Dow Jones Online News*, January 21, 1998.

市場別組織（事業ユニット）

従業員や事業体のグループを組織分けする第2の方法は、市場に基づくものである。市場に焦点を当ててワーク・ユニットを編成する場合、主に次の3つの形態をとることが多い。すなわち、製品別、顧客別、地域別である。

製品別組織

1つの製品しか扱っていない企業は、全社レベルで見ればすでに製品別に組織されているといえる。組織のすべてのエネルギー、すなわち人的資源や他の経営資源が、ある1つの製品の生産・販売に集中しているのだ。ボストン・リテールの場合、大学生向けのおしゃれな洋服というたった1つの市場セグメントをターゲットにしており、このケースに当てはまる。

しかし、ほとんどの企業は複数の市場セグメントに対して製品を供給している。こうした複数製品を扱う企業では、それぞれの部門の人々が特定の製品群だけに関心を注げるよう、従業員や生産設備を製品別に組織している。IBMではこの手法に従い、メインフレーム・コンピュータ、パソコンといった具合に、製品ごとに部門を編成している。専用の生産設備や人員を持ち、製品ごとに分けられているそれぞれのワーク・ユニットを、**製品事業部**（product division）と呼んでいる。

このように製品別に組織を分けるのには、2つの理由がある。1つは、ある製品に特化することで、生産、R&D、流通、販売において経済効率を実現できることである。これらの経済効率は、**規模の経済**（economies of scale）——有益な経

営資源を大量に利用することで、単位当たりのコスト引き下げにつながる――か**範囲の経済**（economies of scope）――同じ経営資源、たとえばある流通チャネルを複数の製品や企業活動に利用することで、一定の経営資源の投入量に対する成果を増やす――によってもたらされることが多い。

　規模の経済は、たとえばフォードが〈ウィンドスター〉というブランドのミニ・バンの生産をすべて1つの工場に集約したように、効率的な大量生産設備を専用化すれば実現できる。一方、範囲の経済は、たとえばコンビニへの配送トラックなどに見出せる。ペプシ・コーラは、その大規模かつ効率のよい配送網を利用して、複数の製品群（たとえば、缶飲料とポテト・チップスなど）を1台のトラックで運べる。1990年代に「ダウンサイジング」が流行した際、こうした潜在的な経済効率を追求するために、多くの企業が事業活動を製品群ごとにくくる組織再編を行った。

　製品別に組織を編成する2つめの理由は、競争に打ち勝つために製品知識や専門化が必要な場合に、経営者資本利益率（ROM）を上げるためである。ほかのことに過度に煩わされることがなければ、マネジャーは担当する製品の市場競争上の脅威や機会に、すべての関心を向けられる。また、対象とする顧客に価値を見出してもらえるよう全力を尽くせる。顧客と競合他社を理解し、最大限に効果的・効率的に戦略を実行することに全エネルギーを注げるのである。

　フィデリティ投信はボストン・コーチというリムジン・サービス会社を所有し、またいくつかの地元新聞社から成る事業ポートフォリオを保有しているが、ファンド・マネジャーが同社の主要事業である投信ビジネスから注意をそがれないよう、それらの事業を別々の事業部に担当させている。同様に、アメリカの自動車会社は、異なる製品市場に集中できるよう、それまでの効率性を重視した機能別組織から製品別事業部制（たとえば、小型前輪駆動車、後輪駆動車、RV車部門）に移行した。

　担当する活動に関連する収益や費用についてのみマネジャーが責任を持つ機能別組織とは異なり、製品別組織のマネジャーは、その製品事業部全体の損益計算書に責任を持つ。また、場合によっては製品事業部が貸借対照表上の資産に責任を持つこともある。

> ## Column● コンパック・コンピュータの組織再編
>
> 　1991年、コンパック・コンピュータ（以下コンパック）は市場シェアを失った。それは、新しくかつ価格に敏感なパソコン市場での競争力に欠けていたからだ。第3四半期には7000万ドルの損失を計上し、CEOは解雇された。エッカード・ファイファーに率いられた新しい経営陣は、会社を立て直し、コストに対する統制を取り戻さなければならなかった。ファイファーは、各事業のカギとなるコンピタンスに集中するため、コンパックの組織構造を（製造、販売といった）機能別組織から製品別組織に変更した。各製品事業部は損益責任を負った。コスト競争力が成功のための最も重要な要素であるパソコン事業は、新設された事業部の1つとなった。パソコン事業部の目標は、35％から50％のコスト削減を実現することだった。この新しい戦略を従業員に明確に理解してもらうため、ファイファーは再三にわたってこのメッセージを伝えた。より高度な技術が要求される製品は、別の事業部の担当となった。また、組織内にはない専門的ノウハウが必要となった場合には、たとえば8つの処理装置（プロセッサー）を同時に走らせるソフトウエア技術を持つコロラリーとのサーバー事業部の提携に見られるような、提携戦略がとられた。
>
> 出典：C. Arnst and S.A.Forest, "Compaq: How It Made Its Impressive Move Out of the Doldrums," *Business Week*, November 4, 1992, 146 and E. Nee, "Compaq Computer," *Forbes*, January 12, 1998: 90.

顧客別組織

　第2の市場別組織は、顧客や顧客のタイプ別に組織を分けるものである。このような組織は、独自の要望や特性を持った少数の重要大口顧客を抱える企業に見られる。ゼネラル・エレクトリック（以下GE）のように民間企業と政府の双方を顧客とする企業では、たいてい、ある事業部が政府向け製品の生産と販売に特化し、別の事業部が民間企業向け製品の生産と販売に特化できるよう、人と経営資源を組織している。同様に、教科書専門の出版社では、小学校、4年制大学、大学院向けなどのさまざまな教科書の生産・販売に特化できるよう、顧客別に事業部を組織している。

　顧客別組織は、2つの形態をとりうる。第1の形態は、大口の重要顧客のニーズに応えることに専念する、独自の販売部門を設置するものである。この組織編

成を採用するIBMでは、専門の研修を受け、担当する特定の大口顧客の要望に応える「顧客担当」を設けている。第2の形態は、資材調達から生産、販売まで、ある組織全体を会社から独立させ、単一の顧客あるいは顧客セグメント専門とする、より大掛かりな形態である。この形態はゼネラル・ダイナミクスのように、抱えている事業のほとんどがアメリカ政府に関連しているような会社によく見受けられる。同社は、この最重要顧客のさまざまな特殊ニーズに対応できるよう、個々のニーズごとに専門のワーク・ユニットを設置している。同様に、アメリカ財務省内国歳入庁（訳注；日本で言うところの国税庁）は最近組織を改編し、地域別組織から、同庁の3つの主要な相手先である個人、中小企業、大企業ごとに担当部局を設置することにした。(注2)

企業が顧客タイプ別に組織を編成するのは、各顧客セグメントのニーズの独自性が高く、その顧客についての専門知識やノウハウが市場競争を勝ち抜くうえで欠かせない場合である。大口顧客に効果的なサービスを提供するには、専用の販売部隊、特別の流通チャネル、関係法令や規則への特別の配慮が必要であるが、これらは独立別個の組織であってこそ実現できるものである。顧客別組織は、関心と専門性の集中をもたらす。収益の伸びを高めようとする際には（コスト削減のためのダウンサイジング後にはなおさら）、しばしば組織を顧客別ワーク・ユニットに再編する。顧客セグメント（事業分野、事業規模、その他）ごとにワーク・ユニットを編成することにより、企業は特定顧客のニーズや各市場における競合企業の強み・弱みにより深く通じるようになる。顧客と密着することで、その顧客とのビジネスチャンスを増やすことができる（しかし、これはたいていの場合、製品別組織で得られる効率性を犠牲にすることになる）。

Column●フォードにおける顧客サービスのための組織づくり

顧客からの要望に対応するため、伝統的な階層型の機能別組織をとっていた企業が、顧客志向のプロセスに基づいて、各ユニットを並列にとらえたフラットな組織を編成するようになってきている。フォード・モーター（以下フォード）の顧客サービス事業部は、顧客満足度調査において、日米の競争相手に劣っていることに気づいた。これに対応するため、6200

（注2）Richard W. Stevenson, "Senate Votes 96-2 On Final Approval for Changing I.R.S.," *New York Times*, July 10, 1998: A1.

人を擁する同事業部は、①一貫して時間に正確な処理をする、②ディーラーを支援し、お客様に対応する、③メインテナンス・修理がしやすい車づくりを心がける、④より迅速な修理を目指す、という4つのプロセスを中心に組織を再編した。ディーラーとの関係改善は特に劇的な変化をもたらした。現場対応チームの導入により、顧客の問題を解決するためにディーラーが連絡を取らなければならないフォード本社の部署の数は、25から、地域統括マネジャー、現場エンジニア、顧客サービス担当の3つに激減した。

出典：Rahul Jacob and Rajiv M. Rao, "The Struggle to Create an Organization for the 21st Century," Fortune, April 3, 1995: 90-99.

地域別組織

市場別組織の最後のタイプは、地域に基づいて組織をつくるものだ。海外に初めて進出する企業はたいてい、その進出地域に特化した地域別組織を創設する。アメリカを本拠とする企業であれば、カナダ、ヨーロッパ、アジア太平洋地域を専門とする別個の組織をつくるだろう。

通常、**地域別事業部**（regional business）と称されるこれらのワーク・ユニットの任務は、各担当エリアで自社製品を販売（ときには生産も）することである。当然、当該地域の言語、人々の嗜好、消費者保護法、ビジネス上のルールなどを理解しなくてはならない。それらに対応するためには、専門性が必要である。さらに、自前のインフラを持たない国であれば、自社製品を流通させるために特別な手配が必要となることも多い。他の市場別組織同様、組織の全エネルギーは担当地域およびそのローカル市場に集中される。

Column●世界進出のための組織づくり

「自国」外へと事業を拡張する際には、業界を取り巻く競争環境とSWOT分析の結果に応じて、異なった組織を編成することが多い。それらは一般的に、次の3タイプの組織構造あるいは「ネットワーク」に分けられる。
- **ブランド・ネットワーク**：ブランド力が比較的強く、一方、顧客のニーズは地域によりばらばらで、かつ特定の地域ごとに戦略をカスタマイズできる場合に利用される。ユニットは地域ごとに編成され、主要な運営システムは本国と同じものを用いる。例：マクド

ナルド、ブロックバスタービデオ（訳注：全米第一のレンタルビデオ・チェーン）。
- **流通ネットワーク**：他地域・他国を旅行する顧客が、どの旅先でも同じ製品・サービスを同じ高品質で望む場合に利用される。ユニットは、世界中どこでも一貫して、同じ製品・サービスを提供できるよう組織される。例：ブリティッシュ・エアウェイズ、マリオット・ホテル。
- **知識ネットワーク**：世界規模で知識・ノウハウを移管および共有する能力と、世界中の顧客にベスト・ソリューションを提供する能力を武器にしている企業に利用される。グローバルな組織構造は、事業分野と地域という2つの側面でかなりの調整を必要とする。採用や給与体系など、組織全体に関わる業務と方針は本社で決定される。例：マッキンゼー・アンド・カンパニー、シティバンク。

出典：Gary Loveman, "The Internationalization of Services: Four Strategies that Drive Growth Across Borders," Boston: Harvard Business School, Note 897-081, 1996.

4　会計責任の階層

　これまでの議論から明らかなように、人や経営資源の各組織への割り振りには、必然的に選択が伴う。企業は、組織を機能、顧客、地域のいずれを基準にしてくるか選択しなければならない。しかしその選択を行うには、通常、組織内の階層を考慮しなければならないので、この問題は複雑なものとなる。いかなる組織でも、ある部分は機能別に組織され、別の部分は市場別に組織されている。

　組織設計の土台となるのが、マーケティング・販売、生産、経理、R&Dといった機能別組織である。図3-1は、中堅の一般消費者向けラジオ・メーカーの機能別組織を示している。

　この組織は機能別に編成されてはいるが、マーケティング機能はそれぞれ異なる地域を担当する3つの別個のユニットに分けてもよい。すなわち、各ユニットがそれぞれ、北アメリカ、ヨーロッパ、アジア太平洋の販売・マーケティングの責任を負うのである。この場合の組織図は、図3-2のようになるだろう。

　図3-1、3-2はいずれも、単一事業を営む組織を表している。しかし、より大きな多角化企業では、この事業が、製品ごとに編成されたいくつかの事業の1つと

図3-1 機能別組織

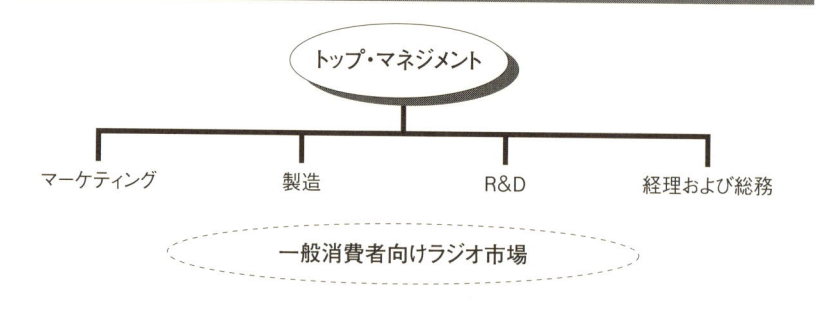

```
         トップ・マネジメント
    ┌──────┬──────┬──────┐
マーケティング  製造   R&D   経理および総務

         一般消費者向けラジオ市場
```

図3-2 マーケティング部門を拡大した機能別組織

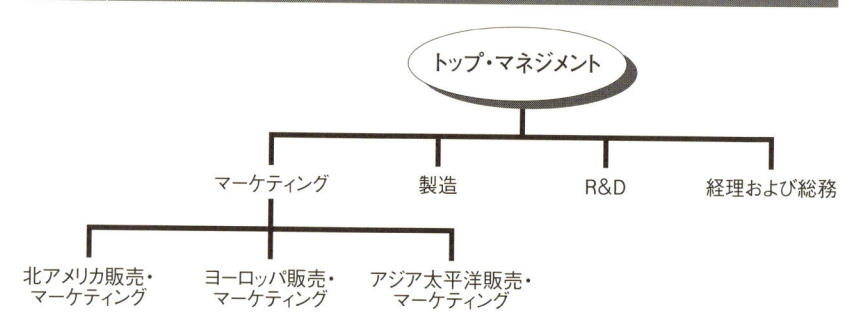

```
              トップ・マネジメント
       ┌────────┬────────┬────────┐
   マーケティング   製造      R&D    経理および総務
   ┌────┬────┬────┐
北アメリカ販売・  ヨーロッパ販売・  アジア太平洋販売・
マーケティング   マーケティング   マーケティング
```

図3-3 製品別組織

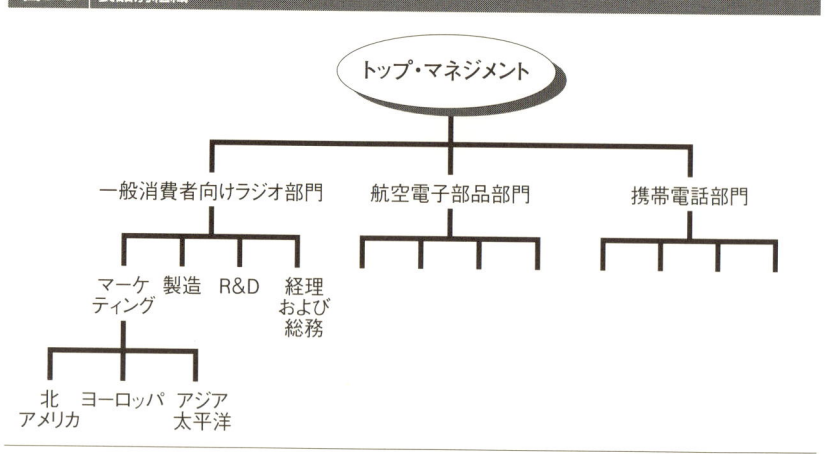

```
                  トップ・マネジメント
         ┌────────────┬────────────┐
   一般消費者向けラジオ部門   航空電子部品部門   携帯電話部門
   ┌────┬────┬────┬────┐
マーケティング 製造 R&D 経理および総務
   ┌────┬────┐
  北アメリカ ヨーロッパ アジア太平洋
```

第Ⅰ部 戦略実行の土台

してとらえられる。このケースを表しているのが図3-3である。この図は、ラジオ、航空電子部品、携帯電話の3製品の事業から成る企業の組織を表している。いずれの事業部も機能別に組織されている。そして各事業部の販売・マーケティング部門は、さらに地域別ユニットに分けられている。

これらの基本組織が混成しているケースもありうる。たとえば、フォード・ヨーロッパは国ごとに販売会社を設立している（市場別組織）が、同時に、全ヨーロッパ市場向けに乗用車とトラックを生産する大規模な製造部門も持っている（機能別組織）。

組織の分け方の選択肢——機能別あるいは市場別——並びにワーク・ユニットの階層について見てきたが、そこで頭に浮かぶのは「では、最適な組織形態をどのように選択すればよいか」という疑問だろう。これまでの例が示しているとおり、人や経営資源のくくり方には多くの異なった方法がある。しかし、これらの選択肢を評価するにあたっては、システマティックな方法がある。

5　専門化と市場対応力

分析を進める手始めとして、まず、ワーク・ユニットの設計において、すべてのケースに当てはまる2つの普遍的な原則について見てみよう。第1は、いかなる企業も——たとえどのような構造であっても——全体として見れば市場別組織である、ということである。前章で述べたように、企業のミッションと戦略は、顧客に対して価値を創造し、他とは差別化された製品やサービスを提供することに主眼を置いている。図3-1に描かれている一般消費者向けラジオ・メーカーは機能別に組織されているが、全社レベルで見た場合、すべての事業活動は一般消費者向けラジオを製造・販売することに向けられている。全社として見れば、企業は市場別組織なのである。

第2の原則は、組織の最下層においては、専門化を実現するためにすべての業務活動が機能別にくくられている、ということである。この原則は巨大企業にも当てはまる。売上高数千億円規模の多角化企業でも、その組織の土台には、生産、研究、経理といった機能別の専門組織が存在している。したがって、経営者がしなければならない基本的な選択は、組織の上部と土台にはさまれた中間レベルの

組織構造をどうするかである。その際、自問しなければならないのは、「どのような場合にワークプロセスに基づき、どのような場合に市場に基づいて人や資源を割り振ればよいか」である。

各選択肢、つまり機能別組織や市場別組織は、それぞれ異なるメリット、デメリットを持っている。機能別組織のメリットは主として専門化によって得られるもの、すなわち生産、R&D、マーケティング、流通における規模の経済や範囲の経済である。これらの経済性がより高い効率と効果をもたらし、コスト低減や高品質をもたらすのである。

一方、市場別組織のメリットは、顧客や競合への対応力の向上である。コルゲート・パルモリブのような一般消費財メーカーの多くは、市場環境の変化に対する反応が非常に早く、市場シェアを守るために、いち早く新製品を投入したり、素早く価格や販売活動、パッケージを変更できるようになっている。

あるユニットのメンバー全員が、その担当業務にかかわらず、たった1つの製品、顧客、地域に特化していれば、ワーク・ユニットの全エネルギーをそれらについての情報収集に注ぐことができる。そしてこうした情報は、刻々と変化する市場での脅威や機会に迅速に対応し、素早く資源を投入することに役立つ。

しかし、ここには見落とすことのできないトレードオフがある。組織の効率性、あるいは市場対応力を最大限に高めることはできるが、その両方を同時に達成することは不可能なのである。複雑なマトリックス組織でない限り、経営者はどちらか一方を選択しなければならない。(注3)では、どのように選べばよいのだろうか。

簡潔に言えば「専門化によるメリットが市場対応力によるメリットよりも大きいとき、経営者は機能別組織を編成する」となる。企業戦略が規模の経済や範囲の経済——低価格、高品質、金をかけたR&D、安定した流通システムなどの業績変数を改善すること——を狙っている場合、経営者は機能別組織を選択する。メルクのような大手医薬品会社は、R&D、生産、販売における専門化によるメリットを享受するため、ほぼ例外なく機能別組織を採用している。専門化こそが、彼らにとって成功のカギなのである。

この原則は、一般化してすべての組織に適用できる。「いかなる組織においても、専門化によるメリットが市場対応力によるメリットを上回っている限り、組

(注3) マトリックス組織の性質については、Chris Bartleft and Robert Simons, "Asea Brown Boveri," Boston: Harvard Business School, Case No. 192-139, 1992.を参照。

織は機能別に編成される。この傾向は、組織の中枢から遠いほど当てはまる」。
一般的に、組織の最下層部においては、専門化のメリットは市場対応力のメリットより勝っている。たとえば生産部門では、専門知識と専用の経営資源を1つに集約することによるメリットが、市場情報収集や市場対応力のメリットを上回っている。だからこそ、ほとんどすべての工場は機能別に組織されているのである。この部門の中核にいる人々は、通常、顧客や市場と直接の接点を持たない。それゆえに、生産部門に所属するだれもが最高品質の製品を最小コストで製造することに全力を挙げることができる。もし組立ラインの責任者が勤務時間の50％を顧客や研究者との面談に割かなければならないとしたら、どうなるだろうか。専門化のメリットが失われるだけだ。それによって、顧客ニーズへの対応力を向上させたとしても、そこから得られるものはほとんどない。顧客や研究者との接触という任務を遂行するのに、より適した部門はほかにある。管理部門においても、専門化のほうが重要である。専門知識や訓練によるメリットが市場対応力によるメリットを上回っているため、経理、法務、人事といった管理部門は通常、業務内容ごとに編成されているのである。

しかし、組織の階層を上がっていくと、ある段階で市場対応力の必要性が高くなる。「市場対応力のメリットが専門化のメリットを上回る場合、経営者は（製品、顧客、地域といった）市場別の事業ユニットを編成する」（だからこそ、市場の競争環境にさらされている企業は、総体として常に市場別組織になっている）。市場別組織から得られるメリットは、主として、顧客にさらに集中できることと、製品・サービスの差別化によって顧客に価値を提供する能力が強化されることだ。市場別組織の事業ユニットは、持てる経営資源をうまく組み合わせて顧客の要望に応え、競争環境の変化に対応することに全エネルギーを注ぐことができる。たとえば、ネスレのようなグローバルな食品会社は地域別に組織されている。食料品に求められる風味やパッケージは地域ごとに大きく異なるからだ。こうした事業を担当しているマネジャーは、担当市場のニーズに応えられなければならない。地域別組織は、競争市場の動向を素早く調査・分析し、その情報に基づいて行動を起こせるように設計されているのである。

これら専門化あるいは市場対応力のメリットは、それに伴うコストなしには得られない。こうしたコストは主に、調整、統制、学習のための情報発信と情報活用が必要となることから生じる。機能別組織における専門化には、相互依存性の

高い業務プロセス同士の統合が必要である。販売予測は生産計画と連動させなければならない。R&D費用を見積もるにあたっては、生産段階での試作品製作コストも考えなければならない。マーケティング計画を立てるにあたっては、需要の急増に問題なく対応できるよう、在庫水準との調整を図る必要がある。文字どおり何千と行われている日々の決断や行動は、専門業務の効率性を最大限に高めようと努めている各機能別ワーク・ユニット間の調整の下に行われなければならない。こうした状況下において上級マネジャーは、業績評価システムと統制システムが、異なる専門ユニット間でのインプットとアウトプットを効果的に調整できるようにしておく必要がある。

　また、各機能が独立したユニットとして存在している場合、新しいアイデアやイノベーションが十分に共有されていなかったり、効率性を追求するあまり創造性や学習が犠牲になっていることもありうる。

　独立した機能別組織間のインプットとアウトプット、情報の流れをうまく調整するには、正式な「事業計画」と「予算案」が必要である。上級マネジャーは許容できる成果水準を明示するため、定量的・定性的な業績目標を設定する。マーケティング、R&D、調達、生産部門のアウトプットは、社内で（他部門に）移転する際に市場価格で評価することが難しい。そのため、マネジャーは各機能別ユニットが、使用している経営資源に見合った価値を生み出しているかどうか、その費用の多寡をモニターする必要がある。しかし、こうしたモニター・システムは情報の発信に労力を要するうえ、経営陣の関心を割かなければならず、手間がかかるものである。

　市場別組織の場合は、社内調整のシステムにそれほど資源を投入する必要はない。成果水準は製品やサービスを市場に提供することで自然に設定される（たとえば、市場シェア、収益の伸び、粗利など）ので、事業に使用した資産に見合っただけの利益を上げているかどうかを基準に業績を評価できる。マネジャーは、コスト項目を1つひとつチェックする代わりに、十分なリターンを上げているかどうか、利益計画とその達成状況を見ていればよいのである。

　しかし、市場別組織の場合にも、業績評価システムと統制システムは2つの面で手間がかかる。第1に、社内の他部門が学習できるよう、市場情報やベスト・プラクティスのノウハウを伝達することが必要不可欠である。ある市場別部門から別の部門へベスト・プラクティスや知識を移転できないのであれば、これらの

事業部が同じ企業に存在している意味はない。したがって、組織内の縦横——より上層のマネジャーおよび他部門——に情報を伝達する仕組みをつくるための投資が必要となってくる。

　第2に、市場別組織内で製品のやりとりがある場合（たとえばあるユニットの製品が別のユニットの原材料となっている場合）、社内移転価格についてのシステムを構築・管理しなければならないこともコスト要因となる（こうした「社内移転価格メカニズム」については第8章で詳述する）。

6　会計責任範囲と管理範囲

　本章ではここまで、企業の組織図に描かれている組織構造、つまりどのような部局から全社が成り立っているかについて論じてきた。これらの指揮命令系統は、機能や事業部を結ぶ実線で表されている。しかし我々は、組織構造において最も重要な要素、すなわち業績目標と戦略を達成する責任を負ったマネジャーをまだ考慮に入れていない。マネジャーこそが、事業活動において部下に指示を出す公式の権限を持つとともに、企業のために価値を創造する最終的な責任を負っているのである。縦の実線は個々のマネジャーの会計責任を表している。

　このことを勘案して、機能やワーク・ユニットのつながりだけではなく、個々のマネジャーの指揮命令系統をより正確に見るために、組織図を描き直してみよう。図3-4は、ヨーロッパの販売・マーケティングを担当する地域統括マネジャーが、マーケティング担当副社長に報告し、同副社長は社長に報告することになっていることを示している。

　いかなる組織図の背後にも、重要な3つの「範囲」がある。これらは業績評価システムと統制システムを理解するうえで欠かせない。すなわち、管理範囲、会計責任範囲、関心範囲である。これから見ていくとおり、（前節で論じた）ワーク・ユニットのグループ分け、管理範囲、および会計責任範囲は、いずれもマネジャーの関心範囲（彼らが何に関心を払うか）に影響を及ぼすドライバーである。

管理範囲と会計責任範囲

　個々のマネジャーの指揮命令系統に基づいて組織図が描かれている場合、個人

間を結ぶ実線は各マネジャーの**管理範囲**（span of control）を表している。管理範囲とは、何人が、またどの部下および機能別部署がそのマネジャーに報告を上げるか、ということである。要するに、管理範囲は、あるマネジャーの直接の統制下にある資源を人員やワーク・ユニットという形で表している。また管理範囲は、多くの人員や広範な資源を含む大きな場合もあれば、ごく少数の人員やわずかな資源を伴うだけの小さな場合もある（図3-5参照）。

しかし、組織図に表されている管理範囲だけでは十分ではない。管理範囲により、だれがだれに報告するかという指揮命令系統はわかるが、何について責任を負うかについてはわからないからである。この点を解決するためには、もうひとつの概念である**会計責任範囲**（span of accountability）が必要である。会計責任範囲は、「あるマネジャーの業績を評価するための業績評価指標の範囲」を示している。最も基本的なレベルでの会計責任範囲は、あるマネジャーが責任を負う財務諸表上の項目について規定するものである。(注4)たとえばマネジャーは、損益計算書や貸借対照表のいくつかの数字について会計責任を持つこともありうる。あるマネジャーは売上げにだけ責任を負っているかもしれないし（販売・マーケティング担当マネジャー）、コストのみ（製造工場長）、利息・税引前純利益（ある製品部門のマネジャー）、あるいはROA（自部門の貸借対照表を統制している独立した事業のマネジャー）に責任を負う場合もある。ここでは、財務的な責任のうち最も

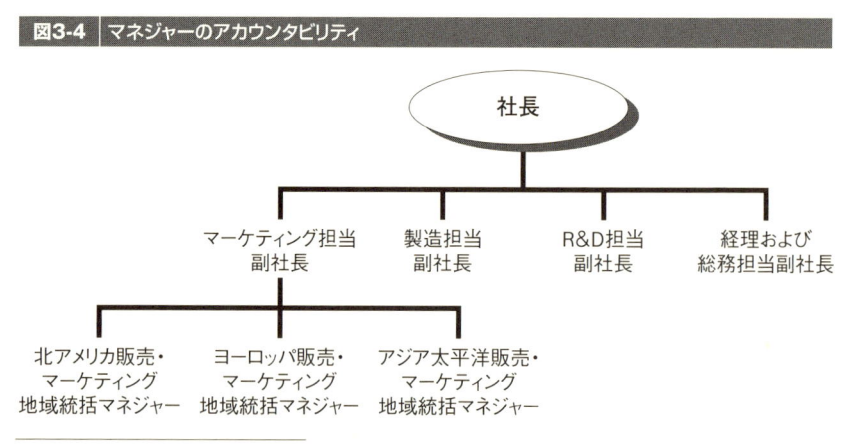

図3-4 マネジャーのアカウンタビリティ

```
                              社長
       ┌──────────────┬──────────────┬──────────────┐
  マーケティング担当    製造担当      R&D担当     経理および
      副社長          副社長        副社長    総務担当副社長
  ┌──────┼──────┐
北アメリカ販売・ ヨーロッパ販売・ アジア太平洋販売・
 マーケティング   マーケティング   マーケティング
地域統括マネジャー 地域統括マネジャー 地域統括マネジャー
```

(注4)「アカウンタビリティ範囲」の概念は、非財務的な目標や業績評価指標にも同様に適用できるが、この点については後の章で議論する。

よくある2つ、「コストセンター会計責任」と「プロフィットセンター会計責任」について考えてみよう。

コストセンター会計責任：多くの企業において、コストセンターはワーク・ユニットの会計責任範囲のうち、最も狭いものである。コストセンターのマネジャーは、自らのワーク・ユニットの支出にのみ責任を負っている。一般的にコストセンターのマネジャーは経費予算を与えられ、その制約のなかであるレベルの製品やサービスを生産することを求められる。そのためには、コストセンターのマネジャーは、損益計算書の特定の費用項目だけに目を配っていればよい。ほとんどの機能別組織――メール室、生産工場、研究所、内部監査室――はコストセンターに位置づけられる。

プロフィットセンター会計責任：プロフィットセンターのマネジャーは、コストセンターのマネジャーよりも幅広い会計責任範囲を持っている。彼らは費用だけでなく、売上げや、ときには資産にも責任を負っている。いかなるワーク・ユニットも、損益計算書上の売上高と費用に責任を負っていれば、プロフィットセンターとなりうる。たとえば、情報システム部がその業務サービスの対価を他部署に請求したり、組立工場が製品やサービスによって売上げを得ていれば、それらはプロフィットセンターである。

ここで得られる重要な示唆（詳細は第5章で分析する）は、プロフィットセンターのマネジャーは、利益目標を達成するために費用と収益のどちらかを選び、どちらかを犠牲にする、すなわち、トレードオフの取捨選択を迫られる。コストセンターのマネジャーがコストを抑えること（あるいは与えられたインプットから

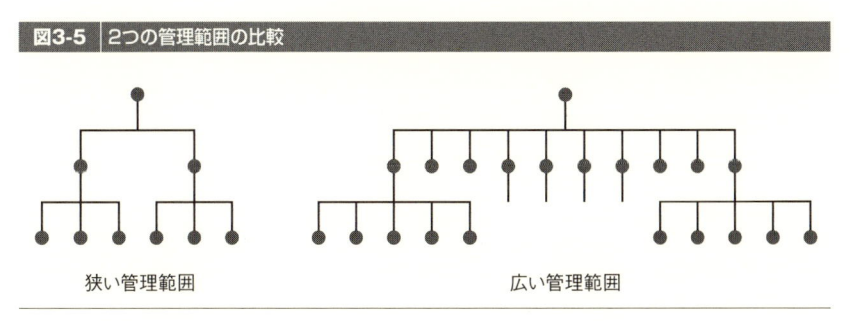

図3-5　2つの管理範囲の比較

狭い管理範囲　　　　　　　　広い管理範囲

最大限のアウトプットを出すこと）だけに注力すればよいのに対し、より広い会計責任範囲を与えられているプロフィットセンターのマネジャーは、費用水準が売上げや利益に与える影響を考慮しなければならない。たとえば、収益を拡大するために（たとえば広告を増やすといった）費用を増加させる決定を下すこともあるだろう。

　すべてのプロフィットセンターのマネジャーは、その定義上、損益計算書に責任を負っているが、会計責任範囲は、企業やプロフィットセンターによって大きく異なりうる。マネジャーが売上げ、費用、純利益の管理にのみ責任を負っている場合もあれば、それらに加えて当該ユニットの貸借対照表に表される資産の有効活用度について責任を負っている場合もある。後者の場合、マネジャーは最も広範な会計責任範囲を持っているといえる。本質的に、マネジャーは、担当するワーク・ユニットを1個の完全な独立事業として運営することに責任を負っているのである。すなわち、マネジャーは収益と費用の間のトレードオフだけでなく、使用する資産にかかるコストと、それらが事業にもたらす価値のトレードオフも選択しなければならないのである。

Column●GEにおける管理範囲

　1981年、ジャック・ウェルチはGEのトップに就任した。5年後、彼は14あった事業を、中核製造業、技術集約的製品、サービスという3つの「戦略的サークル」に分類した。ウェルチのリーダーシップの下、GEはほぼすべての市場において、しかも全世界的規模で、1位あるいは2位を目指すという目標を達成した。

　さらに困難だった次のステップは、全社のコミュニケーションおよび意思決定プロセスを合理化することだった。ウェルチはまず、中間管理職層を取り払い、14ある各事業が彼自身または数人の副会長に直接報告する形に改めた。ウェルチはこう主張した。「職層は弱さを隠し、凡人を隠す。私は、過重な負荷をかけられ、過度の緊張を強いられている上級役員こそ最良の経営陣だと、固く信じている。なぜなら、彼らには干渉したり、些細なことにこだわったり、部下の邪魔をしたりする時間がないからだ」

（注5）貸借対照表に責任を負っている場合、それはすなわちROIに責任を負っていることであり、それを表すために「インベストメントセンター」と称している教科書もある。しかし、こうした例は実際にはほとんど見られず、多くの企業は本書で定義したとおり、「プロフィットセンター」という用語を使用している。

出典：Noel Tichy and Ram Charan, "Speed, Simplicity, Self-Confidence: An Interview with Jack Welch," *Harvard Business Review* (September-October 1989): 112-120. (邦訳「GE会長ジャック・ウエルチが語る経営革新の原理、スピード、簡単、自信」『DIAMOND・ハーバード・ビジネス・レビュー』1990年1月号)

7　関心範囲

　我々は、上級マネジャーが組織を編成する際に着目すべき3つの構造設計上のドライバーを検討してきた。第1が「ワーク・ユニット」——専門化あるいは市場対応力を促進するための機能別あるいは市場別でのグループ化、第2は「管理範囲」——あるマネジャーの直接の統制下にある部下や経営資源、第3が「会計責任範囲」——あるマネジャーが上司に対して責任を負う業績評価の範囲、である。これらを理解したうえで、大切なポイントに進むことにしよう。これら3つのメカニズムは、1つの基本的な目的、すなわち**関心範囲**（span of attention）に影響を及ぼすために用いられるのである。関心範囲とは「あるマネジャーの視野のなかにある活動領域」のことを指している。関心範囲は、ある個人が何についての情報を収集し、何に影響を及ぼすように努めればよいかを定めるものである。要するに、人々が何に気をつけ、何に注意を払えばよいか、ということである。後の章で触れるが、もし利益目標や戦略を成功裏に達成しようとするのであれば、マネジャーは組織内のあらゆるレベルにおいて、関心範囲に影響を及ぼすことができなければならないのだ。

　管理範囲や会計責任範囲と同様に、関心範囲にも広いものもあれば狭いものもある。たとえば、関心範囲の狭い工場長は、工場外のことについてはほとんど関心を持たないかもしれない。その代わり、自分の工場で生産された製品の顧客満足度については、心底気にするだろう。同様に、関心範囲が狭いR&D担当のマネジャーは、会社の成長にはあまり関心がないかもしれない。その一方で、ある特定の研究プログラムに没頭しているか、あるいは、翌年の顧客需要がどのような技術ニーズをもたらすかに興味を抱いているかもしれない。

　関心範囲は、その本質において、管理範囲とも会計責任範囲とも異なる。管理範囲と会計責任範囲は、トップダウンで与えられるものであり、上司によって決

定される。部下の報告先や業績評価基準を定めるのは上司である。それとは対照的に、関心範囲は、個々のマネジャーから派生するものだ。なぜなら、すべての従業員とマネジャーは、何が重要だと思うかを自ら判断しなければならないからだ。しかし、そうは言っても、関心範囲も上司の影響を受けることになる。

個々のマネジャーにとっての関心範囲は、これまでに触れた3つのドライバーによって決定される。それらは、①所属するワーク・ユニット、②直接の統制下にある従業員と機能、③上司に対して負っている業績指標、である。次に、それぞれが関心範囲にどのような影響を及ぼすかを簡単に見てみよう。

ワーク・ユニットの設計→関心範囲：一般的に、人は自らのユニットの業務には多大な関心を払うが、その他の業務についてはほとんど関心を示さない。これまで論じてきたように、ワーク・ユニットとは、機能の専門化あるいは市場への対応に集中するために組織化された人々の集団である。ワーク・ユニットに所属する人々は、共通の目標に向かって働く。目標とは、最新かつ最高の技術を世界中のラジオ製品に導入すること（機能の専門化）であったり、東ヨーロッパの政府機関にサービスを提供すること（市場特化）だったり、全社のためにできるだけ効率的に会計処理を行うこと（機能の専門化）であったりする。業界の見本市への参加や、会議、報告、廊下での立ち話に至るまでが、所属するワーク・ユニットにどのような業務と目標が与えられているかによって決定される。

管理範囲→関心範囲：管理範囲は、マネジャーの視野内における活動領域を規定する強力な決定要因である。マネジャーは、人、機能、ワーク・ユニットといった直接統制が及ぶ経営資源を使い、事業目標を達成する。彼らは、これらの資源を効果的に展開するにはどうしたらよいかを慎重に考えなければならない。そのためには、報告を上げてくる部下のニーズに注意しなければならない。目標を設定し、資源を割り当て、仕事ぶりをモニターし、業績を評価しなければならない。これらの作業や、何回にも及ぶ打ち合わせ、電話や電子メールでのやりとりなどは、上司と部下の関係を支えるために必要ではあるが、非常に多くの関心を必要とする。

会計責任範囲→関心範囲：関心範囲は会計責任範囲の影響を受ける。というの

は、マネジャーは、彼らが評価を受ける対象に注意を払うからだ。古い言い回しにあるように、「評価されるものは、管理される」のである。もし上司が部下に全精力と関心を売上拡大に注いでほしいと思えば、売上目標を達成する責任だけを負わせるだろう。また、広告宣伝費と売上増加とのトレードオフに関心を向けてほしいと思えば、損益計算書の純利益に責任を持たせるだろう。部下の全エネルギーを最も生産的な資産の使い方に集中させたいと思えば、ROAを業績評価指標とし、損益計算書と貸借対照表の双方の内容に責任を負わせることだろう。

関心範囲と組織設計

　関心範囲をいかに形成するかは、組織設計の主な目的の1つである。組織編成は、業務時間を割り振るべき仕事が数多くあるなかで、従業員が最もやるべき仕事に集中するように仕向けるためにマネジャーが使用する、基本的なツールの1つである。関心範囲は、だれが何に気を配ればよいかを決定する。利益目標と戦略は、部下が重要な任務に十分な時間と関心を向けるようマネジャーがうまく動機づけを行うことで、初めて達成されるのである。ワーク・ユニットに与えられた業務、管理範囲、会計責任範囲によって決定される関心範囲は、成功の方程式の重要な要素である。

　関心範囲は、集権化と分権化の概念の中核に位置している。**集権化組織**（centralized organization）は、ユニット・マネジャーの関心の範囲を狭くするように設計されている。それは、集権化組織において上級マネジャーは、部下が余計な情報や出来事に惑わされ、専門化による効率の最大化から注意をそらすことのないようにしたいと考えているからである。ユニットは概して機能的専門性によってグループ分けされ、コストセンターとして位置づけられユニット・マネジャーは損益計算書のほんの一部分に責任を負う。個々の機能と事業活動の調整は、より上位レベルのマネジャーの手に委ねられる。したがって集権化組織では、損益計算書と貸借対照表の勘定科目間のトレードオフについては組織のトップの責任となり、個々の機能が1つになってプロフィットセンターを形成することとなる。

　対照的に、**分権化組織**（decentralized organizations）はマネジャーが広範な関心範囲を持つように設計されている。顧客や市場に対する迅速かつ機敏な対応が求められる事業戦略をとっている場合、分権化組織は必須である。分権化組織においては、ワーク・ユニットは市場別に編成され、各ユニットの所属員は顧客や市

場と直接対峙することになる。損益計算書や貸借対照表の主な勘定科目間のトレードオフについての責任は、より低い職位の者に委譲される。これら低位のユニット・マネジャーは、プロフィットセンターを運営することになる。彼らは広い範囲にわたる業務活動のさまざまな目的を最大化すべく、取捨選択を行う。また管理範囲も広く、多くの部下と部署が1人のマネジャーに報告することになる。

◆───本章のまとめ

　利益目標と戦略を達成するためには、どのように組織を編成すべきかを決めなければならない。組織がうまく機能するかどうかは、業務と情報の流れいかんにかかっている。組織の関心に影響力を及ぼし、すべての従業員が共通の目標に向かって努力するように仕向ける、構造に関わる主たるツールは、ワーク・ユニットの設計、管理範囲、そして会計責任範囲である。
　しかし本章で見てきたように、ワークフローと会計責任を支える情報の流れを導入するまでは、組織構造は静的な概念にすぎない。計画、目標、および結果を設定し、それらについての情報が伝達される必要がある。顧客、市場、競合、業界でのベスト・プラクティスについての情報を収集し、蓄積し、社内に周知しなければならない。とりわけマネジャーは、共通の事業目標を達成しようと努力していくなかで、すべての人々が共に働き、共に学ぶことができるよう、一貫性・信頼性のある情報チャネルを確保する必要がある。次章では、この点について見てみよう。

第4章
業績評価と統制のための情報活用
Using Information for Performance Measurement and Control

◆

　情報は、あらゆる企業、非営利組織において、組織を円滑に管理していくために必要不可欠である。経営者が利用できる情報の質と量は、組織の健全性を表す1つのバロメーターである。組織が利用できる情報が十分になければ、経営者は目標を有効に伝達する方法を持たず、直感に基づいて意思決定を下さざるをえない。経営に関連する情報を素早く分析できる組織の経営者は、将来の計画を立て、方向性を効率的に伝え、現れる脅威や機会により適切に対応できる。

　業績評価システムと統制システムの主な目標の1つは、**事実に基づく経営**（fact-based manage-ment）を実現することである。つまり、直感や勘に頼る経営から、信頼できるデータや事実に基づく経営への移行である。シャーロック・ホームズも「データを得る前に空論に耽けるのは大きな間違いだ」と言っている。次章から始まる第Ⅱ部では、業績評価・統制に関する情報を、事実に基づく経営を実現するためのツールとするための技術や分析方法について学んでいく。

　情報（information）の定義にはさまざまなものがある。辞書の定義では、情報とは「知識や知恵の伝達や受容」となるだろう。**サイバネティクス**（cybernetics）と呼ばれる学問領域は、情報そのものと、フィードバック・プロセスにおける情報の利用について研究している。フィードバック情報は、生命系・非生命系を問わずさまざまなシステムを制御するのに使用される。これらのシステムには、生物学的システムや、機械的、電気的、組織的システムなどがある。本書が対象とするのは、「組織的システムの制御」である。

図4-1は、戦略実行と利益目標の達成という観点から、優れた経営を実践するために必要となる主要な情報の流れを示している。

通常、組織内での情報は経営者に向かって流れるもの、つまり、彼らが事業運営の状況を把握するためのものだと考えられる。たとえば、予算との差異はマネジャーがその状況をフォローアップし、解決策を実行するために報告される。生産データは、経営者が重要なトレンドをモニターするために収集、報告される。注文残高は、重要な目標が達成されているかどうかを確認するために経営者に報告される。

戦略実行の見地からすると、情報は2つのタイプに分けられる。目標の達成度合いに関する情報と、機会と脅威に関する情報である。双方ともフィードバック（feedback）、すなわち、実際の出来事や結果と事前に設定した期待値や基準値を比較した情報を与えてくれる。この情報は経営者にとって必要不可欠なものである。なぜならこの情報によって、自社のケイパビリティと競争環境の変化に基づくSWOT分析を実施し、戦略を見直すことが可能になるからである。

しかし、フィードバックだけでなく、マネジャーから従業員に向かって流れる情報にも役割があり、必要不可欠である。第1に、マネジャーは従業員に対し、

図4-1 戦略実行と利益目標の達成に必要な情報の流れ

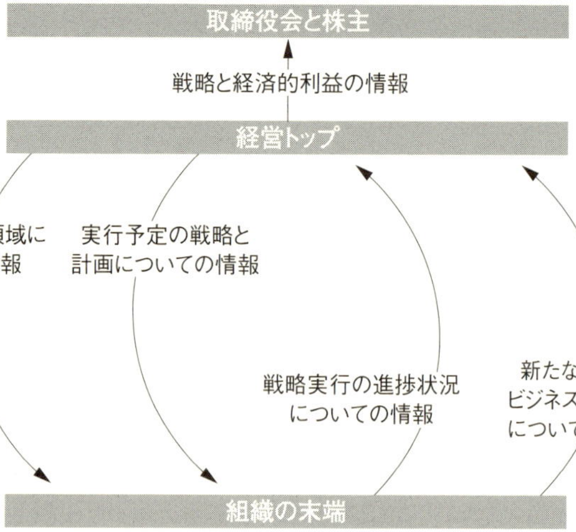

```
               取締役会と株主
                    ↑
           戦略と経済的利益の情報
                    ↑
                経営トップ
      ↓          ↓         ↑
戦略的事業領域に  実行予定の戦略と  
ついての情報    計画についての情報
                              
             戦略実行の進捗状況   新たな脅威と
             についての情報      ビジネスチャンス
                              についての情報
      ↓          ↓         ↑
                組織の末端
```

出典：Simons, *Levers of Control*: 6.

市場のどのセグメントでどのような事業活動を展開し、経営資源を投入していくかを周知させなければならない。ボストン・リテールは、紳士服市場に進出するのか。あるレコード会社であれば、クラシック音楽に資源を集中するのか、それとも若者向けの音楽に集中するのか、あるいは両方か。自動車部品メーカーは自動車メーカーをターゲットにするのか、自動車用品チェーンをターゲットにするのか。

　第2に、マネジャーは事業戦略を明確に伝えなければならない。どのように価値を創造し、競合他社との差別化を図ろうとしているのか。顧客に対して創出しようとしている価値の本質は何か。価格で競争するのか、それともほかの要素で差別化していくのか。従業員たちは、経営者がいかなる理由でこうした選択に至ったかを明確に理解していなければならない。

　第3に、マネジャーは計画と目標と、そこに至る道程を伝えなければならない。第3四半期にはどれだけの利益を上げなければならないか。どの程度の売上げと市場シェアの増加を期待しているのか。事業計画を達成するためには、来年度中に何店舗を新たに出店する必要があるのか。こうした情報の流れは、従業員が短期の事業目標を明確に理解し、その達成に貢献するために決定的に重要である。

　最後に、マネジャーは、戦略を実行していく際に必要不可欠な、支えとなる自分の上司や外部関係者に対しても、これらの戦略や業績目標を伝えなければならない。外部関係者とは、銀行その他の短期的な資本提供者、長期資本の提供者である投資家、投資アナリスト、製品やサービスの生産や流通において重要な役割を担うサプライヤーや提携企業などのことである。さらに取締役会も忘れてはならない。マネジャーは、戦略と実行計画を取締役会に諮り、了承を得なければならない。

　マネジャーが業績評価と統制のために、情報を効果的に活用するうえで重要な3つの論点を、本章では紹介する。

1．組織プロセスのインプット、プロセス、アウトプットから測定対象を選択する際に常に生じるトレードオフ。
2．経営情報を意思決定、統制、学習に利用することによる影響と意味合い。その選択が意味するもの。
3．経営情報を利益目標と戦略を達成するために用いるときの問題点。

1 組織のプロセス・モデル

　業績評価システムと統制システムのための情報を理解するためには、基本となる組織のプロセス・モデルを設定しなければならない。言い換えれば、インプットがアウトプットに変換されるプロセスを理解しなければならない。あらゆる組織プロセスは以下の要素に分解できる。①製品やサービスを生み出すために必要な情報、原材料、エネルギー、労働、サポート・サービスなどのインプット、②これらのインプットを消費して価値あるものを創造・維持するための変換プロセス、③中間物または最終生産物としての製品・サービスといったアウトプット。このプロセス・チェーンを図4-2に示した。以下の例を考えてみよう。

- ボストン・リテールの店員が入荷したセーターの箱を開け、値札を付け、在庫記録を更新し、陳列棚に商品を置いたとしよう。この仕事でのインプットはセーターと、値札、店員の労力、さらに倉庫と物理的な陳列スペースだと考えられる。ここでの変換プロセスは、値札付け、記録の更新、倉庫から店頭への商品の移動である。アウトプットは、値札が付き、分類され、いつでも販売できる新しい商品である。
- 自動車組立ラインは、部品、光熱等エネルギー、コンピュータの指示をインプットとして受け取り、自動車が組立ラインを進み、備品やエンジンが取り付けられていくプロセスのなかでそれらを変換する。ラインの最後に、アウトプットとしての完成車が生み出される。

図4-2 ｜ インプット→プロセス→アウトプット・モデル

インプット ──────→ プロセス ──────→ アウトプット

- 事業部長が前月の損益計算書を検討する。事業部長は事業部が使用した経営資源、すなわちインプット（原材料、使用した資産の減価償却費、一般経費など）、これらインプットが最終製品に変換されるプロセスの効率（たとえば粗利益率）、そしてアウトプット（売上げや棚卸資産など）に注目して分析を加える。

　この基本的なインプット→プロセス→アウトプットというモデルは一般化できるものであり、機械、工場、個々の労働者、チーム、事業全体のモデルに簡単に応用できる。原則は常に変わらない。すなわち、インプットを消費し、生産プロセスにおいてそれらを変換し、価値あるアウトプットを創出する。アウトプットは、別の組織である川下部門へのインプットである場合もあれば、顧客への製品・サービスの提供である場合もある。

　いずれのケースにおいても、マネジャーは以下のことに責任を持つ。①インプットの種類、質および量が、現状の業務に対して適切であること、②変換プロセスが効率的であること、③アウトプットが求められている仕様に合っていること。こうした責任を果たすために、インプット、プロセス、アウトプットを財務的・非財務的に測定し、モニターするのである。財務的・非財務的な内部指標の例を課題別に示したのが、**表4-1**である。

- 新製品開発（インプット：顧客からの要望、製品の設計、試作品、生産体制の準備など）

表4-1　財務的・非財務的指標の例

	インプット	プロセス	アウトプット
非財務的指標			
（a）新製品開発	製造時間	出荷目標達成度	新製品売出し
（b）注文処理	電話受付スタッフ数	注文受け時間	注文処理数
（c）部品製造	部品の仕様書	組立時間	正品率
財務的指標			
（a）新製品開発	人件費と原材料費	試作品製造コスト	新製品の売上げ
（b）注文処理	事務員の報酬	注文処理コスト	注文単位当たりコスト
（c）部品製造	材料コスト	組立コスト、修繕費	単位当たりコスト

- 注文処理（インプット：販売促進キャンペーン、注文を入力する事務員、コンピュータ処理など）
- 部品製造（インプット：外注した部品、光熱等エネルギー、機械の処理能力、直接および管理のための労働力など）

こうしたプロセスを適切に統制するには、インプット、プロセス、アウトプットに関する十分な知識がなければならない。もしだれかが「ある週の生産量は1万1642ユニットだった」と言ったとき、これをどう評価するのか。これは良かったのだろうか、悪かったのだろうか。もちろん、判断基準やベンチマークがなければ、評価できないだろう。答えは、予測生産量が1万1000であったか、1万2750であったかによってまったく異なってくる。

したがって、サイバネティック・プロセスによってコントロールするためには、インプット、プロセス、アウトプットに対する理解に加えて、さらに2つの要素が必要である。それは、①実際の業績結果の比較対象となる基準やベンチマーク、②期待値との差異に関する情報を伝達し、対応するためのフィードバック・チャネルである。サイバネティック・コントロール・モデルに必要不可欠なこれら2つの要素を図4-3に示した。

アウトプットに対する**基準**（standard）や**ベンチマーク**（benchmark）は、期待する成果を公式に表したものである。事前に設定する業績基準は、測定可能なさまざまなデータに対する効率性、実効性の基準として設定される。こういったデータには、原価会計データ、品質管理データ、予算・利益計画、生産データなどがある。

基準を事前に設定することで、インプットがいかに効率的にアウトプットに変

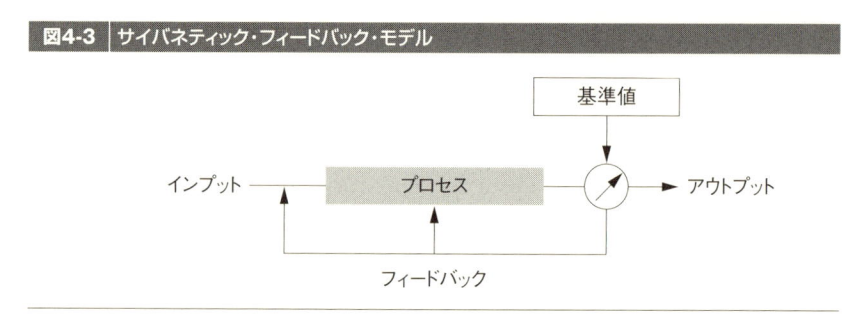

図4-3 サイバネティック・フィードバック・モデル

換されたかが分析できる。ボストン・リテールの店長が、販売員が2時間に162アイテムの商品を棚の上に設置するのを見て、1時間75アイテムという基準値と比較したとしよう。この比較によって言えることは、過去に比べて努力をしたか、この販売員が並外れて効率的であるかのいずれであろう。自動車組立工場の交替制作業チームのマネジャーは、週間レポートを見て、他の各チームの生産台数と自分のチームのそれを比較する。もし他チームより生産台数が少なければ、その理由を探ろうとするだろう。同様に、事業部長であれば、予算計画上の利益額と実際の利益額を比較し、その差異の大きさを確認するだろう。

しかし、業績基準やベンチマークがあれば十分ではなく、それを活用しなければ意味がない。アウトプットを基準値と比較し、そこから得られる**差異情報**（variance information）をもとに、今後は業績基準が達成されるよう、インプットやプロセスを変更する必要がある。したがって第2の要素として、フィードバック・チャネルが必要になってくる。また、フィードバック・チャネルと共に、インプットとプロセスの変更がアウトプットにどのような影響を与えるかを理解することも求められる。

フィードバックは、アウトプットから得られた差異情報をインプットやプロセスの段階に戻す仕組みである。これによって望ましい業績の維持やシステムの安定性を統制するための調整が可能になる。我々は皆、自動車を運転する際にも、このフィードバック・システムを使っている。スピード・メーター（アウトプット情報）が示す速度とその道路の制限速度（事前に設定された基準値）を比較し、望ましい速度を維持するために、さらにアクセルを踏むべきか、スピードを落とすべきかを決定する（プロセス調整）。多くの自動車に装備されている自動速度制御（オートクルーズ）機能は、このフィードバック・プロセスを自動化し、運転者が常にスピード・メーターを気にしていなくてもいいようにしている。家庭にある冷暖房機のサーモスタットや、工場の生産ラインにある自動制御装置なども同様な働きをする（こういったサイバネティック・フィードバック・システムが経営努力にもたらす効果については、後ほど議論していく）。

業績評価システムと統制システムの背骨となるフィードバック・システムは、さまざまなかたちで利用できる。ボストン・リテールの店長は、優れた販売員の働きぶりに関するフィードバック情報から、他の販売員がより良い成果を上げるためにどのように指導すべきかを学べる。組立ラインの交替制作業チームのマネ

ジャーが生産量不足というフィードバック情報を入手すれば、いままでに行われた改善策を踏まえて、生産の落ち込みについて現場スタッフと話し合える。事業部長は、利益目標を達成するために保守管理費の削減を指示できるようになる。

2　何を統制するかの選択

　もう一度図4-3を見てみよう。①インプット、②プロセス、③アウトプットのどの情報を集めるか、選択する余地があることに気づくだろう。実際、期待どおりの製品・サービスが生み出されるよう、この3つのどの情報に注意を払うかを選択することができ、また選択しなければならないのである。

　たとえば、ボストン・リテールの店長が、販売員が棚の品揃えを一生懸命にやっているか確認したいとき、この店長には2つの選択肢がある。1つは、実際に販売員の行動を観察して、熱心に働いているか確認する方法、もう1つは、後で店員の仕事の成果をモニターする方法、つまり、棚に陳列されたセーターの数を数え、その状態が期待に添うものか確認する方法である。

　組立工場の工場長も2つの選択肢を持っている。1つは、完成した自動車の台数を数えて、生産が計画どおりに進んでいるか確認する方法。もうひとつは、インプットやプロセス自体を継続的にモニターして、自動車が遅滞なく組み立てられていることを確認する方法である。インプット、プロセス、アウトプットのどれに関する情報を集めるかという選択は、業績評価と統制のプロセスにおいて重要な意味を持つ。では、どう選択すればよいのであろうか。

　まず出発点として、「インプットに関する情報は必要だが、統制のためには、それだけで十分ということはめったにない」ことを理解してほしい。たとえば、雇用し、訓練した人々の質や、原材料の品質、部品の在庫レベルには大きな注意を払わなければならない。この傾向は、アウトプットとして得られる価値に対してインプットのコストが比較的大きい場合、たとえば、希少な金属を使用している電気製品やダイヤモンドを使用した宝飾品の製造などにおいて特に顕著である。しかし、高品質のインプットが優れた製品やサービスを保証するわけではない。これらコストの高いインプットが確実に高品質のアウトプットに変換されるためには、その業績評価・統制活動の主眼を、変換プロセスそのものや、生み出され

ているアウトプットに置かなくてはならない。

　マネジャーが望ましいアウトプットがどういうものであるかを理解していると仮定した場合（この仮説が常に正しいものでないことは、すぐ後で議論する）、この（どれに関する情報を収集するべきかという）選択を行う際には4つの基準が考察されなければならない。その4つとは、①モニターと測定の技術的可能性、②因果関係の理解、③コスト、④望ましいイノベーションのレベル、である。

1．モニターと測定の技術的可能性

　モニターと測定の技術的可能性について検討する際には、プロセスを直接モニターすることが可能か、あるいはそれが困難な場合、代替策としてアウトプットを測定することが可能かを判断する必要がある。組立ラインで働く従業員を観察することは難しくない。同様に、マクドナルドの店舗に行って、サービスと清掃のレベルが基準を満たしていることを確認することも難しくない。しかし、ホワイトカラーの中間管理職が会議に出たり、電話に応対したり、顧客を訪問したり、計画や予算を作成している様子を逐一観察するのは現実的には不可能である。同様に、生産物や処理済みの請求書、パイプがまっすぐであるかどうかといったアウトプットであれば数量化し、測定可能だが、顧客からの信用や研究開発の生産性などを測定することは非常に難しい。

　生産プロセスやサービスの様子を実際に観察できる場合にのみ、プロセスを直接モニターするという選択肢が考えられる。小売店の販売員が棚に商品を並べる様子を観察することは簡単であり、また、それによって望ましい陳列状態を実現することもできるだろう。店長が販売員の働きぶりをモニターするのは容易であり、それによって販売業務を円滑に進めることができる。しかし、損益計算書によって事業を管理している事業部長は、収入や支出を発生させている多くの複雑なプロセスそのものを観察することはできない。人間は異なる場所に同時に存在できないからである。財務諸表の背景にある、原材料の調達、製品の生産、売掛金の回収、設備の稼働といった事業活動すべてを観察することは物理的に不可能であり、だからこそこの事業部長はアウトプットに着目しなければならないのである。

　コインの表裏の関係になるが、アウトプットを直接モニターするのは、生産やサービスのアウトプットを正確に測定することが可能なときだけである。たとえ

ば、日次販売報告書から個々の販売員の実績に関する正確な数量データが得られるとする。この販売報告書は、個々の販売員の労力と成果を測るための指標としては十分である。しかし、研究開発者の業務日報などはどうだろうか。この場合、アウトプットを正確に測定することは、少なくとも1日単位では不可能であり、他の方法をとらなければならない。

　このように、場合によっては、どういったタイプの情報を受け取るかという選択の余地を持たないこともある。その場合、他の変数に関する情報が入手不可能であるという理由により、プロセスかアウトプットのいずれかに着目せざるをえないのである。

2．因果関係の理解

　2つめの判断基準は、アウトプットに至る一連の事業活動の因果関係を理解する、という課題に関連している。たとえプロセスを直接モニターすることが可能だとしても、望ましいアウトプットを生み出すのはどの活動なのかを理解していないかもしれない。たとえば、電子検査機器の組立工程での因果関係は明確であろう。部品が適切な質と量で供給され、綿密に策定された組立要領に従って作業員が組み立て、テストすれば、誤作動のない完璧な製品が完成するだろう。設計図面、テスト手順の策定、作業員の訓練、多くの類似製品を生産した実績を鑑み、決められたプロセスに従えば望ましい結果を得られると信じていてもよい。このように因果関係をしっかり理解している状況であれば、容易に情報を集め、プロセスが指示どおりに進行していることを確認できる。

　これとは対照的な例として、大型商業施設建設の契約を獲得する場合を考えてみよう。営業開発チームが1年以上かけてクライアントとの関係をつくり、コストや入札に関するデータを積み上げ、建築家や不動産ブローカーとの共同作業などに携わってきた。このプロジェクトは複雑であるため、案件の受注という目指す結果を勝ち取るために必要な作業や活動を事前に知ることは不可能である。あまりに多くの点が不確かであり、建設会社の経営陣や従業員は、次第に明らかになっていく状況を見ながら、受注の可能性を高めるためにはどうしたらよいかを決定していかなければならない。さまざまな不測の事態への対処方法を記したマニュアルをつくることは不可能である。こうしたケースでは、たとえ作業や活動に関する情報を集められたとしても、事前に決めた活動計画に従えば成功すると

いう確信は得られない。したがって、期待するアウトプットを実現するための因果関係がわかっていないのであれば、プロセスをモニターするために情報を集めることは無駄である。

同じ問題は、創造的な仕事をモニターする際に必ず発生する。研究者、コンピュータソフトのプログラマー、建築家、オーケストラの指揮者などを対象とする場合である。マネジャーが、変換プロセスとアウトプットの間の因果関係を理解してない場合、プロセスをモニターすることは妥当ではない。したがって、ある科学者の研究室での仕事ぶりを直接観察することが可能だとしても、科学者の努力が成功につながることを前提にしてその活動をモニターするのは現実的ではない。研究者の努力と新製品発見の間の因果関係が十分理解できていない以上、その関係をモデル化することも、新製品発見を予測することもまったく不可能なのである。

3．コスト

ここまで説明したような限界はあるとしても、マネジャーはたいてい、モニターする対象としてプロセスかアウトプットのどちらかを合理的に選べる。両方ともモニターできることも多い。このような状況では、プロセスやアウトプットに関する情報を集めるための「相対的コスト」を分析しなければならない。ここで言うコストは2つの要素、すなわち、①情報を収集し、処理するコスト、②情報を集めないことによる機会損失や損害、によって構成される。②のコストは、獲得しようとする結果の重要性によって異なる。

1つの例として、販売員たちの活動状況に関する情報を集めようとするセールス・マネジャーのケースを考えてみよう。セールス・マネジャーは、販売プロセスの妥当性を検証するために、ある販売員のすべての販売活動に同行してモニターすることができるし、販売員の週報を精読して、アウトプットを確認することもできる。では、どちらを選ぶであろうか。マネジャーの時間を考えた場合、週報を利用するほうが、はるかに経済的である。したがってこの方法を選ぶであろう。これは、通常アウトプットをモニターするほうが、プロセスをモニターするよりはるかに少ない時間で済む、という典型例である。他のすべての条件が同一であれば、マネジャーは自分の時間と関心を節約するために、アウトプットをモニターすることを選ぶ。

しかしながら、モニターするのにかかるコストよりも、非常に重要なプロセスを「モニターしない」コストのほうが大きな場合もある。NASAでスペースシャトルの発射を担当しているマネジャーの場合を考えてみよう。選択肢は２つある。１つは、発射担当者が１つひとつのステップを公式の手順に則って進めているかどうか、そのプロセスをモニターすること。もう１つはアウトプットだけを測定する、すなわち発射が成功だったか失敗だったかだけを確認することである。この例では、発射失敗が宇宙開発プログラムに与える影響が非常に大きいことを考慮すれば、マネジャーはプロセスを慎重にモニターするほうを選ぶべきだろう。一般的に、安全性や品質が決定的に重要な基準である場合、マネジャーは、変換プロセスに関する情報を収集して、プロセス自体を直接モニターすることを選ぶものである。

４．望ましいイノベーションのレベル

モニターする対象をプロセスとするか、アウトプットとするかを選択する際の最後の検討事項は、イノベーションへの影響である。経営的な観点から見ると、多くの場合これが最も重要な判断材料である。どちらの選択が、最大のイノベーションをもたらすか、最小のイノベーションにとどまるか。

最もイノベーションを生み出さない選択から考えよう。仕事の遂行方法を詳細に規定しているのが、標準運用手続きや業務規定、マニュアルなどである。これらに基づいて、マネジャーは従業員が期待どおりに働いているかを確認でき、方針や手順を遵守しているかを確認するための情報も定期的に集められる。何をすべきかを指示し、それだけをさせることは、行動の自由を制限することだ。指示された側は実験的な試みを妨げられ、新しいことにチャレンジしたり、現状を変革したりすることができなくなる。したがって、経営者がイノベーションを限定的なものにとどめようとすれば、業務手順を標準化することによってプロセスを統制するという選択を行うだろう。

イノベーションを限定的なものにしたいと考えるのは、どのような場合だろうか。たいていの場合、大きな理由として挙げられるのは、品質、効率、安全に関わる事柄である。品質が何より大切な場合、従業員が品質の低いインプットを持ち込んだり、要求されているレベルのサービスを実行しないリスクは重大である。したがって、バーガーキングのようなファストフードのフランチャイズ・チェー

ンは、ルールや取り組み方を細かく記載した文書によって、主要原材料の最低品質レベルや、標準化された手順、調理時間などを規定する。経営陣は、競争に打ち勝つために重要な要素に関して、現場の従業員が勝手に実験したり、新たな方法を試してみることなど望まないだろう。

半自動化された大規模工場における効率化を考えてみよう。組立ラインの作業員が生産ラインの一部を補修しようとすることは、必ずしも望ましいことではない。作業員が専門の訓練を受けていなかったり、それらに対処する専門組織（ラインに所属していない独立したチームやセル組織）がない場合、この任務はエンジニアか生産管理の専門家に依頼して、生産ラインすべての最適化を図るべきだろう。移動式組立ラインを発明したヘンリー・フォードは、プロセスの標準化によって、自動車の生産を手工業産業から、今日のような高度に効率的な大量生産方式の産業に変換した。

同様に、市場へ製品を投入するスピードが重要な競争変数だとしたら、新製品の市場投入の効率化を促進するために、製品開発プロセスを標準化するだろう。したがって、多くのハイテク企業では、内部プロセスはすべての製品について、プラットフォームごとに標準化されている。そして、標準化されたプラットフォームにマイナーチェンジを加えるだけで、迅速に製品のバージョンアップや次世代モデルを導入できるのである。

最後に述べたいのは、安全性が成功の決定的な要因である場合には、つまり失敗のコストが高くつく場合には、プロセスの統制が非常に重要となることだ。NASAにおいて、スペースシャトルの打ち上げが失敗した場合の潜在的なコストについてはすでに論じた。この原則は、たとえば、原子炉の運転にも当てはまる。原子炉での事故がどれほど大きなコストを発生させるかは言うまでもないだろう。原子力発電所の運転担当者が、自由に実験したり、何かに自由に手を加えたりすることはけっして望まれない。こうした理由により、安全が決定的に重要な場合、マネジャーはプロセスの統制を非常に厳しくすることで、自由裁量やイノベーションを限定するのである。

全社的品質管理（TQM＝total quality management）は、高い品質や低い欠陥率を実現するために、主要なオペレーション・プロセスを標準化・合理化する方法であり、高く評価されている。TQMの下では、主要なプロセスを合理化・日常手順化するために、あらかじめ決められたステップがとられる。TQMメソッド

（品質に関する7つのステップ）を採用することで、潜在的なエラーや無駄は最小化される。

　プロセスを厳格に統制し、従業員の裁量を制限することの前提は、マネジャーがそのプロセスを最もよく理解している、少なくとも従業員より広範に理解しているという仮定である。しかし、この前提がいつも正しいとは限らない。市場での競争が激しく、目まぐるしく変化していればいるほど、従業員に実験的な試みをする自由を与えることがより重要になってくる。従業員に価値創造のエネルギーを発揮してほしいと望むなら、その自発性を制限するのではなく、むしろ権限委譲して、実験を試みる自由を与えなければならない。イノベーションを最大化したいのであれば、プロセスではなく、アウトプットをモニターすることに注力すべきである。

　プロセスではなくアウトプットを統制することで、従業員は、以前だったら思いもつかなかった解決策やビジネスチャンスを自由に創造するだろう。従業員はアウトプット目標については責任を持たされるが、インプットやプロセスについて実験を試み、変換プロセスを調整して、市場の状況に合った最適のプロセスを生み出すことを促される。その結果、サービスを顧客の個別ニーズに合わせたり、変換プロセスを合理化するために見直されたりすることになる。

　もちろん、イノベーションにはリスクが伴う。実験することを期待する以上は、失敗を許容しなければならない。しかし、場合によっては、失敗は非常に大きなコストを伴う。顧客の期待に応えられないかもしれない。経営資源を無駄にするかもしれない。その企業の品質に対する評価を損なうかもしれない。この問題に対処する方法、すなわちこうしたイノベーションが必然的に伴う戦略リスクを抑制しながら、そのメリットを得る方法を理解するのは、本書の後半における重要なテーマである。

他のすべてがうまくいかないときにはどうすればよいか

　めったにないことだが、プロセスについてもアウトプットについても、信頼できる情報が得られないことがある。たとえば、プロセスが十分にわからなかったり、プロセスを観察できない場合や、アウトプットが誤って定義されていたり、現場が遠隔地で情報収集や監督が困難な場合などにこうしたことが起こりうる。こういった例外的なケースでは、マネジャーは、他の統制手段、往々にして非公

式的な手段に頼らなければならない。たとえば、森林警備隊員は通常1人で森林地帯に入り込んで数カ月を過ごす。彼らの活動をモニターすることも、森林警備という使命に従事するそのアウトプットの価値を測定することも不可能である。

こういった稀なケースにおいては、マネジャーは、インプットの統制や、それに伴う高度な訓練と教育という手段に頼らざるをえない。従業員を注意深く選抜し、訓練し、組織の価値観と目的を教え込まなければならない。たとえば、宗教的な布教活動では、宣教師は地理的に遠く離れた場所で働く。したがって、彼らの業務を直接モニターすることも、測定することも不可能である。そのため、教団本部による入念な選抜、教育、そして教化を経た後に、宣教師はその担当地区へと送り出される。多国籍大企業の海外駐在マネジャーの場合にも同様のことが言える。多くの場合、本社が掲げる目標への理解度や忠誠心を基準にして人材が選考され、上司の目が届かない海外に赴任し、その海外現地法人の事業活動を管理し、企業の基本的価値観の浸透を図るのである。

表4-2は、マネジャーが、インプット、プロセス、アウトプットのどれを統制すべきかを決定する際に、考えるべきポイントをまとめたものである。

表4-2　統制対象の選択基準

インプットを統制する場合	プロセスを統制する場合	アウトプットを統制する場合
●プロセスやアウトプットをモニターするのが不可能	●プロセスをモニターまたは測定、もしくは両方ができる	●アウトプットをモニターまたは測定、もしくは両方ができる
●インプットのコストがアウトプットの価値に大きく関係する（例：コンピュータチップの金属部品）	●プロセスの測定もしくはモニターのコストが安い	●アウトプットの測定もしくはモニターのコストが安い
●品質または安全性、もしくは両方が重要	●標準化が安全性または品質、もしくは両方にとっての必須条件	
	●因果関係が理解できている	●因果関係があまり理解できていない
	●プロセスの独自性もしくはプロセスの発展が戦略的優位性へとつながる	●自由な環境下でのイノベーションが求められている

3 情報の活用

　情報収集を行う場合に、インプット、プロセス、アウトプットの選択肢からどのように対象を選ぶべきかについて議論してきたが、今度は、集めた情報をどのように活用すべきかについて考えてみよう。情報を集めたり、分析したりする目的は何か。経営情報は、計画立案、調整、動機づけ、評価、教育など、さまざまな目的に利用できる。こうした数々の用途を目的別に5つの大きなカテゴリーに分類すると、次のようになる。

1．意思決定
2．統制
3．シグナリング
4．教育と学習
5．外部とのコミュニケーション

　では各項目を順番に検討していくことにしよう。

意思決定のための情報

　経営者は、意思決定プロセスの改善のため、日常的に情報に頼っている。たとえば、増員の要望があった場合、利益計画や他の業績データを検討して、その増員が事業のコスト構造にいかなる影響を与えるかを確かめる。さらに、決定を下す前に、追加の人員（インプットレベルの増加）がサービスプロセスやアウトプットに与える影響を理解しようとするだろう。同様に、生産設備に新しいラインを追加するかどうかは、事業の経済性や収益性がどうなるかを教えてくれる業績データの分析次第で決まるだろう。いずれのケースにおいても、因果関係に関する情報を利用し、経済的な事実に基づいた決定を下しているのである。

　経営者は2つの大きな分野での意思決定に情報を利用する。①計画策定のための情報、②調整のための情報である。**計画策定**（planning）は、業績目標というかたちで目的を設定するとともに、その目標を達成するのに必要な経営資源の適

切なレベルと組み合わせを確保するプロセスである。簡単に言えば、**計画**（plans）とは事業の道筋を示した地図である。第Ⅱ部で学ぶように、業績評価システムと統制システムは、目標設定のための数量的情報と、計画の状況を評価する能力を経営者に与えるものであり、将来の方向づけを行ううえで中心的な役割を果たす。

調整（coordination）とは、目標を達成するために事業の異なる部分を統合していく能力のことを指す。事業が複雑になるに従って、調整はより重要かつ困難になる。多くの場合、ある部門のアウトプットは、他の部門にとってのインプットとなる（たとえば、顧客からの注文を受ける部門のアウトプットは、購買部門にとってインプットとなる）。顧客を重視するすべての事業において、マーケティング、販売、生産、物流の各業務は、複雑なジグソーパズルのように調整されなければならない。顧客に対して常に製品の最新情報を送り、需要を満たすのに十分な生産能力を保ち、事業を支える社内管理機能を担当する適切な組織と人員を確保する必要がある。さまざまな部門や機能のインプット、プロセス、アウトプットに関する情報は、経営資源を整備し、調整するために必要不可欠である。

Column● デルコンピュータ

デルコンピュータ（以下デル）は、1984年に19歳だったマイケル・デルによって設立された。その画期的なアイデアは、電話注文によるカスタムメイドのパソコンを直接販売するというものだった。1988年の株式公開後、同社の売上げは年間67％、利益は63％の成長を示した。1992年には同社の売上げは20億ドルに達し、93年には30億ドルに達すると見られていた。しかし、93年の第2四半期に初めて、四半期損益で赤字に転じたのである。

何が起こったのだろうか。あまりの成長のスピードに、業績評価システムと統制システムが追いつかなかったのである。不運の始まりは1992年11月の、CFOの突然の辞任だった。続いてデルは、1992年の第2四半期に3800万ドルの為替差損を被り、93年5月には、時代遅れの386チップを搭載したラップトップ・パソコンの新シリーズの発売中止を発表。93年度の業績発表では、前年比42％増の28億ドルという売上げにもかかわらず、総額3600万ドル、1株当たり1.06ドルの純損失を計上することとなった。またここで、在庫評価損とラップトップ・パソコンの処理、経営合理化のために9140万ドルの特別損失を計上した。

この損失を金融市場に発表するにあたって同社は、経営統制システムとインフラが、倍増する売上げについていかなかったと説明した。経営陣は無理を強いられ、マーケティング部

門と生産部門間の調整機能が働かず、倉庫には過大評価された在庫が山積みのままとなった。デルは倒産を避けるため、銀行団に対し債務繰延べを要請せざるをえなかった。

あるアナリストはデルの状況を見て「(業績評価と統制の) システムを整備しないまま成長することは、倒産に向かって走ることに等しい」とコメントした。

出典：A. Osterland, "Dell; Nice Quarter, but...," *Company Watch*, March 15, 1994: 20; and L. Kehoe, "Dell Stock Hit by Gloomy Second Quarter," *Financial Times*, July 15, 1993: 24; Jay Palmer, "Dell Computer: Goodbye, Buzzards," *Barron's* 74, Issue 42, October 17, 1994: 22-24.

統制のための情報

経営者は、インプット、プロセス、アウトプットが組織目標を達成するために相互に連携しているかを確認するために、フィードバック情報を活用して統制を行う。統制を目的としたフィードバック情報の最も一般的な利用方法は、従業員の動機づけや評価に用いることである。この原則は、機械など人間以外のものにも当てはまる。

利益計画と差異情報は、実際の労力と結果を目標値と比較するものであり、**事後評価**（ex post evaluation）において非常に重要な役割を果たす。利益計画と業績目標は多くの場合、達成度合いを測るうえで重要なベンチマークとなる。損益計算書と業績報告書は、業績についての具体的なデータとなる。これらのフィードバック・データは、個々人や企業の業績を評価するために利用できる。

利益目標や業績目標といったアウトプットの目標は、組織目標を達成するためにインプット、プロセス、アウトプットを調整しようという動機を従業員に与える、強力なツールとなりうる。そのような動機づけは「**外的**」なもの、つまり金銭や昇進といった実体的な報酬への期待であったり、「**内的**」なもの、つまり個人的な達成感のような心の奥から湧き出る仕事へのやる気であったりする。追って議論するが、業績評価と統制のやり方によって、外的および内的動機づけの双方に直接影響を与えられる。

ここで忘れてならないのは、統制のための情報活用は、組織での人間の行動についての仮説を前提としていることである。第1章で、本書の分析の前提とする仮説を設定した。その仮説とは、組織から与えられる機会に対して人間はさまざ

まな反応を示し、何かに貢献したり、何かを達成したいと思っている。成果を認めてほしいと願っているとともに、その成果に対する報償を与えられたいと望んでいる。「善い」行いをしたいものである。イノベーションを起こしたり、創造力を発揮するチャンスを得たいと考えている、というものである。

しかし、人間の潜在能力を発揮させる機会は、同時にリスクも生み出す。経営者の目標を共有しない従業員がいるかもしれない。自分たちの利己的な利益だけのために熱心に働き、会社に損害を与える者がいるかもしれない。悪意はないものの、困難な二者択一を迫られたり、業績達成への厳しいプレッシャーにさらされたりしたときに、十分に準備できていないがために、正しい選択ができない者もいるかもしれない。

経営者は、潜在的なリスクを認識し、それをうまく統制、管理しなければならない。これらの危険信号を評価したり、測定したりするには、特別な情報やリスク分析技術に頼らざるをえない。潜在的な危険を診断し、問題点を明確にするうえで、情報は必要不可欠である。オペレーション・リスク、資産価値減少リスク、事業リスク、販売権に関わるリスクなどに関する情報は定期的に収集し、経営者に報告する必要がある。この点については、後の章でさらに検討していく。

Column◉リッツカールトン：ITを活用して顧客サービスを高める

リッツカールトン・ホテル・カンパニー（以下リッツカールトン）とフォーシーズンズ・ホテルは、北米における高級ホテルの2大ブランドである。リッツカールトンの経営トップは、フォーシーズンズ・ホテルと真っ向から競争したり、地理的拡大によって成長するのは非常に困難だと考えた。そこで、同社の経営陣は情報の新しい活用法を開発することに集中して、自分たちのサービスを差別化することにした。目標は、顧客を第一に考えた一体的なサービス・システムを構築することで、顧客のニーズと嗜好を予測し、同時にいかなる問題にも瞬時に対応し、顧客の不満を解決することであった。

リッツカールトンは、個々の顧客により異なる好みを把握するための体系的プロセスを開発した。ホテルのスタッフが顧客と話す際、彼らは顧客のコメントに注意を払う。たとえば「朝食から戻ってきたときに、ベッドメイクとバスルームの掃除が済んでいるととても嬉しいね」などと言われたら、これを覚えておく。同様に、枕が高いのが好き、特別な飲み物が好きといった好みにも注意する。顧客サービス・コーディネーターがこういった顧客の好み

に関する情報を収集し、顧客データベースに入力する。また、顧客サービス上の問題や不満についてもデータベースに入力される。

　この顧客情報システムによって、リッツカールトンは個々の顧客の好みに合わせた、競争相手にはできないレベルのパーソナル・サービスを、所有するすべての施設で提供できるようになり、これがこの高級ホテルにとって卓越した競争優位となっている。

出典：Norman Klein, W. Earl Sasser, and Thomas Jones, "The Ritz-Carlton: Using Customer Information Systems to Better Serve the Customer," Harvard Business School Case No. 395-064, Rev. May 4, 1995.

シグナリングのための情報

　経営者が、自分の望みや価値観、従業員に追求してほしいビジネスチャンスなどについての指示を組織に送る際には、情報をシグナリング（signaling）として利用する。情報をシグナリングのために利用するという考えは、「部下はだれでも、自分の上司が注目するものに注目する」という基本的な真理を前提にしている。本書もこの事実を前提とする。従業員は、何が重要であり、何に自分たちのエネルギーと能力、時間と関心を注ぐべきかを教えてくれる手がかりを探している。従業員は、失敗を避け、自分たちの行動が経営者が望むものであるように、どの情報が上司にとって重要であるかを理解しようとする。どんな種類の情報やレポートに上司は注目するのか。その情報によって何をしようとしているのか。普段から提出しているにもかかわらず、上司が注目してくれないのはどのような情報か。

　すべてのマネジャーは、ある種の情報に規則的に注目し、他の情報は無視することで、自分の願望や価値観、ビジネスチャンスを従業員に意識させるよう、強力な信号を送っている。情報を検討したり、処理したりするときのマネジャーの行動、つまり部下にデータを説明させたり、その意味を論じるよう求めるときの上司の態度は、何が重要であり、何が報われるのかについての強力な指針となる。

教育と学習のための情報

　情報は「教育と学習」のためにも利用される。教育と学習の目的は、個々のマネジャーと従業員を訓練し、組織全体が、組織に影響を与えるような内部的・外

部的な環境変化を理解できるようにすることである。たとえば、業績評価システムと統制システムに含まれる情報は、事業の経済的な構造と、収益、費用、業績を左右するドライバーを教えていくうえで重要である。こうした訓練段階を経て、マネジャーはより高い事業執行能力を身につけていく。業績評価と統制データに基づいて業務を行い、事業を計画・調整し、部下を動機づけ、評価し、期待や優先順位についてシグナルを送ることは、限りある経営資源をどのように活用して目標を達成するかを知らしめるうえで、非常に有効な方法である。従業員はこの過程でアウトプットとインプットの関係を学び、企業の利益目標と戦略のために重要なドライバーが何であるかを否応なく理解させられるのだ。

情報は、組織全体での学習を支えるためにも重要である。たとえば、利益計画と業績評価データによって、競争環境の変化がもたらす影響がわかる。この情報は、次の計画立案や統制のために利用できるし、ビジネスチャンスや問題点を放置している経営者に対して、油断しないよう促す警報ともなる。

外部とのコミュニケーションのための情報

ここまでの議論は、業績評価と統制の情報を社内において活用することに焦点を絞ってきた。もう1つの方法として、企業の方向性や成功に対して利害関係を持つ**外部とのコミュニケーション**（external communication）への活用がある。

外部ステークホルダーは3つのグループに分けられる。資本の顕在的・潜在的供給者（債権者、株主、投資アナリスト）、サービスや製品の顕在的・潜在的供給者（サプライヤーやビジネス・パートナー）、顕在的・潜在的顧客である。これらのグループは、それぞれ異なる理由によって、企業の将来の見通しに興味を持っている。債権者、株主、アナリストは事業戦略を理解して、戦略が成功する可能性やその企業が生み出すであろう経済的な価値を評価する。サプライヤーやビジネス・パートナーは、企業が短期的・長期的に各社との取り決めを履行する能力に着目している。顧客は、企業が将来にわたって、その製品・サービスに対するアフターサービスを提供できるかを知りたがっている。

経営者は利益計画や業績に関する情報を、外部とのコミュニケーションに活用する。数字は時として言葉以上の力で投資家、サプライヤー、顧客に語りかける。株主、債権者、証券アナリスト、ビジネス・パートナーや重要な顧客とのミーティングにおいて、事業計画や現在の業績データを説明し、共有するのである。

経営者がどのように利益計画や業績データを利用して外部とコミュニケーションを図っているかについては、後ほど述べることとする。

Column● ガイダントにおける利益計画目標のコミュニケーション方法

　ガイダントは、医薬品大手のイーライ・リリーがその医療機器部門をスピンオフし、別会社として1994年に設立された。同社は、ペースメーカーや細動除去器、カテーテル、極小手術器具など医療機器の開発、生産、流通を行っている。1994年12月、イーライ・リリーはガイダントの株式公開時に20％の株式を市場で売却し、1995年9月には残りの80％の株式を放出した。

　ガイダントのトップは、利益計画目標をしっかりと伝え、これを達成することが資本市場での評価を得るために重要だと考えた。トップが自ら業界の競争構造を理解し、その結果として業界平均以上の業績を上げられることを示したかった。そして、そのために最も良い方法は、売上げ、売上原価、営業費、研究開発費、利益見込みなどを含む非常に詳細な利益計画を投資家と共有することだと考えた。

　四半期ごとのアナリストに対するプレゼンテーションにおいて、トップはその時点までの実績と年度末での予想数値を年度当初の利益計画と比較し、あらゆる差異について徹底的に説明した。そうして、自分たちが状況をしっかりと掌握していることを示すとともに、公約を守る経営陣であるという信頼を確立しようとしたのだ。投資家は、ガイダントの利益計画を達成する能力を高く評価し、同社の株価は1年も経たないうちに2倍になり、他社を大きく引き離すこととなった。

　出典：Robert Simons and Antonio Dávila, "Guidant Corporation: Shaping Culture Through Systems," Harvard Business School Case No. 198-076, 1998.

4　経営情報を活用するうえでの問題

　業績評価と統制のために情報を効果的に活用する方法を学ぶ際に気をつけなくてはならないのは、分析対象である。というのは、たとえ同じ情報であっても、分析対象組織が異なっていれば、まったく違った使い方を求められる可能性があ

るからである。前章で述べたように、会計責任の基本単位は、機械であったり、個人であったり、事業本部や部、あるいは企業全体であったりする。

マネジャーが生産性に関する数値、たとえば1週間当たりの生産量を分析している場合を考えてみよう。このマネジャーはある特定の機械の週間生産データを取って、ある決定（新しい注文を受けるだけの十分な余剰能力があるか）に用いるかもしれない。また統制（この機械は仕様どおりに機能しているか）や、学習（新しい潤滑用樹脂によって生産量は増えたか）に利用するかもしれない。この事例においては、機械は生物ではないため、情報のさまざまな活用方法の間に矛盾は生じない。

それでは次に、まったく同じ生産性に関する情報、すなわち週間生産データについて、一従業員のケースを考えてみよう。今度の会計責任の単位は人間である。この場合、その従業員が意思決定を下すときの情報の使い方と、その従業員の業績を評価するマネジャーが統制のために活用する場合の情報の使い方を、明確に分ける必要がある。最初に従業員について考えてみよう。工場の従業員は週間生産データを、意思決定（いつラインを止め、新しい生産にとりかかるべきか）や、統制（生産性を向上させるために、自らの時間をどのように割り当てるべきか）、教育（指導や比較検討のために、情報のどの部分を他の従業員と共有すべきか）、学習（これまでと比較して、新しい生産技術によってアウトプットがどう変わったか）に利用できる。

同じ生産データがこの従業員の動機づけや統制にも用いられることから、一見単純なこの状態も、複雑なものとなる。この場合、業績データが、目標を設定したり、マネジャーが期待していることを伝えたり、業績評価を行ったりするために利用される。このとき初めて、深刻な潜在的矛盾をはらむこととなる。

矛盾が生じるのは、情報を複数の目的のために利用しようとする際に、異なる思惑によって情報が歪められてしまうからである。従業員のやる気を高めるために、マネジャーは業績目標をあえて高めに設定して従業員に試練を与えることで、彼らの最大限の努力を引き出そうとするだろう。一方で従業員は、自分たちのイノベーションや努力によって生産方法が改善された場合、彼らに課せられる業績目標がさらに引き上げられ、将来よりいっそうの努力を求められるようになる、と考えるかもしれない。その場合、従業員は実際の業績を低めに報告するかもしれない。

また、マネジャーは、重要なプロセスに異常が出た際に、早めに発見したいと考えている。早期警報として有効であるためにはフィードバック情報が早く発信されることが望ましく、したがって、比較的「低い業績基準」を設定し、それによって早い時期に差異情報を受け取ろうとするだろう。同時にマネジャーは、意思決定（この機械はオーバーホールする必要があるか）や学習（この従業員は機械を調整してスクラップを減らす新しい方法を生み出したか）にも、同じ情報を利用したいと考えるだろう。これら最後の用途のためには、動機づけや早期警報のために歪められていない、できるだけ正確な情報が望まれることだろう。

　この簡単な事例が示しているのは、情報が個人やチームの統制に用いられる場合、その情報自体が個人やチームの業績目標や報酬に影響を与える可能性があるため、矛盾が必然的に生じてしまうことである。したがって、情報を「人間」の評価や統制に用いる場合と、同じ情報を機械や事業ユニットの評価や統制に用いる場合を根本的に区別する必要がある。ある情報（たとえば生産データ）は、ある部門の業績評価にも、その部門の責任者の業績評価にも利用できる。しかし、個人の業績を評価する際に情報を用いる場合は、いつでも情報が歪められる可能性がある。

　表4-3は、経営情報をさまざまな目的のために用いる際につきものの、矛盾や偏りをまとめた。このテーマについては、章を追ってより詳細に検討する。

表4-3　経営情報を利用する際に見受けられる矛盾や偏り

経営情報の目的	情報のバイアス
意思決定	なし。計画と統制のために最も的確な情報を集めている。
動機づけ	従業員に無理な目標を提示し、過度な業績を期待する。
早期警報	修復が必要な異常を探知するため、最低許容レベルを低くする。
評価	部下のコントロール外の業績については調整される。
外部コミュニケーション	目標が達成され、なおかつその結果が維持されることを確固たるものにするために、予測業績を低めに見積もる。

◆───本章のまとめ

　業績評価と統制のための情報は、組織が有効に機能するために必要不可欠である。マネジャーはこの情報を用いて、自らの目標を組織の上下へ、さらに横断的に伝えるとともに、その目標と業績結果を比較する。

　情報を活用する際には、モニターしたり、測定したりする対象を選択しなければならない。マネジャーは、測定可能性、コスト、因果関係の理解、望ましいイノベーションのレベルといった要素を考慮して、インプット、プロセス、アウトプットのどれに自分の関心と時間を集中するかを決定する。経営情報は、意思決定、統制、シグナリング、教育と学習、外部とのコミュニケーションといったさまざまな目的のために利用できる。後の章で議論するが、これらの利用方法ごとに、異なった手法やシステム設計の原則が必要となる。

　過去においては、業績評価と統制のための情報はいくつもの欠陥を抱えていた。情報の範囲はあまりにも限定されていたし、有効な意思決定や統制を行うにはあまりに一般化されているものが多かった。また情報は古く、信頼できなかった[注1]。

　今日、ITの発展と、業績評価システムと統制システムの有効な利用方法への理解が進むにつれ、これらの限界の多くが克服されてきている。ここから先の章では、業績評価システムと統制システムを用いて戦略を実現していくためのツール、技術、プロセスなどについて概説していく。

（注1）Henry Mintzberg, *Impediments to the Use of Management Information*（New York: National Association of Accountants, 1975）.

sample

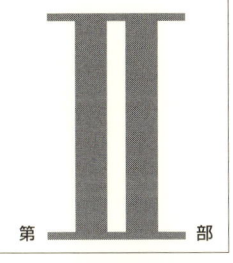

第II部 業績評価システムの構築
Creating Performance Measurement Systems

第5章
利益計画の作成
Building a Profit Plan

◆

　利益計画はさまざまな場面で使われる主要なツールである。事業価値の算出、さまざまな活動のトレードオフの見極め、業績目標の設定、ステークホルダーが期待する業績の予測などである。

　利益計画と予算編成は同じ意味に使われることが多い。**予算編成**（budget）とは、経営資源を生み出す、もしくは使う事業部門への資源配分計画である。一方、利益計画は利益を生む事業部門、つまり収益と費用の両方に責任を持つ独立事業部門に対して使われる。したがって、メンテナンス部門（費用は発生するが、収益がない部門）や受注部門（収益は発生するが、費用の責任がない部門）に関しては予算編成と言い、金融サービス事業部門（収益、費用、利益のすべてに責任がある部門）に関しては利益計画と言う。

　呼び方はどうあれ、利益計画や予算編成の立案は一定のパターンに従うことが多い。新しい会計年度（通常は12カ月の事業サイクル）が始まる数カ月前に、企業は利益計画や予算編成を行う。この計画立案プロセスには次の3つの目的がある。

1．事業戦略を具体的計画に落とし込む

　この過程で、マネジャーは計画の前提条件に合意し、自社がとりうる複数の事業戦略を考え、ステークホルダーの要求を満たすような事業戦略のコンセンサスを得る。

2．計画した戦略を実行するための十分な経営資源があるか検討する

企業は既存の事業を運営するための資金（営業資金）と、事業成長を目的とした新たな資産へ投資するための資金（投資資金）を必要とする。

3．経済的目標と戦略実行の指標を結びつける

　戦略を成功させるには、財務的目標がインプット、プロセス、アウトプットの主要な目標値と結びつけられなければならない。

　利益計画を作成するにあたっては、事業の経済性に関する次の3つの問題を考えなければならない。

　第1に、事業戦略が経済価値を生むかどうかを考えなければならない。戦略の提案者による言葉巧みな説明は聞いて心地がよいかもしれないが、実際にどのようにして価値を生むのかを吟味するためには、戦略を会計数値に落とし込む必要がある。新しい戦略をとることは経済的に意味のあることだろうか。他の選択肢はどうだろうか。ボストン・リテールは女子大生向けの洋服で成功を収めてきた。しかし、ファッション業界は常に変化しており、新しい事業機会が現れる一方で、時代遅れの考えは消えていく。企業が経済価値を生み続けて存続するためには、これらの変化に事業戦略を適応させなければならない。

　次に、事業戦略を実行するために十分な資金が自社にあり、年間を通して資金に困らないか否かを考えなければならない。どんな企業であろうと、サプライヤーへの支払いに現金を必要とする。しかし、製品・サービスの販売と代金回収との間にタイムラグがあれば、資金は不足するかもしれない。スーパーマーケットのような業界では、サプライヤーに支払う前に顧客から代金を受け取れる。ただしこれは例外であって、通常の企業では慎重にキャッシュフロー計画を立て、現金残高と必要借入金額を計算しなければならない。

　最後に考えるべきことは、新規資産への長期的投資に必要となる資金を集められるほど、十分な価値を創造できるかである。事業の成長は資産を必要とし、資産を購入するには、企業へ資金を提供してくれる投資家の存在が必要である。投資家は十分なリターンが望める場合にのみ資金を提供してくれる。ボストン・リテールは事業を拡大しており、事業の成長に追加資金を必要としている。投資家に出資を依頼する前に、魅力的な投資リターンが期待できることを彼らに示さなければならない。

1 利益計画の3つの輪

　上述した3つの問題に答えながら利益計画を作成するには、3つの分析が必要となる。それは図5-1の**キャッシュの輪**（cash wheel）、**利益の輪**（profit wheel）、**ROEの輪**（ROE wheel）といった3つの輪の分析であり、これから詳しく検討する。それぞれの輪については別々に説明するが、図5-1が示しているとおり、3つの輪は組み合わされた機械のギアのように同時に回転する。どの輪の数値や前提条件を変更しても、他のすべての変数が影響を受ける。将来を見通して設定す

図5-1　利益計画の3つの輪

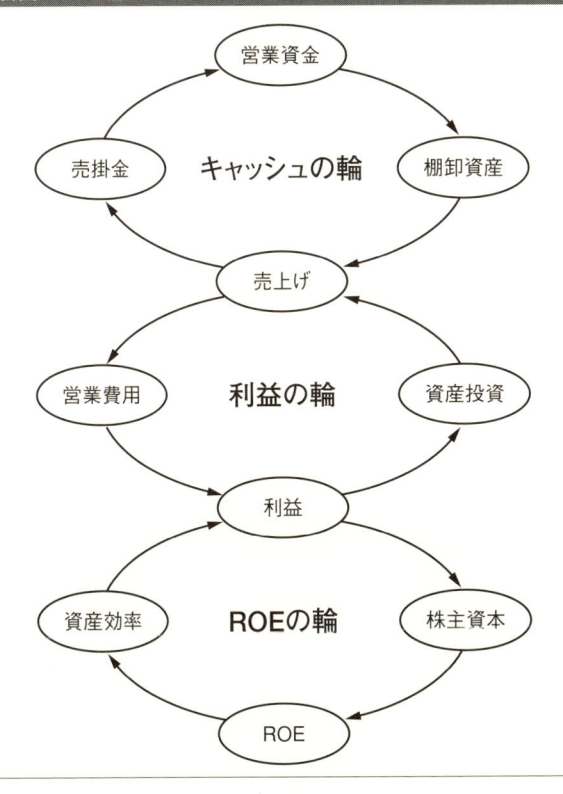

```
         営業資金
    ／            ＼
売掛金  キャッシュの輪  棚卸資産
    ＼            ／
         売上げ
    ／            ＼
営業費用   利益の輪   資産投資
    ＼            ／
          利益
    ／            ＼
資産効率   ROEの輪   株主資本
    ＼            ／
          ROE
```

第5章 利益計画の作成　103

る前提条件が利益計画の基礎となる。市場は来年成長するのか。新製品に対して顧客はどう反応するのか。競合他社は市場シェアを獲得するためにどのような行動に出るのか。新しい事業の成長機会を支えるために生産設備を拡張できるのだろうか。広告宣伝費を増やしたらどうなるだろうか。利益計画をつくるにあたっては、このような前提条件を設定していくことが求められる。

　利益計画を作成するために必要となる情報をすでに経営陣が持っている場合、トップが前提条件を決め、組織の下へ伝達することが可能である。しかし情報は組織全体に分散しているのが普通である。多くの場合、顧客のニーズを最もよくとらえているのが営業担当者であり、コスト削減と品質向上に関する情報を持つのが生産部門の責任者であり、サプライヤーとの関係がいちばんよくわかるのが購買部門であり、事業機会や脅威を見出すための業界および企業レベルの視点を持つのが経営陣である。これらの情報をすべて取り入れるために、利益計画策定プロセスは全社を巻き込み、異なる組織階層や部門間の連携を必要とする。

　利益計画によって自社の経営資源を把握でき、直面しているトレードオフの問題を評価できるようになる。戦略が異なれば、投資内容も異なってくる。ボストン・リテールにとってニューヨークに新規出店するための投資計画は、製品ラインに家具を追加する場合の計画とは異なる。すべての可能性に投資したくても経営資源は限られており、取捨選択しなければならない。しかし、選択は簡単なことではない。地理的な事業拡大を望む者もいれば、家具を加えることにより製品ラインを拡大することを望む者もいるだろう。

　利益計画をつくり終える頃には、組織全体が自社の方向性について一致した意見を持つようになる。方向性を知ることによって、異なる部門同士が協力するようになる。新製品の導入が利益計画に含まれていることを知れば、各部門はこれを成功させるための経営資源を自部門の計画に盛り込む。

　利益計画は業績目標を設定するためにも頻繁に用いられる。マネジャーは利益計画に織り込まれた目標を達成する責任を負う。前章で簡単に触れたように、利益計画を業績評価に用いるとジレンマが発生する。マネジャーが、利益計画の立案プロセスにおいて開示する情報が後の業績評価に用いられることを知っているのであれば、良い評価が得られるよう、利益計画の目標値に余裕を持たせるだろう。この歪んだ行動によって情報が操作され、結果として戦略実行の障害となる。情報共有と業績評価とを結びつけることから生じるジレンマのため、利益計画を

業績評価のツールとして使うことを控える企業もある。現場のマネジャーが事業の行方を左右する市場や競合の重要情報を握るような企業では、特にそうである。

2　利益の輪

　会計を知る者にとっては常識であるが、価値創造は利益で測定される(注1)。利益計画がなければ、目指す戦略が株主価値を創造するかどうかを測れない。さらに、

図5-2　利益の輪

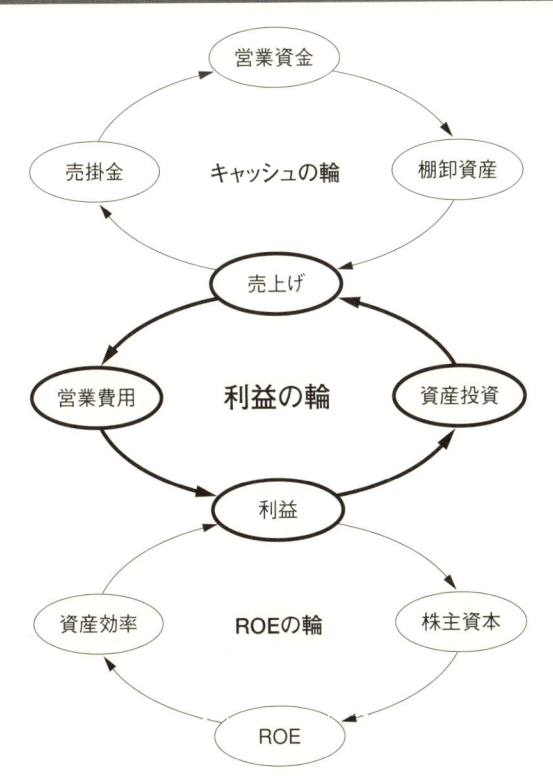

```
              営業資金
        売掛金  キャッシュの輪  棚卸資産
                  売上げ
        営業費用  利益の輪  資産投資
                  利益
        資産効率  ROEの輪  株主資本
                  ROE
```

（注1）経済付加価値（EVA）と会計上の利益の関係については第8章で論じる。この章では、会計上の利益を企業による経済付加価値創造の指標とする。

第5章 利益計画の作成　105

それぞれの事業戦略ごとの経済効果も測定できない。つまり、意思決定を下すための十分な情報が得られないことになる。

利益計画は特定の会計期間（通常は1年）に予想される収益と費用を要約したものである。それは損益計算書の書式で作成される。利益計画を立てるためには、次年度の利益の輪を分析しなければならない。利益計画ができあがるまでには、売上げ、費用、投資額を何度も繰り返し試算するものだ（図5-2を参照）。それからキャッシュの輪とROEの輪を使い、利益計画を実行するのに十分な経営資源があることを確かめる。十分な経営資源がないとわかったら、利益の輪に戻り、計画を一からやり直すことである。

利益計画の基礎

利益計画は将来の見通しに関する一連の前提条件を設定することから始まる。これは顧客、サプライヤー、金融市場の今後の動向に関する企業のコンセンサスを反映させたものである。利益計画はまた、マネジャーが考える因果関係を反映するものである。たとえば、広告が売上げを増加させると思うならば広告費を増やし、社員教育が顧客サービスの改善や品質向上をもたらすと思えばそれに投資するだろう。最終的に、利益計画は特定の戦略へのコミットメントを表す。たとえば、ケミカルとチェース・マンハッタンの合併は、合併後に銀行業界において莫大な規模の経済を享受できると双方が信じていたことの表れである。

コンセンサスに至るまで、マネジャーは徹底的に議論する。市場の競争環境について異なった意見がある場合、情報を共有し、会社の将来に関する共通の認識を得ることが必要となる。表5-1はボストン・リテールの20x2年利益計画の基準となる、20X1年の業績と20X2年の前提条件である。

次に、図5-2にある利益の輪を用いて、利益計画を作る際の5つのステップを見てみよう。

ステップ1：売上げを予測する

利益計画は将来の売上予測から始められることが多い。売上げの増加は利益を決定する大きな要因であるし、営業費用の多くは売上げに連動するため、売上予測から始めることは理にかなっている。売上予測には、科学的な側面と芸術的センスの両方の要素が必要である。売上げを正確に予測するには、外的要因の影響

と、内的要因（R&D費用、広告や新規資産への投資）の影響を予想することが必要である。売上予測は通常、営業担当の予想や、顧客調査、役員やその分野の専門家の意見などから作成される。[注2] 良い予測とは、一定の範囲で予想の誤差も考慮しているものである。外的要因、内的要因どちらに関しても、数々の判断が求められる。

売上げを正確に予測するためには、第2章の競争市場環境の分析で説明した、次のような外的要因の変数を考慮しなければならない。

表5-1 ボストン・リテール　20X1年の業績と20X2年の主要前提条件

損益計算書	20X1年実績（千ドル）	20X2年の主要な前提条件
売上高	9,200	10%の売上増加
売上原価	4,780	20X1年と同じ売上げに対する割合
売上総利益	4,420	
給与・手当	1,530	4%増加
地代家賃	840	5%増加
広告宣伝費	585	20X1年と同じ売上げに対する割合
一般管理費	435	20X1年と同じ売上げに対する割合
支払利息	72	65と予想
減価償却費	57	新資産の減価償却費を加算
社員教育費	38	給与・手当の2.5%
その他	54	4%増加
税引前利益	809	
法人税	283	税引前利益の35%
当期利益	526	

主要な貸借対照表項目	20X1年12月31日	20X2年の主要な前提条件
資産の部		
現金	208	現金費用に対する同じ割合
売掛金	255	売上げに対する同じ割合
棚卸資産	985	売上原価に対する同じ割合
有形固定資産	1,854	新規資産により増加
その他資産	325	50%増加
資産の部計	3,627	
負債・資本の部		
買掛金	209	売上原価に対する同じ割合
銀行借入	1,180	100,000ドル返済
株主資本	2,238	
負債・資本の部合計	3,627	

（注2）Steven Nahmias, *Production and Operation Analysis*, (Chicago: Irvin 1997): 60.

- マクロ経済要因
- 政府の規制
- 競合他社の行動
- 顧客の需要

　外部要因は通常コントロールできないが、その影響を考えることは非常に大切である。たとえば、車の売上予測は景気予測の影響を受ける。車を欲しいと思っている人が自分の将来の収入に不安を持っていなければ、新車を買う確率は高いだろう。同様に、規制の厳しいヨーロッパにおける電力・ガス業界の売上予測は、政府の認可価格の影響を大きく受ける。マクロ経済と政治的判断が売上げに大きく影響するため、企業はこの種の情報に非常に敏感に反応するのだ。

　競合他社の行動や顧客ニーズもまた、コントロールの範囲外にある。しかし、これらを理解することは戦略を決定するうえでも、利益計画を立てるうえでも大変重要である。そのため企業は競合他社の行動分析や、需要の変化の予測、そしてそれらをいかに利用して市場で競争優位を確保するかを考えることに、多くの時間を費やすのだ。

　これら外的要因のほかに、社内で決定される事柄も売上予測に大きな影響を与える。「利益の輪」と表現しているのは、売上げが利益を生み、その利益が資産に再投資されて、さらに売上げを生むことを示しているからである。長期的にはほぼすべての意思決定が売上げに影響を与える。とはいっても、利益計画の対象年度内に直接売上げに影響する意思決定が最も重要視される。それには次のようなものがある。

- 製品カテゴリーの構成と価格
- マーケティング手法
- 新製品の投入と、製品の撤退
- 製品の品質および性能の変更
- 製造、配送容量
- 顧客サービス・レベル

　経営者には選択された戦略に照らし合わせて上記のような事項を決定する権限、

というよりむしろ責任がある。実際、これらに関する決定は戦略に照らして一貫したものでなければならない。

　ボストン・リテールは、上述したような問題を分析して、売上げが来年度10%増大すると予測している。表5-1を見れば20X2年の売上げが1012万ドル（920万×110%）と予想されているのがわかる。

Column● 不確実な環境で売上げを予想する

　新製品の投入サイクルが短くなり、製品数と種類が増えるに従い、メーカーや小売店にとっては売れる製品、売れない製品を正確に予想するのがますます難しくなってきている。予測の精度は、生産計画やサポート機能への投資額に影響を与える。当初の売上予測が実際の需要よりも大きかった場合、余剰在庫が発生し、評価額が下がり、やがて損失覚悟で売られるかもしれない。逆に実際の需要が当初売上予測を上回れば、収益機会を失うし、また在庫切れによって顧客満足度を下げるだろう。

　企業はこの問題にさまざまな方法で解決を試みてきた。デルコンピュータは顧客の需要に非常に素早く対応する手法を開発し、1997年には在庫期間はたった12日間だった。予測プロセスを単純化するために製品種類を極端に少なくした企業もある。

　スポーツ・オーバーメイヤーは、需要の変動が激しいスキーウェア業界で、売上予測の精度を上げる新しい方法を開発した。同社は以前より社内の専門委員会に新製品ジャケットの需要予測を託し、各製品の売上予測には委員会の平均値を採用していた。その製品ごとの予測をいくつか分析した結果、1つの製品に関する委員会メンバー間の予測値の差異を見れば、その製品についての予測精度がほぼ完璧にわかることを発見した。この発見を用いて、正確な予測が出る製品（つまり予測の差異が小さい製品）の生産をリードタイムが長い中国に移し、差異の大きい製品の生産はシーズン初期の売上データが出るまで遅らせた。同社のこの新しい予測システムは余剰在庫コストと在庫切れを大幅に減らした。

出典：Steven Nahmias, *Production and Operations Analysis*, (Chicago: Irwin): 81.

ステップ2：営業費用を予測する

　売上予測ができたら、次は費用予測である。予測にあたっては異なる費用を別々に分析しなければならない。

費用の第1カテゴリーは**変動費**（variable costs）である。その名のとおり、変動費は売上げや生産量に比例して変動するので通常、売上げに対する比率で計算される。これを計算するには、売上げを予測する期間、インプットとアウトプットとの間に一定の因果関係があることを前提としなければならない。つまり、売上げの増加によって投入資源が比例的に増加しているという前提である。製造業では、変動費の一例として原材料費がある。売上数量が10％増加するなら、原材料も10％増加すると予測できる。短期借入金にかかる支払利息も変動費の一例である。銀行が顧客への貸付けを増やせば、そのぶん受取利息（収益）は増えるが、一方でその資金を借りるのに伴う支払利息（変動費）も増える。

変動費を予測するにあたっては、原材料費は売上げの24％、人件費は18％、光熱費は4％という具合に、個々の変動費目の対売上比率を決定しなければならない。通常は、売上比率が低いほうがよい（変動費の削減が固定費の上昇につながらないのが前提）。対売上変動費比率を低下させる方法には次のようなものがある。

- 規模の経済（たとえば、小規模で非効率的な機械を3台置く代わりに、大きい機械を1台導入する）や、範囲の経済（重複している、または使用されていない経営資源を削減し、製品の流通経路を統合する）を有効に活用する。
- 業務効率を上げる（たとえば、同じ仕事をより少ない資源でできるように、リエンジニアリングしたり、仕事の流れを効率化する）。
- サプライヤーと交渉して仕入価格を下げる。
- 製造原価を下げるために、製品設計を見直す。
- 価格を引き上げる。(注3)

もう一方の費用は**非変動費**（nonvariable costs）である。その名が示すとおり、非変動費は売上げとは直接連動しない。だが、非変動費がまったく変動しないと考えるのは間違いである。だからここでは固定費と呼んでいない。非変動費は通常金額が大きく、特に近年では営業費用の大きな割合を占めるに至っている。非変動費は次の3つに分けられる。

(注3) この選択肢においては、売上げ（分子）が上昇するため、割合で見た変動費は低下する。

1. **確定費用**：費用のなかにはすでに金額が決定済みで、利益計画を立てている期間においては調整できないものがある。たとえば減価償却費は過去の投資決定と会計方針によって確定されるので、通常はこのコミットされた費用、すなわち確定費用に入る。マネジャー、エンジニア、長期雇用従業員の給与や長期リース契約なども確定費用である。

2. **裁量費用**：コミットされた費用とは異なり、裁量費用は計画段階において調整の余地が十分あり、また期中にも調整できる費用で、ほぼ制約なく思いのままに増減できる。広告、従業員教育、研究プログラムの費用は裁量費用の一例である。この種の費用は、資金がある限りいくらでも支出できるが、通常は何らかの基準に従って決定される。裁量費用を変動費のように扱う企業もある。たとえば、広告費を売上げに対する割合として設定する場合である。また、業界の慣行や、事業戦略の実行に必要と見なした資源水準に基づいて裁量費用を決定する企業もある。たとえば、サービスの質によって競合他社と差別化するのであれば、低価格と最小限のサービスで競争しようとする競合他社よりも社員教育により多く投資する必要が生じる。

3. **活動基準間接費**：最後に間接費がある。間接費は特定の製品やサービスに直接関連づけられないが、サポート活動の水準に応じて変動する。活動基準間接費とは、たとえば、管理費、荷役費、請求経費などである。従来、この種の費用は固定費として扱われてきた。しかしながら、最近のコスト会計の発展により、これら費用が固定費という言葉が示すような一定のものではないことが明らかにされた。費用の一部がすでにコミットされている場合は固定されているように見えるが、実際は費用が発生する基準となる活動水準に応じて変動するのだ。管理費のような間接費の多くはこのカテゴリーに属する。この費用を試算するには、間接費のコスト・ドライバー（間接的な経営資源を使う活動）を明確にしなければならない。顧客注文処理の複雑さや原材料取扱いなど、間接費のコスト・ドライバーの増加は、荷役、セットアップ、郵送コストの増加につながる。もし、費用を発生させる活動を減らせるなら、経営資源をより少なく使うことによって資金を節約できる。活動基準予算として知られるこの方法を用いれば、費用を発生させる活動への需要に応じて、経営資源の投入を承認できるようになる。[注4]

ステップ3：予測利益を計算する

　予測売上げと予測営業費用の差額が、利益計画年度に企業が生み出す経済価値となる。この価値を予測するにあたっては、**NOPAT**（net operating profit after taxes：税引後営業利益）や、**EBIAT**（earnings before interest and taxes：税引後支払利息前利益）を計算する。

　この予測数値は、特定の会計年度に債権者や株主へ分配できる金額を表す。銀行などの債権者は企業の利益に対して、一定金額の請求権を持つ。つまり、企業に貸し付けた金額に対して利息を受け取るのである。負債の予測金額が決まれば、貸借対照表上の債務の予測金額に債権者と合意した利率（法人税の影響を調整した後の率）を乗じて、予測利息を計算できる。

　利益は、利息や税金（両方とも企業がコントロールできない費用）を支払った後の残余価値である。利益は、残存価値の請求者である株主への分配や、事業への再投資に回せる経済価値を表す指標であり、企業の経済行動を評価するにあたって最も重要な数字である。

ステップ4：新規資産への投資を査定する

　予測売上げ、予測費用、予測利益が決まれば、利益計画において最も重要な予測損益計算書ができあがる。ただし、事業戦略を経済価値に変換する作業にはまだ続きがある。利益計画を完成するには、棚卸資産や売掛金などの運転資金を含む、新規資産への必要投資額を考えなければならない。

　利益の輪を見れば、予測売上げは、それを生み出す資産額によって決まることがわかる。つまり、予測売上高と戦略を実現するために必要となる投資金額と種類を決定しなければならないが、そのためには**資産投資計画**（asset investment plan）が必要となる。資産投資計画は経営戦略を実行するための、もうひとつの重要なツールである。

　資産投資計画は、資産を**営業資産**（operating assets）と**長期資産**（long-term assets）の2つに分けて検討される（次に述べるキャッシュの輪は、営業資産への投

（注4）活動基準会計は管理会計の授業で教えられるトピックであり、本書が扱うトピックの対象外である。活動基準会計についてより詳しく知りたければ、Robin Cooper and Robert S. Kaplan, *Cost & Effect* (Boston: Harvard Business School Press): Chap.15（邦訳『コスト戦略と業績管理の統合システム』桜井通晴訳、ダイヤモンド社、1998年）を参照のこと。

資額を決定するのに用いられる)。長期資産への投資計画は、**資本投資計画**（capital investment plan）と呼ばれる。資本投資計画の決定によって企業のとりうる戦略は制約されるため、それは事業戦略を反映し、なおかつサポートしていなければならない。たとえば、インテルは1970年代後半、汎用コンピュータ・メモリ事業への投資を引き下げ、マイクロプロセッサの設計と生産に経営資源を投入することを決定した。インテルの投資計画には、マイクロプロセッサの開発と製造施設の建設が含まれていた。その計画は新たな戦略を反映し、戦略実行のために十分な経営資源があることを保証していた。

表5-2は事業戦略に大きな変更がないとの前提による、ボストン・リテールの20X2年投資計画である。事業の成長が予測され、売掛金（2万6000ドル）と棚卸資産（9万8000ドル）が増加する。その一部は買掛金の2万1000ドル増加によって賄われる。また店舗の陳列を修理したり、一部は入れ替える必要がある。そして、購買、在庫管理、SKU（stock keeping unit：商品の最小単位）ごとの管理を統合する会計システムと、事業拡大に伴う倉庫の増設、の2つの投資も計画されている。

投資計画の簡単な説明を終了する前に、特定の投資計画が経済的に魅力があるかどうかを評価する方法について触れよう。最も一般的に用いられている投資評価手法は、正味現在価値である。正味現在価値は基本概念なので、ファイナンスの教科書で詳しく説明されている。投資計画中の投資案件は、正味現在価値の基準をクリアしているか、または十分な説得力を持って戦略的に説明されている必

表5-2 ボストン・リテールの資産投資計画

	20X2年に必要となる資産（千ドル）
運転資金	
売掛金の増加	26
棚卸資産の増加	98
買掛金の増加	(21)
長期（減価償却対象）資産	
新コンピュータ経営システム	60
店舗陳列	80
倉庫の拡張	120
	363

注）単純化のため、長期資産は平均5年の寿命で、長期資産の投資はすべて1月に行われたとする。

要がある。この件については第7章で詳しく説明する。

ステップ5：利益の輪を完成し、主要な前提条件を確認する

「利益の輪」は、利益計画プロセスが一方通行でないことを表している。利益計画の変動項目は何度も検証され、それが経営戦略を反映し、かつ経済的に魅力があることが確認されなければならない。〈マイクロソフト・エクセル〉などの表計算ソフトを使えば、各プロセスをリンクして、この検証プロセスを統合できる。

予測利益に納得できたら、売上げや利益に影響する主な変動項目を変更して**感度分析**（sensitivity analysis）を行ってみる。感度分析の目的は、標準的な利益計画において、前提となっている競争環境やその他の予測条件が現実を上回ったり

表5-3 ボストン・リテール　既存6店舗の20X2年利益計画

	20X1年実績 （千ドル）	20X2年主な 前提条件	20X2年利益計画	20X2年利益計画 (最高シナリオ15％成長)	20X2年利益計画 (最低シナリオ0％成長)
売上高	9,200	10％の売上げ増加	10,120	10,580	9,200
売上原価	4,780	20X1年と同じ売上げに対する割合	5,258	5,497	4,780
売上総利益	4,420		4,862	5,083	4,420
人件費	1,530	4％増加	1,591	1,591	1,591
地代家賃	840	5％増加	882	882	882
広告宣伝費	585	20X1年と同じ売上げに対する割合	644	673	585
一般管理費	435	20X1年と同じ売上げに対する割合	478	500	435
支払利息	72	65と予想	65	65	65
減価償却費	57	新資産の減価償却費を加算	109	109	109
従業員教育費	38	給与・手当の2.5％	40	40	40
その他	54	4％増加	56	56	56
税引前利益	809		997	1,167	657
法人税	283	税引前利益の35％	349	408	230
当期利益	526		648	759	427
主な貸借対照表 上の数値	20X1年 12月31日	20X2年の主要な 前提条件	20X2年 12月31日		
資産の部					
現金	208	運転資金は少なくとも150	302	361	184
売掛金	255	売上げに対して同じ割合	281	293	255
棚卸資産	985	売上原価に対し同じ割合	1,083	1,133	985
有形固定資産	1,854	新規投資により増加	2,005	2,005	2,005
その他資産	325	同じ	325	325	325
資産合計	3,627		3,996	4,117	3,754
負債・資本の部					
買掛金	209	売上原価に対し同じ割合	230	240	209
銀行借入	1,180	300,000ドル返済	880	880	880
株主資本	2,238		2,886	2,997	2,665
負債・資本合計	3,627		3,996	4,117	3,754

下回ったりした場合に、利益がどう変化するかを計算することにある。多くの場合、最悪ケース、現実ケース、最良ケースといった3つのシナリオを用意する。そして、それぞれのシナリオに応じて、売上げ、費用、投資計画を作成するのである。たとえば電力会社などの場合、冬の気候をベースとしたシナリオを少なくとも3つ用意することが多い。現実ケースではその地域の通常の気温をベースにした標準的な冬を想定し、他の2つでは異常な暖冬と厳冬を想定する。それぞれのシナリオについて利益計画を作成し、その妥当性を検討し、そしてシナリオの結果をもとにした実行計画を作成する。

　表5-3はボストン・リテールの利益計画である。同社は、利益計画を2つ追加して、感度分析を行った。1つは市場成長率が予想を上回る15％のケース（売上げは1058万ドル）。もう1つは市場成長率が予想を下回る0％のケース（売上げは920万ドル）。それぞれの売上げの想定は資料のいちばん上に示されている。

Column◉アライドシグナルにおける感度分析

　アライドシグナルのCEOであるローレンス・ボシディは、利益計画について以下のような考えを持っている。「私がこの会社に来たとき、まず衝撃を受けたことは、事業計画を一緒に立案しながら、その後その計画を忘れるという慣習が、多少にせよあったことです。最初にわかった意外な真実があります。社員が自分たちの予算を決まりきった手順で忘れてしまうことです。当社では意味のない予算を必要としません。基本的な前提条件に問題があることを認識させたり、あるいは状況変化に対処し、代替案となるような事業計画を必要としています」

　「有能な経理財務スタッフは、事業計画の真の意味を提供できる人物です。生産性を6％改善すると言えば、必ずどの事業分野かを質問する人たちです。『どんなプロジェクトですか。いつ実行されるのですか。そうなるためにはいくらかかるのですか』と。またもし、当社の売上予算が5％の伸びとなるのであれば、厳しい質問をしてくるでしょう。『どの製品が5％成長になるのですか。値上げすることになるのでしょうか』と。経理財務の介入が要領を得ていることは、健全な事業計画を策定するのに重要です」

出典：Noel M. Tichy and Ram Charan, "The CEO as Coach: An Interview with Allied Signal's Lawrence A. Bossidy," *Harvard Business Review* 73 (March-April 1995): 68-78. (邦訳「変革の達人が実践する"コーチング"」『DIAMONDハーバード・ビジネス・レビュー』1995年9月号)

3 キャッシュの輪

利益計画の実現性を検討する前に、自社に十分な資金があるのかどうか（キャッシュの輪）、株主へのリターンは十分なものか（ROEの輪）を検討しなければならない。もしどちらかの条件が満たされない場合は、利益計画を練り直さなければならない。

キャッシュの輪（図5-3）は営業キャッシュフローのサイクルを表している。製品・サービスの売上げにより売掛金が発生し、それはいずれ現金になる。この

図5-3　キャッシュの輪

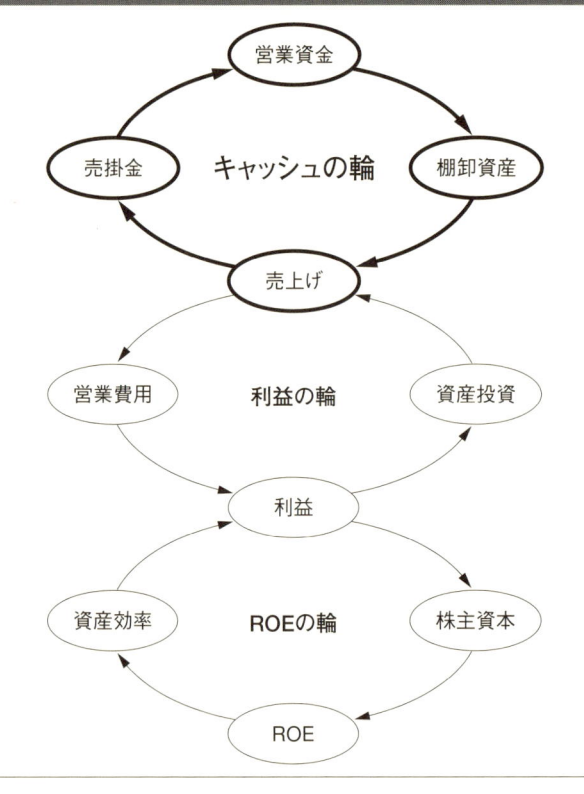

```
         営業資金
       ↗        ↘
   売掛金  キャッシュの輪  棚卸資産
       ↖        ↙
          売上げ
       ↙        ↘
   営業費用  利益の輪  資産投資
       ↘        ↙
           利益
       ↙        ↘
   資産効率  ROEの輪  株主資本
       ↘        ↙
           ROE
```

現金によって在庫（棚卸資産）を積み増し、それがさらに売上げを発生させる。ただし、ビジネスによっては在庫の取得や営業費用に現金を使ってから製品・サービスの売上げを現金回収するまでに、相当の時間がかかる場合がある。この期間の出費を賄うために、借入れが必要になることもある。

　キャッシュの輪を見れば、会社が必要とする営業資金のレベルが業界や戦略によって異なることが理解できる。在庫水準が高ければ、より多くの営業資金を必要とする。同様に、顧客の支払期日が30日ではなく60日ならば、追加の30日間の現金流出を補填するために、銀行からの借入れを増やさなければならない。逆にサプライヤーとの支払期日を交渉し、こちらの支払いを引き延ばすことによって、必要な営業資金を減らすこともできる。

　資金需要の予測は、企業の資金と借入金の可能枠が有限である以上は、どんな事業においても重要である。事業に必要となる資金が現金残高と借入限度額の合計を超えると予測されたら、利益計画の実行は不可能となり、計画をやり直さなければならない。たとえば、急成長している企業は運転資金（在庫と売掛金）の増加に対応したり、機械、設備などの資産の購入を拠出するために資金を必要とする。しかし、既存の借入金があるため、さらに借入れを増やすことは難しいかもしれない。もし借入限度額が50万ドルで、利益計画が70万ドルの投資を想定しているのであれば、その利益計画は実行不可能だ。この問題を乗り越えるには、計画を修正して成長を減速させるか、または手元資金を増加させるために新株を発行するかどうかを選択しなければならない。(注5)

　キャッシュの輪についての基本的な計算方法は簡単である。必要となる資金を算出するのに最も直感的な方法は、一定期間のキャッシュの流入と流出を予測することだ。それには、（通常は顧客から）受け取る現金と（サプライヤーへの支払いや利息、リース料金など）支払う現金を予測すればよい。基本的な計算式は次のとおりである。

(注5) 持続可能な成長率は次のように定義される。
　　　持続可能成長率＝ROE×（1－配当性向）
　　配当率は次の式で求められる。
　　　$$配当性向＝\frac{現金配当}{当期利益}$$
　　持続可能成長率の公式、その意味に興味のある読者はファイナンスの教科書を参照のこと。

| ある期間に必要な営業資金 | ＝ | 顧客から受け取る現金 | － | サプライヤーや営業費用に支払われる現金 |

これは我々が家計において、家賃や車の管理費用を支払うために十分なお金があるかを確認する方法と同じである。

このキャッシュフロー計算方法が会計の授業で**直接法**（direct method）と呼ばれているものである。直接法は短期間（1日や1週間、または1カ月）の必要資金額を計算するのに用いられる。一定期間中に回収される現金（現金流入）と支払われる現金（現金流出）を予測するのだ。現金流入が流出を超える場合は手元現金残高は増加し、逆の場合、つまり現金流出が流入を超える場合には現金残高は減少する。現金需要が借入限度額を超えると予測される場合は、詳細に日次現金を予測しなければならない。

表5-4はボストン・リテールの20X2年における四半期ごとの資金計画である。この資料から第1四半期に現金不足が発生し、この部分を銀行借入れによってカバーしなければならないことがわかる。

月次、四半期、年間の利益計画から長期の資金需要を予測する場合は、**間接法**（indirect method）が用いられる（この方法も財務会計の授業でおなじみだろう）。この方法を用いる場合、まず利益計画の予測利益から始め、次の4つのステップを経て必要資金額が算出される。

表5-4 ボストン・リテール　20X2年四半期ごとのキャッシュフロー（現金流入と流出額の予測から計算）

	第1四半期	第2四半期	第3四半期	第4四半期	合計
期初の現金残高（少なくとも200）	208	200	200	200	208
現金流入					
顧客からの現金受取	1,470	2,631	2,400	3,594	10,095
借入必要額	288	(58)	(100)	(130)	―
現金流入合計	1,758	2,573	2,300	3,464	10,095
現金流出					
サプライヤーへの支払い	818	1,359	1,274	1,885	5,336
現金費用	526	1,052	864	1,315	3,757
新規資産への投資	260	―	―	―	260
税金	87	87	87	87	348
借入金の返済	75	75	75	75	300
現金流出合計	1,766	2,573	2,300	3,362	10,001
キャッシュフロー合計	(8)	―	―	102	94
期末の現金残高	200	200	200	302	302

ステップ1：営業キャッシュフローを予測する

営業キャッシュフローを予測する簡易な方法はEBITDA（earnings before interest, taxes, depreciation and amortization：支払利息・税金・減価償却前利益）を用いることである。EBITDAは、損益計算書からすぐに計算できるキャッシュ・ベースの営業利益の近似値である。利益計画の当期利益に、現金支出を必要としない減価償却費と、事業外支出である支払利息と税金を加味して求める。

ステップ2：営業資産の増加を賄う資金の必要額を試算する

EBITDAは運転資金の変化を無視して計算されるので、キャッシュフローの近似値でしかない。たとえば、現金残高は在庫水準や売掛金残高の変化に応じて増

表5-5 ボストン・リテール　20X2年資金計画（EBITDAから作成）

損益計算書	20X2年（千ドル）
期初の現金残高	208
営業活動によるキャッシュフロー	
当期利益	648
税金	349
支払利息	65
加算：減価償却費および非現金費用	109
EBITDA	1,171
運転資金残高の変化	
売掛金の増加（減少）	(26)
棚卸資産の増加（減少）	(98)
買掛金の増加（減少）	21
営業活動からのキャッシュフロー	1,068
投資活動によるキャッシュフロー	
新規資産への投資	(260)
借入金の返済	(300)
追加借入必要額	―
税金	(349)
支払利息	(65)
キャッシュフロー合計	94
期末の現金残高	302

減する。こういった運転資金の変化は手元現金を増減させる。

　過去の経験則から、事業を運営するためにさしあたって必要となる運転資金の水準のめどはつくだろう。ボストン・リテールは1店舗当たり、棚卸資産に16万5000ドル、売掛金に4万ドル、店内陳列に2万5000ドルが必要であることが経験則としてわかっている。またこの必要金額のうち、3万5000ドル分はサプライヤーへの買掛金によって対応すればよいこともわかっている。したがって、1店舗追加するためには運転資金に約20万ドルの投資が必要で、それには手元現金または借入れが必要である。

　20X2年には、事業拡大のための運転資金として10万3000ドルの追加が必要と予測している。この額はEBITDAベースの営業キャッシュフローから差し引かれなければならない。したがって20X2年のボストン・リテールにおけるEBITDAベースの営業キャッシュフローは**表5-5**に示されているようになる。

　表5-5より、約106万8000ドルの営業キャッシュフローが、事業成長のためや、借入金の返済、利息や税金の支払い、株主への配当のために残ることがわかる。新規1店舗当たり20万ドルの費用がかかるということは、借入金の返済や、配当、その他投資に現金を使わないという前提条件のもと、3つの新規店舗を開くだけの営業キャッシュフロー（税金、利息を支払った後）が残った計算になる。

ステップ3：長期資産の購入と売却を査定する

　事業戦略が異なれば、必要となる投資額や現金額も異なる。ボストン・リテールの20X2年投資計画（表5-2）では、新規コンピュータ会計システム、倉庫の拡張、店舗陳列に26万ドルが必要とされている。この金額を差し引くと、手元現金は106万8000ドルから80万8000ドルに減少する。

ステップ4：資金調達需要と支払利息を予測する

　間接法によるキャッシュフロー計算の最後に、財務活動や税金に使われる（または生み出される）現金を控除する。キャッシュフローに関わる財務項目には、配当、支払利息、借入金の元本返済がある。20X2年、ボストン・リテールは、借入金のうち30万ドルを返済し、税金に34万9000ドル支払うと予測している。加えて、6万5000ドルの支払利息がある。これら一連の支払いにより、キャッシュフローは次のようになる。

営業キャッシュフロー	1068
資産購入	(260)
税金	(349)
借入金返済	(300)
支払利息	(65)
増加現金計	94
現金残高（期首）	208
現金残高（期末）	302

（単位：千ドル）

　一連の調整がすべて終了すると、間接法と直接法は同じ結果となる（表5-4と表5-5を比較せよ）。両者の大きな違いは、間接法が月次、四半期、年次の予測財務諸表から素早く計算できるのに対して、直接法を用いる場合は現金流入と現金流出の詳細で面倒な計算が必要となる点にある。

　キャッシュフロー分析によって、利益計画を実現するための借入金や株式による外部資金調達の必要額が明らかになる。企業は数ある外部資金源（株式、短期借入れ、長期借入れ、またはそれらの組み合わせ）のなかから、事業リスクと財務リスクを勘案して選択を行わなければならない。

十分なキャッシュフローを確保する

　1年を単位とする利益計画とは対照的に、キャッシュフロー予測はもっと短い期間を計算単位とし、少なくとも月次で計算される。季節変動の激しいスキー用品メーカーや小型船メーカーにおいては、年間で最も忙しい時期には週次、場合によっては日次で、十分な手元現金があるかを確認するためにキャッシュフローが計算される。このような業界に対して、銀行は通常の必要資金は喜んで融資してくれるだろう。問題は、必要資金が最大になったときに融資してくれるかどうかである。

　たとえば、スキー用品メーカーは顧客、つまりスキー用品店から、消費者がスキー用品を購入する冬のスキーシーズンに現金のほとんどを受け取る。しかしメーカーは少なくともその5カ月前に、製造や配送のための費用を支払う。結果として、スキーシーズンの始め、つまり在庫投資に現金を使い、顧客から現金を未

回収の時期に最も銀行借入れを必要とする。現金流入と流出の差額の平均または合計を年間で計算しても、その時点での資金不足額は明確にできない。この業界はシーズンが始まる前の数カ月間、週単位の必要現金額に最も気を使うのだ。

キャッシュの輪を見れば、どのようなビジネスであれ、売掛金、棚卸資産、その他流動資産項目にかなりの資金を投入していることがわかる。このため、投資、借入金の返済や支払利息、事業拡大に資金を使えるようにするためには、キャッシュの輪の回転を加速する努力が必要となる。

『CFOマガジン』は公開企業大手32社を調査して、運転資金がどれだけ効率的に現金を生み出しているかを調べた。調査対象の企業は平均42億ドルの売上げがあり、売上げ1ドル当たり約9セントのキャッシュフローを生み出していた。また、平均して顧客から50日で資金回収し、サプライヤーに33日で支払い、在庫を1年で11回転させていた。調査対象企業のなかでも特に大企業には、「30日の法則」なるものが発見された。つまり、30日で売上げを回収し、30日で支払い、30日ごとに在庫を回転させていることが判明したのである。

キャッシュの輪を効果的にマネジメントすることはすべての企業にとってメリットのあることだが、それは特に大企業の場合に顕著である。たとえば、オーウェン・コーニングは運転資金を効率的にマネジメントすることによって1億7500万ドルを生み出し、ゼネラルモーターズ（以下GM）は運転資金を100億ドル削減することを1997年の目標に掲げた。[注6]

**Column● シカゴ・セントラル＆パシフィック鉄道における
キャッシュフロー分析**

シカゴ・セントラル＆パシフィック鉄道（以下シカゴ・セントラル）は借入金比率が非常に高い、未公開の地方貨物鉄道会社であった。1987年、売上高の増加が投資額の増加に追いつかず、アメリカ連邦破産法第11条に基づく破産申請を行った。その後、上位債権者が追加融資を行うことに合意して同社は救済された。

新しい経営陣は財務会計基準書95号に基づく直接法のキャッシュフロー計算書を作成し、全社をキャッシュフローに注目させることを決めた。直接キャッシュフロー計算書によって自社の返済余力がわかり、またマネジャーの意思決定の結果が数量化されるため、変動分析が簡単にできると考えたからである。

シカゴ・セントラルではそれまでも日々の現金残高報告は行っていた。しかし投資・財務・営業活動から発生する現金流入・流出源を理解するために、もっと多くの情報が必要であった。たとえば、それまでは業務改善度合いを測るために直接、現金流入を計算することは難しかった。なぜなら、会計上あるプロジェクト費用が計上される時期と、実際の現金が支出される時期にタイムラグがあったからである。もうひとつ難しい点は、100%子会社がシカゴ・セントラルから購入するサービス費用の計上や、この子会社が業界で使われている鉄道会社横断会計システム経由で他の鉄道会社から回収した売上げの計上であった。

新しく導入されたキャッシュフロー計算書によって、借入条件として課せられた支出限度額にマネジャーがより気を配るようになった。また、鉄道会社横断会計システム経由で回収される現金は通常の顧客への売上げの1.5倍になるが、直接回収する場合に比べ2倍の時間がかかることがわかった。

出典：Kevin R.Trout, Margaret M. Tanner, and Lee Nicholas, "On Track with Direct Cash Flow," *Management Accounting* (July 1993): 23-27.

4 ROEの輪

利益の大きい企業ほど、将来の事業機会により多くの資源を投入できるので有利になる。利益が大きければ株主へ高い配当ができ、株価も高くなるし、また借入金利も低くなる。したがって利益は制約であると同時に、目標でもあると考えられる。企業の存続のためには最低限の利益が必要だが（制約）、一方で利益は多ければ多いほどよい（目標）。

株価と配当は、株主が投資した資金から企業が利益を生み出す能力にかかっている。簡単に説明すると、株主が企業に100ドル投資し、企業はその100ドルを資産の購入に使い、その資産は株主のために利益を上げるべく使われる。したがって、託された100ドルからどれだけの利益を生み出せるかという点が重要である。企業が20ドル儲けた場合、利益は2とおりの方法で測定できる。1つは20ドルの利益を報告することであり、これは事業成功の絶対的な尺度である。いま1つは

（注6） S.L. Mintz and C.Lazere, "Inside the Corporate Cash Machine," *CFO Magazine*, June 1997: 54-62.

利益額（20ドル）と投資額（100ドル）を比較して、株主の投資額に対する利益を測定する方法である。このケースでは、株主からの100ドルの投資に対する利益率は20%である。

株主は投資に対する利益に注目し、経営陣に利益を上げる責任を求めるので、株主にとって**ROI**（return on investment：投下資本利益率）が最も大切な指標であることは当然である。ROIは利益を総投資額に対する割合で表した数値である。この会計数値は財務業績を表す代表的な指標である。[注7]

利益を上げることを株主から託された経営者の立場からすると、投資に対する利益を測る最も適切な内部指標は、**ROE**（return on equity：株主資本利益率）であ

図5-4 ROEの輪

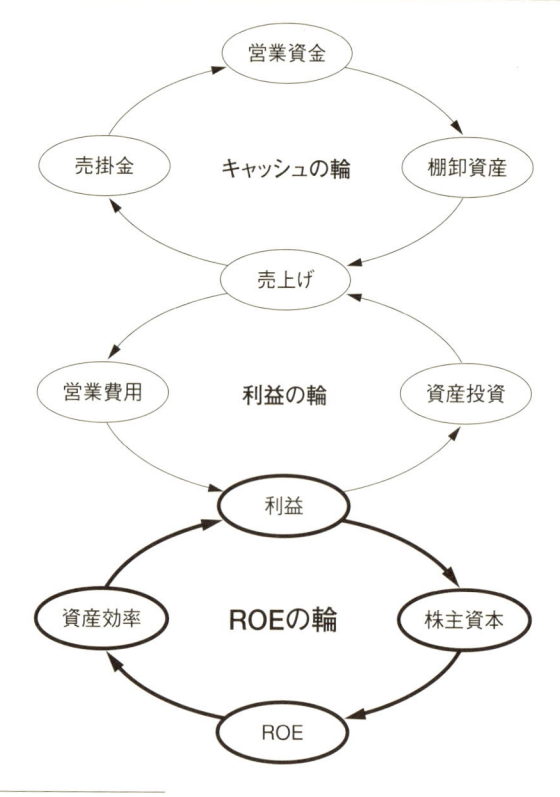

```
          営業資金
        ↗        ↘
     売掛金  キャッシュの輪  棚卸資産
        ↘        ↙
          売上げ
        ↗        ↘
     営業費用  利益の輪  資産投資
        ↘        ↙
          利益
        ↗        ↘
     資産効率  ROEの輪  株主資本
        ↘        ↙
          ROE
```

――――――――――
（注7）EVAなどその他の指標については第8章で紹介する。

る。貸借対照表の資本の部は株主の投下資本と、株主に帰属する留保利益（もちろん過去の配当は差し引かれている）を表す。企業の目標は、株主資本を株主の利益にかなうように上手に使うことである。

　利益の輪、キャッシュの輪と同様、ROEの輪を使って、利益計画が期待に添うものであるかどうかを、公式に当てはめて計算できる（図5-4参照）。

ステップ１：全体のROEを求める

　ROEは次のように計算される。

$$ROE = \frac{純利益}{株主資本}$$

　上級マネジャーがROEを最大化することを望んでいると仮定する（通常、マネジャーのボーナスは直接または間接的にROEに基づいているので、これはおよそ正しい仮定である）。末端の従業員までもがROEを上げることを目的に仕事をするよう、マネジャーはどのようにしてROEの考え方を組織階層の末端にまで浸透させるのだろうか。

　この質問に答えるために、まずROEを分解してみる。ROEの基本分解はドナルドソン・ブラウンによって開発された。彼は1915年、デュポンのCFO（最高財務責任者）であったときにこの手法を開発し、後にGMに同様の手法を導入した。ROEは次のように分解される。[注8]

$$ROE = \frac{純利益}{株主資本} = \frac{純利益}{売上高} \times \frac{売上高}{株主資本}$$

　右辺の第１項（純利益÷売上高）は**収益性**（利益率）を表す。これは売上げ１ドル当たりどれだけの利益を上げたかを意味し、利益の輪から直接算出できる。同様に次の数値（売上高÷株主資本）は比率であるが、上級マネジャーにとってのみ意味のある数値である。なぜならミドル・マネジャー以下は株主資本そのものをマネジメントできないからである。現場のマネジャーには資産を購入するた

（注8）H. T. Johnson and R. Kaplan, *Relevance Lost: The Rise and Fall of Management Accounting*（Boston: Harvard Business School Press, 1987）: 86, 101.（邦訳『レレバンス・ロスト』鳥居宏史訳、白桃書房、1992年）

めの資金が割り当てられ、それが売上げ、利益を生むために使われる。したがって、第2項を次のようにもう一歩展開するとよいだろう。

$$ROE = \frac{純利益}{売上高} \times \frac{売上高}{総資産} \times \frac{総資産}{株主資本}$$
$$= 売上高利益率 \times 資産回転率 \times 財務レバレッジ$$

第1項（純利益÷売上高）は先ほどと同じく利益率であるが、第2項（売上高÷総資産）は**総資産回転率**（asset turnover）を表す。この比率は、資産への投資1ドル当たりからどれだけの売上げを上げたかを表す。マネジャーにとっての目標は、企業の資産から生み出される売上げを最大化することである（もちろん、ここでは売上げの増加は損失ではなく、利益を生むという前提で話している）。第3項（総資産÷株主資本）は**財務レバレッジ**（financial leverage）、つまり総資産のうち株主によって賄われる割合を示している。財務レバレッジが1を超える場合、その超えた部分は社債保有者、銀行、その他債権者によって賄われる。**負債依存事業**（leveraged business）とは、資産取得のために負債を多く用いる事業のことを指す。

ボストン・リテールの例において、売上高利益率、総資産回転率、財務レバレッジを求めるには、表5-3の数値をこの公式に当てはめればよい。

$$ROE = \frac{純利益}{売上高} \times \frac{売上高}{総資産} \times \frac{総資産}{株主資本}$$
$$= \frac{648}{10120} \times \frac{10120}{3996} \times \frac{3996}{2886} = 0.064 \times 2.5 \times 1.4 = 0.225$$

売上げに対し6.4%の利益を稼ぎ、2.5回の資産回転で、財務レバレッジが1.4であることがわかる。これら3つの数字を掛け合わせるとROEが求められる。

ステップ2：ROCEを計算する

企業内では、事業部マネジャー（部門やプロフィットセンターのマネジャー）はROEの変形である**ROCE**（return on capital employed：使用総資本利益率）に対して責任を持つことが多い。ROCEを分解するとROEと同じパターンになる。

$$\text{ROCE} = \frac{\text{純利益}}{\text{売上高}} \times \frac{\text{売上高}}{\text{使用資本}}$$

ROCEにおいて、**使用資本**（capital employed）はマネジャーの直接の管理範囲にある資産を意味する（管理範囲については第3章を参考）。企業によっては、使用資本をマネジャーの責任下にある資産から無利息負債（買掛金など）を控除したものと定義している場合もある。資産には通常、売掛金、棚卸資産、有形固定資産を含む。場合によっては、全社レベルの資産である「のれん」なども、売上げと利益を生み出すものとして資産に含まれる。企業によってROCEの定義は異なるので、それぞれの企業が分母に何を含めているかを正確に知ることが必要である。

ROCEを分解すると、資本と資産の有効な活用方法について、さらに重要な情報が得られる。各事業部門の活動を体系的に見るには、ROCEを図5-5のように分解するとよい。この比率の部分部分を、木の枝のように先をたどっていくことによって詳細がわかり、ヒントが見える。

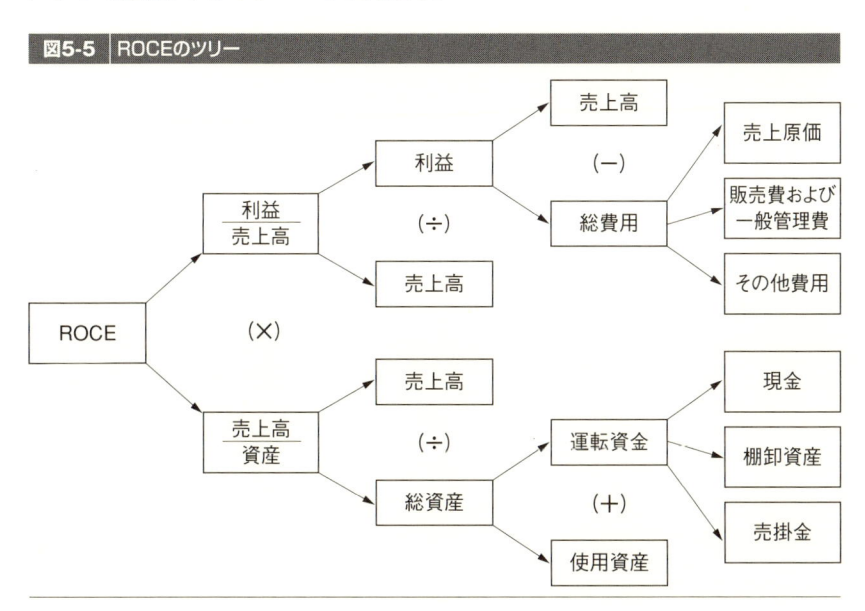

図5-5　ROCEのツリー

```
                    ┌─ 利益 ──┬─ 売上高
                    │         │   (−)         ┌─ 売上原価
         ┌ 利益/売上高 ┤         └─ 総費用 ──────┼─ 販売費および一般管理費
         │          (÷)                        └─ その他費用
ROCE ────┤ (×)      └─ 売上高
         │
         │          ┌─ 売上高                    ┌─ 現金
         └ 売上高/資産┤  (÷)                     ┌─ 運転資金 ──┼─ 棚卸資産
                    └─ 総資産 ──┬─ 運転資金       │            └─ 売掛金
                               │    (+)        │
                               └─ 使用資本
```

ボストン・リテールはこの分解式を用いて、個々の部門レベルのROCEを詳細に予測できる。
　ROCEから導き出される資産効率化のための代表的な比率には、次のようなものがある（簡略化のため20X1年の貸借対照表を用いる）。

$$運転資金回転率 = \frac{売上高}{流動資産 - 流動負債}$$

$$売掛金回転率 = \frac{純売掛額}{平均純売掛金}$$

$$棚卸資産回転率 = \frac{売上原価}{平均棚卸資産}$$

$$固定資産回転率 = \frac{売上高}{有形固定資産}$$

　これらの回転率は、それぞれの資産（運転資金、売掛金、棚卸資産、固定資産）が売上げ、そして最終的には利益を生み出すために、どれだけ効率的に使われたかを表している。通常、回転率は数字が大きいほどよい。それはつまり、マネジャーが与えられた資産を最大限用いたということである。ROCEと詳細な資産回転率が計算されると、マネジャーは自分の責任下にある経営資源の活用状況を測定できる。

ステップ3：ROEの予測値を業界平均、株主の予想と比較する
　ROEの予測値を計算したら、それをベンチマークや標準値と比較し、競合他社や株主の期待と比べなければならない。経営者は投資家、証券アナリストなど企業の業績をモニターする人々のROE予測値に敏感である。ROEが高ければ高株価につながり、それによって投資家は企業の成長をサポートするために追加資金を提供したいと思うようになる。利益率が低いと逆の結果を生む。経営者は通常、証券アナリストや役員たちとの議論を通じて、ROEの期待値を知っている。また類似企業のROEは、簡単に測定できるベンチマークになる。
　ボストン・リテールのマネジャーは、自社のROEをファッション小売業界における公開企業である、ザ・リミテッド、ギャップ、ナイキなどと比較するだろう。これら競合他社の業績は以下のとおりである。

	ROE	利益率	総資産回転率	財務レバレッジ
ザ・リミテッド	10.6%	2.4%	2.1	2.1
ギャップ	33.7%	8.2%	1.9	2.1
ナイキ	25.2%	8.7%	1.7	1.7
ボストン・リテール	22.5%	6.4%	2.5	1.4

キャッシュの輪の場合と同様、ROE予測値が期待値に届かない場合には、利益額を引き上げる方法か、既存資産を有効活用する方法を考え直さなければならない。

重要な財務指標

これまで見てきた「利益の輪」「キャッシュの輪」「ROEの輪」について、主要な分析を要約すると、企業にとって重要な財務指標は次のようになる。

- 売上高
- 税引後利益
- キャッシュフロー
- 新規投資
- ROE
- 売上高利益率＝税引後利益÷売上高
- 総資産回転率＝売上げ÷資産

これに当てはめると、ボストン・リテールの20X2年の利益計画は次のように計算できる。

- 売上高＝10,120,000ドル
- 利益＝648,000ドル
- キャッシュフロー＝営業キャッシュフロー1,068,000ドル（利息、税金、投資、借入金返済額を控除後のキャッシュフロー94,000ドル）
- 新規資産への投資＝260,000ドル

- ROE = 22.5%
- 利益率 = 6.4%
- 総資産回転率 = 2.5

5 利益の輪を用いた戦略の検証

　ボストン・リテールは2つの異なる将来戦略を考えている。1つはニューヨーク州に進出すること。この戦略を実行するには、売上高の増加が必要となり、大量生産の方向へ向かわなければならない。もう一方の戦略では、地理的拡大は抑制するが、家具へと商品ラインを拡大すること。この2つの戦略は異なった経済性に基づいているため、利益計画はどちらの戦略をとるかによって変わってくる。**表5-6**は両方の戦略のベースとなる前提条件を示している。

　マネジャーは両戦略の経済性を測定するために3つの輪を使い、その整合性を見なければならない。どちらの戦略をとるにせよ、直面する複数の事業機会に希少な経営資源を割り振らなければならない。資源配分に関する意思決定によって

表5-6　ボストン・リテール　戦略の選択肢の前提条件

選択肢1：ニューヨーク州への地理的拡大	
戦略の概要	年初にニューヨーク州に3店舗オープンする
資産への追加投資	1店舗当たり120,000ドルの固定資産への投資（5年間の定額減価償却） 既存店舗と同じ金額を運転資金へ投資 新規1店舗当たり広告費に20,000ドル
営業成果	新規1店舗当たり既存店舗と同じ売上予想 コスト構造は既存店舗と同じ（売上げに対する割合）
選択肢2：新規商品群を追加	
戦略の概要	ボストン・リテールの3大店舗で高級アウトドア家具を販売する。
資産への追加投資	1店舗当たり25,000ドル（5年間の定額減価償却） 既存商品と同じ金額を運転資金へ投資 高級アウトドア家具を販売する1店舗当たり広告費に10,000ドル
営業成果	高級アウトドア家具を販売する1店舗当たり20％の売上増 洋服と同じ粗利益率 管理費は15％上昇 人件費は10％上昇 その他のコスト構造は既存店舗と同じ（売上げに対する割合）

組織の長期的な将来が決定づけられるため、それは競争力を決定する重要なものといえる。それゆえ、資源配分に関する意思決定は社内で熱く議論されることが多い。各部門が別々の投資機会を推すため、全員が合意することは容易ではない。特定の商品への投資を決定することは、同時に別の商品には投資しないことを意味する。この決定を受け入れることは、却下された計画を支持していたマネジャーには難しいことである。

最初のステップとして、利益の輪を使って、表5-6の前提条件に基づいた利益計画を各々のケースでつくる。それぞれ異なる利益額が計算される。

次のステップとしては、キャッシュの輪の分析を用いて、これらの戦略を実行するのに十分な現金があることを確認する。ここでは予測する１年の期間におい

表5-7 ボストン・リテール　戦略の選択肢に基づく20X2年利益計画

	20X1年実績 （千ドル）	20X2年利益計画	20X2年利益計画 （地理的拡大）	20X2年利益計画 （商品群の拡大）
売上げ	9,200	10,120	13,800	11,132
売上原価	4,780	5,258	7,170	5,784
売上総利益	4,420	4,862	6,630	5,348
人件費	1,530	1,591	2,387	1,750
地代家賃	840	882	1,322	882
広告宣伝費	585	644	704	673
一般管理費	435	478	718	550
支払利息	72	65	97	72
減価償却費	57	109	181	124
従業員教育費	38	40	59	43
その他	54	56	84	62
税引前利益	809	997	1,078	1,192
法人税	283	349	377	471
当期利益	526	648	701	775
主な貸借対照表上の数値	20X1年12月31日		20X2年12月31日	
資産の部				
現金	208	302	200	255
売掛金	255	281	382	309
棚卸資産	985	1,083	1,478	1,192
有形固定資産	1,854	2,005	2,293	2,065
その他資産	325	325	325	325
資産合計	3,627	3,996	4,678	4,146
負債・資本の部				
買掛金	209	230	313	253
銀行借入	1,180	880	880	880
追加銀行借入			546	
株主資本	2,238	2,886	2,939	3,013
負債・資本合計	3,627	3,996	4,678	4,146

第5章 利益計画の作成

て、両方の戦略とも現金を生み出す。しかし、売上げからの現金流入が、流動資産や長期資産の増加による現金流出より遅れるかもしれない。したがって、ボストン・リテールは1年よりも短い期間の必要資金額を見積もるべきである。地理的拡大戦略については、投資のほとんどが年度前半に起こるのであれば、ボストン・リテールは銀行から借り入れなければならない。

表5-7、表5-8、表5-9はそれぞれの戦略における利益計画とキャッシュフロー分析を表している。

最後のステップは、選択肢それぞれのROEを比較することである。ボストン・リテールにおいて平均資本残高をベースとしたROEは、地理的拡大戦略の場合27%、商品ラインの拡大戦略の場合29.5%となる。

表5-8 ボストン・リテール　戦略の選択肢の20X2年四半期ごとのキャッシュフロー(現金流入と流出額の予測から計算)

戦略の選択肢1 ニューヨーク州への地理的拡大	第1四半期	第2四半期	第3四半期	第4四半期	合計
期初の現金残高(少なくとも200)	208	200	200	200	208
現金流入					
顧客からの現金受取	1,911	3,588	3,273	4,901	13,673
借入必要額	758	15	(24)	(203)	546
現金流入合計	2,669	3,603	3,249	4,698	14,219
現金流出					
サプライヤーへの支払い	1,136	1,930	1,844	2,649	7,559
現金費用	752	1,504	1,236	1,880	5,372
新規資産への投資	620	—	—	—	620
税金	94	94	94	94	376
借入金の返済	75	75	75	75	300
現金流出合計	2,677	3,603	3,249	4,698	14,227
キャッシュフロー合計	(8)	—	—	—	(8)
期末の現金残高	200	200	200	200	200

戦略の選択肢2 家具への製品群の拡大	第1四半期	第2四半期	第3四半期	第4四半期	合計
期初の現金残高(少なくとも200)	208	200	200	200	208
現金流入					
顧客からの現金受取	1,591	2,894	2,640	3,954	11,079
借入必要額	388	(77)	(93)	(218)	—
現金流入合計	1,979	2,817	2,547	3,736	11,079
現金流出					
サプライヤーへの支払い	908	1,509	1,440	2,091	5,948
現金費用	565	1,129	928	1,411	4,033
新規資産への投資	335	—	—	—	335
税金	104	104	104	104	416
借入金の返済	75	75	75	75	300
現金流出合計	1,987	2,817	2,547	3,681	11,032
キャッシュフロー合計	(8)	—	—	55	47
期末の現金残高	200	200	200	255	255

もっとも、経済的な基準だけでそれぞれの戦略を評価するのでは十分ではない。第2章を思い出してほしい。利益計画は魅力的に見えても、実際は企業のコア・コンピタンスを低下させたり、現在のコンピタンスと合致しなかったりする場合がある。1980年代から90年代初めにかけて、アップルコンピュータは驚異的な成長を見せたが、同社は新たな競争優位を築くことなく、過去に築き上げた優位性を使い果たしていた。その結果は90年代の恒常的な業績問題である。ボストン・リテールに関しては、次のような質問を自らに投げかけるべきだろう。経営戦略の2つの選択肢はそれぞれ、ボストン・リテールのコンピタンスに合致しているだろうか。この質問に関連する業績評価と統制システムについては第10章で考察する。

表5-9 ボストン・リテール　20X2年資金計画（EBITDAから作成）

	戦略の選択肢1 ニューヨーク州への 地理的拡大　20X2年	戦略の選択肢2 家具への商品群の拡大 20X2年
期初の現金残高	208	208
営業活動によるキャッシュフロー		
当期利益	701	775
税金	377	417
支払利息	97	72
加算：減価償却費および非現金費用	181	124
EBITDA	1,356	1,388
運転資金残高の変化		
売掛金の増加（減少）	(127)	(54)
棚卸資産の増加（減少）	(493)	(207)
買掛金の増加（減少）	104	44
営業活動によるキャッシュフロー	840	1,171
投資活動によるキャッシュフロー		
新規資産への投資	(620)	(335)
財務活動によるキャッシュフロー		
借入金の返済	(300)	(300)
追加借入必要額	546	—
税金	(377)	(417)
支払利息	(97)	(72)
キャッシュフロー合計	(8)	47
期末の現金残高	200	255

◆──本章のまとめ

　利益計画は事業戦略を経済性から表現したものである。利益計画は戦略を検証し、伝達する経営ツールとして重要である。したがって経営者は通常、翌年度の利益計画をつくり、交渉し、調整することにかなりの時間を費やす。利益計画を使って、異なる事業戦略それぞれが価値を生み出す能力を測ったり、選ばれた戦略を実行するに足りる十分な経営資源があるかを測る。ボストン・リテールは2つの異なる戦略を考えている。1つは地理的にニューヨーク州へ事業拡大すること。もう1つは家具を商品ラインナップに加えることである。利益計画は両方の戦略の経済的影響を描写し、それぞれの戦略のメリットを評価できるようにしてくれる。

　利益計画を作成する過程で、マネジャーは市場の競合環境、自社の強み・弱みについて互いに情報交換する。個人個人は現在市場で起きていることについて異なる情報を持っているし、また自社にとって何がベストであるかについても異なる意見を持っている。情報を共有することでマネジャーは他のマネジャーの経験から学習し、価値のある知見を得られる。

　どのような利益計画も「利益の輪」「キャッシュの輪」「ROEの輪」による制約を受ける。この制約の範囲内で、マネジャーには最も適切と思う利益計画を作成する自由が与えられている。利益計画の作成は、創造力の訓練ともいえる。アイデアを試し、前提条件を試し、そして戦略を試す。組織内のすべての者が決定された戦略に合意したとしても、1人ひとりはそれを違ったように解釈するものだ。利益計画の作成は、自社の戦略が何を意味しているのか、経営者が抱く前提条件をはっきりと示す作業である。

　次章以降で見るとおり、どんな事業においても利益計画はその他の重要な役割を担う。たとえば従業員の業績目標を立てたり、投資家のコミュニティへ業績予測を伝達したり、個々の事業、マネジャーの業績を評価する役割がある。利益計画は単なる書類に見えるかもしれないが、高業績企業をさらに前進させるために必要不可欠なものである。

第6章
戦略利益の評価
Evaluating Strategic Profit Performance

◆

　前章では事業戦略を利益計画へ変換する方法について学んだ。本章では、利益目標と戦略の達成を測定するための分析のフレームワークについて考察する。

　どんな事業においても、戦略利益がどこからもたらされたかを理解するためには、一連のステップを踏む必要がある。これは成果目標と戦略に照らし合わせて組織全体の到達度を計測する、実質的な診断機能といえる。この分析を行うにあたって、本書でこれまで見てきた次のテーマをおさらいしてみる。それは、戦略実行、「利益の輪」の分析、会計責任範囲、意思決定と統制のための情報活用などである。

　利益成果を分析するにあたっては、「有効性」「効率性」という2つの点から測定しなければならない。

- **有効性**（effectiveness）は、ある活動が期待される結果を達成できた度合いを指す。つまりそれは、当初予定したことが達成できたのだろうか、という疑問に答えるものである。したがって、有効性の測定は、実際の結果と事前に設定した予測との比較に焦点を当てる。
- **効率性**（efficiency）は、特定の結果を達成するために使われた経営資源の度合いを意味する。効率性の測定は、現実の結果を達成するために経営資源をどの程度使ったのか、という疑問に答える。つまり、効率差異はインプットとアウトプットの比率に焦点を当てる。

利益成果を分析するにあたっては、第4章で示された3つの条件が問題となる。

1. アウトプットを測定できること——アウトプットを数量化できない限り、ある部門またはマネジャーの成果は測定できない。したがって、目標を達成したか、目標を達成するために貴重な資源をいかに効率的に用いたかを評価するためには、アウトプットの測定が前提条件となる。
2. 事前に設定された成果基準が存在すること——実際の成果と比較するための基準値や目標値がなければ、アウトプットを測定してもその使い道はない。1週間で売上げ12万5000ドルを達成したからといって、そもそもの売上予測がなければあまり意味はない。売上目標は10万ドルだったのか（その場合はうまくやったことになる）、それとも20万ドルだったのか（その場合は悲惨な週であったことになる）。
3. 差異情報をインプットやプロセスの調整にフィードバックできること——計測と比較だけを行っても、（実績が予測値を下回った場合）実績を予測値へ引き上げる方法を考えたり、（実績が予測値を上回った場合）予想以上の成功を収めた原因を理解したり、再現したりするために、差異情報を使わなければあまり意味はない。つまり、インプット、プロセス、アウトプット間の因果関係を理解しなければならないのである。

どんな企業でも無数のアウトプットとプロセスの測定が可能である。戦略の利益成果を評価するにあたって重要なのは、戦略の達成度を示す会計変数に焦点を当てることである。本章では、包括的な戦略収益性の分析を行うために必要な、一連の差異計算の手法について解説する。ここで言う差異とは、以下のようなものを指す。

- 絶対値、相対値で表された利益計画差異
- 市場シェア差異
- 売上差異
- 製造効率と費用差異
- 非変動費差異

1 戦略収益性

戦略収益性分析（strategic profitability analysis）は、戦略実行による利益の創出度を測るツールである。シェイドツリー・ファニチャー（チーク材とマホガニー材の家具製造業）の業績例を参考に、戦略収益性分析の手法を見ていこう。ボストン・リテールは家具事業への多角化について議論していた際、シェイドツリーの買収を考えていた。シェイドツリーはプレミアム価格による差別化戦略をとっており、自社製品が競合製品に比べ品質面で優れていることを周知するために、多大な広告費をかけていた。同社は『アーキテクチュラル・ダイジェスト』や『ニューヨーク・タイムズ』などの雑誌や新聞に挿入されるダイレクトメールによって、高価なプレミアム家具を販売していた。表6-1はシェイドツリーの利益計画と、20X1年の業績を示している。(注1)

これを見れば、年度が始まる前に予測していた20X1年の利益が41万3000ドルで、実際の利益は43万7211ドルであったことがわかる。シェイドツリーの戦略を評価するにあたって、この差額は何を意味するだろうか。

表6-1　シェイドツリー　20X1年　利益計画と実績

	利益計画	実際の損益計算書　（千ドル）
売上げ	4,300,000	4,450,050
売上原価		
原材料費	1,595,000	1,686,672
給与	505,000	514,696
その他製造費用	480,000	490,650
売上総利益	1,720,000	1,758,032
販売費および一般管理費	505,000	488,500
広告宣伝費	516,000	520,700
支払利息	64,000	76,200
税引前利益	635,000	672,632
法人税	222,000	235,421
当期利益	413,000	437,211

（注1）ここで戦略収益性分析を説明するためにメーカー企業を用いているが、それは生産と業務の効率性に反映する差異を検証するためである。これらの差異は、ボストン・リテールのような小売業にも適用できるだろう。

この疑問に答えるためには、シェイドツリーの戦略目標について知っておかなければならない。経営陣によって立てられた戦略目標は次のようなものだったとしよう。

- 市場シェア——同社は木製アウトドア家具の市場を4億3000万ドル（または125万個の家具）と予測していた。20X1年、同社は金額ベースでこの市場の1％を獲得したいと考えていた。同社の家具はプレミアムがついているので、金額ベースで1％のシェアは、数量ベースでは0.8％のシェアを意味する。
- 粗利益——高プレミアム戦略は高い粗利益率につながる。20X1年の粗利益率目標は40％であった。
- 広告宣伝——売上げの12％を想定。
- キャッシュフロー——営業キャッシュフロー30万ドルを予想。
- ROE（return on equity：株主資本利益率）——20X1年の目標は18％。

戦略収益性分析を実施するにあたり、まず第5章で紹介した利益の輪のコンセプトに戻ってみよう。ここでは利益の輪の4つの変数のうち、売上げ、費用、利益の3つに焦点を当てる。4番目の変数である資産投資に関しては次章で考察することにする。

絶対値と相対値による利益計画差異の計算

収益性分析の第一歩は、**差異分析**（variance analysis）を行って期待値からかけ離れている異常値を排除することである。差異は次の①と②の差額のことを言う。

①会計年度が始まる前に作成された利益計画や予算上の数値
②会計年度終了後の帳簿上の利益または費用

実際の利益が予想を上回っていれば**有利差異**（favorable）、下回っていれば**不利差異**（unfavorable）となる。

したがって分析の第一歩は、20X1年の実際の利益と、20X0年後半に作成された部門別の利益計画や予算上の基準値との差額を計算することである（表6-2）。シェイドツリーのケースでは、利益差異は2万4211ドルの有利差異であり、売上

げは予測を15万50ドル上回った。1万6500ドル予測を下回った販売費および一般管理費などのように、予算内に抑えられた費用もあった。

　この第1段階の差異分析では通常、差異は比率やパーセントで表され、売上げが予想を3.5％上回ったとか、販売費および一般管理費が予算を3％下回ったなどと言われる。

　単純な利益差異が計算できたら、事業戦略を検証し、それが正しかったのかを確認しなければならない。なぜ差異が発生したのかについての確認が必要であり、それによって利益計画が評価され、是正措置がとられ、そこから得られた知見が他の事業へと応用される。

　シェイドツリーは予測を上回った2万4000ドルの利益について、どう考えるべきなのか。数字そのものは絶対的にも相対的にも小さいものだが、場合によっては大きな不利差異が隠れていることもありうる。たとえば、事業成長により12万4000ドルの利益が上がり、一方で不良品により10万ドルの損失が発生していることもありうる。より深く分析することによって、売上げ、原材料費、その他さまざまな項目についての予想外の変動が明らかになる。予測を上回った利益は、資源の効率的な利用、製品・サービスに対する需要の増大、競合環境の変化などの理由によるかもしれない。また、売上げは、価格の変動や製品構成の変化によって予測と異なった結果となっているかもしれない。コスト削減が達成できたのは、製造技術の新たな試みが成功した結果かもしれない。利益の変化は小さかったとしても、上述したような差異の可能性を1つひとつ検証することで戦略が再確認

表6-2　シェイドツリー　20X1年利益計画差異

	利益計画 (単位:ドル)	(対売上%)	実際の損益計算書 (単位:ドル)	(対売上%)	差異分析 (単位:ドル)
売上げ	4,300,000	100.0%	4,450,050	100.0%	150,050
売上原価					
原材料費	1,595,000	37.1	1,686,672	37.9	(91,672)
給与	505,000	11.7	514,696	11.6	(9,696)
その他製造費用	480,000	11.2	490,650	11.0	(10,650)
売上総利益	1,720,000	40.0%	1,758,032	39.5%	38,032
販売費および一般管理費	505,000	11.7	488,500	11.0	16,500
広告宣伝費	516,000	12.0	520,700	11.7	(4,700)
支払利息	64,000	1.5	76,200	1.7	(12,200)
税引前利益	635,000	14.8%	672,632	15.1%	37,632
法人税	222,000	5.2	235,421	5.3	(13,421)
当期利益	413,000	9.6%	437,211	9.8%	24,211

され、必要に応じて変更される。

戦略収益性は次に示すように2つの部分から成る。

戦略収益性＝競争有効性からの利益（損失）＋業務効率性からの利益（損失）

利益の輪との関連で言うと、**競争有効性**（competitive effectiveness）は売上げに、**業務効率性**（operating efficiencies）は営業費用にそれぞれ影響を与える。したがって、戦略収益性分析では、利益の輪の項目名を変更し、売上げを競争有効性、営業費用を業務効率性とすることができる（図6-1参照）。

競争有効性（当初予定した成果を上げられたか）の分析は、製品の市場戦略を立案し実行する部門に適用される。すべての独立採算部門、プロフィットセンター、

図6-1　戦略収益性分析の輪

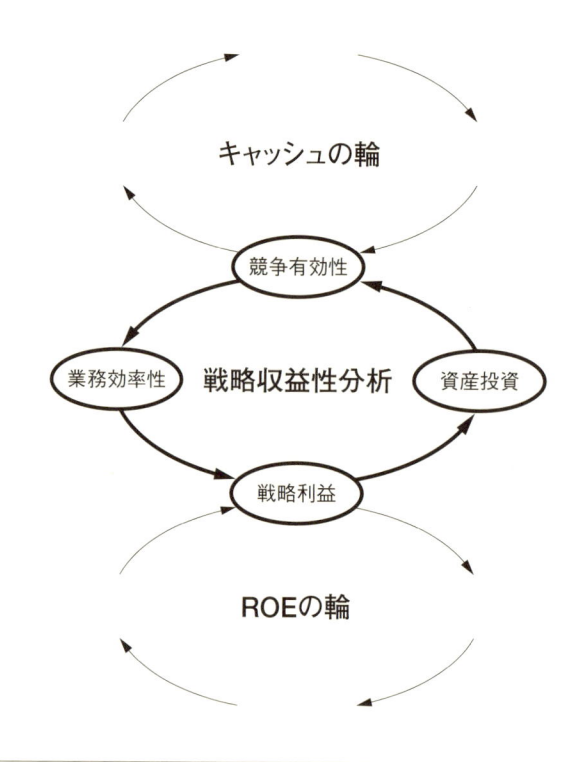

```
        キャッシュの輪

          競争有効性

業務効率性  戦略収益性分析  資産投資

          戦略利益

          ROEの輪
```

市場取引により利益を上げることを求められている部門がこれに含まれる。業務効率性（実際のアウトプットを達成するためにどの程度の資源が使われたか）の分析は、インプット→プロセス→アウトプットの流れに対して責任を持つ部門に適用される。これには会社全体およびプロフィットセンターが当てはまる。また、第3章で見た機能部門、コストセンターなど、会計責任範囲が狭い部門にも当てはまる。

2 競争有効性：市場シェア差異

　シェイドツリーは戦略をうまく実行できたのだろうか。この質問に答えるには、顧客獲得、マーケティング、自社を競合他社と効果的に差別化できたかどうかを検証しなければならない。

　競争有効性はその定義上、アウトプットに焦点を当てる。そして競争有効性から発生した利益は、自社が競合他社に対しいかにうまく行動したかに着目する。それは市場シェアの上昇と価格プレミアムの、2つの指標によって測定される。市場シェアの上昇は顧客が当該企業の価値提案にどう反応したかを表し、損益計算書上の売上げに反映される価格プレミアムは、製品・サービスの差別化によって価値を引き出せたかどうかを表す。そこで、戦略のこの側面において、自社が事業をどう展開したかについての知見を得るために、市場シェア差異、売上差異を計算する。

市場シェア差異を計算する

　利益計画プロセスにおいては、市場のポテンシャル、SWOT分析、意図した戦略に基づいて売上目標が立てられる。これら市場に基づく要因は、市場シェアの上昇を分析する際の基礎となる。

　市場シェアについては次の2つの変数が、利益率に影響する。

- 市場規模の変化による利益の増加（減少）：市場全体で販売される数量または金額の変化
- 市場シェアの変化による利益の増加（減少）：当該企業の取引が市場全体で占

める割合の変化

利益計画で用いる予測値に対して、これらの変数が評価される（**表6-3**参照）。
市場規模の変化による予想外の売上げを計算する公式は、以下のとおりである。

$$市場規模差異 = 市場規模の変化量 \times 予定市場シェア \times 予定平均貢献利益$$
$$= （実際の市場規模 - 市場規模予測）$$
$$\times 予定市場シェア$$
$$\times 予定平均貢献利益$$

表6-3より、アウトドア家具事業についての市場規模の拡大による利益の増加は、次のようになる。

$$= （126万8293個 - 125万個）$$
$$\times 0.80\%$$
$$\times 220 ドル = 3万2196ドル（有利差異）$$

この計算から、市場全体の需要が増大したことによって、シェイドツリーの利益が3万2196ドル増加したことがわかる。

次に、市場シェアを獲得するのに成功したかについて見てみよう。市場シェアの増減による利益変動の公式は、以下のとおりである。

$$市場シェア差異 = 市場シェアの変化量 \times 実際の市場規模 \times 予定平均貢献利益$$
$$= （実際の市場シェア - 市場シェア予測）$$

表6-3 シェイドツリー　20X1年利益計画における売上げの前提条件

	20X1年利益計画前提条件	20X1年実際の数値
市場規模（ドル）	430,000,000	436,280,000
市場規模（数量）	1,250,000	1,268,293
市場シェア（ドル）	1.00%	1.02%
市場シェア（数量）	0.80%	0.82%
1製品当たり貢献利益（ドル）	220.00[b]	
1製品当たり貢献利益（％）[a]	51.16%	

a 原材料と賃金のみが変動費
b 表6-4のデータから計算

　　　　×実際の市場規模
　　　　×予定平均貢献利益

　表6-3を使えば、予想を上回る市場シェアの獲得により増加した利益が簡単に計算できる。

$$
\begin{aligned}
&= (0.82\% - 0.80\%) \\
&\quad \times 126万8293個 \\
&\quad \times 220ドル = 5万5804ドル（有利差異）
\end{aligned}
$$

　この2つの市場をもとにした差異計算によって、シェイド・ツリーは市場の変化を要因として8万8000ドルの利益を増やしたことがわかる。この利益増分の一部（3万2196ドル）は市場全体が予想以上に成長したことが原因であり、残り（5万5804ドル）は同社の市場シェア上昇に起因する。ここまでの分析により、アウトドア家具市場は20X1年に予想を上回る成長を見せ、シェイドツリーは成長性のある市場で事業を展開していることがわかった。さらに言うと、同社は予想以上の市場シェアを獲得した。このシェア上昇の意味を理解するためには、次のような疑問に答えなければならない。高級アウトドア家具市場は他の市場より成長率が高かったのだろうか。市場シェアを伸ばすために価格を下げたのだろうか。営業・マーケティング部門は期待に応える実績を上げたのか。次に、これらについて考えてみる。

Column◉市場規模差異を概算する方法

　市場規模が数量（販売された家具の数）ではわからない場合がある。そのような場合、金額ベースの市場規模を用いれば市場規模差異を推測するのに十分事足りる。次の例のように、金額ベースの市場規模を用いて市場規模差異を推測できる。

　　市場規模差異＝（4億3628万ドル－4億3000万ドル）
　　　　　　　　×1％
　　　　　　　　×51.16％＝3万2128ドル（有利差異）

　シェイドツリーの場合、数量ベースの代わりに金額ベースの市場規模を推測しても、両者

の差は2%以下しかない。金額ベースを用いて計算すると、市場規模の数量ベースでの変化と製品価格の変化が区別できないので、実際の平均市場価格が予想価格に近い場合にのみ正確な計算ができる。以下の簡単な計算によって、アウトドア家具市場はこの条件に適合することがわかる。

予想平均市場価格＝4億3000万ドル÷125万＝3万3400ドル
実際の平均市場価格＝4億3628万ドル÷126万8293＝3万4399ドル

Column◉市場シェア差異を概算する方法

同じことだが、数量ベースよりも金額ベースのほうが、市場シェアのデータはより簡単に手に入る。したがって市場シェア差異を、数量ベースの代わりに金額ベースのデータに基づいて予測する場合もある。しかしその際、市場シェアの変化が製品単価の変化と混合されてしまうことを覚えておかなければならない。したがってこの方法は、たいていの場合には十分であるが、あくまで概算である。

市場シェア差異＝（1.02%－1.00%）
　　　　　　　×4億3628万ドル
　　　　　　　×51.16%　＝4万4640ドル（有利差異）

数量ベースの代わりに金額ベースの市場シェアを用いることによって発生する差額は、1万1164ドル（5万5804－4万4640）である。実際の平均単価（市場全体とシェイドツリーの製品の両方）が利益計画にある予想平均単価と大差なければ、金額ベースで市場規模を予測しても正確な数値が計算できる。シェイドツリーに関して言うと、20X1年の市場価格は予想どおりであったが、同社の製品単価は予定を2.11ドル下回った[注2]。実際の製品単価が予定以下だったので、金額ベースの市場シェア推測は少々精度が落ちてしまう[注3]。

(注2)　予想平均単価＝430万ドル÷1万＝430ドル（表6－4を参照）。
　　　　実際の平均単価＝445万ドル÷1万400＝427.89ドル
(注3)　1万1164ドルの差額について、次の価格の変化によって確認できる。
　　　　1万1164ドル＝[(0.82%×2.11ドル÷430ドル)－(0.80%×0.01ドル÷344ドル)]×126万8293×220ドル

3　競争有効性：売上差異

　市場シェアの差異を頭に置いて、次に、納得がいく売上水準を達成できたかどうかを測定してみる。売上げは会計用語であり、売上数量に単価を乗じて算出される。しかし、売上げはそれだけを意味するわけではない。それは企業の価値提案がどれだけ魅力的であるかの明白な基準でもある。つまり、顧客が製品・サービスを受け入れてくれているかどうかの指標である。長期的には、売上げは顧客満足度の究極的な指標となる。

売上差異の計算

　企業は特に次の2つの売上げをベースとした利益に関心を持つ。
- 価格の変動による利益の増加（減少）
- 製品ミックスの変化による利益の増加（減少）

　シェイドツリーは椅子と長椅子を販売している。計算を単純化するために、どちらの製品も原価が210ドルだと仮定するが、価格は椅子が400ドル、長椅子が500ドルとしよう。利益計画において、同社は椅子7000脚と長椅子3000脚を販売する計画を立てている（表6-4参照）。したがって、当初の計画では総売上げは430

表6-4　シェイド・ツリー　売上差異の計算に必要な情報

	20X1年利益計画における前提条件	20X1年の実際の数値
椅子の脚数	7,000	7,050
椅子の売上げ	2,800,000ドル	2,791,800ドル
長椅子の脚数	3,000	3,350
長椅子の売上げ	1,500,000ドル	1,658,250ドル
椅子1脚当たり予定貢献利益	190.00ドル	
長椅子1脚当たり予定貢献利益	290.00ドル	
家具1個当たり予定貢献利益	220.00ドル	222.21ドル

万ドルを予想している（椅子7000脚×400ドル＋長椅子3000脚×500ドル）。しかし実際の販売数量は計画と異なり、椅子7050脚と長椅子3350脚が売れ、売上げは椅子279万1800ドル、長椅子165万8250ドルで、総売上げは445万50ドルとなった。これで基本的売上差異を計算する情報が整ったことになる。

売上差異を計算するにあたっての第1ステップは、利益差異のうちのどれくらいが価格の変動によるものなのかを探ることだ。戦略有効性の分析においては、自社に製品・サービスをプレミアム価格で売る能力があるかどうかを理解することが重要である。プレミアム価格設定は効果的な差別化とマーケット・ポジショニングの賜物であり、それは次の2つの理由によって可能となる。①その製品・サービスから受ける価値が、高い価格に値すると顧客が感じている。②競合製品や代替製品が低い価格で販売されていない。有効な競争を行うにはこの2つの要素を理解することが不可欠である。

販売価格の有利差異、つまり**価格プレミアム**（price premium）（実際の販売価格が計画していた価格よりも高いこと）は、製品が優れているか、または競合製品が弱いことを理由に、市場から価値をうまく引き出せたことの表れである。不利差異（実際の販売価格が予定価格を下回った場合）はその反対を意味する。競合他社に対抗するため、または顧客が製品から受け取る価値に対して予定価格を払う気がなかったために、価格を下げざるをえなかったということである。

販売価格差異の公式は次のとおりである。

販売価格差異＝実際の総売上げ
　　　　　　－製品1の標準販売価格×製品1の実際販売個数
　　　　　　－製品2の標準販売価格×製品2の実際販売個数
　　　　　　⋮
　　　　　　－製品nの標準販売価格×製品nの実際販売個数

シェイドツリーのケースでは、販売価格差異は次のようになる。

　＝445万50ドル －（400ドル×椅子7050脚）－（500ドル×長椅子3350脚）
　＝445万50ドル－449万5000ドル

= △ 4 万4950ドル（不利差異）

　この計算から、値下げによって売上げは約 4 万5000ドル、計画を下回ったことがわかる。次に、なぜ価格を下げざるをえなかったのかを調べる必要がある。シェイドツリーは競合からの圧力で値下げを強いられたのか。または、需要が弱かったため、価格を下げざるをえなかったのか。

　2 つめの売上差異は、**製品ミックス**（product mix）に焦点を当てる。製品ミックスとは、全体の売上げに占める個々の製品の割合を指し、たとえばある会社について、25％の売上げを製品Aから上げ、40％を製品B、35％を製品Cで上げているといった見方である。販売価格と製造コストは製品によって異なるため、製品ミックスは売上げおよび利益にとって重要な問題である。異なる価格と貢献利益を持つ製品を、当初の計画とは異なる数量販売すると、当然実際の利益も計画と異なってくる。

　製品ミックスの差異の影響を単独で取り出すためには、標準貢献利益を計算しなければならない。**貢献利益**（contribution margin）は販売価格から変動費を控除したものとして定義される。ここでは製品ミックスの変更が利益に与える影響を観察したいので、変動費と販売価格は固定しておかなければならない。製品ミックス差異を計算するときには、予定外の製造効率の変化が含まれている実際の変動費ではなく、標準変動費、もしくは計画変動費を用いることを覚えておかなければならない。同様に、貢献利益の計算には標準販売価格が使われる。販売価格の変動による利益の変動は、すでに販売価格差異として計算されているからである。

　利益計画においてシェイドツリーは売上げの65％を椅子から、35％を長椅子から上げることを計画している。椅子の標準貢献利益は 1 脚当たり190ドル（400ドル−210ドル）であり、長椅子は290ドル（500ドル−210ドル）であることがわかっている。したがって、貢献利益の合計は220万ドル（7000脚の椅子×190ドル＋3000脚の長椅子×290ドル）、平均貢献利益は 1 脚当たり220ドル（220万ドル÷ 1 万脚）となる。製造コストが利益計画上の標準値と同じだと仮定すると（後にこの前提条件を緩める）、実際の売上構成を用いて再計算した標準貢献利益は231万1000ドル（7050脚の椅子×190ドル＋3350脚の長椅子×290ドル）となる。製品 1 個当たりの平均貢献利益は、高マージンである長椅子の割合が増えたことを反映して222.21

ドル（231万1000ドル÷1万400脚）となる。

ここまでで得られた情報を用いれば、製品構成の変化による利益の変動を計算できる。**製品ミックス差異**（product mix variance）は以下の公式のとおりである。

製品ミックス差異 ＝ 平均標準貢献利益の変化量×販売数量実績
　　　　　　　　＝ （実際の平均標準貢献利益－予定平均標準貢献利益）
　　　　　　　　　×販売数量実績
　　　　　　　　＝ ［（231万1000ドル÷1万400）－（220万ドル÷1万）］
　　　　　　　　　×1万400
　　　　　　　　＝ 2万3000ドル（有利差異）

椅子から長椅子へのシフトは2万3000ドルの追加利益を生んだ。この情報に基づいて高マージン製品への転換による影響を考える必要がある。これは新たなトレンドの兆候か、そのトレンドをどのように加速させられるか、製造、材料調達、広告への影響はどうなるか。

4 競争有効性差異のまとめ

これまで競争有効性に関連する4つの差異を計算してきた。

市場規模	3万2196ドル	（有利差異）
市場シェア	5万5804ドル	（有利差異）
販売価格	4万4950ドル	（不利差異）
製品ミックス	2万3000ドル	（有利差異）
競争有効性による利益差異の合計	6万6050ドル	（有利差異）

これまでの分析から、差異は全体で有利であることがわかった。優れた競争有効性により実際の利益は計画を6万6050ドル上回った。このデータをもとに、その影響を考える必要がある。市場は期待を上回って成長した。では、この市場全体の需要の増加は何を原因としているのか。椅子から、利益率のより高い長椅子へ製品ミックスをシフトできた。では、この予期せぬシフトをどう活用できるか。

市場シェアも予想を上回った。では、広告とプロモーションのどのような組み合わせがこの効果を生んだのか。唯一の不利差異は予想を下回る販売価格であった。では、価格を引き下げることで市場シェアを伸ばしたのだろうか。高級製品に焦点を当てた差別化戦略を実行したいのであれば、この価格問題は注意深く観察されなければならない。

5　数量調整後の利益計画

前節では顧客を獲得し、価値を引き出し、市場シェアを確保するための戦略の成功または失敗による営業利益の変化の要因を見てきた。次に、売上数量は一定であると仮定し、どの事業がどの程度効率的だったかについて、戦略収益性分析を行う。

数量調整後の利益計画（フレキシブル予算）を計算する

社内の業務効率と、それが利益に与える影響を理解するためには、当初の利益計画を、実際の売上数量を反映させて変更することが必要である。ここで行おうとしているのは、実際の製造および売上水準をベースに、業務効率の標準値を改訂することである。第5章で説明したとおり、利益計画の予測値の多くは販売数量予測に基づいている。実際の販売数量が予定より増えた、もしくは減った程度に応じて利益計画の標準値を再計算し、差異が正確に計算されるようにしなければならない。

表6-5は利益計画と実際の利益の間に数量調整後の利益計画（または予算）の欄を挿入することで、どのようにこれを計算するかを示している。当初の売上予測に基づく変動費（椅子、長椅子1脚当たり159.5ドルの原材料）と実際の売上個数（当初予定の椅子7000脚、長椅子3000脚ではなく、実際の販売個数である椅子7050脚、長椅子3350脚）を掛け合わせて数量調整後の利益計画（この場合、165万8800ドル）は計算される。これはフレキシブル予算と呼ばれる。

競争有効性の分析で、市場シェア、販売価格、製品ミックスの差異によって、合計6万6050ドルの有利差異があると計算した。この金額は当初の計画（表6-5の第1列）と数量調整後の計画（第3列）の差額を表している。次に有利差異の残

りである業務効率差異が計算できる。これは数量調整後の利益計画（第3列）と実際の業績（第5列）の差額である。

資料より、仮に1年前に価格を下げることによって7050脚の椅子と3350脚の長椅子が売れると知っていたなら、税引前利益を70万1050ドルと予測していたことがわかる。しかし、実際の利益は予測を2万8418ドル下回り、67万2632ドルであった。

6 業務効率性：変動費

次に、変動費をマネジメントする能力を分析する。この分析は主に製造業において用いられる。第5章で変動費と非変動費を区別した。変動費は売上げ（アウトプット）に比例的に変動する資源（インプット）であることを覚えているだろうか。簡単に書くと以下のようになる。

$$変動費 = インプット数量 \times インプット1単位当たりの費用$$
$$= アウトプット \times \frac{インプット}{アウトプット} \times インプット1単位当たりの費用$$

最後の項は変動費が①アウトプット数量（つまり売上数量）、②インプットとア

表6-5　シェイドツリー　数量調整後利益計画の計算

	当初利益計画20X1年	説明済みの有効性差異	数量調整後の利益計画20X1年	説明されるべきその他差異	実際の損益計算書20X1年
売上げ	4,300,000		4,450,050		4,450,050
− 売上原価					
原材料費	1,595,000		1,658,800	(27,872)	1,686,672
人件費	505,000		525,200	10,504	514,696
その他製造費用	480,000		480,000	(10,650)	490,650
売上総利益	1,720,000	66,050	1,786,050	(28,018)	1,758,032
販売費および一般管理費	505,000		505,000	16,500	488,500
広告費	516,000		516,000	(4,700)	520,700
支払利息	64,000		64,000	(12,200)	76,200
税引前利益	635,000	66,050	701,050	(28,418)	672,632

ウトプットの比率、③インプット要素の価格、に応じて変動することを示している。すでに実際の売上げを反映してアウトプット数量は再計算しているので、この段階では次の2つの差異を計算すればよい。

- アウトプットに対するインプット使用量の差異（効率差異）
- インプット費用の単価の差異（製造支出差異）

この2つの差異は、なぜ実際の変動費が当初の利益計画と異なったのかを明らかにしてくれる。インプット費用が予想を上回ったか、または下回ったか。もしくは当初利益計画と比べて、インプットからアウトプットへの変換効率が異なったのか。

効率差異と支出差異を計算する

表6-6を見れば、製造効率とインプット要素の価格がシェイドツリーの利益にどう影響したかがわかる。

シェイドツリーの製造プロセスが原材料をどう効率的に使用したのかを、まず見てみよう。これまでのように、利益計画に反映された予測値が比較の基準となる。椅子1脚を製造するのに、同社は原材料がいくら必要と見積もっていたのだろうか（単純化のため、ここでは椅子も長椅子も同じ量の木材を使うと仮定する）。

表6-6にその答えがある。会社は椅子1脚を製造するのに、1ポンド3.19ドルの

表6-6　シェイドツリー家具　製造能力を分析するデータ

	20X1年利益計画 における前提条件	20X1年の 実際の数値
原材料		
効率　インプット／アウトプット（椅子1脚当たり、ポンド）	50.00	51.00
木材1ポンドの費用	3.19	3.18
椅子、長椅子1脚当たりの原材料費	50×3.19＝159.50	51×3.18＝162.18
労働費		
効率　インプット／アウトプット（椅子1脚当たりの投下時間）	5.00	4.90
1時間当たり賃金	10.10	10.10
椅子、長椅子1脚当たりの人件費	5.00×10.10＝50.50	4.90×10.10＝49.49
総変動費	159.50＋50.50＝210.00	162.18＋49.49＝211.67

木材を50ポンド使うと見積もっていた。したがって、椅子および長椅子1脚当たりの予測製造コストは159.5ドルだった。この予測製造コストは標準原材料費と呼ばれる。これは、木材標準費用と、予定インプット・アウトプット変換率である標準効率に分解できる。

利益計画の前提条件では、椅子1脚当たりの原材料費は159.5ドルであった。20X1年には、椅子を1万400脚販売した。したがって予測費用は1万400×159.5ドル＝165万8800ドルとなる（この金額は表6-5の数量調整後の利益計画でチェックできる）。しかし、実際の費用は168万6672ドルであったので、2万7872ドルの差異が説明されなければならない。

実際の業績と予測値の差額は効率差異と支出差異を使って分析できる。効率差異の公式は次のとおりである。

　　効率差異＝実際のアウトプット数量
　　　　　　×（アウトプット1単位当たりの予定インプット数量
　　　　　　　ーアウトプット1単位当たりの実際のインプット数量）
　　　　　　×インプット1単位当たりの予測費用

この公式より、シェイドツリーにおける原材料の**効率差異**（efficiency variance）は次のようになる。

　　効率差異＝実際の椅子製造数量
　　　　　　×（椅子1脚当たりに使われる予定木材量
　　　　　　　ー椅子1脚当たりに使われた実際の木材量）
　　　　　　×木材1ポンド当たりの予測費用
　　　　　＝1万400×（50−51）×3.19ドル＝△3万3176ドル（不利差異）

シェイドツリーの製造部門は椅子1脚当たりに予定より多くの木材を使用した。換言すれば、予想よりも製造効率が悪かったのである。この非効率性が3万3175ドルの不利差異として表れている。製品設計が予定より複雑であったのだろうか。従業員の能力が足りず、椅子1脚製造するのに予定以上の木材を使用したのだろうか。増加する製造要求を満たすために、木材を予定より多く使用したのだろうか。購買部門が安価な木材を注文したために、不良品が多く発生し、予定以上の木材を使用せざるをえなかったのだろうか。効率差異の原因を解明するためには、

これらの疑問点をさらに検証してみなければならない。その他の差異を分析することによって、この疑問点の解明に近づくかもしれない。

木材1ポンドの値段は予定の3.19ドルより低い3.18ドルであった。この費用の差額が利益にどう影響したのだろう。**支出差異**（spending variance）を計算することによってこの疑問に答えられる。この公式は次のとおりである。

支出差異＝実際のアウトプット数量
　　　　×アウトプット1単位当たりの実際に使用されたインプット
　　　　×（インプット1単位当たりの予測費用
　　　　－インプット1単位当たりの実際の費用）

シェイドツリーの原材料費を当てはめると以下のようになる。

支出差異＝実際に製造された椅子の数量
　　　　×椅子1脚当たりに使われた実際の木材量
　　　　×（木材1ポンド当たり予測費用
　　　　－木材1ポンド当たりの実際の費用）
　　　　＝1万400×51×（3.19ドル－3.18ドル）＝5304ドル（有利差異）

購買部門は予定よりも若干低い価格で木材を購入できたようである。それは、低品質の木材だったからなのだろうか、木材の市場価格が予定を下回ったからだろうか。この差異が業務効率を理解するために重要であると思うのなら、その原因をさらに深く追求する。

効率差異と支出差異を合わせると、表6-5の数量調整後の利益計画と実際の原材料費の差額、－3万3176ドル（不利差異）＋5304ドル（有利差異）＝－2万7872（不利差異）が説明できる。

同じツールを用いてシェイドツリーの従業員の実績を分析できる。賃金差異は1万504ドルとなる（表6-5参照）。

効率差異＝実際に製造された椅子の数量
　　　　×（椅子1脚当たりの予測労働時間
　　　　－椅子1脚当たり実際の労働時間）
　　　　×時間当たり予定賃金

           = 1万400 ×（5.00 − 4.90）× 10.10ドル = 1万504ドル（有利差異）
　支出差異 = 実際に製造された家具の数量
　　　　　 × 椅子 1 脚当たり実際の労働時間
　　　　　 ×（時間当たり予定賃金 − 時間当たり実際の賃金）
　　　　　 = 1万400 × 4.90 ×（10.10ドル − 10.10ドル）= 0ドル

　予測労務費は標準労務費と呼ばれ、予定賃金（標準賃金）と椅子 1 脚当たりの労働時間（標準労働効率）に分解できる。

　実際の賃金は予定どおりであった（つまり標準賃金が実際の賃金と同じであった）が、効率差異は有利となった。表6-5にある賃金差異が 1 万504ドルであることは分析した。それはつまり、シェイドツリーの従業員に関して時間当たり賃金は予定どおりであったが（支出差異）、予定より多くの家具を時間当たりに製造した（効率差異）ということである。

　製造効率と費用差異は、戦略がどれほど効率的に実行されたかを理解するための重要な指標となる。売上差異は市場における企業の実績を表し、支出差異と効率差異はマネジャーが社内のケイパビリティをどれほどうまく活用したかを表す。

　この情報を競合他社と比較することによって、企業が業務効率を競争力としてどれほど活用しているかが、さらによくわかる。これは特に低コスト戦略をとっている企業にとって重要である。このような企業では競合他社に比べ、低いインプット価格（それはプロセス革新、規模の経済、範囲の経済によって達成される）と高い効率性が求められる。コスト効率を競合他社と比較することは非常に重要である。時によって企業は、業界団体や独自のベンチマーキング（benchmarking）によって製造効率についての情報を得る。この情報が入手できない場合は、持続可能な競争効率を維持するために、利益計画指標の継続的な向上に頼らなければならない。

7　業務効率性：非変動費

　ボストン・リテールのようなサービス業では、アウトプットと直接連動する製造コストがないので、効率差異が使用されることはほとんどない。だからといっ

て、業務効率を気にしないわけではない。むしろ利益率は、いかに経営資源を効率的に利用できるかにかかっているのである。しかし、サービス業にとって最も重要な経営資源は非変動費であることが多い。非変動費については、メーカーでもサービス企業でも、支出差異を計算する。

非変動費差異を計算する

支出差異の公式は以下のとおりである。

支出差異＝（予測費用－実際の費用）

第5章で以下の3つの非変動費を説明した。

- 確定費用
- 裁量費用
- 活動基準間接費

それぞれの費用について支出差異を適用してみる。

確定費用

企業は特定の費用に長期間コミットする。たとえば固定資産の減価償却費はその資産の耐用年数の間、確定される。同様に長期のリース契約では数年間リース費用が固定される。確定費用は長期間固定されるので、予定と実際の費用との間に差異は通常発生しない。しかし予定外の事象によって差異が発生する場合がある。たとえば、インフレに連動した長期リース契約は、実際のインフレ率が予想と異なれば支出差異を発生させる。

シェイドツリーの例では、当初の利益計画において機械の減価償却費として15万ドルを見積もっていた。この金額は、売上原価の「その他製造コスト」に含まれていた。ところが予期せぬことに古い機械が故障し、減価償却費の高い新しい機械に置き換わったため、実際の減価償却費は15万5000ドルになった。したがって支出差異は次のとおりとなる。

15万ドル－15万5000ドル＝－5000ドル（不利差異）

裁量費用

　予測と実際の費用を比較するために、裁量費用に関しても支出差異は分析される。広告宣伝費はマネジャーの裁量で調整できるので、裁量費用に含められる。シェイドツリーは広告宣伝費に51万6000ドルを予定していたが、実際の費用は52万700ドルであった。支出差異の公式を使うと、差異は次のようになる。

　　51万6000ドル − 52万700ドル = − 4700ドル（不利差異）

　同社は広告費を使いすぎたのだろうか。そういうわけではない。不利差異は必ずしも悪いとは言えない。なぜなら、追加広告費用によって市場シェアが上昇したかもしれないからだ。第3章で説明したとおり、プロフィットセンターのマネジャーは利益を最大化するためにトレードオフの選択肢を決断しなければならない。費用を増加させることが利益の増加につながるのであれば、そう決定する場合もある。

活動基準間接費

　間接資源によっては、製造量以外のコスト・ドライバーに連動するものがある。たとえば、もし品質管理部門が各バッチの最初の10製品のみを検査するのであれば、品質管理費はバッチ数に連動する。同様に、倉庫費用は出荷オーダー数と連動するかもしれないし、販売費用は顧客数や顧客セグメント数と関係するかもしれない。

　従来、管理会計はこれらの費用を固定費と解釈し、支出差異のみを計算していた。しかし、近年の活動基準原価計算の発展により、より詳細な分析がなされるようになった。現在では数量、効率、そして支出差異が計算できる。次の例はこの分析を表している。

　シェイドツリーにはプレミアム価格を維持するために、高品質家具を保証するための品質管理部門がある。バッチごとにサンプル検査を行い、バッチ全体が品質基準を満たしているかを検査している。サンプルが検査を通れば当該バッチ内の製品はすべて配送されるが、サンプルが検査に引っかかった場合、バッチ内の製品全体が検査に戻され、作り直しとなる。20X1年、この部門の予算は12万ドルであった（「その他製造コスト」に含まれている）。このうち半分は人件費と確定費用で、残りの半分が品質管理検査を行うための消耗品費であった。**表6-7**は予

測と実績の比較をしている。

活動基準間接費に関しては、先ほどの計算と似た次の3つの差異が計算できる。

- コスト・ドライバー（たとえば、バッチの数）の変動による利益への影響
- 業務効率の変動による利益への影響
- 材料費の変動による利益への影響

品質管理部門は消耗品に6万ドルを使う予定であったが、実際に使ったのは5万5223ドルであった。同部門がどのようにして4777ドル節約できたのかを知るために、差異分析をしてみる。まず初めに計算する差異は、数量の影響によるものである。品質管理プロセスのコスト・ドライバーはバッチ数である。

数量差異＝（予定バッチ数－実際のバッチ数）
　　　　　×バッチ当たりの予定消耗品数×1リットル当たりの予定費用
　　　　＝（500－490）×1.50×80ドル＝1200ドル（有利差異）

予定費用と実際にかかった費用の差の一部は、バッチ数が予定よりも少なかったことに起因する。もし品質管理部門が予定より10バッチ少なく処理する予定であれば、1200ドルの費用削減が期待できた。

また、1バッチ当たりに使った消耗品の量も予定より少なかった（1.5リットルに対して1.4リットル）。この差額は効率差異である。

効率差異＝実際のバッチ数
　　　　　×（バッチ当たりの予定消耗品量
　　　　　　－バッチ当たり実際の消耗品量）

表6-7 シェイドツリー　品質管理部門の業務を分析するためのデータ

	20X1年利益計画 前提条件	20X1年 実際の数値
バッチの数	500	490
バッチ当たりの消耗品の量(リットル)	1.50	1.40
消耗品1リットルの費用	80.00	80.50
消耗品の総費用	60,000	55,223

第6章 戦略利益の評価

$$\times 消耗品1リットル当たり予定費用$$
$$= 490 \times (1.50-1.40) \times 80 ドル = 3920 ドル（有利差異）$$

最後に、品質管理部門は消耗品に予定より高い価格を支払った。この差額が支出差異である。

$$支出差異 = 実際のバッチ数 \times バッチ当たり実際の消耗品量$$
$$\times （消耗品1リットル当たりの予定費用$$
$$-消耗品1リットル当たりの実際の費用）$$
$$= 490 \times 1.40 \times (80.00 ドル - 80.50 ドル) = \triangle 343 ドル（不利差異）$$

以上をまとめると、品質管理部門における活動基準間接費の予定と実際の差額は次のようになる。

数量差異	1200ドル	（有利差異）
効率差異	3920ドル	（有利差異）
支出差異	－343ドル	（不利差異）
合計	4777ドル	（有利差異）（表6-7より　6万ドル－5万5223ドル）

企業はこれらの差異を使って品質管理部門の仕事を評価し、そしてより詳しく調べることができるだろう。効率差異が少し大きいと思うかもしれない。品質部門の従業員は品質管理を行う際に消耗品を節約する方法を見つけたのだろうか。あるいは、消耗品の節約によってシェイドツリーの製品の品質に問題が発生するだろうか。

8 業務効率性差異のまとめ

これまで業務効率に関する次の差異の計算をしてきた。

原材料	効率差異	△33,176ドル	（不利差異）
	支出差異	5,304	（有利差異）

原材料の差異合計		△27,872 ドル	（不利差異）
労働	効率差異	10,504	（有利差異）
	支出差異	0	
労働の差異合計		10,504 ドル	（有利差異）
その他製造コスト			
品質管理部門	数量差異	1,200	（有利差異）
	効率差異	3,920	（有利差異）
	支出差異	△343	（不利差異）
その他製造コスト	支出差異	△15,427	（不利差異）
その他製造コストの差異合計		△10,650 ドル	（不利差異）
販売および一般管理費	支出差異	16,500	（有利差異）
広告宣伝費	支出差異	△4,700	（不利差異）
支払利息	支出差異	△12,200	（不利差異）
非製造費用の差異合計		△400 ドル	（不利差異）
業務効率差異の合計		△28,418 ドル	（不利差異）

　業務効率の差異を分析する目的は、数量調整後の利益計画と実際の損益計算書の差額を説明することである（表6-5参照）。原材料費の差額2万7872ドルは椅子1脚当たりに予想（3万3176ドル）以上の木材を使ったことが原因であることがすでにわかった。また、賃金の差額1万504ドルは賃金単価を予定どおりに抑えつつ、生産効率が上昇したことが原因であることもわかっている。その他製造コストで発生した予想以上の費用1万650ドルは1万5427ドルの支出差異の影響であり、また、管理、販売、広告、利息費用も支出差異となっている。

　これらの分析から浮かび上がってくる姿は、混合されたものである。原材料使用の効率性は予想以下であって、これが利益を3万3176ドル減少させた。もしこれが低価格の原材料を使用したことに起因するのであれば（原材料費の支出有利差異を見ればこれがわかる）、この原材料を使うという決定は原材料費を抑える以上に効率を悪化させたことになる。人件費は予想を下回り、それは従業員が予想以上に効率的に仕事をしたことによる。広告費は予定以上の出費となったが、一方で売上げも予測以上であった。この2つの間に何らかのプラスの関係があるとすれば、追加の広告費を使ったことには意味があったと言える。

表6-8 | シェイドツリー　戦略収益性分析

予定税引前利益	635,000
競争有効性差異	
市場規模の変化	32,196
市場シェアの変化	55,804
価格の変化	(44,950)
製品構成の変化	23,000
競争有効性差異　合計	66,050
数量調整後　予定税引前利益	701,050
業務効率性差異	
原材料使用の効率性	(33,176)
原材料支出	5,304
賃金効率性	10,504
賃金支出	—
その他製造費用	(10,650)
販売および一般管理費	16,500
広告宣伝費	(4,700)
支払利息	(12,200)
業務効率性差異　合計	(28,418)
実際の税引前利益	672,632

表6-9 | 戦略収益性分析"スイッチ"

利益計画の前提条件	利益計画	競争有効性差異			
		市場規模	市場シェア	販売価格	製品ミックス
市場規模	予定 vs. 実際	実際	実際	実際	実際
市場シェア	予定	予定 vs. 実際	実際	実際	実際
販売価格	予定	予定	予定 vs. 実際	実際	実際
平均貢献利益	予定	予定	予定	予定 vs. 実際	実際
インプット数量	予定	予定	予定	予定	予定
インプット価格	予定	予定	予定	予定	予定
非変動費	予定	予定	予定	予定	予定

この表の使い方：
最上部の行は差異を表す。たとえば市場規模は競争有効性差異で、製造効率性は業務効率性差異である。
左端の列には2つの数値（予定と実際）がスイッチのように切り替わる利益計画の前提条件が並んでいる。
スイッチを順番に変更することによって、異なる差異が得られる。
差異を計算するには、最上行から計算したい差異を選択して、下へと目を移してゆく。
差異の計算は、利益計画の1つの前提条件の予定と実際の差額に焦点を当て、他のすべての変数を表上にあるとおり、実際の数値または予定数値に固定する。

9　戦略収益性差異の集約

競争有効性と業務効率性による利益成果の分析はこれで完了した。分析結果は**表6-8**に要約されている。

これにより、差異の合計が当初の利益計画と実際の業績との差額と完全に一致することがわかる。これは偶然ではない。有効性差異と効率性差異を見ていく際に、利益計画の前提条件を順番に検証していった。これは**表6-9**に示されている。左端には利益計画で予測した変数が並べられている。それは市場規模、市場シェア、販売価格、平均貢献利益、インプット数量、インプット価格、そして非変動費である。各列のいちばん上に並んでいるのが利益計画と損益計算書上の実際の利益との比較によって計算される変数である。このうち4つが、当初利益計画と数量調整後の利益計画の差額を説明する競争有効性差異である。残りの3つが、数量調整後の利益計画と実際の業績との差額を説明する業務効率性差異である。

表6-9で左から右へと7つの差異を計算する際、利益計画の変数を1つずつ当

数量調整後利益計画	業務効率性差異			損益計算書
	製造効率	製造支出	非変動費	
実際	実際	実際	実際	実際
実際	実際	実際	実際	実際
実際	実際	実際	実際	実際
実際	実際	実際	実際	実際
予定 vs. 実際		実際	実際	実際
予定	予定 vs. 実際		実際	実際
予定	予定	予定 vs. 実際		実際

たとえば、製品構成差異は平均貢献利益の予定と実際の差額を計算し、市場規模、市場シェア、販売価格を実数値にし、そしてインプット数量、インプット価格、非変動費を予定値に固定する。

初利益計画の前提条件を表す「予定」から「実際」へと変換してきた。他のすべての変数を固定して、ある特定の変数の予定と実際の差額を計算することによって、その変数の影響のみを計算できた。たとえば、市場シェア差異は市場シェアの変動（予定と実際の比較）に実際の市場規模と予測貢献利益（販売価格、平均貢献利益、インプット数量、インプット価格、非変動費はすべて利益計画の予定値に固定）を乗じて計算された。また販売価格差異に関しては、市場規模と市場シェアを実際の数値にして、実際と予定販売価格の差額を計算した。その際、販売価格の変動による影響のみを取り出すために貢献利益や利益計画上のその他変数は固定された。

すべての変数が予測や標準値（表6-9で「予定」と記載している部分）である左端の当初利益計画から、1つずつ機械的にすべての変数が実際の業績を表している右端の損益計算書まで、差異を検証してきた。(注4)

原因を見つけてアクションプランを立てる

差異だけを見ても、なぜ業績が予想を上回ったり下回ったりしたかの理由がわかるわけではない。インプット価格が下がったことや、市場シェアが上昇したことを知るのは、第1段階でしかない。その段階では原因はわからない。この変動の原因を調査して問題を解決するか、または予想外のビジネスチャンスを利用するための行動を開始しなければならない。可能性のある原因について、いくつかはすでに明らかにしたが、ここでそれを再度見てみよう。

シェイドツリーの20X1年の税引前利益は予想より3万7632ドル多かった。同社は市場全体が拡大したことと、市場シェアの上昇により業績を伸ばしたが、一方で販売価格の下落により予定より4万4950ドル損をした。価格を下げて、プレミアム商品のイメージを損なうリスクを冒して市場シェアを拡大したのだろうか。全体の販売数量において高マージンの長椅子の割合を増やしたのは20X1年に限ったことなのか、または顧客の嗜好の変化の表れであろうか。業務効率性分析において最大の差異を出したのは原材料支出差異の3万3176ドルであったが、これは売上数量の増加が製造に影響したのか、人件費を削減するために技能の低い労働者を雇ったからであろうか。また、販売管理費は有利差異を示したが、これは

（注4）John ShankとNeil Churchillは以下の論文でこのアプローチの発端について紹介している。
"Variance Analysis: A Management-Oriented Approach," *The Accounting Review* 5 (1997): 950-57.

低価格路線を反映してのことか、または管理システムを従来とは違った方法で運用した結果であろうか。

10 戦略収益性分析の活用

実際の業績と利益計画との比較は少なくとも1年に1回、通常はもっと頻繁に月次や四半期ごとに行われる。有能なマネジャーはその際、例外に注目する。つまり、戦略を危険にさらすような差異の原因を理解し、それに対処することに貴重な時間を使う。予測と一致している指標にはあまり目を向けない。金額が大きい差異、または戦略的な数値の差異に注目することで、対策が必要となる問題にすぐに注意を集中できるのである。したがって戦略収益性分析は、ROM（return on management：経営者資本利益率）を上昇させるために、非常に重要なツールなのだ。

戦略収益性分析は戦略学習、早期警報、そして業績評価の3つの目的で使用される。

戦略学習

差異分析を使うことによって当を得た質問が可能になり、また標準値からの乖離によって発生する費用と利益を計算できる。予定以上のインプット費用が利益に与える影響はどうなのか。予測以上の市場シェアの影響はどうか。大きく乖離すれば注目を集める。

予測と実際の業績の比較によって、次のような事項を再検証できる。

- 前提条件と標準値
- 原因と結果の関係
- 意図された戦略の妥当性
- 戦略実行の有効性と効率性

もちろん、事業戦略によってどの戦略収益性差異をモニターするかは変わってくる。一例として、**表6-10**は差別化と低価格化という、2つの異なる競争戦略の

表6-10　2つの異なる戦略に関する戦略的利益性分析

	市場規模	市場シェア	販売価格	製品構成	製造効率	製造支出	裁量費用
差別化戦略	◎	◎	◎	◎	△	△	△
低価格化・大量生産戦略	◎	◎	△	△	◎	◎	△

◎＝戦略的に特に重要な項目
△＝重要だが戦略的ではない項目（戦略を失敗に導く可能性が低いもの）

選択肢を表している。

　高付加価値製品・サービスの提供という差別化戦略をとった企業は、販売価格差異と製品ミックス差異を定期的に計算し、注意深くモニターすることに注力する。なぜならこの戦略をとった場合、これらの指標が戦略の有効性を見るためのカギとなるからである。一方、低価格・大量販売戦略を採用した企業は、市場シェア、業務効率、インプット価格を定期的に計算し、正確なデータを手にすることに気を使う。戦略が何であれ、競争環境にあるすべての企業にとって裁量費用の傾向（支出差異）をモニターし、市場規模について正確な情報を得ることが必要である。

　マネジャーが自身の行動から学び、分析とフォローアップによって明らかとなった新しい情報を組み入れることによって、戦略は発展する。差異分析はこのプロセスを促進するのである。

Column●雑誌ビジネスにおける利益計画

　雑誌事業においては広告と購読料が利益の2大源泉である。しかし、制作の仕事の大きな部分（たとえば試し刷りと印刷）が外部に委託されているため、外部業者の費用をマネジメントすることも必要不可欠である。1980年代、ある中規模の雑誌出版社は売上げ1ドルにつき58セントの雑誌制作と配送の費用を負担しており、事業は赤字であった。大きな債務を抱えていたため、資金繰りも厳しい状況にあった。

　利益率のドライバーへの理解を高めるために、その出版社は広告、流通部門から出される売上予測と制作部門からの費用予測を合わせて、継続的な利益計画プロセスを導入した。これにより、初めて制作部門がレイアウトや紙面上の個々の外注費項目（たとえばページ数、白

黒刷り対カラー刷り、編集対広告コンテンツ、紙質など）をベースに予算組みを行うようになった。その後行われた予算と実際の利益間の差異分析によって重要な差異が明らかになった。

　問題の核心は広告であった。マネジャーには予測を立てる際に必要となる、支出と収入に関する現実的な感覚が欠けていた。定価の広告料金は利益を出すには低すぎた。さらに悪いことに、広告営業担当者は広告スペースを埋めるために、定価からさらに値引きをしていた。また、外部業者が出版社との取引条件を決定していた。このようなことに気づき、新しい方針が導入された。外部業者のサービスには競争入札の方針がとられ、広告料金が引き上げられて広告主はより高価な広告スペースを購入することになった。最後に、雑誌の構成を費用を念頭に置いて変更したことによって、制作費用の売上げに対する比率が58％から35％に引き下げられた。

出典：Bert langford, "Take the Guesswork Out of budgeting," *Folio: The Magazine for Magazine Management* (Special Sourcebook Issue for 1998 Supplement): 172.から一部修正.

早期警報と是正措置

　戦略収益性分析は、決定された戦略から外れるような出来事の発生を警報する。第5章で紹介した「利益の輪」「キャッシュの輪」「ROEの輪」の変数がどれだけ相互に関係していたか、覚えているだろうか。そのうちの1つの変数に異常が発生したら、それは企業にとって大きな脅威となりうる。

　予期せぬ出来事は常に起こるものだ。早期警報システムがなければ、予想外の出来事はその影響が不可避となるまで気づかれないかもしれない。利益計画と実績を比較すれば、予期せぬ事態が引き起こすであろう結果の究明にも役立つ。もしある項目が利益計画の数値から外れたなら、企業はその項目を予定数値に戻すよう行動を起こせる。早めに行動を起こして、不愉快な驚きを避けられるのである。もっとも、すべての驚きが悪いわけではない。早期警報システムによって、企業は時に市場における新たな機会を発見し、それを活用することもできる。

業績評価システム

　利益計画は業績評価システムにも使われる。予定と実際の業績比較によって、マネジャーは部下が利益計画目標達成のためにどれほどの努力をしているかを把握できる。目標を立て、それに対する実績を評価することによって、従業員は組

織の戦略を達成しようと努力するようになる（このトピックについては第11章で詳しく考察する）。

業績評価を効果的に行うためには、戦略収益性分析を用いて業績の本当の理由が得られるようにしなければならない。シェイドツリーの利益43万7211ドルは予想数値41万3000ドルをかなり上回った。これを見て、まずは販売部門のマネジャーを誉め、プラスの評価を与えるだろう。しかしその後、戦略収益性分析からより多くの情報を集めることによって、当初の見解を調整したり、変更したりするかもしれない。すでに分析したように、売上げは市場全体の成長とシェイドツリーにとって有利となる競合他社の行動によって、プラスの影響を受けた。

Column●銀行業界における戦略収益性分析

アメリカ銀行管理協会は、銀行が戦略的な業績情報へのニーズが高まり、その対応に苦労しているとの調査結果を発表した。銀行は古くなった情報管理システムに手を加えたり、新しいものに交換したりするのに、多額の金額（資産10億ドル当たり約15万ドル）を投入している。

新しい業績評価・分析システムへの需要は、特殊な法人格（銀行規制に合わせるため）に基づいた伝統的なライン主導型経営構造からのシフトを反映している。多くの銀行は特定の個人やセグメントを狙う新たな戦略を実行しているが、調査に回答した銀行のうち、個々の顧客やセグメントを対象とした完全なまたは部分的な収益率分析をしていたのは10行に1行もない。同様に、わずか25％の銀行しか商品別の利益率に関する資料を作成していない。

老朽化した情報システムのインフラが銀行の抱える問題の根幹にある。60％以上の回答者が、基幹システムは5年以上前につくられたものであると答えている。古い金融系システムは伝統的な元帳方式を基準にしており、複雑なアロケーション・アルゴリズムや、多面的な業績分析レポートを扱うことができない。このような古いシステムで商品別、顧客セグメント別の利益率を出すことはほとんど不可能である。さらに問題を複雑にしているのは、総勘定元帳、費用配分システム、口座間移転価格システム、レポート・システム、予算計画システムなどの業績管理システムが統合されていないことである。

これらの問題に対処するために、銀行は新たなシステムに投資している。調査回答者の3分の1は新しい業績評価システムが実行準備段階にあると回答しており、その平均投資額は1行当たり200万ドルである。

出典：*Adapted from* Craig I. Coit and John Karr, "Performance Measurement: Miles Traveled, Miles to Go," *Banking Strategies* 72 (September/October 1996): 68-70. から一部修正.

◆──本章のまとめ

本章では財務会計のデータを用いた成果測定のみに焦点を当てて論じてきた。これは利益計画に対する業績を分析するには適切な方法である。しかし、無形資産や非財務指標の重要性を忘れてはならない。以降の章でこれらを検討していく。

利益計画の作成は戦略を行動に移すための第1段階である。このプロセスでマネジャーは戦略の正当性についての前提条件と、その詳細についての合意を迫られる。因果関係について仮説が立てられ、そして戦略が伝達される。

戦略の実行を成功に導くためには、その戦略を正当化するために、利益計画の前提条件を検証しなければならない。本章で紹介した戦略収益性分析のツールは、そのためのフレームワークを提供する。差異の計算によって戦略実行の有効性と効率性が理解できるようになる。

企業は戦略収益性分析を次の3つの目的で使用する。

- 戦略学習──戦略収益性分析を使うことによって、決定された戦略が十分かどうか、そして戦略の基盤となる原因と結果の前提条件を評価できる。
- 早期警報と是正措置──戦略収益性分析は、戦略が予定どおり実行されていることの保証、または戦略実行が予定どおり進んでいないことへの早期警告を与える。
- 業績評価──戦略収益性分析は、個々のマネジャーによる戦略実行の成果、および各部門の価値創造度を評価するツールである。

戦略収益性分析のデータをもとに、競争環境の状況や業務効率の変化を利用して、標準値や戦略までをも変更したり、組織プロセスを調整することができる。他の有効な業績評価システム、統制システムのツールのように、戦略収益性分析はROMを高めるために使われるべきである。この情報を用いて経営有効性を高める手法は、本書第Ⅲ部のトピックである。

第7章
資産配分システムの設計
Designing Asset Allocation Systems

◆

　前章では、利益計画の基礎となる戦略をサポートする資源の獲得と配分について、首尾一貫した計画を立てることが重要であると述べた。そこでは、最適な戦略の実行に必要な有形固定資産を取得する原資を捻出するために、投資規模を決める分析手法と決定方法を構築しなければならない。

　第2章で、資産を「企業が保有または支配し、将来の経済的な便益を生む可能性がある経営資源」と定義した。我々が現在行っている分析では、この定義の2つの側面を強調することが重要である。第1に、経営者は資産の獲得に関する決定を下さなければならない。価値あるものを所有する、もしくは支配するためには、何らかの対価を支払わなければならない。そのために経営者は、在庫の入手、受取手形による販売、オフィス賃貸料の前払い、新薬の研究開発、新しい設備の導入などを、注意深く決定しなければならない。

　第2に重要な点は、資産を所有することによって利益（すなわちその価値）が、将来実現することである。たとえば、在庫（棚卸資産）は3カ月経過して初めて現金化され、受取手形は半年〜1年後に回収される。前払家賃はオフィス・スペースを将来的に使えることを担保し、新薬は今後15年間にわたる売上げを生み出し、新設備はこの先20年間製品をつくり出す。すべてのケースにおいて、資源を費やして資産を増やしたり、獲得したりするのは、企業の将来の便益を生み出すためである。

　この分析から2つのことが言える。第1に、経営者には、資産を獲得するため

に現在手元にある資源を使うことが有意義かどうかを見極める、一連のツールが必要である。第2に、これらのツールは資産が生み出す将来の経済価値を見積もり、さらに将来の利益が事業戦略の実現にどの程度貢献するかを明らかにする必要がある。これらの分析ツールについて解説することが本章の主題である。

1　資産配分システム

　企業が新しい資産を購入する理由はさまざまである。たとえば、会計や製造のデータによって、コスト、品質、製造能力の不足などの問題が明らかになり、それらを解決するために新しい資産への投資が必要となる場合がある。新しい技術や市場が出現したときには、これに対応する新しい戦略を実現するために有形固定資産を取得することで、見込まれる便益を調査する必要がある。表7-1は企業が新しい資産を購入したり、リニューアルする決断を下すために必要な情報を、タイプ別に分類したものである。経理、マーケティング、製造、技術の担当マネジャーは、これらの情報を顧客や経理データ、分析モデル、製造計画などから入

表7-1　資産配分の申請に影響を及ぼす情報源とタイプ

項目	差異	根拠	情報源
費用	高すぎる	インプットのコストが上昇	会計データ
		価格が低下	マーケティング
	低下した可能性	分析もしくはモデル	製造もしくはエンジニアリング
品質	不十分	競合の品質改善	マーケティング
		顧客ニーズ	マーケティング
		価格下落	マーケティング
	改善した可能性	分析もしくはモデル	エンジニアリング
生産能力	不十分	売上げが生産能力を上回る	マーケティング
		予測が生産能力を上回る	マーケティング
		計画された新製品の導入	エンジニアリング開発
			マーケティング部門のマネジメント

出典：J. Bower, *Managing the Resource Allocation Process* (Boston: HBS Press, 1996; originally published 1970)：53. をもとにした。

手できるだろう。

　小規模な企業では、このような情報はインフォーマルな形で収集される。しかし事業が成長するに従い、どのような新しい資産が必要か、限りある金融資産をどのように配分するかを決定するためには、制度化された情報収集システムが必要となる。ここで言う**資産配分システム**（asset allocation system）とは、新規の資産購入を評価するために設計された、一連の制度化された手続きと手順であり、**資本予算**（capital budget）もしくは**資本投資計画**（capital investment plan）とも呼ばれる。このシステムにおいては、通常、それが連動している利益計画と同様に会計年度を基準として、正式な資産購入計画を年に1回立案する。このプロセスに要する期間は、資金を使用する前に、申請が正式に評価および許可されるように設定されている。

　資産配分システムには、次に挙げるいくつかの長所が備わっている。第1に、資産購入の申請を分類化するためのフレームワークと方法が定まる。このフレームワークは、定義された分類に沿って並べられた、一連の「箱」と考えてよい。資産購入の提案をいくつかの異なる箱に分類するために、それぞれの資産から期待される価値と、購入の経済的実行可能性を明らかにしなければならない。たとえば、数億円の費用を要する製紙機械への投資は、倉庫の老朽化したスプリンクラーの交換とは異なる箱に入れなければならない。

　第2に、資産配分システムは、異なるタイプの資産それぞれに適した分析手法を含む。たとえば、スプリンクラーがもたらす**純便益**（net benefits）を分析することは、製紙機械のそれとは異なる。異なるタイプの提案内容をそれぞれに適した箱に分類することで、意思決定者はそれぞれのカテゴリーに合った正しい手法を用いることができる。

　最後に、最も重要なことだが、資産配分システムは、すべてのマネジャーがそれぞれの提案について、企業戦略とどう関連するかを理解するためのガイドラインとなる。資産購入の決定には多くの人による分析と判断が必要となる。このシステムは、新たな、もしくは継続的な戦略を実現するために、どのような資産が必要か、あるいは不必要かを伝達するためにも用いられる。

　事業の展開において、資産配分は長期的課題である。たとえば、初進出国におけるプラント建設、コアとなる製造技術の変更、新しい流通システムの構築は、数年にわたって事業に影響する可能性がある。いかなる資産の購入であれ、その

決断が事業活動の将来の選択肢を狭めてしまうからだ。

　資産購入は多額の資金を必要とし、いったん決めたら変えられないコミットメントを求められることも多い。そのため、意思決定の権限について、これほど注意深く規定されている事項は、ほかにはほとんどない。いかなる企業においても、資産購入に関するマネジャー個々人の裁量権には、必ず上限が設定されている。この上限は2つの要素の変数である。1つは会計責任範囲であり、もう1つは組織階層上の地位である。前者はどのような種類の資産を購入できるかに影響し、後者は資産購入にどの程度の資金を使えるかに影響を及ぼす。

　資産配分システムは、複式簿記とは異なり、一般的に適用される運用ルールに沿って設計されるわけではない。つまり、資産配分システムの設計についてはGAAP（generally accepted accounting principle：一般に認められた会計原則）のようなものは存在しない。したがって、業績評価と統制の必要性に基づき、これらシステムを個別に設計しなければならない。しかし、マネジャーの異なるニーズにある程度対応できる一般原則はあるので、それらを用いて資産購入と配分のシステム構築を試みることは可能である。

Column●コカ・コーラとペプシの投資戦略

　コカ・コーラの伝説的なCEOであったロバート・ゴイズエタは、ほとんど毎日午後4時30分には退社し、家族との時間を過ごしていた。しかし、コカ・コーラの市場価値は、彼がCEOに就任した1981年の43億ドルから、97年には1800億ドルまでに成長した。彼はどのようにこの成長を達成したのか。彼は細かい日々のオペレーションについては権限委譲したが、資産配分だけは権限委譲しなかった。株主価値を高める投資となるように資産を配分しなければならないことを理解しており、コカ・コーラの資産の最適配分を評価することに多くの時間を費やしていた。

　ゴイズエタの在籍期間中、コカ・コーラは清涼飲料の製造インフラとブランド構築に重点的に投資した。資本集約型で収益率の低いボトリング事業をコカ・コーラ・エンタープライズに移管し、コカ・コーラはそれら資産を貸借対照表から取り出し、一方で、コカ・コーラ・エンタープライズの49％株式保有を通じて、ボトリングという名目で戦略事業を統制した。ペプシコーラ（以下ペプシ）は、コカ・コーラの投資戦略とは対照的に、レストランのフランチャイズ事業（ケンタッキー・フライドチキン、タコベル、ピザハット等）とスナック

菓子事業への投資を続けた。1997年と98年に、ペプシはコカ・コーラの戦略のいくつかを採用する決断を下した。ペプシは資本集約的で利益率の低いレストラン事業をスピン・オフさせ、ボトリング事業にも同様の措置をとると発表した。

出典：John Huey, "In Search of Roberto's Secret Formula," *Fortune*, December 29, 1997: 230-234, and Patricia Sellers, "How Coke is Kicking Pepsi's Can," *Fortune*, October 28, 1996: 70-84. をもとにした。

資産配分の制約

　新しい資産へのニーズは多岐にわたり、なおかつ予測不可能なので、経営幹部は部下に対し、どのような資産を購入すべきかについて、一定のガイドラインを提示しなければならない。しかし、望ましい資産のタイプを細部にわたって明確化することは、実際にはほとんど意味がない。事業が大規模になると、機械をいつ交換すべきか、あるいは新技術のためにいつ既存設備をアップグレードするかについて、経営幹部が知ることは難しくなってくる。経営幹部が知りえないことは非常に多くなり、特に予期せぬ問題や機会が起きるときはなおさらである。経営幹部が現場マネジャーと同量の情報を持つことは不可能であるため、新しい資産の必要性に関する情報は組織の下位レベルで収集もしくは生み出されるのが通常である。

　したがって経営幹部は、望ましい資産タイプの詳細を特定するよりも、承認できる設備投資の特性を明らかにするのが一般的である。この制限の範囲内において、個々のマネジャーは各自の事業目標を達成するために必要な資産について、主導権を持って自由に決断できる。資産配分に関する制約は、企業の戦略的優先順位に関するものや、影響力の大きい支出を伴う場合に特に重要となる。

　このような制約を設けるため、経営幹部は購入の候補対象に適した資産の条件を設定する。具体的には、資産購入を提案する際に考慮しなければならない最低限の制約を明確化することである。財務的制限を特定する一般的方法は、ROI (return on investment：投下資本利益率) の最低期待値を設定することである。たとえば、資産購入に関するガイドラインとして、ROIで最低18%を生み出す資産でなければ、その申請は審査対象にならないと規定できる。このガイドラインは、マネジャーに対して購入すべき資産のタイプを指示しているわけでなく、購入すべきではない資産（たとえばROIが18%未満の資産）を指示しているのである。

資産配分の方針と手続き

　資産配分システムの使い方を理解することは、資産購入を提案する者にとっても、その提案内容の審査に責任を持つ者にとっても重要である。提案者は、購入したい資産の必要性を伝えるのに十分な情報を提供しなければならない。資源は限定されており、それぞれの提案は限られた資源をめぐって対立する。したがって、資産購入を提案するマネジャーは、自分の提案をサポートするために可能な限りの努力をしなければならない。

　資産購入に関する提案を審査し、資金配分を決定する立場の者も、それぞれ対立する選択肢のなかから最適な提案を選ぶためのツールを揃えていなければならない。提案のなかには認可されるものもあれば、財務的な制約を超えている、あるいは経営者の関心外であるために拒否されるものもある。すべての提案には、良いものでも悪いものでも、重要な戦略実現への第一歩を踏み出すために資産が必要であることを強く説く賛同者――時には熱狂的な支持者である――が存在する。このような申し出に応えるためには、事業戦略を反映した高いレベルでの分析が必要である。

　したがって、資産配分の手続きとして、提案を評価し認可するためのプロセスを規定しなければならない。この手続きは、一般的に次の項目を含む。

1．提案の妥当性を立証するのに必要な分析
2．提案を集めトップ・マネジメントが審査するプロセス
3．新しい資産の正式な提案について、マネジャーが検討する期間の設定。この期間は利益計画の認可と密接に連動しているべきであり、そうすることで戦略を実現するために十分な資源を獲得できる（第5章「利益の輪」における「資産投資」の項目を参照）。

会計責任範囲

　経営幹部は、資産購入における担当者の決定権限についての方針を設定しなければならない。前述のとおり、資産購入に関するマネジャーの権限は、会計責任と直接的に関係する。会計責任範囲が狭いコストセンターやラインのマネジャーなどは、コスト予算を管理するだけの責任しか持たない。彼らの業績は貸借対照

表上の資産と関係するもの、たとえばROA（return on asset：総資産利益率）やROCE（return on capital employed：使用総資本利益率）などでは測れない。コストセンターのマネジャーは貸借対照表の資産に関する責任を持たないため、経営幹部の許可なしに、新しい資産を購入する権限を持たない。たとえば、ITのような一定範囲の機能のみを担当するコストセンターのマネジャーは、あらかじめ決められた資源を使用して、特定レベルの情報サービスを提供することだけに責任を持つ。これに対してCIO（chief information officer：最高情報責任者）は予算権限を持ち、その権限内で満足いくレベルの情報ネットワークを構築する責任を持つ。情報ネットワークを強化するサーバーやネットワーク機器への追加投資には、広い範囲の会計責任を持つ経営幹部の許可が必要となる。

対照的に、事業部のマネジャーは資産購入について、比較的広い範囲の裁量権と権限を持つ。事業部のマネジャーは利益に対して責任を負うと同時に、利益を生むために必要なレベルの資産を管理する責任も持つ。彼らの業績評価には、貸借対照表の資産勘定に関わる指標（運転資金やROCEなど）が含まれるし、また、そうするのが妥当だろう。したがって、通常、プロフィットセンターのマネジャーが、目標達成に向けた資産購入や売却の権限を持つ。

支出の制限

マネジャーのポジションや会計責任範囲に基づき、支出に関する制限を設定することは、権限を規定する一般的な方法である。資産購入の申請額が決済権限額や会計責任範囲を超える場合は、経営幹部の決済を仰がねばならない。したがって、資産購入に関する決済権限は組織の階層に従い、たとえば下の表のような形式で規定される。

このような決済権限ルールでは、大規模資産の取得は、広範囲の会計責任を持

組織におけるポジション	資産購入に関する決済権限額の例
取締役会	100万ドルを超える資産購入を決議
社長およびCEO	100万ドルまで
上級副社長	50万ドルまで
事業部門長	20万ドルまで
ライン・マネジャー	5万ドルまで

つ高いレベルのマネジャーの承認を必要とする。大規模かつ重要な資産購入の決定は経営幹部が検討することになり、資産購入とトップ・マネジメントの戦略を合致させることと、相応しくなかったりリスクの大きすぎたりする事業への投資を避けることの2点を確実に遂行できる。

支出制限ルールを補完する別のルールとして、投資の戦略的意義に応じて承認ルートを変更する方法がある。このアプローチではトップ・マネジメントは、①どのカテゴリーに属する資産投資が、どの承認ルートの対象とするか、②カテゴリーごとに対応した個別の承認プロセス、を決めることになる。通常、戦略的投資はトップ・マネジメントの専権事項であり、既存オペレーション強化のための投資の承認は現場マネジャーに権限委譲される。このアプローチについては次節で詳述する。

Column●SKFの資産配分権限

SKF Ab（以下SKF）はスウェーデンのイエテボリに本社がある世界最大の圧延ベアリング・メーカーで、200億ドル規模の世界市場の5分の1のシェアを持つ。生産は世界中で行っているが、65%は依然として西ヨーロッパでの生産である。この不釣り合いを解消するため、アメリカ、ポーランド、インド、マレーシア、韓国、中国（5つのジョイント・ベンチャー）といった成長市場でのプラントに6億2900万ドルを投資した。

SKFの資産配分構成は、中央による統制と支社の意思決定をバランスさせるように設計されている。プラント拡大のような、すでにオペレーションを行っている国における投資に関する決定は、その国の支社長の承認のみを必要とし、本社の財務担当取締役の同意は不要である。しかしながら、プロジェクトの経済価値は地域拠点ごとに、キャッシュフローや回収期間といった指標を用いて立証されなければならない。

SKFの財務機能は、個々の地域における投資のための資本を確保しておくことで、ライン・マネジャーの意思決定を支援する。各地域の財務担当者が決定を行うが、通貨変動の激しい地域（アジアや南アフリカなど）は例外であり、スウェーデンの本社財務グループに決定権が委ねられている。

出典：Tim Burt, "Own Words: Tore Bertilsson, SKF," *Financial Times*, November 5, 1997, and Peter Marsh, "Change of Culture at SKF," *Financial Times*, August 25, 1997: 17. をもとにした。

2 資産配分カテゴリーごとの分類

　さまざまな事業で想定できる、資産と資本支出の多様性について考えてみよう。たとえば、新しい設備の購入、既存コンピュータ設備のリニューアル、流通センターの設計やモデルの変更、新しい電話回線の設置など、資産と資本支出は実に多種多様である。資産配分の責任を持つマネジャーは、この多様性に対応できる何らかの方法を持たなければならない。

　マネジャーはプロジェクトを分類する首尾一貫した基準を理解しなければならず、それにより各カテゴリーの資産に対して、正しい分析ツールと意思決定基準を適用できる。事業の種類が違えば、それぞれの環境に適した分類方法が生まれる。適切なカテゴリー分類基準は、その企業が競争している業界、あるいは使う技術によって決まる。たとえば、知識集約型のソフトウエア開発会社の分類基準と、資本集約型の製鉄会社の分類基準はおのずと異なる。しかしほとんどの事業で、プロジェクトに関する決定権は一般的に3つのカテゴリーに分類され、それぞれが異なる評価基準を持つ。

1. **安全・健康・規制のニーズに合致する資産**：従業員の安全と健康を守るため、あるいは地域環境を保全するための資産が必要となる場合がある。また、地域、州、連邦政府レベルの規制を遵守するために購入しなければならない資産もある。これら資産の保有は法律で義務づけられているか、もしくは健康や安全を確保するために必要不可欠であり、定型的な投資対効果分析は意味をなさない。これらの出費を先延ばしすることはできず、事業を遂行するうえで避けられない出費である。したがって、このカテゴリーの資産については、健康・安全・規制のニーズに合致する最良のコスト・パフォーマンスを追求することに焦点を絞って分析すべきである。
2. **オペレーション効率を高める、あるいは売上げを増加させるために必要な資産**：中長期的競争に勝ち残るためには、生産や情報プロセスの能力は一定のレベルに維持され、かつ整備されなければならない。結果としてソフトウエアや機械の交換、既存設備のリニューアルや修理などへの出費が必要となる。とき

には、優れた技術に基づいてつくられた新しい資産を入手し、コスト削減や信頼性および品質の向上につなげる場合もある（例：最新生産ラインの建設）。このタイプの支出は効率的な生産能力を維持するために必要だが、マネジャーの決断によって先延ばしされることもある。

　生産、流通、内部プロセス能力に対する追加投資は、売上げの増加へとつながる場合もある。たとえば、製造プラントにおけるオペレーション上のボトルネックを取り除けば、さらなる需要に対応して生産を増加できる。銀行では、融資審査を早く処理すれば、四半期ごとにさらに多くの融資を獲得できるかもしれない。経済性分析のための特別な技術が、このカテゴリーの資産に適用されなくてはならない。

3．**競争有効性を高めるための資産**：ある種の資産や資本支出は、事業戦略を担保するために必要となる。こういった資産に関するプロジェクトの提案は、戦略目標と対照されなければならず、その結果、事業の戦略的緊急性を踏まえた各資産の重要性が決まる。このタイプの資産としては、新しい流通ネットワークを構築することや、まったく製造設備のない国での工場建設などが含まれる。新しい市場へ進出するためのベンチャー事業や企業買収なども、このカテゴリーに含まれる

　戦略的インパクトが大きく、費用も莫大なため、事業の戦略目標や財務目標を満たすものかどうかを確認する一連のテストをクリアしなければ、これらの資産の購入は決められない。このようなタイプの資産購入は、財務的インパクトが大きく、またリターンも不確実なため、通常はトップ・マネジメントに決定権限が委ねられる。

3　資産購入提案の評価

　このセクションでは、資産購入提案の評価に関する分析手法を検討する。最初に最も簡単な決定事項である、安全・健康・規制に関するものから始め、最も重要な意思決定である、事業戦略の方向性を決定づけるような、主要なコミットメントに関するものに論点を進める。

安全・健康・規制のニーズに合致する資産の評価

　これは最も簡単なカテゴリーである。上述のとおり、これら資産に関する選択や意思決定の幅はあまり大きくない。評判が確立している事業やそれを推進するマネジャーは、日々のオペレーションが従業員と地域コミュニティの健康や安全を害することのないよう、十分に注意しなければならない。従業員の安全確保のために空気調整システム、火災報知システム、災害避難システム、その他多くの資産に資源を投じなければならない。さらに、法律や規制で求められるあらゆる投資が必要となる。たとえば、身体障害者用通路の確保、毒物除去装置の機能維持、化学廃棄物の安全な廃棄などである。

　これら資産の取得に求められる分析は、①購入される資産は法律が定める要件を十分に満たすか、②性能や便益について最大の価値を得られるか、の2項目を確認するだけである。これらの判断を下すには、技術的検証や性能とコストの比較などが必要となる。

　このカテゴリーの投資に対する承認は、事業部マネジャーに権限委譲できる。トップレベルのマネジャーは、費用がきわめて高く、キャッシュフローや利益プラン、ROE（return on equity：株主資本利益率）予測値に大きな影響を及ぼす場合を除いて、これらの決定・承認に関与する必要はない。

Column● ペンシルバニア・パワー＆ライト

　1990年代の初め、ペンシルバニア・パワー＆ライトは、70年代につくられた1万7775平方フィートある設計フロアの蛍光灯をどのようにアップグレードすべきか検討していた。明るすぎて目への負担が大きい光は、維持費が高い（年間1万2745ドル）だけでなく、従業員の生産性と健康に悪影響を及ぼしていた。新しい照明システムは、設計者の個々の作業エリアに焦点を当てるもので、4万8882ドルの設備投資を必要としたが、わずか73日で投資を回収でき、年間ROIは501％を達成できると経営者は予測した。新しい照明システムでは、部品が少なくなるため、維持費が76％削減でき、設計者の生産性も（設計を完成させる日数で計算すると）13.2％改善し、エネルギー消費量も69％低下した。この投資による年間のコスト節約は24万4929ドルであった。設計者のモラールも向上し、病欠も25％減少した。

> 出典:Dana Dubbs, "Retrofit Chalks up 501% ROI Through Higher Productivity and Lower Costs," *Facilities Design & Management* (April 1991): 39. をもとにした。

オペレーション効率を高める、あるいは売上げを増加させるために必要な資産の評価

　既存オペレーションのアップグレードや改善に関する投資の意思決定は、おおよそ現場マネジャーの自由裁量に委ねられる。別の言い方をすると、何もしないというのも1つの重要な選択肢である。これは我々が新しい自家用車を購入するかどうかを決めるのと同じ種類の決断である。自家用車の購入時には、性能が改良され、維持費の安い新モデルへの買い換えを検討する。このようなタイプの意思決定においては、(条件に合う車がなければ、少なくとも短期間は)購入しないのも重要な選択肢である。

　この種の投資を行う場合は、特有のメリットが得られなくてはならない。効率を高めたり、売上げを向上させるための資産購入の意思決定は、個々の事業部マネジャーに権限委譲することも可能である。しかし、この権限を委譲されたマネジャーは、資産購入によって得られた利益が投資コストを上回るかどうかについて、責任を取らなければならない。要約すると、考えるべき論点は、将来のキャッシュフローが増加することで、資産の取得やアップグレードに要する資源の投入が十分に正当化できるかどうかである。

　オペレーション効率を向上させるための投資利益の計算には、3つの分析手法がある。回収期間分析、DCF (discounted cash flow:割引キャッシュフロー) 分析、IRR (internal rate of return:内部収益率) 分析である。

回収期間分析

　最も一般的でわかりやすいキャッシュフロー分析手法は、増加するキャッシュフローによって、投下資本がどれくらいの期間で回収できるかを分析する方法である。**回収期間分析** (payback) は、資産取得に要した総コスト(キャッシュフローの減少)を、その資産によって期待できる1期間当たりのキャッシュフロー増額分(もしくはキャッシュフロー節約分)で割ったものである。耐用期間の長い資産の場合、結果は何年間という単位で表される。したがって、以下の回収期間の

式で表される。

$$回収期間（年） = \frac{資産購入に要したキャッシュフロー減少分の総額}{資産の耐用期間における１年当たりのキャッシュフロー増額（節約）分}$$

第５章で、ボストン・リテールが売上帳簿、在庫管理、購買オーダー、会計元帳を統合するために、新しい経営情報システムの導入を検討していたのを思い出してほしい。このシステム導入に必要なコストは６万ドル。会社の試算では、会計帳簿への記帳や監査に要するコストから年間１万ドルを、在庫を削減することから年間5000ドルをそれぞれ削減できると見込んでいた。この場合の回収期間は以下のようになる。

$$回収期間（年） = \frac{６万ドル}{１万5000ドル} = ４年間$$

したがって、４年間でこのコストを回収できると予測できる。

キャッシュフローが不規則な場合はどうすべきか。たとえば、年間のキャッシュフロー増額が6000ドル、１万2000ドル、１万7000ドル、２万ドル……と推移した場合である。この場合は単純に年間のキャッシュフロー増額分を足し上げ、何年（あるいは何カ月）で資産購入に用いたキャッシュを上回るかを計算すればよい。

回収期間分析は簡単かつわかりやすく、ほとんどすべてのビジネスで使われている。この単純な計算により、マネジャーは投下資本をいつ取り戻せるかがわかる。回収期間分析により、キャッシュが底をつく危険性や、そのプロジェクトによってキャッシュ不足が生じる期間がわかる。手持ちのキャッシュが潤沢でない場合、この情報はきわめて重要となる。

しかし、回収期間分析はキャッシュの時間的価値を考慮していない。したがって、現在のキャッシュを将来のキャッシュで割る際、分母と分子が異なる価値の通貨を表している可能性がある。たとえて言えば、リンゴとオレンジを比較しているようなものである。さらに、回収期間分析は、最初の回収期間が終わった後の経済的利益を考慮していない。したがって、回収期間分析からはキャッシュフローの観点では有益な情報を得られるが、その投資による本当の経済的リターンは評価できない。この問題を解決するため、DCF分析が必要となる。

Column◉製品開発の損益分岐時間

　1990年代の初頭、ヒューレット・パッカードなどの企業が、損益分岐時間によって新製品開発の成果を評価し始めた。損益分岐時間は、企業の投資額を新製品が回収するまでの月数を表す。「時計」は製品開発がスタートしたときをゼロとする。開発期間中、製品が発表されるまで企業は資金を投入し続ける。その後、利益を生み出し、次第に投資を回収していく。製品によって生み出された利益が投資額と同じになったとき、当該製品は損益分岐時間に到達したといえる（下図を参照）。

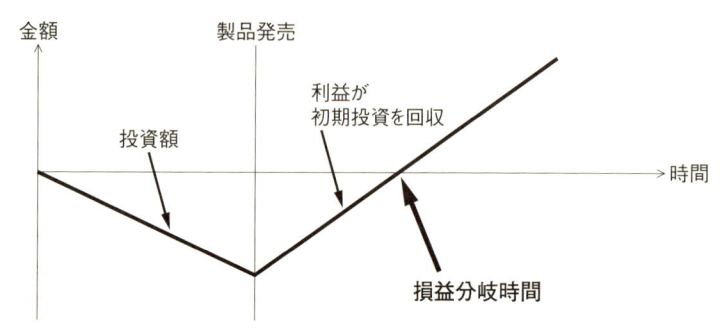

　損益分岐分析により、製品開発プロセスを評価するのにとても有益な情報を引き出せる。損益分岐時間が長い場合、その製品は期待ほど成功しておらず、企業が投資を回収できないリスクを負っていることを示唆している。損益分岐時間が短い場合は、製品開発プロセスが効率的かつ効果的であったことを示す。

　また、経営幹部がこの情報を、製品開発マネジャーの業績評価に用いることもある。このような場合、製品開発マネジャーが指標を歪めるおそれがある。たとえば、損益分岐時間を可能な限り短くするために、既存製品を単純に改良することでできるような新製品を選択するかもしれない。このような新製品開発への投資は少なく済み、もともとの製品がすでに確立されたものであれば、成功もある程度約束されている。したがって損益分析時間は最短化されるが、逆説的に、革新的な製品を避けるよう動機づけるため、企業のイノベーション能力を著しく下げてしまうリスクを負うことになる。

（注1）ヒューレット・パッカードの損益分岐時間について詳しくは以下を参照。Charles H. House and Raymond L. Price, "The Return Map: Tracking Product Teams," *Harvard Business Review* 69 (January-February, 1991) :92-100.（邦訳「新製品開発のベスト・パフォーマンスを生むストラテジック・リターン・マップ」『DIAMONDハーバード・ビジネス・レビュー』1991年5月号）

DCF分析

より洗練されたアプローチでは、投資の全体期間における正味のキャッシュフローのみでなく、将来のキャッシュフローは現在のキャッシュフローよりも価値が低いという点を考慮する。**DCF分析**（discounted cash flow analysis：割引キャッシュフロー分析）を行うにあたっては、基本的に、まずキャッシュフロー・プランをつくる（図7-1参照）。ボストン・リテールの新しいコンピュータ・システムに関する分析に戻ると、利益は7年間にわたって生じると会社は見込んでいた（残余価値はないものと見なす）。

この時点で、7年間のコスト削減分（1万5000ドル×7年間＝10万5000ドル）と初期投下資本の6万ドルを比較し、このプロジェクトによって合計4万5000ドルのコスト削減効果が見込めた。しかし、このような単純合計は、将来のキャッシュフローに関わる時間価値を考慮していないという問題がある。

したがって、次に行うべきは、将来のキャッシュフローを現在価値に計算することである。仮にキャッシュの価値が年率10％減少すると仮定する場合、今後7年間にわたる割引係数を計算できる（現在の1ドルの価値はそのままであり、初期投資の6万ドルは割り引く必要はない）。この情報をもとに、将来のキャッシュフローを現在価値に計算し直すことができる（図7-2参照）。

7年間にわたる将来のコスト削減額を現在価値にしたものを合計し（1万3635ドル＋1万2390ドル＋……＋7697ドル＝7万3005ドル）、それを初期投資の6万ドルと比較することで、本当のコスト削減は当初計算した4万5000ドルより少ない1万3005ドルであることがわかる。このようにDCFを合計したものを、投資の**NPV**

図7-1 キャッシュフロー・プラン

初期投資	初年度	2年度	3年度	4年度	5年度	6年度	7年度
20X2年 1月	20X2年 12月31日	20X3年 12月31日	20X4年 12月31日	20X5年 12月31日	20X6年 12月31日	20X7年 12月31日	20X8年 12月31日
−60,000	15,000	15,000	15,000	15,000	15,000	15,000	15,000

（単位：ドル）

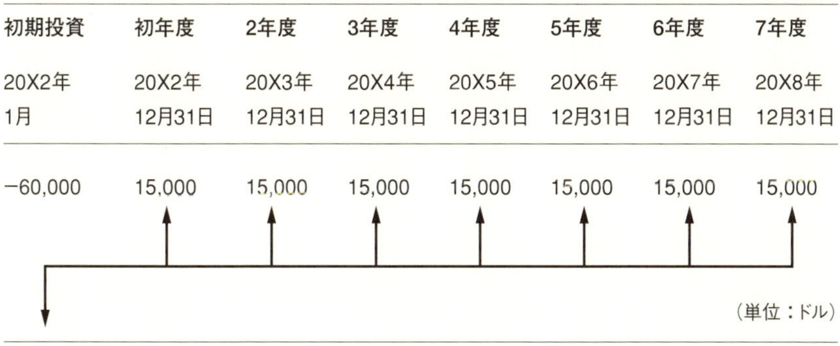

(net present value：**正味現在価値**）と呼ぶ。投資効果を現在価値に計算し直すことから、ボストン・リテールは投資によって約1万3000ドルの効果を得ることがわかる。

すでにお気づきとは思うが、DCF分析が正しく行われるためには、将来のキャッシュフローを正しく見積もるだけでなく、割引率を正しく計算することが重要となる。ボストン・リテールを例にとると、割引率が10%の場合、このプロジェクトは1万3000ドルのNPVを生じるが、割引率を17%にすると、将来生み出すキャッシュフローの現在価値の合計は、初期投資より1150ドル少ない、NPVがマイナスのプロジェクトになってしまう。もちろん、キャッシュに時間的価値がない、すなわち割引率をゼロと仮定すると、このプロジェクトのNPVはすでに計算したとおり、4万5000ドルとなる。

割引率を考える際、直感的には、貨幣の購買力が時間を経るごとに減少していくと考えるのがわかりやすい。ビジネスにおいては、経営者は株主や債権者から提供された金融資産に対して、何らかのリターンを出さなければならない。そのリターンが割引率であると考えるのがより論理的である（第5章の「ROEの輪」を思い出してほしい）。たとえば、ボストン・リテールが新しいコンピュータ・システム購入のために、6万ドルを銀行から借り入れたとしよう。借入金利は年率10%とし、金利返済は繰り延べられるとする。また、元本返済と金利支払いに、毎年1万5000ドルが必要になると仮定する。実際にはこれが前述のキャッシュフローに一致する。唯一の違いは、銀行から資金を借り入れたと仮定している点である。

図7-2　割引キャッシュフローのタイムライン

	初期投資	コスト削減						
		初年度	2年度	3年度	4年度	5年度	6年度	7年度
	20X2年1月	20X2年12月31日	20X3年12月31日	20X4年12月31日	20X5年12月31日	20X6年12月31日	20X7年12月31日	20X8年12月31日
	−60,000	15,000	15,000	15,000	15,000	15,000	15,000	15,000
割引係数	0	0.909	0.826	0.751	0.683	0.621	0.564	0.513
現在価値	60,000	13,635	12,390	11,265	10,245	9,315	8,460	7,695

（単位：ドル）

この投資のNPVはこれで計算できた。図7-2に示すとおり、6万ドルの投資の価値は1万3005ドルである。仮に銀行から6万ドル借り入れた場合、投資価値がどれほどになるかを計算したのが図7-3である。初年度の1万5000ドルはすべて元本返済に充当され、金利支払いは繰り延べられる。コスト削減から得られるキャッシュはすべて元本返済に充てられる。2年度、3年度、4年度、5年度も同様で、いずれの会計年度においてもこの投資の結果のキャッシュは手元に残さず、すべて銀行への返済に充てられる。6年度までには借入金の返済はほとんど終了し、返済金額は5560ドルとなる。結果として、6年度には9440ドル、7年度には1万5000ドルが会社の利益として手元に残るが、それらの現在価値を表したものが第8列である。借入金を返済した後に残ったキャッシュ増加額の現在価値は、約1万3000ドル（四捨五入により多少の違いはある）となる。

　上記の例における割引率は、企業が株主もしくは銀行などから資金を借りるための費用であることがわかるだろう。資産購入の試算で用いる理論的割引率は、その事業の**WACC**（weighted average cost of capital：**加重平均資本コスト**）と等しい。[注2] この割引率は、投資において最低限実現しなければいけないリターンであり、資金供給者（株主もしくは資金の貸主）が、投資のリスクと他の機会に投資した場合に得られるであろうリターンを考慮したうえで期待する投資効率でもある。株主や貸主にこれだけの投資リターンを還元できなければ、彼らはこの企業への投資を中止するだろうし、企業は戦略を実行するために必要な資産を購入する資

図7-3　6万ドルの銀行借入れの返済と将来のキャッシュ留保の現在価値の計算

年末 (12/31)	(1) 年初残高	(2) 未払利息	(3) 投資からの キャッシュ 節約	(4) 銀行への 支払い	(5) 年末残高	(6) 留保された キャッシュ	(7) 割引係数	(8) 留保された キャッシュの 現在価値
20X2年1月					60,000			
20X2年	60,000	6,000	15,000	15,000	51,000	—		
20X3年	51,000	5,100	15,000	15,000	41,100	—		
20X4年	41,100	4,110	15,000	15,000	30,210	—		
20X5年	30,210	3,021	15,000	15,000	18,231	—		
20X6年	18,231	1,823	15,000	15,000	5,054	—		
20X7年	5,054	505	15,000	5,560	—	9,440	0.564	5,324
20X8年	—	—	15,000	—	—	15,000	0.513	7,695
								13,019

投資の正味現在価値は10%の金利で計算（単位：ドル）

（注2）WACCについて詳しくは、第8章で議論する。

金を手に入れられなくなる。

　実際には、DCF分析で用いる割引率はいろいろな方法で計算される。WACCを精緻に計算する場合もあるし、ROEの期待値を大まかな割引率として利用することもある。ここで重要なことは、どの割引率を適用するかを企業全体に周知徹底することであり、そうすることで資産購入を準備する者は同じ仮定に立った議論を行える。このような首尾一貫したアプローチを採用することで、異なる提案の正味現在価値を比較し、自信を持って決断できるのである。

IRR（内部収益率）

　DCF分析では、キャッシュフローと割引率は所与の条件としたうえで投資のNPVを計算した。この金額は投資に用いられた資金の機会コストを考慮したプロジェクトの経済価値を表している。他のアプローチでは、キャッシュフローを所与の条件とするものの、DCF（あるいはプロジェクトのNPV）をゼロとして、その場合の割引率を導き出す。別の言い方をすれば、投資とキャッシュの増加分が完全に一致する割引率を計算する。この手法で計算される割引率を**割引収益率**、もしくは**IRR**（internal rate of return：**内部収益率**）と呼ぶ。この計算は、今日100ドルを銀行に預金し、1年後に110ドルを引き出せたとした場合、何%の金利を得たかを計算するのと同じである。この単純な例に対する答えは10%である。つまり10%の割引率を適用すれば、将来の110ドルのキャッシュフロー（110ドル×0.909＝100ドル）と現在の投資（100ドル）は同一の価値だといえる。複数のキャッシュの出入りを伴う事業のIRRを計算するには、財務用コンピュータを必要とする。ボストン・リテールの例を用いると、7年間にわたって毎年1万5000ドルを得る場合、6万ドルの初期投資の収益率は16.3%となる。割引率表を用いれば、割引率16%から17%の間でNPVがマイナスになるため、この結果をある程度推測できる。

　IRRを使うと、一連のキャッシュフローを単一の利率に置き換えることにより、ROI、ROE、その他ベンチマークとの比較が容易になる。しかし、IRRには技術的欠点もいくつかある。たとえば、プロジェクトの途中でキャッシュフローがプラスとマイナスに何度も変化する場合、IRRは異なる複数の収益率を計算してしまう。また、IRRは比率を表しているがゆえに、投資規模やキャッシュフローの大きさを考慮できない。最後に、IRRでは、得られる現金流入を、検討中のプロ

ジェクトと同じ収益率を生み出す別のプロジェクトに再投資できることを前提としている。

IRRを投資基準として用いる：IRRの限界を理解しながらも、資産購入の提案に対する最低収益率を決めるガイドラインとして用いる場合がある。社内におけるコミュニケーションの道具として用いれば、IRRはハードル・レート（hurdle rate）と呼ばれ、この財務的なハードルを満たさないプロジェクトへの投資は許可されないことが、マネジャーは事前にわかる。ハードル・レートに関する社内コミュニケーションによって、達成すべき最低限の条件を確認できるのである。

　たとえば、ある企業が18%のハードル・レートを設置した場合、それは事業の財務的業績を維持するために必要な収益率（基準となるのは、資本コスト、プロジェクトのリスク、試算されたキャッシュフローが不正確だった場合、あるいは楽観的すぎた場合のクッションなど）を意味する。「ROIが20%以上のプロジェクトを提案せよ」といったように目標ROIを明示するのではなく、条件を設定することで、個々の従業員が適切なプロジェクトを見出し、選別しなければならなくなる。ここでの企業からのメッセージは「どのようなタイプのプロジェクトを提案すべきかは任せる。低いリターンより高いリターンのほうが好ましいから、最良の事業機会を見つけてほしい。ただし、収益率が18%を下回るプロジェクトは提案しないでほしい」ということである。

　上述した3つの分析手法のすべて、もしくはいくつかを使えば、どのようなタイプのプロジェクトが事業効率の向上や収益増大につながるかを議論できる。たとえば、技術をアップグレードする新プロジェクトの条件として、初期投資は3年間にそのプロジェクトが創造するキャッシュで回収されなければならない（回収期間分析）、すべてのプロジェクトは割引率を13%としたうえでプラスのNPVを出さなければならない（DCF分析）、IRRで最低18%を期待できないプロジェクトは検討の対象としない、などといったコミュニケーションができる。それに加え、他のガイドラインや基本制約条件を設けることもある。たとえば、有形固定資産（設備、プラント、機械など）の購入に必要とする資金額合計が年間の減価償却費を超えてはならない、あるいは、年間維持費が年間減価償却費を超えたときにのみ設備更新のために資金を用意するなどである。

> **Column● ユナイテッド・アーキテクツのIRR**
>
> 新しい投資へのハードルとしてアメリカ企業が用いている高いIRR（20％以上がよく求められる）は、新技術プロジェクトにとっては不利になることが多い。キャッシュの節約が不明確な場合は、特にその傾向が強くなる。1つの例は、建築や技術工学の業界では革新的であった、CADD（computer-aided design and drafting：コンピュータ支援設計製図）である。ロサンゼルスにあるユナイテッド・アーキテクツは、入札でいつも競合に負けていた。その理由は企業の能力や価格が劣っているからではなく、プレゼンテーションの見栄えが洗練されていなかったからである。プロジェクト・マネジャーのフレッド・レイクは、新しいCADDシステムでこの問題を解決できると考えたが、最低価格の契約が伝統的なコスト積み上げ式契約に取って代わっている状況で、同社の経営陣がコスト削減に躍起になっていることも理解していた。CADDは5万ドルから6万ドルもする高価なシステムであった。NPVはマイナスであり、レイクはCADDシステムの導入について経営陣を説得できなかった。
>
> ところが、入札で負けた場合の機会損益をNPV計算に組み込むことで、レイクはついにCADDシステム導入について経営陣を説得できた。レイクのチームは直近の四半期における入札で3度も負けているため、機会損益を定量化するのは簡単だった。このように目に見えにくい利益や効果を定量化することは、新技術がもたらす潜在的利益を把握するのに大変役立った。
>
> 出典：John Y. Lee, "The Service Sector: Investing in New Technology to Stay Competitive," *Management Accounting* 72（June 1991）: 45-48. をもとにした。

競争有効性を高めるための資産の評価

次に検討するのは、事業の競争力を高めるために取得する必要不可欠な資産についてである。これは効率向上や売上増加のために取得する資産とは異なる性質を持つ。競争力を高めるための資産は事業戦略を後押しするものであり、戦略を成功させるために必要不可欠な資産である。しかし、このような資産は通常、大規模かつ高価である。また、この資産購入が事業の方向性を決定し、これを後から変更するのは困難であり、莫大な費用を要する。したがってこのような資産取得の認可はトップ・マネジメントの専権事項となる。

ボストン・リテールでは、マネジャーは2つの戦略的選択肢を検討した。1つ

めの選択肢は事業を地域的に拡大し、ニューヨーク州に進出すること。2つめは製品ラインを拡大し、家具事業を追加することであった。理論的には、競合ポジションを強化するための資産購入においても、前述のキャッシュフロー分析（回収期間分析、DCF分析、IRRなど）を用いることは可能である。しかし現実的には、戦略的資産取得に伴うキャッシュフロー分析は、2つの理由から注意深く進める必要がある。

　第1の理由は、戦略的資産の購入から期待できるキャッシュフローはきわめて不確定なことである。ニューヨーク州の新店舗からのキャッシュフローや、新しい製品ラインである家具事業からのキャッシュフローは、それらを立ち上げるマネジャーの力量に大きく依存する。第2章で論じたSWOT分析で用いた要素（競合の戦術、顧客の受容性、適したサプライヤーを見つける能力、通常はマネジャーがコントロール不可能なその他複数の要因）が最終的なキャッシュフローを決める。このようにキャッシュフローの見込みが不確定なため、キャッシュフロー分析にこだわりすぎると、信頼性の低い結論を導き出す危険性がある。

　第2の理由は、新しく取得する資産の戦略的価値は、既存の経営資源との相互作用やシナジーから生まれることが多いため、資産価値を完璧に計算するのが困難なことである。特に戦略的資産の買収においては、2つの資産を合わせた場合の全体価値が個々の資産価値の合計より大きくなるため、マネジャーは全体価値を知っておかなくてはならない。たとえば、医薬品メーカーであるメルクが、医薬品の直販ネットワーク企業であるメドコ・コンテインメント・サービス（訳注：現メルク・メドコ、1993年に買収）を買収した主な根拠は、両社の資源と能力の統合から得られる利得にあった。メドコとメルクの経営者は、両社が統合すれば、別々に経営するより大きな価値を生み出せると信じた。合併後は、規模の経済、範囲の経済、クロス・セリングによる追加収入が創出され、同時に、2つの事業を統合することで無駄を省けると計算した。しかし、2社の従業員が一緒に働く能力、異なる文化を統合する能力、この投資から得られる追加の価値を生み出す能力を判断する際には、経営者自身の直感に大きく依存しなくてはならなかった。

　このような戦略的資産購入の提案に対して、回収期間分析、DCF分析、（割引後でも、そうでなくても）IRRを評価しなくてもかまわないと言っているわけではない。企業はそれらを行うし、明らかにそうすべきである。しかし、ここでポイントとなるのは、きわめて不確定な前提に基づいた定量的情報を、競合との市場

ダイナミズム、成功の見込み、資産購入の結果得られる長期的見返りなどに対する判断と結びつけていることである。したがって、直感や予測が経済性分析と同じくらい重要な役割を果たす。

経営判断は、第2章で触れたSWOT、独自ケイパビリティ、市場の支配権、他社との関係やネットワークの価値など、さまざまな要素に影響される。これらの要素が含むものは、

- 既存戦略、または独自ケイパビリティとの整合性
- 資産取得に伴うリスク
- 資産を取得しない場合のリスク
- 提案をサポートする情報の質
- 主唱者の経歴と能力
- 決定を覆すことの可否とコスト

である。それぞれについて順番に検討してみよう。

1．既存の戦略、または独自ケイパビリティとの整合性

企業の競争有効性を高めるための資産購入を検討する場合、最初に考えるべきことは、意図した戦略と資産購入の提案がどの程度整合するかである。有能でやる気もある人が運営する事業では、価値創造のための新しいアイデアが枯渇することはない。そのなかには既存の強みに基づくアイデアもあるが、経営者の意図や将来戦略に適合しないアイデアも多い。特に他の投資オプションに対する評価や範囲について、明確な考えを持てない場合はなおさらである。

ボストン・リテールでは、隣接する都市に事業を拡大することは、既存戦略と企業のケイパビリティとの整合性が十分とれると考えたが、家具事業への進出は必ずしも整合性が明らかではなかった。したがって、家具の生産ラインに進出するかどうかの決断には、事業成功のためにはケイパビリティの追加が必要となり、注意深い考察と判断が求められた。

2．資産取得に伴うリスク

戦略的決定には常にリスクが伴う。事業の競争有効性に影響する資産を購入す

れば、例外なく既存の事業プロセスとケイパビリティを変更しなければならない。ボストン・リテールの場合、ニューヨーク州に進出すれば、広い範囲をカバーするために流通設備を抜本的に強化しなければならなかった。はたして、流通インフラを必要に応じて早急に拡大することは可能なのだろうか。もし可能でなければ、事業拡大のために投下される資源が無駄になりかねない。この場合、マネジャーは失敗に伴うリスクの大きさを評価しなければならない。

いかなる投資も機会コストを伴う。経営者は常に、並立する他の案件に資金を投じたほうがより効果的ではないかと、自問自答しなければならない。また、提案が許容できるリターンを生まない場合、余剰資金を株主に還元すべきか、もしくはMMF（money-market funds：追加型公社債投資信託）で短期的に運用すべきかを考えなければならない。

ボストン・リテールを例に取ると、市場調査の結果、ニューヨーク州には潜在競合他社が存在することがわかっていた。それら競合他社は、ボストン・リテールの参入に対しどのような行動をとってくるだろうか。報復措置に出るであろうか。その場合、どのような方法で、どの程度積極的に攻撃してくるだろうか。そのような競合の戦術は、予定している事業拡大の収益性を変えてしまうだろうか。

新店舗を運営するには異なる組織構造が必要となる。マサチューセッツ州の外に店舗を構えるのは初めてであり、新しいマネジメント・チームを用意しなければならない。そのための社内報告体制や、会計責任の規定をつくることが必要である。はたして、適当な人材を見つけられるのか。事業目的に向けて、新任マネジャーが確実に努力を尽くすような、業績評価や統制システムを構築できるだろうか。

最後に、企業の専門領域外の分野における資産の購入に関しては、マネジメント上の注意が散漫になりやすいのが、潜在的でありながらも深刻なリスクである。たとえば、新しいタイプのオペレーションを管理する方法を、それまでの経験から導き出せるだろうか。経営者に負担がかかりすぎて、コア・ビジネスに十分に注力できない状況に陥ることはないだろうか。企業のコア・コンピタンスが生かせない領域での資産取得はROM（return on management：経営者資本利益率）を低下させる危険性があるので、十分な注意が必要である。

3．資産を取得しないことに伴うリスク

しかし、何もしないこともリスクを伴う。事業は既存のポジションにとどまっていると、競合他社に間違いなく淘汰される。ボストン・リテールがもしニューヨーク州に拡大しないことを選んだら、競合他社がその機会を利用して有望な小売拠点を確保し、新しいフランチャイズを構築するかもしれない。もし行動を起こさなければ、競合他社がそのポジションを間違いなく取り上げ、追随する企業のチャンスはなくなるだろう。第2章で論じたとおり、先行者は再現不可能な優位性を築けるものである。

平凡な問題であったとしても、行動を起こさなければ事業を根本的に蝕みかねない。ボストン・リテールの場合、現状の利益計画は、事業の拡大のために、18万ドルを要する物流倉庫拡張が許可されるという前提に基づいている。もし倉庫を拡張しなければ、倉庫スペースと在庫管理が不十分になり、予想されている成長は望めなくなるかもしれない。

4．提案をサポートする情報の質

競争に影響を及ぼすような資産の取得には、膨大な情報を集めて分析しなければならない。市場分析、経済予測、キャッシュフローと収益率の予測、競合他社の影響などがすべて分析され、説明される。しかし、検討の一環として、提示された情報の質についてどの程度満足できるかを見極めなければならない。会計情報をもとに過去のトレンドを分析するような場合は、データの正確性や信頼性に絶大な自信を持てるだろう。しかし、複雑な買収などにおけるキャッシュフロー分析に対しては、それほど大きな自信を持てなかったり、分析の基準となる前提条件（キャッシュフロー、資産価値の再計算、割引率など）に同意できない場合もある。

ボストン・リテールのケースで言えば、ニューヨーク州進出から得られる経済価値の創造については自信を持って予測できるだろうが、家具事業領域における長期的利益や成長予測については、それほど自信を持てないだろう。家具事業については直接の経験がなく、前提条件を担保できる内部情報を持っていないからである。したがって、意思決定プロセスにおいては、情報の信頼性を低く見積もらざるをえなかった。

また、市場分析や経済性分析の質も評価しなければならない。分析担当者は正しい変数と関連性を分析しただろうか。あるいは、市場の動きに応じた偶発事項

を考慮したか。ブランド価値を考慮したか。規模の経済を考えたか。このような疑問を精査し、提案に用いられた情報の質を評価しなければならない。

5．主唱者の経験と能力

　分析において常に念頭に置かなければならないのは、資産取得の提案は人間によって行われ、その提案者は、野心があり、スキルを持ち、そして弱点もあるという点である。資産取得の提案を評価する場合には、提案を作成した個人に対して経営幹部がどの程度の信頼を置いているかを加味しなければならない。大規模資産取得の提案には、常に主唱者が存在する。主唱者とは、その資産が事業の競争優位の重要な源泉であると信じ、取得によるメリットを強力に論じられる人を意味する。提案にもよるが、主唱者は部門長であったり、副部門長であったり、あるいはその他のマネジャーであったりする。彼らはその資産取得が、事業にとって戦略的で目に見える利益をもたらすと信じている。

　ここで大切なのは、はたして主唱者が、提案している内容を遂行するのに十分な経験と能力を持っているかである。楽観的すぎる傾向にあるか、もしくは悲観的すぎないか。購入する資産を効果的に活用できるだけの経営資源を持っていると確信できるか。このような質問はすべて、組織内の人間が個人的な経験に基づく主観によってのみ答えられるものだが、戦略的資産取得のメリットについて自信を持って決定するためには、とても重要な情報である。

6．決定を覆すことの可否とコスト

　競争有効性を高めるためにある資産を購入すれば、通常の場合、その後数年間にわたって新たに整合性のとれた行動をとることを余儀なくされる。ボストン・リテールの場合、ニューヨーク州への進出、あるいは家具事業への進出は、同社の将来の事業に多大な影響を及ぼすだろう。そのために新しい施設を開設しなければならないし、新しいサプライヤーと契約を締結せねばならず、従業員も新規に雇用しなければならないだろう。

　このようなコミットメントを行うか、行わないかを決断する場合、経営者はいつも最悪のシナリオを想定しなければならない。もしこれが悪いアイデアだったらどうなるだろうか。この決定を覆すことは可能か。その場合のコストはどれほどか。市場ダイナミズムによる偶発的な出来事や、その他の出来事によって決定

を覆さなければならない場合に備えて、実現可能な脱出計画を考えておくことがきわめて重要となる。

4 資産取得のプロセス

　資産取得のプロセスは重要であり、かつ複雑である。経営者はそのプロセスを経て、ガイドラインを伝え、提案を促し、代替案を評価する。通常の事業から外れた資産購入は、異なる事業や機能を代表する経営幹部によって構成される委員会が最終決定する場合が多い。一連の会議において提案が説明され、質疑応答を行い、経営幹部が熟考し、ときには裁判官のようになりながら、限られた資源をどのように配分するかを決定する。既存事業が生み出すキャッシュを超えた投資を必要とする大規模な資産購入においては、資金調達が可能かどうか、そのコストはどの程度かも考慮される。この場合、CFO（最高財務責任者）が資金調達手段や代替手段の検討において重要な役割を果たす。

　第4章で論じた、インプット→プロセス→アウトプットのモデルを使い、競争有効性を高めるための資源配分のアプローチを示すことができる（図4-2参照）。「インプット」は、情報、人的資源、機会、脅威、使える資源などである。このようなインプットを使って戦略を後押ししたり、オペレーション効率を高めたりするための新しい資産の購入を立案していく。提案を組み立てる「プロセス」に関しては、本章で議論したコスト効率分析（安全や規制に関連する資産）、回収期間分析、DCF分析、割引率やIRRの計算などを活用できる。そしてプロセスの「アウトプット」、すなわちトップ・マネジメントへの提案はいくつかのカテゴリーに分類され、戦略プランや経済性の基準と比較検討される。基準を満たす提案には資金が配分され、満たさない提案は却下されるか、先延ばしにされる。なかには、戦略目標を達成するために、再検討、書き直し、提案や実行計画の変更を付帯条件として、提案者に差し戻される提案もある。

　資産取得のプロセスは通常の利益計画のプロセスとは別に設定されるが、計画や戦略を遂行するために必要な資源の配分に関わるように計画される。したがって「資産投資」が、第5章の「利益の輪」における重要な変数となる。通常、利益計画が最初に完成される。その直後に、資産取得計画が精査され、計画を遂行

するにあたって十分な資源があるかどうかが確認される。新しい提案が承認もしくは否決されると、「利益の輪」に戻ったり、利益計画の再考が求められたりする。たとえば、売上増加や市場シェア上昇を見込んだ利益計画は、設備増強や新しい流通ネットワークの構築といった資産取得計画を促進することになるだろう。逆に提案が否決された場合には、戦略を後押しするための特定の資産が必要であるという前提を見直し、利益計画そのものを縮小させることもある。

　ボストン・リテールは、第5章で説明した「利益の輪」を検討し、本章で論じた戦略的検討を注意深く行った。ニューヨーク州への進出はその結果である。ROMに対する懸念、コア・コンピタンスとの整合性、買収戦略に伴うリスクに関しては、望ましいものではなかったようだが。

Column●医療器具メーカーの投資分野

　企業にとって製品開発分野での意思決定はきわめて重要だが、新製品は既存製品と異なることが多いため、開発分野の意思決定を財務分析のみに頼ると、間違った結果を導きかねない。たとえば、財務リターンが低い、投資額が大きい、売上げと費用予測が不確定、投資回収期間が長い、などが新製品開発における特徴である場合、財務分析からの判断のみでは、長期的な投資額を抑えすぎる傾向にある。この失敗を避けるため、医療器具メーカーは新製品開発分野の意思決定において、独自の方法を編み出した。

　まずは新製品を、派生商品、プラットフォーム、飛躍的発明の3カテゴリーに分類する。派生商品はマイナーなデザイン強化によって生まれる新製品で、遠心分離機器の新しいインターフェースの開発などがその例である。プラットフォームは既存製品に取って代わるまったく新しい製品であり、進化した技術を用いた血液中のブドウ糖試験システムの開発などがこのカテゴリーに含まれる。飛躍的発明は新製品コンセプトを生み出すような、劇的に新しいアイデア創出であり、伸縮自在の針を使った注射器の開発などがその例である。

　次に、派生商品がプラットフォームや飛躍的発明に比べて財務面で魅力的であったとしても、あらかじめ決められた金額をそれぞれのカテゴリーにおける投資に配分する。そして最後に、財務的・戦略的基準を用いて、それぞれのカテゴリーのどの個別製品に投資するかを決定する。

◆──本章のまとめ

　有形固定資産を取得し、配分することは、利益目標や戦略を達成するために不可欠な要素である。資産配分システムを使えば、効果的な提案ができ、トップ・マネジメントはそれぞれの提案のメリットを相対的に評価できる。
　このプロセスの第1のステップはシステムを設計することであり、そのなかで新しい資産の取得に関する情報を集め、分析し、それを経営幹部に伝達する。システムがうまく作動するためには、次のことを行わなければならない。

1．購入に適している資産についての条件を設定し、それを組織に伝達する。
2．提案の評価方法、承認プロセスを明確にする。
3．資産取得の決定権限者に関する方針を組織に伝達する。
4．資産に関するプロジェクトを一定の方法でカテゴリー分けし、それぞれのカテゴリーに適した分析手法と意思決定基準が適用されるようにする。

　多くの企業では購入対象資産を、健康・安全・規制を満たすために必要な資産、効率の向上もしくは売上増加に必要な資産、戦略をサポートするための資産という3つのカテゴリーに分類している。それぞれのカテゴリーには異なった分析方法を用いる必要がある。
　資産配分システムを設計し実行することは、他の業績評価システムや統制システムの場合と同じく、技術であると同時に科学的な分析でもある。キャッシュフロー分析や収益率分析に関係する分析手法は、新しい資産を購入する経済的効果を理解するために重要な役割を果たす。しかし、資産がより大きくかつ戦略的になるにつれ、経営者の判断が重要な決定要素となる。

第 8 章
業績と市場の連動
Linking Performance to Markets

◆

　競争の激しい市場では、利益計画どおりにビジネスが進むかどうかが、価値創造と戦略実現への大きなカギとなる。本章では、利益計画をどのように市場に対応させるか、また、業績評価システムと統制システムの連動が意味する点について論じたい。

　以下では、業績評価システムと統制システムに影響を及ぼす、企業内部の市場と外部の市場について議論する。企業内部の市場は、同じ企業の異なる事業ユニットや部門を越えて製品・サービスが移転されるときに生まれる。内部移転が行われる場合、各部門による付加価値がそれぞれの部門の利益計画に正確に反映されるように、製品・サービスの価値を移転に合わせて動かさなければならない。すなわち、利益計画を適正に調整するために、移転価格システムを構築しなければならない。移転価格は社内の異なる事業ユニット間の、利益計画の水平的連動と考えられる。

　企業外部の市場とは、顧客、金融市場、サプライヤー市場などを含む。これらは企業の長期的利益にとってきわめて重要である。したがって、利益計画はこれらの市場と連動したかたちの評価手法によって策定されなければならない。本章と第9章では、どのようにして利益計画を外部市場と連動させるかを議論する。利益計画と外部市場との連動は、垂直的連動と考えられる。

1 　移転価格：社内市場の統制

　すべてのビジネスは、最終的には製品・サービスを第三者である顧客に提供する。しかし、ある事業ユニットが社内の他の事業ユニットに売る場合もある。このような場合は、ある事業ユニットのアウトプットが、他の事業ユニットのインプットとなる。たとえば、大規模石油会社には、①探索・採掘、②精製・加工、③小売りという3つの異なる部門があると考えられる。探索・採掘部門は原油を一般市場で売却するか、同社の精製・加工部門に社内販売するかを選択できる。同様に、精製・加工部門がつくる原油製品は、市場で売却されることもあれば、同社の小売部門のチャネルを経由して販売されることもある。いかなる場合においても、ある部門（川上部門、販売側と呼ばれる）のアウトプットは、社内で移転された部門（川下部門、購入側と呼ばれる）のインプットになる。このような状況で、マネジャーはこれらのオペレーションと、社内で水平的に製品・サービスが移動するときに発生する社内市場を連動させるために、どのように移転価格を設定するかを考えなければならない（図8-1参照）。

　移転価格（transfer price）とは「同一企業の異なる部門間で製品・サービスが移転される場合に用いられる一連の取引価格」である。移転価格は、それぞれの財務業績に会計責任を持った異なる部門間のワークフローを評価し、調整するために用いられる。たとえば、異なる製造部門はそれぞれの製品から発生する利益に責任を持つ。ある部門が生産する電子部品が、ラジオを製造するためのインプットとして別部門に移転される。一方で、その部門は部品をマーケティング部門に移転し、社外への販売につなげることもある。異なる部門間のワークフローが相互依存関係にあり、製品・サービスが一部門から他部門に移転される場合、各部門の業績はどのように評価されるべきだろうか。

　前章で詳細に検討したとおり、それぞれの事業ユニットは利益計画により、売上げと費用の期待値、利益の予測値を明確にする。しかし、ある事業ユニットの利益計画の売上げと費用に、別部門との間での製品の移転が含まれる場合には、問題が発生する。このような製品・サービスの価格は、独立した売り主・買い主の間で行われるようには決まらないため、それぞれのユニットが報告する売上げ、

費用、利益を歪める危険性がある。

その歪みが業績評価や資源配分に影響を及ぼしかねない。業績評価の観点からすると、売上げ、費用、利益の歪みによって、価値が実際にどこで生み出されたかを把握するのが難しくなる。たとえば、川上部門の売上げが製品の価値に比べて著しく少ない場合、川上部門の利益は低く、川下部門の利益が高すぎるというかたちで、業績評価が歪められることがある。

業績評価が歪められた結果、個々のマネジャーが自部門の利益計画や事業行動を変更し、結果的に資源配分をさらに歪めてしまうことがある。たとえば、川上部門のマネジャーが生産する製品に対して十分な評価を得ていない場合、川下部門に供給する製品の生産量を増やすインセンティブは小さくなる。さらに、マネジャーが自部門の利益に好都合な決定(あるいは、少なくとも社内移転価格による損失が最小化されるような決定)を下すことで、企業全体の利益が低下してしまうこともある。マネジャーの決定権限が社内移転価格に依存する以上、些細な歪みが、自社内で製品を売買するかどうか、原料を外部から調達するか内部から調達するか、もしくは製品を製造するか購入するかという判断に影響しかねない。

社内移転価格の影響を考慮したうえで利益計画の目的や目標を調整すれば、移

表8-1 部門利益に対する移転価格政策の影響(1)
(価格決定が他の意思決定に何も影響を及ぼさないと仮定)　　(単位：ドル)

			販売側			
			変動費法	総コスト法	総コスト+利益法	市場価格法
売上げ		単価				
購入数(ユニット)						
外部顧客への売上げ			500,000	500,000	500,000	500,000
5,000		100				
社内売上げ						
2,000		50	100,000			
		70		140,000		
		84			168,000	
		100				200,000
			600,000	640,000	668,000	700,000
原材料費						
7,000		70	490,000	490,000	490,000	490,000
販売側の営業利益			110,000	150,000	178,000	210,000
				購入側		
外部顧客への売上げ			800,000	800,000	800,000	800,000
原材料費						
2,000ユニットを社内から購入			100,000	140,000	168,000	200,000
購入側による追加付加価値			350,000	350,000	350,000	350,000
			450,000	490,000	518,000	550,000
購入側の営業利益			350,000	310,000	282,000	250,000
両部門の合計営業利益			460,000	460,000	460,000	460,000

転価格による潜在的な歪みを軽減できる。別の言い方をすれば、事前に合意された移転価格（それが低すぎようが、高すぎようが）に基づいて会計責任を全うしていれば、マネジャーは社内移転にかかる費用について、いっさいのペナルティを受けるべきではない。

2 移転価格の設定方法

移転価格の設定には、市場価格を用いる場合と、社内の会計データに基づく場合の、2つの基本的手法がある。

市場価格を用いた移転価格の設定

社内の部門間をまたがる製品・サービスの移転は、外部の市場価格によって計上されるケースが多い。この場合、川上の販売側は移転を売上げとして計上する。これに伴う利益は、外部市場に当該製品（もしくはサービス）を販売した場合に得られると想定される利益と同程度とする。川下部門は、同様に外部市場価格を用い、社内移転を在庫の増加（最終的には製造原価に振替）として計上する。ここで用いられる価格は、その部門が類似する製品あるいはサービスを、外部の独立したサプライヤーから購入した場合に支払わなければならない価格と同じになる。

外部市場価格を用いることで、恣意的な移転によって生じる歪みを排除できる。市場データに基づいた価格は、本来の機会コストと移転に伴う市場価値を反映している。しかし、市場価格を使えるのは、①類似の製品・サービスを扱う活発な市場が存在し、②外部市場価格を基準にした内部市場価格を容易に設定できる、という2つの条件が整った場合だけである。大規模石油会社では、すべてのレベルの原油や石油精製製品に、きわめて効率的な外部市場が整っている（すなわち、生産者と需要家が需給に応じて活発かつ頻繁に市場価格を更新している）ため、市場価格を用いてもほとんど問題にならない。スポット価格は容易に入手でき、部門間の社内移転価格として使える。公表された価格表に基づいて外部ベンダーから購入できる半製品についても、同じことが言える。

しかし、社内移転価格を決定できるだけの活発な外部市場が存在しないケースも多い。特殊な製品（特別に設計された電気系部品など）だったり、注文数量や細

かな製品スペックが決まらなければ価格を設定できない（たとえば「ある数量の場合の価格を出してほしい」という要求）ケースなどである。

市場価格を用いた社内移転価格の長所と短所は以下のとおりである。

市場価格の長所
- 実際の市場価格を反映するため、業績評価が正確になる。間違った業績評価をもとに資源配分を誤るリスクを最小限に抑えられる。
- 簡単である。
- 客観的であり、すべての部門に適用できる。
- マネジャーが、独立した事業を運営しているという認識を持てる。

市場価格の短所
- 社内で流通するほとんどの半製品には、一般的には市場価格が存在しない。

社内会計データを用いた移転価格の設定

　市場価格が存在しない場合（実際にはほとんどがこのケースだが）、マネジャーは社内の会計データに基づいて移転価格を決定しなければならない。社内の会計データを用いた移転価格設定には、変動費、総コスト、総コストに部門利益を加算したもの、社外の市場価格に近い価格、などを用いる方法がある。移転価格の体系は図8-2を参照してほしい。

変動費を用いる方法

　製造業における変動費は、会計データに基づく移転価格上のヒエラルキーの中で最下層に位置する。変動費は製品・サービスに配賦できるので、直接生産量に比例して変動する。その内訳は通常、原材料費、労務費、生産に関わるその他直接費用である。生産部門が事業を進めるうえで生じる管理系の共通費用（たとえば管理やオフィス賃借料などの間接費）は移転価格に含まない。オペレーションが効率よく行われていれば、**変動費移転価格**（variable cost transfer price）を用いると川上部門の売上げ（もしくは利益）は、外部のオープン市場（そのような市場が存在すると仮定した場合）に製品・サービスを販売したときに比べて、少なくな

第8章　業績と市場の連動

る傾向にある。その結果、川下部門が受け取る製品の価格は、市場価格に基づいた競争力のある価格に比べて著しく低いものとなり、製品が最終顧客に販売されたとき、川下部門の利益は実体より大きくなる。

変動費移転価格の長所、短所は次のとおりである。

変動費移転価格の長所
- 計算が簡単である。
- 限界費用の分析が正確に行える。

変動費移転価格の短所
- 川上部門から川下部門へ利益がシフトする。
- 川上部門に高コストが許されるため、川上部門には共通費用を管理する意欲が湧かない。一方、川下部門には原材料の新しい仕入先を開拓するインセンティブを持たせられない。
- 大量生産による規模の経済が見込める場合、アウトプットのレベルによって限界費用が変動する。

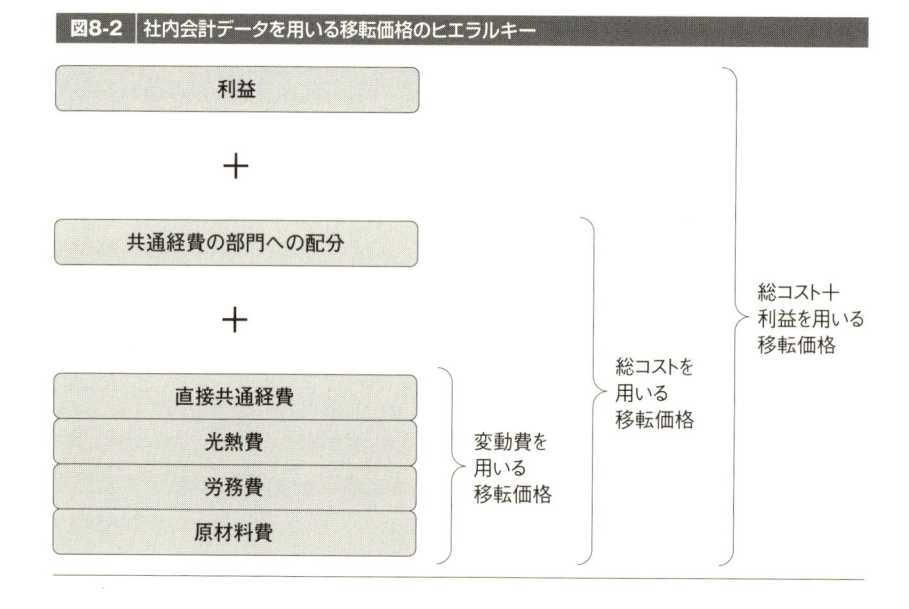

図8-2 社内会計データを用いる移転価格のヒエラルキー

利益
＋
共通経費の部門への配分
＋
直接共通経費
光熱費
労務費
原材料費

- 変動費を用いる移転価格：原材料費・労務費・光熱費・直接共通経費
- 総コストを用いる移転価格：上記＋共通経費の部門への配分
- 総コスト＋利益を用いる移転価格：上記＋利益

- 川上部門の生産能力が限界になっているにもかかわらず、アウトプットを社内の他部門に販売することを余儀なくされている場合、企業全体の機会利益の損失につながる可能性がある。
- 川上部門が外部市場に共通費用と利益を加算した価格で売却できる場合、川下部門への販売を拒否する可能性がある。
- 川下部門が正当な価格より安く、外部の最終顧客に販売する可能性がある。

このような短所があるため、変動費移転価格はあまり使われていない。

総コストを用いる方法

もう少し割高となる移転価格が**総コスト移転価格**(full cost transfer price)であり、これは直接原価に、通常であれば外部顧客に販売する際の総利益でまかなわれる部門共通費用を足し合わせたものである。この場合の共通費用は、製造部門共通費用だけでなく、販売、総務、管理の共通費用を含む場合もある。総コストを計算するには通常、実際原価ではなく標準原価を用いる。これは製造工程における非効率性が川下工程に悪影響を及ぼすことを排除するためである。次に挙げる理由から、総コスト移転価格は一般的によく使われている。

総コスト移転価格の長所
- 簡単で、通常行われる原価計算をもとに計算できる。
- 川上部門の費用をすべてカバーできる。
- 川上部門で発生する共通費用を川下部門に振り替えるため、川下部門は振り替え価格を常にモニターし、それが高い場合には川上部門の効率性を改善するための圧力を加えられる（しかし、川上部門の移転価格が市場価格よりもかなり低い場合には、圧力はそれほど強くならない傾向がある）。

総コスト移転価格の短所
- 社内のコスト配分が不正確な場合、その影響を受ける。
- 川上部門の固定費が川下部門の変動費になるため、川下部門が会社全体の利益を損なう決定を下す危険性がある（たとえば、川上部門に余剰生産能力があるにもかかわらず、川下部門が川上部門からの購入を避けるために追加投資を行うケ

ース)。
- 川上部門が、自部門の利益を加算した価格で製品・サービスを社外に売れる場合、川下部門への販売を拒否する可能性がある。

総コスト＋利益を用いる場合

　会計データに基づく移転価格上のヒエラルキーの最上位に位置する方法である総コスト＋利益を使えば、市場価格に近づけられる。この場合、川上部門は直接原価と間接費用のみならず、売上げに伴う利益も計上できる。利益は製品移転価格の何％かを積み増すのが最も簡単な方法である。この場合、川上部門と川下部門が、社内の会計システムで計算された各部門の付加価値の割合に応じて、企業の最終損益全体を配分することになる。

総コスト＋利益移転価格の長所
- 長期的には直接原価、共通費用、利益を加味しなければならず、結果的に市場価格と同じレベルになる。
- 川上部門が社内他部門に販売した場合でも、売上げと利益に関する適正な評価を得られる。

総コスト＋利益移転価格の短所
- 川下部門が社外から調達できるという選択肢を持たない限り、川上部門から移転を受ける製品の価値よりも高い費用を川下部門が負担しなければならない危険性がある。

交渉移転価格

　変動費移転価格、総コスト移転価格、総コスト＋利益移転価格の3つの方法にはさまざまな長所があるにもかかわらず、実際にはマネジャー間の交渉によって移転価格を決め、結果的に差額を分けることで、関係各部門の利益計画と業績に公平性を持たせることがしばしばある。この**交渉移転価格**（negociated transfer price）には、通常、標準直接原価に利益もしくはROCE（return on capital employed：使用総資本利益率）を加味したものが使われる。

交渉移転価格の長所
- 最終価格を交渉したマネジャーの間で公平感が共有される。

交渉移転価格の短所
- 時間を要する。
- 利益と業績の評価が、それぞれの部門を代表するマネジャーの交渉能力の差異に依存し、利益配分が歪められる危険性がある。

　学界では、これら異なるアプローチの長所と短所の検証を試みるために、販売側の部門が市場価格で評価され、購入側の部門が総コストを負荷されるという「二重価格システム」の活用を検討してきた。そこでは、販売側が社内移転の売上げにおける欠点を被ることも、非経済的な決定を下すこともなくなるし、購入側が部品を外部市場で調達するよりも社内で調達するほうが、費用面を考えると利益を得られると認識する。しかし、実際においてこの方法が使われるのは稀である。それは、会計上の利益の二重計算（販売部門が社内移転をしたときの利益と、購入部門が顧客に最終的に販売したときの利益）の調整が必要となり、会社全体の目標があいまいになる危険性があるからである。[注1]

活動基準移転価格
　社内の会計データ（変動費、総コスト、総コスト＋利益）に基づく移転価格設定方法は、その裏付けとなるデータと、配分方法の質に左右される。最近では、さらに詳細な移転価格システムを構築するため、ABC（activity-based costing：活動基準原価計算）を導入する企業がある。このアプローチでは、ユニット単位のコスト（例：直接原材料）、バッチ単位のコスト（例：セットアップコスト）、生産ライン単位のコスト（例：パッケージのデザイン）、プラント単位のコスト（例：減価償却費、保険）の4つのカテゴリーについて、異なる原価の基準を用いる。そのうえで移転価格は、2つの異なるアプローチを使って計上される。ユニット単位とバッチ単位のコストは、生産ユニット量、すなわち部門間をまたがって出荷された製品の数量と、その製品を生産するのに使われたバッチの数を基準に計上

（注1）Robert G. Eccles, *The Transfer Pricing Problem: A Theory of Practice*（Lexington, Mass.: Lexington Books, 1985）: 102-103.

される。生産ライン単位とプラント単位のコストは、利益計画と予算で決められた設備利用計画に基づいて、年単位で計上される。(注2)

このアプローチの利点は伝統的手法の欠点を補えるところにあるが、長所と短所は次のとおりである。

活動基準移転価格の長所
- 各部門の利益業績について、より正確な指標を提供できる。
- バッチ単位コスト、ユニット単位コストを基準にした短期的意思決定と、生産ライン単位コスト、プラント単位コストを基準とする長期的意思決定を分けられる。
- 川下部門のマネジャーに、川上部門の効率性向上やコスト削減を手助けする動機づけを行える。

活動基準移転価格の短所
- 比較的複雑である。
- コストに関する前提条件と信頼できるデータの有無に左右される。

この新しいアプローチについては、実際に試してみることで、その潜在的なメリットが、それに付随する会計記録の複雑さや、コスト配分にかかる前提条件の信頼性から生じるデメリットを上回るものかどうかを、評価できるようになるだろう。

3　移転価格の効果とトレードオフ

移転価格を通じて達成しようとする目的は、マネジャーのレベルによって異なる。たとえば、本社部門のマネジャー、部門マネジャー、財務部門のスタッフは次のような考えを持つだろう。(注3)

(注2) 活動を基準にした移転価格について詳しく知りたい場合は、Robert S. Kaplan, Dan Weiss, and Eyal Deseh, "Transfer Pricing with ABC", *Management Accounting* 78 (May 1997): 20-28. やRobin Cooper and Robert S. Kaplan, *Cost & Effect* (Boston: Harvard Business School Press, 1998): Chap. 15. (邦訳『コスト戦略と業績管理の統合システム』桜井通晴訳、ダイヤモンド社、1998年) を参照。

(注3) Kaplan, Weiss and Desheh の前掲書。

本社部門のマネジャーが移転価格に期待する点
- 部門マネジャーが、全社の長期的利益を最大化するような意思決定を下すように促すこと。
- 部門マネジャーが短期的意思決定（注文価格の決定など）と長期的意思決定（生産ラインの追加や削減など）を正しく行えるだけの情報を提供すること。

部門マネジャーが移転価格に期待する点
- 部門の財務業績を適正に表すこと。
- 部門内における正しい意思決定の影響力を反映させること（例：製品ミックスや効率性の向上）。
- 川下部門に対し、川上部門から移転を受ける製品にかかる費用すべてを自部門の費用として含めるように求めること。

財務部門のスタッフが移転価格に期待する点
- 単純かつ信頼性のおけるもので、部門マネジャーにとって使い勝手がよく、かつ実際に使われるものであること。
- 使いやすく、簡単に説明できること。

　それぞれの移転価格政策による影響を**表8-1**に示した。全社利益はすべて同じだが、移転価格の種類によって、販売側と購入側の利益配分が異なる。
　どの移転価格方式を採用するかは、部門間取引が社内規則で強制されているかどうか、あるいは、どちらかの部門（もしくは両方の部門）が社外のサプライヤーや顧客との一般的取引を選択し、社内移転を拒否できるかどうかで決まる。表8-2に、一方もしくは両方の部門が社内移転を拒否できる場合に発生しうる事態をまとめた。ここに表されているとおり、販売側は社内の他部門に製品を販売することで利益を追求し、機会があれば、もっと良い条件を受け入れてくれる社外顧客に販売し、他部門への販売を拒否できる。表8-1と表8-2の比較が示すとおり、供給不足が社内の川下部門への販売に影響を及ぼす場合、販売側はより多くの利益を享受するが、全社としての利益は減少する。
　移転価格政策について詳細な研究を行ったロバート・エクレスによると、垂直統合によって規模と範囲の経済を狙う企業は部門間での社内移転を強制する傾向

表8-1　部門利益に対する移転価格政策の影響（1）

（価格決定が他の意思決定に何も影響を及ぼさないと仮定）　　（単位：ドル）

			販売側			
			変動費法	総コスト法	総コスト＋利益法	市場価格法
売上げ		単価				
購入数（ユニット）						
外部顧客への売上げ			500,000	500,000	500,000	500,000
5,000		100				
社内売上げ						
2,000		50	100,000			
		70		140,000		
		84			168,000	
		100				200,000
			600,000	640,000	668,000	700,000
原材料費						
7,000		70	490,000	490,000	490,000	490,000
販売側の営業利益			110,000	150,000	178,000	210,000
			購入側			
外部顧客への売上げ			800,000	800,000	800,000	800,000
原材料費						
2,000ユニットを社内から購入			100,000	140,000	168,000	200,000
購入側による追加付加価値			350,000	350,000	350,000	350,000
			450,000	490,000	518,000	550,000
購入側の営業利益			350,000	310,000	282,000	250,000
両部門の合計営業利益			460,000	460,000	460,000	460,000

表8-2　部門利益に対する移転価格政策の影響（2）

（販売側が購入側に1,000ユニット少なく販売すると仮定）　　（単位：ドル）

			販売側	
			変動費法	総コスト法
売上げ		単価		
購入数（ユニット）				
外部顧客への売上げ			600,000	600,000
6,000		100		
社内売上げ				
1,000		50	50,000	
		70		70,000
			650,000	670,000
原材料費				
7,000		70	490,000	490,000
販売側の営業利益			160,000	180,000
			購入側	
外部顧客への売上げ			400,000	400,000
原材料費				
1,000ユニットを販売側から購入			50,000	70,000
購入側による追加付加価値			175,000	175,000
			225,000	245,000
購入側の営業利益			175,000	155,000
両部門の合計営業利益			335,000	335,000

にあるが、その場合には社外と取引する選択肢が排除されるため、移転価格を統制するしっかりとしたシステムの導入が必要となる。一方、互いに関係のない事業を行う部門がある企業は、プロフィットセンターのマネジャーに選択権を委譲する傾向にある。(注4) その詳細については**表8-3**に示した。

　所在国の異なる事業ユニットをまたがって製品が移転される場合は、移転価格政策はきわめて重要である。上述のとおり、移転価格政策によって各事業ユニットの利益が決まる。製品・サービスが国境を越えて移転される場合、それぞれの国の税務当局は、法人税の観点から、各事業ユニットが所在する国で十分な利益を計上しているかどうかを徹底的に調査する。法人税率の高い地域から低い地域へ利益を不当に振り替えれば、民事もしくは刑事（あるいは両方）訴訟の対象となる。したがって、海外移転価格政策を決める場合には、移転価格が海外の事業ユニットが生み出した価値を正当に反映するものであるかどうかを、十分に確認しなければならない。

　移転価格は、社内に人為的な市場をつくり出すという意味で、妥協の産物になることは当然の帰結である。移転価格は、業績評価システムと統制システムに関係する他の情報と同様、意思決定、統制、調整、評価など、さまざまな目的で使われる。**表8-4**に移転価格を設計する際のトレードオフをまとめた。

　学者や会計士にとって移転価格の理論や計算は重要なものだが、ビジネスの世界では重要視されない場合が多い。マネジャーが潜在的な歪みやインセンティブ

表8-3 戦略タイプ別プロフィットセンター・マネジャーの内部調達、外部調達の決定権限

権限	単一事業		複数事業の垂直統合		無関連事業タイプ		合計	
単独の決定	29%	(19)	35%	(43)	50%	(48)	39%	(110)
2人による決定	20%	(13)	26%	(32)	22%	(21)	23%	(66)
3人以上による決定	26%	(17)	18%	(22)	15%	(14)	19%	(53)
企業全体の決定	20%	(13)	11%	(14)	3%	(3)	10%	(30)
その他	5%	(3)	10%	(12)	10%	(9)	9%	(24)
合計	100%	(65)	100%	(123)	100%	(95)	100%	(283)

※（ ）内は回答者数
出典：Robert G. Eccles, *The Transfer Pricing Problem*（Lexington, Mass.: Lexington Books, 1985）: 114. をもとにした。

（注4）Eccles: 8-9, 57. をもとにした。

への影響を理解している以上、利益計画は移転価格を反映して事前もしくは事後に調整されるし、部門間における交渉も容易に行われ、どの部門も製品やサービスの移転価格によって悪影響を受けないようになるものである。

Column◉組立工場間の移転価格

メーカーA社は、トラックやゴミ収集車向けの水圧システムを製造している。A社は2つの工場を持っており、第1工場で水圧システムを製作し、第2工場でそれらをトラックに取り付けていた。第1工場は、第2工場にシステムを供給すると同時に、社外へも販売していた。最初の機器がスペアの部品より低い価格で売られていたため、社内移転価格は市場価格より低く設定された。

しかし、この方法は予期せぬ負の結果をもたらした。第1工場は、競合他社を含む社外への販売により力を入れ、そのマネジャーは好業績を理由に頻繁に表彰された。しかし、第2工場への供給が遅れたり不定期になったため、自社顧客との取引に常に問題が発生していた。経営陣がこの恣意的に低められた移転価格の問題に気づくまで、第2工場のマネジャーは顧客からの不満によって叱責され続けていた。

出典：James F. Cox, W. Gerry Howe, Lynn H. Boyd, "Transfer Pricing Effects on Locally Measured Organization", *Industrial Management* 2, Mar 13-1997: 20.

表8-4 移転価格方式の主なトレードオフ[注5]

項目	移転価格方式				
	変動費法	総コスト法	総コスト＋利益法	活動基準法	市場価格法
販売側の合理的決定を促進	あまり良くない	普通	比較的良い	比較的良い	良い
購入側の合理的決定を促進	あまり良くない	比較的良い	比較的良い	比較的良い	普通
貢献度合いを正確に反映	あまり良くない	普通	比較的良い	比較的良い	良い
わかりやすさ	良い	比較的良い	普通	悪い	良い
使いやすさ	簡単	普通	難しい	難しい	場合によって変わる

（注5）Eccles: 267. をもとにした。

4 利益計画と外部市場の連動

これまで社内利益計画の水平連動について検討したが、ここからは外部市場と利益計画との垂直連動を議論する。

第2章において、企業戦略と事業戦略の違いについて述べた。事業戦略はあらかじめ決められた特定の製品市場のなかでどのように競争するかを定義するものである。一方、企業戦略は企業が統制できる資源の価値を、どのようにして最大化するかを検討する。この意思決定を下す際には、社内資源の配分に焦点が当てられる。単一事業を行う企業では、すべての資源が1つの事業に振り向けられる。対して、複数の製品市場で戦う複合事業会社の場合は、創出価値最大化のために、限られた資源を、事業ユニットをまたがってどのように配分するかについての意思決定を下さなくてはならない。[注6]

戦略の成否はすべて企業業績に反映される。企業業績は、その企業が市場関係者に対し、どの程度の価値を創出したかを意味する。最終的には、企業業績は、異なる事業ユニットを横断した事業目標の達成度によって決定される。高業績を達成している企業は長期間にわたって価値を創造し、低い業績しか達成できていない企業は価値を創出できていない。しかし、市場関係者のタイプによって求める価値も異なる。したがって、価値創出（すなわち企業業績）は、主だった市場関係者の観点からのみ評価可能となる。

図8-3に、企業業績を評価する場合に考慮すべきフローを示した。企業業績の観点からの価値創出における、重要な関係者は、①顧客、②サプライヤー、③株主と債権者である。これら3つのグループすべてが、市場を経由してその企業と取引を行う。たとえば、顧客は製品市場を通して製品・サービスを購入（ときには転売）し、サプライヤーはサプライヤー市場を経由して原材料や労働力などの製品・サービスを販売し、株主や債権者は金融市場を通して所有権（会社の株式）や債務手段を売買する。

（注6）この節は以下から転載した。Robert Simons, "Corporate Peformance," *Handbook of Technology* (Boca Raton, Fla.: CRC Press, 1999): Chap. 17. 4.

顧客市場から見た企業業績

　競争の激しい製品市場にいる顧客は、無数の選択肢のなかから、自分のニーズに合った製品・サービスを選べる。したがって、特定の製品市場で競争する企業は、そのセグメントの顧客を引きつけるため、また利益率の高い製品・サービスの売上げを達成するために、他社製品と差別化した価値提案の構築を目指す。価値提案とは製品構成とサービス特性であり、具体的には企業が顧客に提示する価格、製品特性、品質、安定供給レベル、イメージ、購入経験、購入後の保証やサービスなどのかたちで表される。価値訴求点によって企業が優位性のある価値や成果を出していることを顧客や潜在顧客に理解させなければならず、それができなければ競合他社に顧客を奪われる。

　満足のいくレベルで売上げと利益を維持するためには、①製品・サービスが顧客のニーズや期待を満足させている、②価値提案が競合他社に比べて十分に差別化されている、③価値提案を創造し具現化するために必要な費用をまかなえる十分な売上げがある、ということを確かめなければならない。自社の価値提案が市場でどう評価されているかをモニターするために、顧客価値の評価基準に焦点を

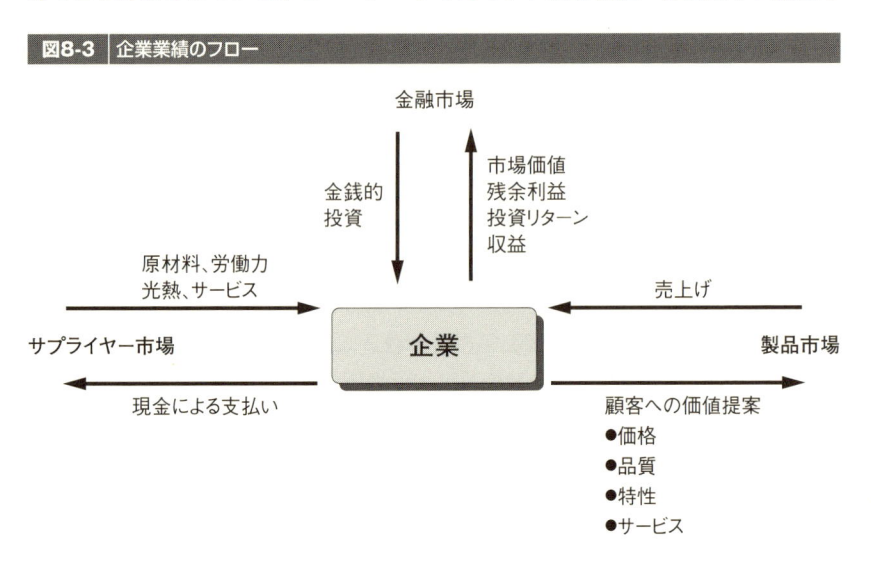

図8-3　企業業績のフロー

合わせなければならない。顧客価値の評価基準は、金額で表される財務的なものである場合と、ユニット数や数量などで表される非財務的なものの場合がある。そのなかでよく用いられる評価基準は次のとおりである（詳細は第9章で述べる）。

財務的評価基準
- 売上げ、もしくは売上増加率——製品・サービスに対する顧客の購買意欲を表す。
- 売上総利益——売上げから製品・サービスの直接および間接費用を差し引いたもの。製品・サービスがもたらす価値に対し、顧客がどの程度のプレミアムを払っているかを表す。
- 保証コストや返品——品質に対する顧客の意識や、製品特性に関する顧客の期待をどの程度満たしているかを表す。

非財務的評価基準
- 市場シェアもしくは市場シェア増加率——市場シェアは競合他社に比べた、顧客による受容度を表す。市場シェアは、自社の売上げを当該市場における競合他社を含めたすべての企業の売上げで割ったものである。
- 顧客満足度——企業が提供する価値に対する顧客の認識度と、顧客の期待にどの程度応えているかを反映する指標。このデータは製品・サービスを販売した後で、電話もしくは手紙を使って調査する。
- 紹介——この顧客ロイヤルティの基準は、新規顧客がその製品・サービスをどのように知ったかのデータを集める、もしくは既存顧客からの紹介によって新規に販売した製品・サービスの数を記録し続けることで計算する。

サプライヤー市場から見た企業業績

いかなる企業戦略——企業が統制する資源の価値最大化を試みる戦略——も、サプライヤー市場から提供される資源に頼らざるをえない。この市場からは、労働力、契約に関わるサービス、原材料、エネルギー、土地や建物のリースなどといった、きわめて重要な資源が提供される。

しかしながら、価値に対するサプライヤーの考え方は、顧客や株主の考え方とは大きく異なる。サプライヤーは企業に投資しているのでもなければ、長期的視

野で購買に関する意思決定を下しているのでもない。むしろ、決められた契約条項（たとえば正味30日）で支払われるキャッシュの対価として、製品・サービスを販売しているにすぎない。したがって、サプライヤーにとっての主要な業績評価指標は、購入した製品・サービスに対しての支払いの迅速さと信頼性である。

サプライヤーの価値については、流動性（流動債務残高と残日数）をモニターすることが基準となる。第5章で述べたとおり、すべてのビジネスにおいて契約どおりに支払いが行われるよう、現金残高は注意深く管理されなければならない。

金融市場から見た企業業績

株主の観点から見た企業業績は、投資に対する金銭的価値と財務リターンの増加を反映する。上場企業の場合、それは日々の株価変動によって測られる。非上場企業の場合、企業の株式が何らかのかたちで移動するときにのみ評価される。

経営者は、継続的な収益性によってもたらされる財務リターンが、企業の所有者もしくは潜在的な所有者（株式購入を検討している投資家など）の期待に応えているかどうかに、常に注意を払わなければならない。競争の激しい金融市場には、代替的投資対象が常に存在する。したがって、企業の経済的業績は、株価に反映されて新たな投資を呼び込み、かつ既存株主がその企業の所有権を維持し続けるのに十分な魅力を持っていなければならない。金融市場の観点による価値創出を評価するには、利益、ROI（return on investment：投下資本利益率）、残余利益、市場価値という、企業価値の累積に焦点を絞った4つの金融的評価基準を使ってモニターするのが通常である。

利益

利益は損益計算書で公表され、投資家にとっては企業業績を見る基盤となる。利益とは、ある会計年度に得た売上げから、すべての費用を差し引いて残った金額である。

　　　会計上の利益＝当該期間の売上げ－当該期間の費用

利益によって表されるのは、製品・サービスを提供することで顧客から得た売上げのうち、どの程度が事業の再投資や株主への還元に使えるかである。しかし、ここで理解すべきは、利益を単独の指標として用いた場合、利益を生み出すため

にどの程度の投資が必要かを考慮できないことである。したがって、100ドルの利益を生み出す事業を評価するには、その利益を創造するために必要な投資が500ドルなのか1000ドルなのかという情報が不可欠となる。

ROI

どの程度の財務的投資が必要かを計算することで、上記の問題は解決できる。ある期間のROIは、会計上の利益を、その利益を生み出すのに必要とする投資額で割ることで計算される。

　　ROI＝会計上の利益÷事業投資額

ROIは利益を得るために株主が行った投資を考慮するもので、高い財務リターンをもたらし、企業の市場価値が高まれば、ある一定のレベルの投資に対してより高い利益が得られることを表す。第5章で述べたとおり、これに類似する基準としては、ROE（return on equity：株主資本利益率）、ROA（return on asset：総資産利益率）、ROCE（return on capital employed：使用総資本利益率）があり、どれも貸借対照表のデータを使って投資効率を計算するものである。

ROIもしくはROCEといったタイプの基準を設計するには、2つの意思決定が求められる。第1に、資産すなわち分母に、貸借対照表のどの項目を含めるかを決めなければならない。現金、売掛金、棚卸資産などの運転資本は最低限含めなければならないが、それに加えて、建物や機材などの有形固定資産を含めることもできる。どの項目を含めるかは、評価基準の目的によって決められる。ROCEを事業の評価に用いるのであれば、有形固定資産をすべて含めるべきである。ROCEをマネジャーの業績評価に使う場合は、そのマネジャーの業務範囲に関係する資産のみを計算対象にすべきである。

次に決めなければならないのは、償却対象資産をどのように評価すべきかということである。減価償却累計額を差し引いた正味評価額を使うか、減価償却累計額を差し引く前の資産簿価を使うか、あるいは再取得原価を用いるべきか。正味資産評価額を用いるのは容易であり、GAAP（generally accepted accounting principle：一般に認められた会計原則）にも合致している。しかし、この方法をとると、時間の経過に伴って減価償却費が増え、ROIの分母が減少するため、ROIが連続的に上昇するという問題がある。資産簿価を用いればこの問題は解決でき

るが、この場合、ROIを改善するために、マネジャーが減価償却は終了したものの依然として十分に使用できる資産を意図的に廃棄し、分母を圧縮する事態を招きかねない。再取得原価は効果的な代替手段だが、必要となる再取得原価の見積もりが正しく計算されるかどうかわからない。

したがって、貸借対照表から比率で表す評価基準を解釈する場合には、細心の注意が求められる。財務諸表を読む際に理解しなければならないのは、貸借対照表の正確さと損益計算書の正確さの間で、トレードオフを強いられることがしばしばあることである。たとえば、損益計算書の数値に表れる業績を可能な限り正確に評価するには、後入先出法で計算された在庫を調整しなければならない場合がある。しかし、それをするためには貸借対照表にある過去の古いデータを用いる以外に方法はないのである（この点については後ほど詳述する）。

残余利益

残余利益（residual income）は、価値創出をROIよりさらに一歩深く考え、投資家がどの程度の利益を期待しているかを考慮するものである。残余利益は、①事業への投資、②投資に期待するリターンを確保した後で株主に還元される分配金、のいずれかに割り当てられる利益がどの程度残っているかを表す指標である。これは、事業に使われた資本コストをその時点での市場金利を用いて計算し、それを会計上の利益から差し引いて計算される。

$$
\begin{aligned}
残余利益 &= 会計上の利益 - 利益の創出に用いた資本コスト \\
&= 会計上の利益 - （利益創出に使われた資産の価値 \\
&\quad \times それらの資産に対する期待収益率）
\end{aligned}
$$

残余利益の概念は以前からある古いものだ。近年は、**EVA**（economic value added：経済付加価値）として知られる、残余利益を変形させた指標を使い始めた企業もある。EVAについては次の節で詳述する。残余利益がプラスであれば、資本の提供者が満足する以上の効率で資産を蓄積し、その企業の市場価値は上昇したことになる。よって、企業には成長し、将来のキャッシュフローを増やす（あるいは、株主にきわめて高いレベルの配当を払う）ことが求められる。

Column◉MVA上位企業データ

『フォーチュン』誌によって発表された、企業価値の大きいアメリカ企業200社におけるMVAのランキングは、以下のとおりである。

MVAランキング			企業名	MVA (100万ドル)	経済付加価値 (100万ドル)	資本 (100万ドル)	資本リターン (%)	資本コスト (%)
1998	1997	1993						
1	2	5	GE	195,830	1,917	59,251	17.3	13.8
2	1	2	コカ・コーラ	158,247	2,615	10,957	36.3	12.1
3	3	12	マイクロソフト	143,740	2,781	8,676	52.9	14.2
4	5	4	メルク	107,418	1,921	23,112	23.2	14.5
5	4	24	インテル	90,010	4,821	21,436	42.7	15.1
6	8	9	P&G	88,706	587	24,419	15.2	12.8
7	7	11	エクソン	85,557	(412)	88,122	9.4	9.9
8	11	16	ファイザー	83,835	1,077	15,220	19.9	12.1
9	6	3	フィリップ・モリス	82,412	3,524	43,146	20.2	11.9
10	10	6	ブリストル—マイヤーズ スクイブ	81,312	1,802	14,627	25.3	12.5

出典: Shawn Tully, "America's Greatest Wealth Creators," *Fortune*, Nov. 9, 1998: 194.

市場価値

市場価値は金融市場が決める株主価値を表すため、企業の価値創出を測る基準としては最も高度で網羅性もある。**市場価値**（market value）はオープン市場で取引される企業の株式価格を意味する。上場企業であれば、1株当たりの株価が日々決められ、その価格が金融関係のメディアに掲載される。企業の市場価値の合計である**時価総額**（market capitalization）は、発行済み株式数と1株当たりの株価を掛け合わせたものである。

時価総額＝発行済み株式数×1株当たり株価

たとえば、ギャップの場合、発行済み株式が2億6800万株、1株当たり株価が57ドルであり、市場価値は153億ドルになる。

市場価値は、その事業の将来のキャッシュフローに対する投資家の期待とタイミングを反映して変動する。その企業の将来のキャッシュフローが黒字になると

投資家が信じれば、市場価値は上昇する。一方、現在の株式市場で値付けされる企業価値に対する期待値が、**MVA**（market value added：市場付加価値）の計算に反映される。MVAとは、企業の現時点での市場価値が、その企業に提供された資本額（すなわち調整済み簿価）を超過する額である。

MVA＝時価総額－株主もしくは貸し手から提供される投下資本額

5 EVA（経済付加価値）

　残余価値の概念は、会計士から長く支持されている。計算方法もきわめて容易で、資本コストを会計上の利益から差し引き、再投資や株主への還元にどの程度残るかを計算するものである。最近になって、特に北アメリカにおいてだが、残余価値のコンセプトを精緻にしてEVAという計算に発展させる動きがある[注7]。EVAは、会計上の利益（売上げから費用を差し引いたもの）を調整し、経済的利益（資本の機会コストを上回るだけのキャッシュフロー）の概算にさらに近づけた数値である。この数値は残余利益に似ているが、次の2点で異なる。①発生主義会計によって生まれる歪みを除去するための一連の調整、②資本コストを計算する際に、資本と負債の両方を加味すること。

発生主義会計によって生まれる歪みを除去するための調整

　GAAP（一般に認められた会計原則）によると、取引はすべて発生主義で会計処理されなければならない。発生主義会計は収益と費用を各会計期間に配分する。これを行う理由は2つある。①収益と費用をより良く対応させるため、②将来の収益や費用の見込みがはっきりしない場合、利益を保守的に計算するためである。

　発生主義会計による処理のなかには、支払われていない請求書を未払い勘定とする場合など、正しい会計年度へ調整することに異論をはさむ余地があまり見出せないものもある。しかし、会計士が費用と収益を対応させる目的や信頼性を高める目的のために行う会計処理のなかには、潜在的に事業の経済価値を歪めるも

（注7）スターン・スチュワートが「EVA」を残余価値の名前として、「MVA」を市場付加価値の専門用語としてそれぞれ商標登録している。

のがある。EVAはこのような処理を元に戻すことで、①経済的キャッシュフローにより近い利益を計算し、②利益を生み出すために使った資源の本当の価値を反映したかたちで貸借対照表を書き換える。

すべての発生主義による会計処理をEVAの計算のために修正することは可能だが、以下に述べる方法が最も一般的で、潜在的な発生主義会計の歪みを最も的確に調整するものである。

LIFO（後入先出）在庫

原価と売上げの整合性を保つために、企業は棚卸資産の金額を決める会計政策を決定しなければならない。アメリカのほとんどの企業がLIFO（last-in, first-out：後入先出法）を選択することで利益を減らし、法人税を節約している。この会計方式では、最も期末の製造費用（後入れ）が直近の売上げに対応し（対応するプロセスにおける「先出し」）、損益計算書上の売上製造原価が、直近の原材料価格とほぼ一致するという結果になる。しかし、LIFOの欠点は、貸借対照表に記載される棚卸資産価額が、何年も前の製造原価を反映しているため、実態に比べて著しく小さくなる点である（すべての在庫が償却されるまで、すなわちほぼ永遠に、「先入」棚卸資産が貸借対照表上に残ることになる）。

したがって、EVAの計算のためには、貸借対照表の棚卸資産勘定の価値を現在価値に修正し、経営陣が統制する運転資本の価値をより正確に反映させる。さらに、棚卸資産の減少や、（直近の売上げと貸借対照表の著しく古い費用を対応させるような）後入先出法の適用時に存在する「階層」の解消によって引き起こされる損益の歪みは、再調整される。

繰延税金費用

企業の損益計算書に記載される「法人税」を、企業が政府に支払わなければならない税金の額と理解している人は多いだろうが、それは間違った理解である。実際には帳簿上の利益に基づいた税額を記載しなければならず、それは通常、本当に支払わなければならない税額より高くなる。損益計算書に税金として記載される金額と、実際に当局に支払われる金額との差異は、一時差異を反映している。すなわち、会計と課税という目的の違いから発生する一時差異から繰り延べが認識される。最も一般的な一時差異は、償却方法の違いによるものである。たとえ

ば、多くの企業では売上げと費用を最適に整合させるため、帳簿上は定額減価償却法を用いる。しかし、税法上の利益を計算する際には、課税対象利益を最小化し、目の前の租税義務を減少させるため、加速減価償却法を用いることが多い。したがって、会計政策、別の言い方をすれば純利益は、会計上と税法上とでは異なる。

　会計士の解釈では、償却方法の違いにより節減された税金は、将来において支払われる。結果として、損益計算書の税金は会計上の利益を基準（すなわち、定額減価償却法を用いたもの）としており、企業の所得税申告に基づいて計算された利益（加速減価償却法を用いたもの）とは異なる。実際に支払われた税額と、発生主義会計に基づいて記帳された税費用との違いは、繰延税金負債として貸借対照表の負債に記帳される。EVAの計算においては、繰延税に影響を及ぼした当該年度の税費用額を利益に追加する。同様に、貸借対照表に計上された繰延税金負債は、企業の資本の一部と見なされる。

のれんの償却

　会計上、企業の買収価額と、貸借対照表上の純資産との差異は、のれんとして計上される。たとえば、企業Aが企業Bを4億ドルで買収したとし、企業Bの純資産（資産から負債を差し引いた額）が3億ドルしかなかった場合、差額の1億ドルは買収側企業の貸借対照表にのれんとして記帳され、その後最長40年間にわたって償却される。したがって、そのぶん利益は減少する。EVAの目的を考慮すると、のれんの償却は2段階で調整されなければならない。最初に、のれんの償却によって減少した当該会計期間の利益は、利益に足し込まれる。次に、のれん評価額から累積償却額のぶんを減少させた範囲で、貸借対照表上の資産項目を、買収した資産の総額を反映するかたちに調整する。そうすることで、買収した資産の総額に対応するだけの利益を創出する責任を企業に負わせるのである（訳者注：アメリカの会計基準の設定機関であるFASBは2001年に財務会計基準書141号・142号を公表し、企業のM&Aの会計処理法を「買収法」に統一化し、それに伴って生じたのれんはその後償却せずに、減損処理することを現在、要求している。のれんは、それまでは本書の記述のように、最長40年で償却することが認められていた）。

研究開発費

　すべての資産は、その定義により、将来のキャッシュフローの現在価値を表す。もし将来のキャッシュフローを創出しないのであれば、それは資産として認識されない。会計学において何年にもわたって激しく議論されてきたのは、研究開発費をどのように認識するかである。それは資産なのか、費用なのか。ある説によると、研究開発に投資する唯一の目的は、新製品や新しいプロセスをつくり、将来のキャッシュフローを創出することだと考える。この論拠に立脚すれば、研究開発費は資産として計上され、将来の利益に対応する費用として償却されるべきである。

　しかし会計士のなかには、研究開発費が将来において回収される可能性は100％ではないと考える者もいる。彼らによれば、実験は本来、試行錯誤から成り立つものであり、研究開発が無駄になることは避けられないということだ。結果として、アメリカの会計ルールは研究開発費を資産として計上し、新製品や新プロセスの耐用期間に応じて償却することはせず、研究開発費を当該会計年度の費用として全額計上することを求めている（これは各国の会計基準によって異なる）。

　EVAの計算ではこの考えを逆転させる。研究開発費は資産として貸借対照表に計上し、概算の耐用期間（通常は5〜10年）で償却する。この結果、研究開発費（ただし、期中の償却コストは除く）のぶんだけ利益が増加し、貸借対照表に載る資産もしくは資本の額が上昇する。

資本コスト計算の調整

　次に行う調整は、利益の創出に利用された投資に関するものである。EVAの資本コストは、資本と負債の両方に対して計算される。したがって、投資は一般的なROAの算出に色濃く反映されている。別の言い方をすると、貸借対照表の右側の項目を網羅することで、貸借対照表の左側の資産価値に到達するのである。

　負債と資本の価値（言い換えればすでに使われている資産の価値）を算出すれば、WACC（weighted average cost of capital：加重平均資本コスト）もおのずと計算される。たとえば、ある企業が60％を株式で、40％を有利子負債で資金調達し、株式による資本調達コストが16％、有利子負債による税引後資本調達コストが8％だとすると、WACCの計算は次のようになる。

```
負債  40万ドル×8％＝3万2000ドル
資本  60万ドル×16％＝9万6000ドル
     100万ドル      12万8000ドル
```

同様に、この比率は次のように直接的にも計算できる。

（0.40×0.08）＋（0.60×0.16）＝12.8％

もちろん、この比率（12.8％）と資本と負債の合計値（100万ドル）を掛け合わせれば、12万8000ドルが資本コストとして計算される。

次に述べるバイオ・テクノロジーの上場企業（バイオ・テクノと仮称する）の例を見ると、この調整による効果がわかるだろう。この計算の目的は、①経営陣の統制下にある資産（企業の資本基盤に完全に一致する）の真の価値を計算すること、②WACCに基づいて、それら資産に対する期待収益率を計算すること、③（EVA調整後の）実際の利益から期待収益を差し引き、残余利益を計算すること、の3点である。

これらを計算するためには、有価証券報告書の脚注に記載されている次のような情報が必要となる。小規模企業あるいは非上場企業の場合には経営者が保有している。

1．棚卸資産の帳簿価格は、購入価格もしくは時価のいずれか低いほうを利用している。費用はLIFOで計算されている。期末時点での棚卸資産の再取得原価は、貸借対照表の記載価額より5600ドル高くなる。前期末時点での棚卸資産の再取得原価は、前期末貸借対照表の記載価額より4800ドル高くなる。
2．繰延税金費用は、税法上と会計上という異なる目的から発生する時間的差異によるものである。
3．のれんは20X1年に関連会社を買収した結果であり、その際の取得原価と純資産価額の差異20万ドルは10年間で償却される。
4．次世代製品のプロトタイプと試験用機材への投資に関係する研究開発費は、既発生の費用として計上されている。当社創業以来、60万ドルの研究開発費が費用計上された。
5．WACCは12％である。

表8-5　バイオ・テクノの貸借対照表と損益計算書

(単位：ドル)

(20X1年　12月31日)

	12/31/20X1	単純化された EVA調整	純事業資産 (資産−負債)	調整後資本 (負債と株主資本)
資産				
現金	280,000		280,000	
売掛金	420,000		420,000	
在庫	300,000	5,600	305,600	5,600
機械・装置	250,000		250,000	
減価償却累計	−140,000		−140,000	
のれん	180,000	20,000	200,000	20,000
資産化された研究開発費		475,000	475,000	475,000
	1,290,000			
負債・資本				
買掛金	145,000		−145,000	
未払法人税	45,000		−45,000	
その他流動負債	270,000		−270,000	
長期支払手形	120,000			120,000
繰延法人税	105,000	105,000	—	105,000
普通株	305,000			305,000
未処分利益	300,000			300,000
	1,290,000		1,330,600	1,330,600

(単位：ドル)

損益計算書		EVA調整	EVA利益
売上げ	5,200,000		5,200,000
売上原価	2,930,000		2,930,000
	2,270,000		2,270,000
棚卸資産の保有利得		800	800
一般管理費	1,780,000		1,780,000
研究開発費	175,000	115,000	60,000
のれん償却費	20,000	20,000	—
金利	10,000	10,000	—
	1,985,000		1,840,000
税引前利益	285,000		430,800
法人税――今期分	100,000	4,000	104,000
――繰延分	25,000	25,000	—
純利益	160,000		326,800

＊調整の説明：(貸借対照表の調整は、借方に注目した計算と貸方に注目した計算を、同時に行っている)
(1) 5,600ドルをEVAに足し込み資本ベースに加算。800ドルをLIFO準備金を増加させるために利益に追加
(2) 繰延法人税準備金を資本ベースに移転。今期の繰延法人税の増加を、収入に足し戻した
(3) 累計償却額を貸借対照表の営業権に足し戻し、純利益を今期分償却額分だけ増加
(4) 累積研究開発費 (600,000ドル) から累積償却額の125,000ドルを差し引いた額を資産として足し戻した
(5) 金利はWACCに含まれているため、(税引後)金利は二重計上を防ぐために足し戻した

このような情報を念頭に置きながら、EVAのために純利益と貸借対照表を調整した**表8-5**を参照してほしい。【注：表8-5の最上部には、貸借対照表の調整に関する4つの項目を示した。最初の列は、20X1年12月31日時点での発生主義に基づく貸借対照表で、資産と負債が一致している。次の列が、EVAの調整である。最後の2列がEVAで計算された純事業資産と調整後資本である。純事業資産の合計は借方に注目した計算方法（資産から流動負債を引いたもの）で133万600ドル。調整後資本も貸方に注目した計算方法（資本に長期負債を加えたもの）で133万600ドルと、まったく同額となる。貸借対照表上のすべての行（借方、貸方いずれも）が、EVA調整を加算もしくは減算した後で、資産（借方）と調整後資本（貸方）に結びつけられる。したがって、貸借対照表における借方と貸方は、依然としてバランスしていることになる】

表8-5に紹介した調整をすべて行えば、EVAは簡単に計算できる。

1. 資産＝使用総資本＝133万600ドル
2. 期待収益＝133万600ドル×12％＝15万9700ドル
3. EVA＝32万6800ドル－15万9700ドル＝16万7100ドル

したがって、バイオ・テクノは資本コストよりも16万7100ドル多く利益を上げた計算になる。

EVAが企業にとって魅力的な指標であるのには、いくつかの理由がある。第1に、必要とした資本コストを上回る利益の創出に焦点を当てている点である。EVAがプラスであれば、富を創造し企業価値を高めたといえる。バイオ・テクノのROEは16万ドル÷60万5000ドル＝26.4％と、EVA分析によって得られたリターンよりいくぶん高くなっている点に着目してほしい。第2に、EVAは比率ではないので、ROAやROCEを向上させることだけを目的に、マネジャーが資産を圧縮するという事態を防ぐことができる（残余利益は資産を削減することで増加させることができるが、EVAでは資産圧縮の効果はそれほど大きくない）。

しかし、EVAがすべての企業で効果を発揮するわけではない。ROIタイプの指標と同じで、EVAではすべての資産の価値を詳細に計算しなければならない。知識集約型ビジネスや、貸借対照表で計上されない無形資産を有する事業の場合、これが問題となる。また、異なる複数の事業ユニット間で大規模生産設備や企業資産を配分しなければならない事業の場合、EVAの適用は困難となる。さらに、

金融機関の場合、規制によって決められた一定額の資本を別計上しなければならないので、EVAはうまく機能しない。

一方、EVAは近視眼的指標であり、業界や競合に関する状況を考慮できていないという批判もある。また、EVAは企業が資本コストよりも多く稼ぐ能力を測るが、競合他社と比べた価値創出能力については考慮できていない。業績の劣る事業の切り捨て、自社株の買い戻し、コスト削減などは、企業の株価やEVAを短期的に上げるが、これらの措置は長期に維持される富を必ずしも創造しない。[注8]

EVAが1990年代までなぜ注目されなかったのかという疑問も湧くだろう。たしかに会計士は、残余価値という概念をそれ以前の何世紀にもわたって世に売り出せていなかった。この疑問に対して部分的に答えると、EVAによって発生主義会計がキャッシュフローに近づく点が挙げられるかもしれない。しかし、より深い答えは、株価が劇的かつ継続的に上昇した90年代の右肩上がりの株式市場にあるかもしれない。投資家たちは、株価上昇による値上がり益と、より高い市場価値を当然のこととして考えるようになった。インフレ調整後の株価が下落もしくは横ばいだった66年から81年には、残余価値を市場付加価値の代用として売り込むのは、きわめて困難だったのである。

Column◉ロイヤル・ダッチ・シェル・グループのビジネスモデル

ロイヤル・ダッチ・シェル・グループ（以下シェル）の経営陣は、株主価値を向上させる要素を、2万1000人の従業員全員に理解してほしかった。同グループは300億ドルの売上げを記録し、4つの企業を有する。経営陣は業績評価を、事業の経済性をコミュニケートするために使うことを決めた。

シェルのビジネスモデルは、次の指標を用いて恒常的に報告される。

売上げの増加	全体の市場価値
ROI	EVA

これについてCFOのフィリップ・キャロルは以下のように述べている。「これはコンピュータの前に座って、北シカゴの売上げがどうなるかを計算するものではない。むしろ、私がこの問題をどのように討議するかに影響を及ぼし、事業ユニットの事業戦略の変更について

(注8) Gary Hamel, "How Killers Count," *Fortune*, (June 23, 1997): 74.

第8章 業績と市場の連動

> 評価するものである。この業績評価手法を、厳格な意思決定を進めるための、財務的なシグナルと考えている」
>
> 出典：Joel Kurtzman, "Smart Managing: Is Your Company Off Course?" *Fortune*, February 17, 1997: 128. より抜粋

6　外部市場と内部業務の連動：利益計画への回帰

　ここまで、企業が投資家、顧客、サプライヤーの期待に応えているかどうかを確認するための重要な業績評価について考えてきた。しかし、このような外部の人々は、投資する、製品を購入する、製品・サービスを提供するといった行為の前に、企業の詳細な見通しについてもっと知りたがるものである。したがって、経営者には自分たちの目標について、外部市場とコミュニケーションをとる必要がある。金融市場は、競争戦略の成功の可能性に基づいた、企業の長期的収益見通しを求めるだろう。きわめて大がかりな調達を検討している重要顧客の場合、ある製品に対するその企業の将来のコミットメントと、スペックどおりの製品・サービスを確実に提供できる能力に関心を持つだろう。価値創出プロセスのパートナーになることを依頼された重要なサプライヤーは、その企業が投資している一連の事業や、そのなかにおけるサプライヤーの役割を知りたがるはずである。

　利益計画は事業戦略と価値創出を連動させる重要な方法である。図8-4に、利益計画が組織の戦略目標と経済的価値の創出を連動させるときに果たす重要な役割を示した。

　利益計画は、事業オペレーション計画を評価するとき、異なる一連のトレードオフを判断するとき、業績や会計責任に関する目標を設定するとき、業績評価基準が異なる関係者の期待をどの程度満足させられるかを評価するときの、主要なツールとなる。以下が利益計画の影響を受ける戦略的決定の例である。

売上げ
1．製品ポートフォリオにおける製品数
2．製品ミックスとタイプ

3．製品の価格決定要因（特徴的機能、品質、競合製品）
4．上記の変更、たとえば
　　a．新製品の導入
　　b．製品の撤退

売上原価
1．特性を出すための費用
2．品質のための費用
3．内部プロセスの効率性
　　・製造規模とバッチサイズ
　　・購買の経済性
　・流通の経済性
　・生産容量

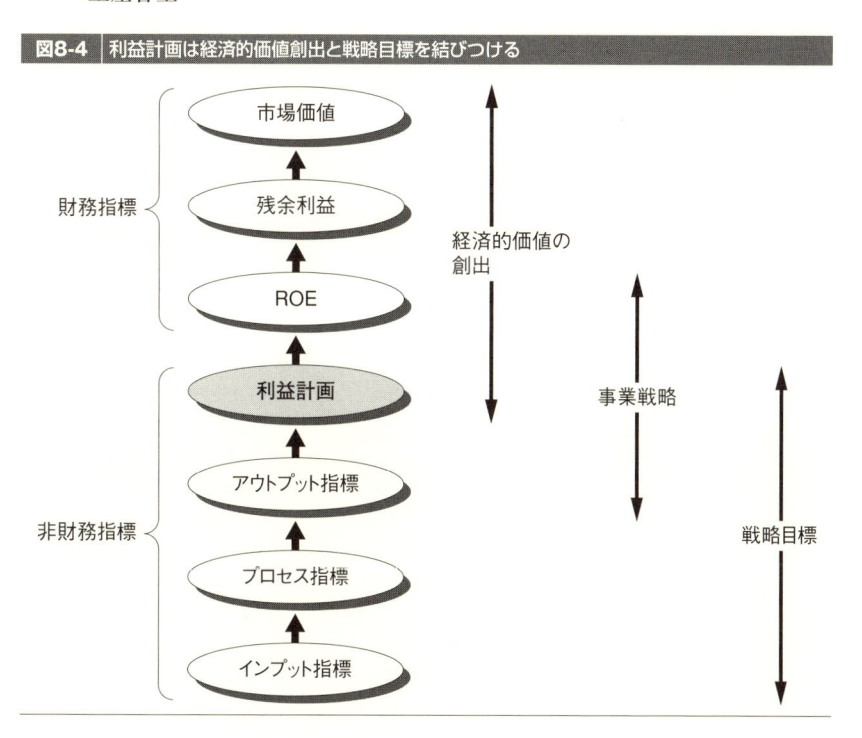

図8-4　利益計画は経済的価値創出と戦略目標を結びつける

```
財務指標 ┤ 市場価値
         │   ↑
         │ 残余利益      ┐ 経済的価値の
         │   ↑           │ 創出
         │  ROE          ┘
         │   ↑
         │ 利益計画      ┐
非財務指標┤   ↑           │ 事業戦略
         │ アウトプット指標│
         │   ↑           ┘
         │ プロセス指標   ┐
         │   ↑           │ 戦略目標
         │ インプット指標  ┘
```

4．カスタマイゼーション
5．開発研究への投資
6．製造設備への投資（減価償却を通して検討）

売上総利益
1．事業の長期持続性
2．価格戦略の成功
3．製品差別化戦略の市場での受容度

一般管理費
1．サポート・サービスのレベル
2．外部委託

利益
1．将来投資に関する事業の魅力度
2．株主による投資意欲

図8-5 利益計画目標を用いて外部市場とコミュニケーションをとる

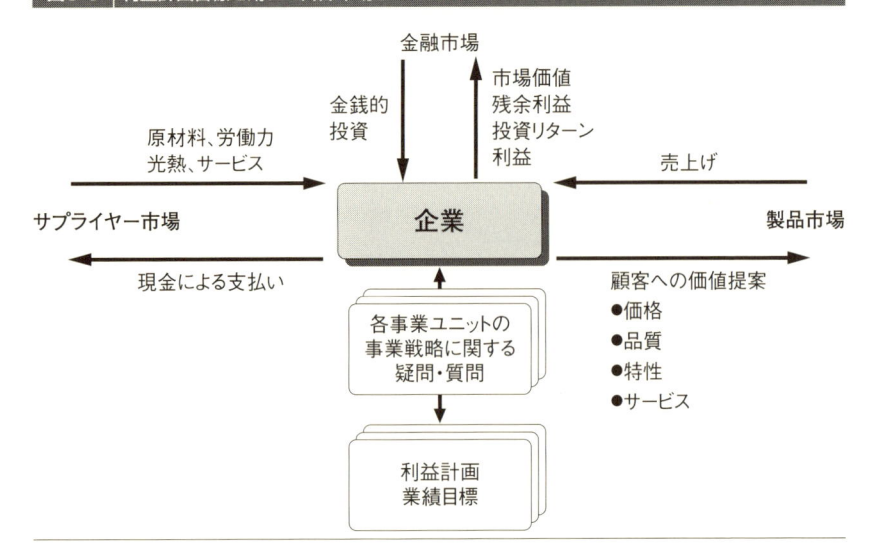

マネジャーは利益計画を使って、決定された戦略的選択と一連の目標(図8-5参照)、目標に対する情熱のレベルについて、アナリスト、顧客、サプライヤー、企業の将来に関心を示すその他の人々とコミュニケーションをとる。会計数値を使ったこのコミュニケーションは、企業の見通しや戦略に関する重要な構成要素の不確実性を下げるために、きわめて効果的である。

◆──本章のまとめ

　利益計画と他の業績指標は、企業の外部市場と内部市場に連動している。独立採算の複数部門をまたいで製品・サービスを社内移転させる方法を選択した企業は、移転価格を用いて関係部署の利益計画を調整しなければならない。移転価格設定には複数の方法があるが、移転価格が抱える問題を簡単に解決する方法はない。移転価格政策におけるトレードオフを理解することが重要である。最終的には、良識ある経営者が時間をかけてこのようなトレードオフを社内外で交渉し、そして、一連の行動から企業が利益を得られるかが成功のカギとなる。

　さらに、経営者は内部オペレーションと外部市場の連動もよく理解しなければならない。これらの連動は金融市場、顧客市場、サプライヤー市場に影響を及ぼす。このような市場と効果的なコミュニケーションをとるために、経営者は利益計画、ROE、残余利益、EVAといった会計を基礎としたツールを理解しなければならない。

　次章の「バランス・スコアカード構築」では、重要顧客、内部プロセス、学習、成長といった無形資産に焦点を絞った業績評価システムを構築することで、財務的あるいは会計的な数値を超えた分析方法について学ぶ。

第9章
バランス・スコアカードの構築
Building a Balanced Scorecard

◆

　ITの進化と経済のグローバル化は、事業運営における根本的な前提に多大な変化をもたらした。有形資産を展開していくだけでは、もはや企業は持続可能な競争優位を獲得できない。製造業であれサービス業であれ、競争に打ち勝つためには、情報化時代に適合した新たなケイパビリティが求められている。競争優位を確立し維持するためには、自社の無形資産を結集し活用する能力が、企業にとって決定的に重要となってきている。[注1]

　無形経営資源や無形資産によって、企業は以下のことを実現できる。

- 顧客との信頼関係を高め、ロイヤルティを構築する。
- 新しい顧客層や市場にサービスを提供する。
- 革新的な製品・サービスを導入する。
- 短期間に、しかも低コストで、顧客別にカスタマイズした高品質の製品・サービスを提供する。
- 従業員のスキルを活用し、プロセス、品質、問い合わせへの対応時間を継続的に改善する。

　企業は従来、ケイパビリティを高めるためにさまざまなプロジェクトや活動を

(注1) Hiroyuki Itami, *Mobilizing Invisible Assets* (Cambridge, Mass.: Harvard University Press, 1987). (邦訳『新・経営戦略の論理』日本経済新聞社、1984年)

実施してきたが、経営者は財務的な会計報告だけに依存していた。しかし今日では、財務会計モデルを拡張して企業の無形資産や知的資産も評価し、そのなかに組み込む必要がある。すでに述べたように、こうした無形資産とは、たとえば価値の高い製品・サービスのフランチャイズ、やる気にあふれた有能な従業員、独自ケイパビリティ、満足度とロイヤルティの高い顧客などである。

もし企業の無形資産やケイパビリティの価値を正確に評価し、貸借対照表に計上できれば、こうした資産やケイパビリティを高めた場合、自社の従業員、株主、債権者、および他のステークホルダーに対して、その改善した事実を伝えられる。反対に、無形資産やケイパビリティが激減した場合は、その損失が直ちに損益計算書に反映されることとなる。しかし残念ながら、新製品開発手法、プロセス遂行能力、従業員のスキル、顧客ロイヤルティ、顧客データベースといった無形資産の財務的な価値を評価することは難しい。そのため、そうした数字は既存の貸借対照表にはまず記載されていない。しかし、これらの資産や能力が、今日の厳しい競争環境のなかで成功を収めるために重要であることは、紛れもない事実である。

1　バランス・スコアカード

バランス・スコアカード（balanced scorecard）とは、企業が無形のケイパビリティやイノベーションを基盤として競争する際に達成しなければならない、相互に関連する複数の目標を表すものである。バランス・スコアカードによって企業のミッションや戦略が目標や指標に落とし込まれ、4つの異なる視点に整理される。4つの視点とは、財務業績の視点、顧客の視点、内部事業プロセスの視点、学習と成長の視点である（図9-1参照）。

マネジャーは、以下の論理的な4つのステップに従うことで、バランス・スコアカードを構築できる。

ステップ1：財務業績変数の目標と指標の設定

財務指標は、戦略実行の経済的成果を総括するのに必須である。したがって、これまでの章で述べてきた**財務業績の視点**（financial performance perspective）も、

バランス・スコアカードには含まれている。財務業績指標は、さまざまな計画や施策の実行が利益の改善に貢献したかどうかを示している。財務目標は、すでに説明した営業利益、ROCE（return on capital employed：使用総資本利益率）、EVA（economic value added：経済付加価値）などによって設定できる。また、「利益の輪」「キャッシュの輪」あるいは「ROEの輪」の数値と関連づけた財務目標を別に設定することもできる。

ボストン・リテールの場合、財務目標は第5章で作成した利益計画のなかで設定されている。特に同社は、向こう5年間に売上高と営業利益を150％増大させるという、意欲的な目標を設定した。衣料品小売業界のような、ほぼ飽和状態にある成熟産業において、この目標はかなり野心的である。

ステップ2：顧客業績変数の目標と指標の設定

バランス・スコアカード上の**顧客の視点**（customer perspective）を考えるにあたり、マネジャーはどの顧客ターゲットや、どのセグメントの市場で競争していくかを明確にする。ターゲットとする顧客層には、既存顧客だけでなく潜在顧客も含めてよい。次に、ターゲットとした顧客層において、顧客の満足度とロイヤ

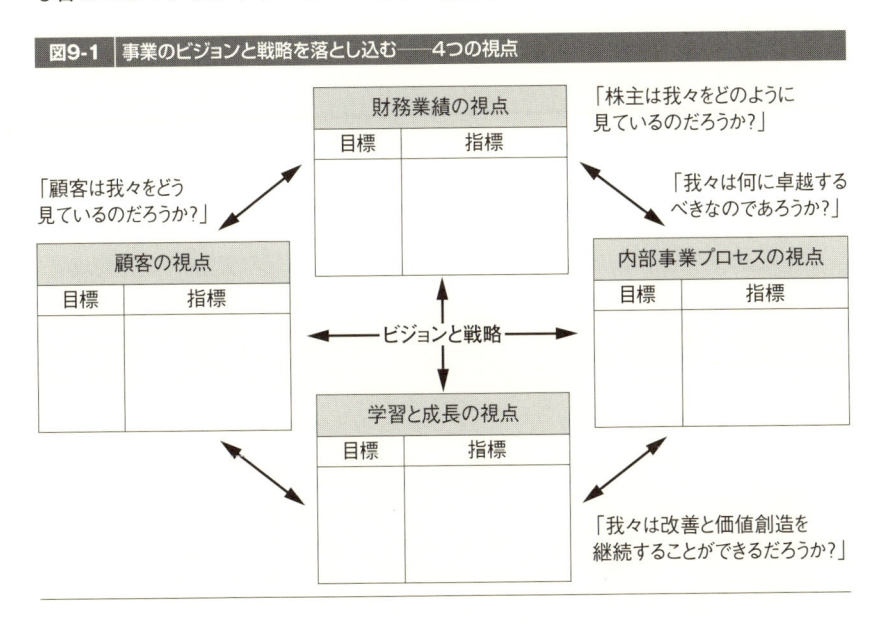

図9-1　事業のビジョンと戦略を落とし込む――4つの視点

	財務業績の視点	「株主は我々をどのように見ているのだろうか？」
「顧客は我々をどう見ているのだろうか？」	目標／指標	「我々は何に卓越するべきなのであろうか？」
顧客の視点 目標／指標	ビジョンと戦略	内部事業プロセスの視点 目標／指標
	学習と成長の視点 目標／指標	「我々は改善と価値創造を継続することができるだろうか？」

ルティを高めているかどうか、事業部の能力をモニターするために評価指標を設定する。

　満足度やロイヤルティが高い顧客を抱えている事業は、時間が経つにつれて大きく収益性を高めていくことが、さまざまな研究によって明らかにされている。一般にロイヤルティの高い顧客は、購入量を増やし、企業に新規の顧客を紹介し、自らが信頼する製品・サービスに対して喜んで価格プレミアムを支払う。一方で、その顧客へサービスを提供するために必要なコストは低下する。それゆえに、顧客ロイヤルティが5％増加すると、利益が25％～85％も向上するケースが見られるのである。[注2]

　通常、顧客の視点には、顧客ロイヤルティに関わるコアとなる指標がいくつか設定される。そうした成果指標には、たとえば顧客満足度、顧客維持率、新規顧客獲得率、顧客1人当たり利益、ターゲットとするセグメントでの市場シェア、ターゲット顧客層での自社のシェアなどがある（図9-2参照）。

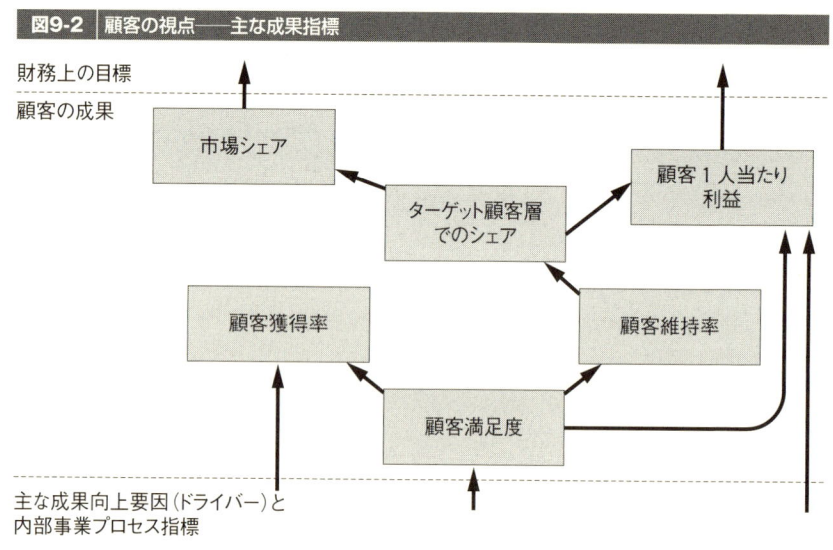

図9-2　顧客の視点——主な成果指標

財務上の目標

顧客の成果

- 市場シェア
- ターゲット顧客層でのシェア
- 顧客1人当たり利益
- 顧客獲得率
- 顧客維持率
- 顧客満足度

主な成果向上要因（ドライバー）と内部事業プロセス指標

出典：Robert S. Kaplan and David P. Norton, "Linking Balanced scorecard to Strategy," *California Management Review* (Fall 1996).

（注2）Frederick Reichheld and W. Earl Sasser, Jr. "Zero Defections: Quality Comes to Services," *Harvard Business Review*, September-October, 1990（邦訳「サービス産業のZD運動」『DIAMONDハーバード・ビジネス・レビュー』1991年1月号）

このような顧客関連の指標は、どんな企業にも一律に当てはまるように思えるが、必ずしもそうではない。その事業が最大の成長と利益を達成するためにターゲットとする顧客層に合わせてカスタマイズできるし、またそうするべきである。つまり、その企業が支配しようとしている顧客層あるいは市場のセグメントについてのみ、顧客満足度、顧客維持率、顧客ロイヤルティ、市場シェアといった指標を測定すべきである。
　代表的な顧客関連指標は、以下のようにして開発できる。

顧客満足度[注3]
- 顧客満足度は、「お客様の声」用紙、顧客アンケート調査票といった、一般的な市場調査方法によって測定できる。
- 苦情の手紙、現場販売担当者やサービス担当者からのフィードバック、「覆面調査員」の報告などによっても顧客満足度を測定できる。顧客フィードバックを得るこれらの方法により、顧客満足に関してより深く理解できることが多い。

顧客維持率
- 顧客との平均的な関係継続期間をモニターすることによって、顧客への価値提案に関する問題点を発見できる。新規獲得顧客が自社から離れていってしまったのは、その製品・サービスがその顧客に合わなかったためだろうか。長期にわたって取引をしていた顧客が自社から離反していったのは、品質が落ちたためだろうか、他社がより低い価格を提示したためだろうか、あるいはその両方が原因だろうか。
- 顧客が離反した理由や移った先を調査することで、自社の戦略の有効性について、非常に重要なフィードバックが得られる。

顧客ロイヤルティ
- 既存顧客から紹介された新規顧客数を測定することで、顧客ロイヤルティを

(注3) James Heskett et al., "Putting the Service-Profit Chain to Work," *Harvard Business Review*, March-April, 1994: 164-174. (邦訳「サービス・プロフィット・チェーンの実践法」『DIAMONDハーバード・ビジネス・レビュー』1994年7月号)

定量化できる。知人に推薦するということは、その既存顧客は自分が購入した製品・サービスに非常に満足していると考えられるからである。
- 顧客との「関係の深さ」を測定することによっても、顧客ロイヤルティに関する洞察を得られる。たとえばファストフードのチェーン店であれば、平均的な顧客の1週間の食費のうち、自社がどれだけ獲得できたかを測定できるだろう。高級品を扱う小売店であれば、競合店舗と比較して、得意客がどれくらいの頻度で自社の店舗を訪れて買い物をしているかを測定できるだろう。

すでに述べたように、効果的な戦略は、企業がその事業でターゲットとする市場のセグメントにおいて、顧客を引き寄せ、引き止めておこうとする独自の価値提案に基づいている。顧客への価値提案は、業界により、また同一業界であっても市場のセグメントによって異なるものだが、多くの業界において共通した属性が存在する。この属性は3つのタイプに分けられる（図9-3参照）。

- 製品・サービスの属性
- 顧客との関係

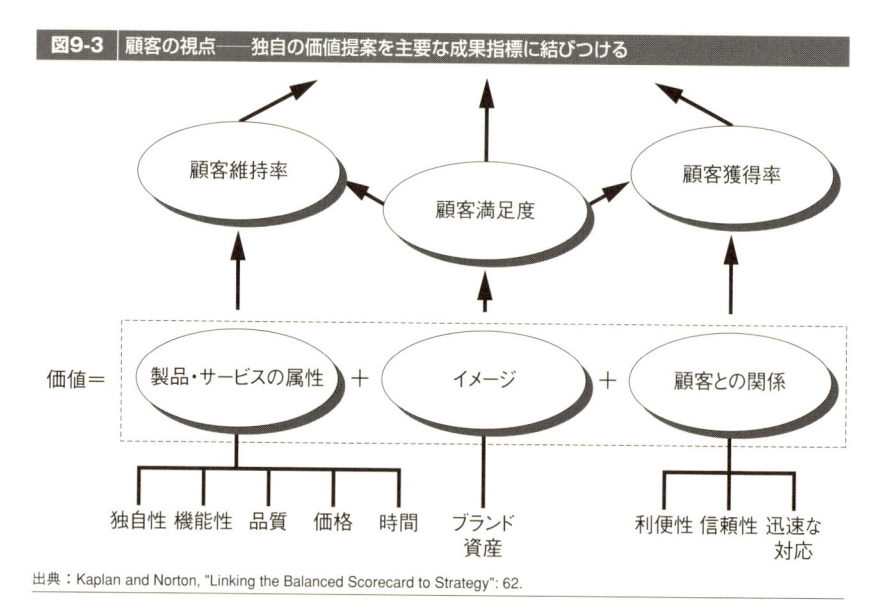

図9-3 顧客の視点——独自の価値提案を主要な成果指標に結びつける

価値＝製品・サービスの属性＋イメージ＋顧客との関係

製品・サービスの属性：独自性、機能性、品質、価格、時間
イメージ：ブランド資産
顧客との関係：利便性、信頼性、迅速な対応

→ 顧客満足度 → 顧客維持率、顧客獲得率

出典：Kaplan and Norton, "Linking the Balanced Scorecard to Strategy": 62.

● イメージと名声

　各々について簡単に見ていこう。
「製品・サービスの属性」は、望ましい製品・サービスの特徴、価格、品質などを意味している。オペレーション効率で競争優位を築こうとしている企業にとっては、たとえば、競争力のある製品価格、顧客が感じる品質（欠陥率や故障率など）、タイミング（リードタイムや定時納品など）などが重要な業績評価指標となるかもしれない。一方、独自性や特徴ある製品などで競争している企業の場合は、特定の顧客層に対して価値を生み出している製品特性を測定しようとするだろう。たとえば、移植用の医療装置、ディスク・ドライブ、半導体などの場合は、大きさが決定的に重要な指標である。精密電子機器であれば、正確さが第一であろう。自動車の場合は、アクセルやブレーキ、エンジンの性能が、顧客の好みを決定づける要素かもしれない。顧客への価値提案のタイプによって、こうした製品特性に合わせた重要な指標を設定することができる。
「顧客との関係」は、製品やサービスの顧客への提供方法、対応や納品に要する時間、購買体験を顧客がどう感じているか、などを意味している。顧客と自社との関係の質を評価するために、多くの企業が詳細な顧客調査や、覆面調査員による調査を行っている。
「イメージと名声」は、フランチャイズの価値を測定できる。広告会社やマーケティング調査会社では、ブランド価値を測定する手法を開発している。こうした指標によって、フランチャイズを構築する際の戦略の有効性を確かめることができる。「イメージと名声」指標の例としては、ノーブランドの競合商品に対し自社製品が獲得している価格プレミアム、あるブランドに対する消費者の強い需要を意識した、「その商品を仕入れておきたい」という小売店の意欲などがある。

Column

　ボストン・リテールの場合、価値の3つの要素（製品属性、顧客関係、ブランド・イメージ）すべてを利用して、顧客への価値提案を測定するさまざまな指標を考えられる。

製品特性
1．価格の利点

- 平均小売単価（成功した製品ミックスの指標）
- 割引価格での総販売額（失敗した商品カテゴリー用の指標）

2. ファッション性とデザイン
- 「戦略商品」の年間平均売上成長率（ボストン・リテールが打ち出そうとしているイメージを、最もよく表す重点商品の指標）
- 平均値上額（デザインとファッション性が受け入れられた商品の指標）

3. 品質
- 返品率（商品の品質に対する顧客満足度を表す指標）

顧客関係

1. 入手のしやすさ
- 戦略商品の欠品率
- 「お客様の声」用紙によって寄せられた各顧客の意見のうち、抽出したある商品群のサイズや色があったかどうかについての満足度に関するデータ

2. 購買体験
- 「覆面調査員」による監査（独立した第三者の調査会社が委託を受け、ボストン・リテールの各店舗で特定の商品群を購入し、「最高の購買体験」として作成されている基準と照らし合わせ、その購買体験を評価する）

ブランドイメージ
- 戦略商品カテゴリーにおける市場シェア
- ブランド商品のプレミアム価格（ボストン・リテールがブランドイメージの訴求に成功しているのであれば、同等の商品特性や品質を持つ一般品やノーブランド品を上回る価格を設定すべきである）

　ボストン・リテールの経営陣は、主要な顧客関連成果指標として、市場シェア、顧客内シェア（たとえば顧客のワードローブに占める自社商品の比率）、ターゲットとしている顧客層における顧客満足度（18～30歳の大卒女性）などを設定した。市場シェアや顧客内シェアについては、公開情報がなかった。そこで同社は市場調査会社と契約し、ターゲットとしている顧客層での業績を評価するための調査を依頼した。

ステップ3:内部事業プロセス業績変数の目標と指標の設定

内部事業プロセスの視点(internal business process perspective)では、企業が戦略を実行するにあたって達成すべき重要な内部プロセスが何かを見極める。内部事業プロセスとは、企業が以下のことを実行するために必要なプロセスのことである。

- ターゲットとする市場のセグメントにおいて顧客を引きつけ、維持できるような価値提案を行う。
- 財務的リターンについての株主の期待を満たす。

したがって、内部事業プロセスの指標を考える際には、顧客満足度や財務目標の達成に決定的な影響を与えるプロセスに焦点を当てるべきである。

どの事業にも、顧客のために価値を創造し、財務的にもすばらしい成果を生み出す独自のプロセスがある。**内部バリューチェーン**(internal value chain)・モデルは、バランス・スコアカードの内部事業プロセスの視点において自社の目標と指標を設定する際に、手頃なひな型として利用できる。一般的なバリューチェーン・モデルには、3つの主要な事業プロセスがある(図9-4参照)。

1.イノベーション・プロセス

図9-4 内部バリューチェーン

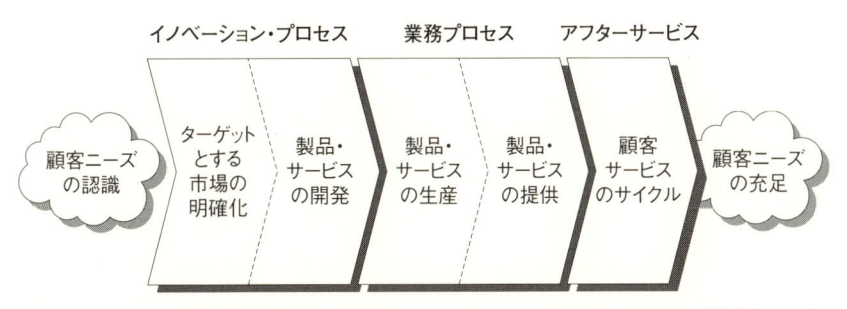

イノベーション・プロセス | 業務プロセス | アフターサービス

顧客ニーズの認識 → ターゲットとする市場の明確化 → 製品・サービスの開発 → 製品・サービスの生産 → 製品・サービスの提供 → 顧客サービスのサイクル → 顧客ニーズの充足

出典:Kaplan and Norton, *The Balanced Scorecard* (Boston: Harvard Business School Press, 1996): 96.(邦訳『バランス・スコアカード』吉川武男訳,生産性出版、1997年)

2．業務プロセス
3．アフターサービス・プロセス

イノベーション・プロセス

　イノベーション・プロセス（innovation process）では、まず顧客のニーズを調査し、そのニーズを満たす製品・サービスを創造することになる。企業は新しい市場、新しい顧客、そして既存顧客の顕在化しつつあるニーズと潜在的ニーズを見つけ出す。次に、これらの新しい市場や新しい顧客に提供できる新製品や新サービスを設計および開発する。

　イノベーション・プロセスの一部として、開発しようとしている製品・サービスについて、市場規模、顧客の好み、価格感応度を調査する。顧客ニーズを満たすために内部プロセスを発展させる際、市場規模や顧客の嗜好についての正確な情報が、効果的に経営資源を配分するうえできわめて重要となる。

　ボストン・リテールは、「ファッション・リーダー」となることを目標として、イノベーション・プロセスを強化することにした。そして、以下の2つを主な指標として、この目標を測定することにした。

- ボストン・リテールが市場で初めて、または2番目に投入した主要商品の数
- 店舗売上げのうち、新たに投入された商品による売上げの比率

業務プロセス

　内部バリューチェーンの2つめのステップである**業務プロセス**（operation process）とは、既存の製品・サービスを生産し、顧客に提供するプロセスのことである。業務プロセスは顧客からの注文を受けることから始まり、製品・サービスを顧客に提供することによって終了する。既存顧客に対して既存の製品・サービスを、効率的かつ安定的に、適切なタイミングで提供することが、こうしたプロセスでは重要となる。

　この業務プロセスは、過去、多くの企業において、内部評価システムの中心であった。業務プロセスの卓越性とコスト削減は、今日でも変わることなく重要な目標である。しかしながら、図9-4が示しているように、業務プロセスの卓越性は内部バリューチェーンの構成要素の1つにすぎず、そしておそらくは、最も重

要な構成要素ではない。

既存の業務には反復的なものが多い。したがって、生産や配送のプロセスを管理したり改善したりするのに、科学的な管理手法を容易に適用できる。従来、こうした業務プロセスは、標準原価、予算、効率差異といった財務指標によってモニターし、管理してきた。しかし、労働効率、機械効率、購買価格差異といった狭い範囲の財務指標に長期間、過度に固執していると、以下のような機能障害的な行動と結果を引き起こしてしまうことがある。

- 従業員と機械の稼働率を上げるために、実際の顧客からの注文とは無関係に生産を続け、過剰在庫を積み上げてしまう
- より安い仕入価格を求めて、サプライヤーからサプライヤーへと購買先を変更する（しかし、低品質や不安定な納品体制といったコストを考慮しない）[注4]

近年、TQM（total quality management：全社的品質管理）や、日本の大手メーカーで実践されているタイムベース競争の事例が有名になるにつれ、従来からの伝統的なコスト指標や財務指標を補うものとして、品質とサイクルタイムの指標が多くの企業で導入されている[注5]。

[品質指標]

今日では、ほとんどすべての企業において、品質管理活動や品質管理プログラムが実施されている。品質管理活動の中心となるのは測定である。したがって、プロセスの品質に関連するさまざまな指標は、すでに多くの企業にとって馴染みあるものであろう。

(注4) Robert S. Kaplan, "Limitation of Cost Accounting in Advanced Manufacturing Environments,": Chap.1 in Robert S. Kaplan, ed., *Measures for Manufacturing Excellence* (Boston: Harvard Business School Press, 1990).

(注5) これについては多くの参考文献がある。代表的なものは以下のとおり。C. Berliner and J. Brimison, "CMS Performance Measurement,: Chap.6 in *Cost Management for Today's Advanced Manufacturing* (Boston: Harvard Business School Press, 1988); C. J. McNair, W. Mosconi, and T. Norris, *Meeting the Technology Challenge: Cost Accounting in a JIT Environment* (Montvale, N. J.: Institute of Management Accountants, 1988); and R. Lynch and K. Cross, *Measure Up! Yardsticks for Continuous Improvement* (Cambridge, Mass.: Basil Blackwell, 1991).

- PPM（parts-per-million：処理100万個当たり）の欠陥率
- 歩留まり（プロセスに投入された正常品数量に対して産出された正常品数量の割合）
- 廃棄率
- やり直し率
- 返品率
- 統計的工程管理を行っている工程の比率

　サービス業の場合も、コストや問い合わせ対応時間、あるいは顧客満足度に悪影響を与えるおそれのある内部プロセスの欠陥を特定すべきである。そうすれば、サービスの質の欠点を測定する指標を自社用にカスタマイズして設定できる。たとえばある銀行では、顧客の不満につながる内部プロセスの欠陥を示す指数を開発した。その指数には、次のような項目が含まれている。

- 長い待ち時間
- 顧客に対する不正確な情報提供
- サービスの利用拒否もしくはサービス利用開始の遅延
- 顧客からの依頼あるいは取引の未処理
- 顧客の金銭的損失

[サイクルタイム指標]

　短いリードタイムとその信頼性を高く評価する顧客は多い。リードタイムとは、顧客が注文してから望んだとおりの製品・サービスを受け取るまでの時間である。したがって、ターゲットとする顧客への価値提案では、製品やサービスを提供するまでの対応時間の短さが、事業にとって重要な業績特性となることが多い。

　製造業の場合、短くかつ信頼できるリードタイムで顧客に製品を提供する方法には、2通りある。1つは、顧客の注文に迅速に応えられる、効率的なJIT（just-in-time：ジャスト・イン・タイム方式）の短いサイクルによる製造である。もう1つは、顧客からのどんな要求にも対応して出荷できるように、最終製品の在庫を大量に持つことである。JITのプロセスによる迅速な対応によって、その企業は低価格でタイミングよく製品を供給できるサプライヤーとなれる。一方、大量在庫に基づく2番目の方法の場合は、在庫維持のコストと、それらが陳腐化

してしまうことによるコストがかさむおそれがあるとともに、(一般的に、生産ラインは通常品の生産を優先し、その生産に手一杯となるため)在庫されていない製品に対する注文が入っても、迅速に応えられないことがある。メーカーが大量在庫方式(「ジャスト・イン・ケース」:万が一に備え、通常あまり注文が入らない製品在庫も生産する)からJITに転換しようとする際には、業務プロセスにおけるサイクルタイムあるいはスループットタイム(処理時間)を短縮することが、重要な目標となる。

サイクルタイムあるいはスループットタイムは、さまざまな方法で測定できる。サイクルの開始とするのに適当なのは、次のような時点である。

1．顧客から受注した時点
2．生産計画が立てられた時点
3．ある注文や生産バッチに応じて原材料が発注された時点
4．ある注文や生産バッチのために生産が開始された時点

同様に、サイクルの終了とするのに適当なのは、次のような時点である。

1．ある注文や生産バッチの生産が完了した時点
2．ある注文や生産バッチの生産が完了して、出荷可能な最終製品在庫が整った時点
3．顧客に製品が出荷された時点
4．発注した製品を顧客が受け取った時点

上記のどれを開始時点とし、どれを終了時点とするかは、サイクルタイムの短縮を目指すための対象となる業務プロセスの範囲によって決定される。最も広い定義では、顧客から受注した時点でサイクルが始まり、発注した製品を顧客が受け取った時点で終わる「注文履行サイクル」となる。工場内での「物理的なモノの流れ」を改善することを目的とした、もっと狭い定義では、ある生産バッチの製造が開始された時点から、その生産工程が完全に終わるまでの間になるかもしれない。どの定義を用いるにせよ、企業はサイクルタイムを継続的に測定し、合計サイクルタイムを短縮するための目標値を設定すべきである。

MCE（manufacturing cycle effectiveness：生産サイクル効果）と呼ばれる測定基準を利用している企業もある。

$$MCE＝加工時間÷スループットタイム$$

分母であるスループットタイムは以下のように分解できるため、この比率は1以下となる。

$$スループットタイム＝加工時間＋検品時間＋搬送時間＋待機・保管時間$$

スループットタイムを短縮することの重要性を強調するために、この等式を次のように書き直すこともできる。

$$スループットタイム＝価値付加時間＋価値非付加時間$$

この等式のなかの価値付加時間とは、加工時間に、実際の製品に手が加えられている時間を加算したものである。一方、価値非付加時間とは待機時間、搬送時間、検品時間などである。

JITとMCEの比率はもともと製造業向けに開発されたものだが、サービス業にも応用できる。それどころか、サービス提供プロセスにおいて無駄な時間を削減することは、むしろ製造プロセス以上に重要な課題である。顧客は以前にもまして、サービスを受けるために列に並ばされることを嫌がるようになっている。多くのサービス業において、実際の処理時間はかなり短いにもかかわらず、顧客はかなり長いサイクルタイムを強いられていることが研究データにより示されている。そのため、レンタカー会社やホテルチェーンのなかには、チェックインとチェックアウトのすべての手続きを自動化し、サービスの開始時や終了時に、リピート顧客はまったく列に並ばずに済むようにしている企業もある。

このように、ターゲットとしている顧客の要望に応じて製品・サービスを提供する企業は、MCEの比率が1に近づくように目標を設定することにより、顧客の注文を満たすまでのリードタイムを劇的に短縮できる。

[コスト指標]

プロセスの時間や品質に関する指標に注意を払うあまり、内部プロセスのコストについては見過ごしてしまうかもしれない。従来の原価計算システムは、個々

の職務、業務、部門のコストや効率性は測定してきたが、分析するために必要なレベルのプロセスにおける原価については測定できなかった。しかし今日では、ABC（activity-based costing：活動基準原価計算）のおかげで、事業プロセスについても正確なコストを測れるようになった。ABCに基づく分析によって、企業は品質やサイクルタイムの指標とともに、プロセスのコストについての指標も入手できるようになり、事業にとって重要な内部プロセスの有効性や効率性もモニターできるようになったのである。

つまり、どんな企業であっても、バランス・スコアカード上の内部事業プロセスの視点には、重要な成果指標として、品質、時間、コストに関連する指標のいくつかが含まれているはずだ。

Column

第5章で作成した利益計画の目標に加え、ボストン・リテールでは、業務プロセスに関連する2つの重要な目標を設定した。①リーダーシップの発揮、②購入のしやすさ、である。同社はこの2つの目標を、それぞれ次のような2つの指標で測定した。

リーダーシップの発揮
・品質上の問題により販売店に返品された商品の比率
・販売店の業績の格付け（販売店の質、価格、リードタイムといった要素を統合したもの）

購入のしやすさ
・特定の重点商品についての欠品率
・特定の重点商品についての在庫回転率（過剰在庫を抱えることによってではなく、優秀なサプライヤーと配送業務によって売り場に多くの商品在庫が確保されるようにするための「補塡」指標）

アフターサービス・プロセス

内部バリューチェーンにおける3番目、つまり最後の段階は、販売後あるいはサービス提供後の顧客サービスである。アフターサービス・プロセスには、保証業務や修理業務、欠陥品や返品の取り扱い、クレジットカード・システム等の決

済管理業務などがある。企業のなかには、優れたアフターサービスを提供するために、明確な戦略を打ち出しているところもある。たとえば、精緻で複雑な機器やシステムを販売している企業であれば、顧客の従業員がそれを効果的に活用できるように、販売後に訓練プログラムを提供するだろう。また、その動作不良や故障に対しては迅速な対応をとるであろう。アキュラやサターンなど、新たに設立された自動車ディーラーは、従来の業界常識とは大きく異なる卓越した保証業務、定期点検、修理サービスを提供して、顧客の高い評価を得ている。彼らの価値提案の主な要素は、対応がよく、親しみやすく、信頼できる保証とアフターサービスである。そして、これらの自動車ディーラーでは、顧客がサービスを受けるために来店するたびに、顧客満足度を測定している。

その他のアフターサービス・プロセスとしては、請求や代金回収などが挙げられる。クレジットカード払いや請求書払いが売上げの多くを占めている企業では、自社の請求書発行、売掛金回収、係争中の債権の解決などにも、費用、品質、サイクルタイムの指標を適用するであろう。百貨店のなかには顧客への価値提案の1つとして、顧客が購入した商品を交換・返品する際の条件を緩やかなものにしているところもある。自動車ディーラーの場合と同様に、そうした百貨店でも、上得意の顧客が自社の返品条件や請求、代金回収といったプロセスにどれだけ満足しているかを測定するのは有効である。

アフターサービス・プロセスが特に重要な例として、危険物や危険な化学物質を取り扱っている企業が挙げられる。そうした企業では、生産プロセスで排出される廃棄物や副産物の安全な廃棄に関連する成果指標を取り入れるだろう。たとえば、ある産業向け化学物質の卸売会社は、アフターサービス・プロセスとして、使用済みの化学物質を廃棄するサービスを始めた。これによって同社の顧客は、製造物責任問題に発展する危険性や、EPA（Environmental Protection Agency：環境保護庁）やOSHA（Occupational Safety and Health Administration：労働安全衛生庁）による厳しい監視や煩わしい法的義務といった、手間とコストのかかる業務から解放された。この企業は、廃棄サービスを利用している顧客の割合を測定している。この指標を示すことによって同社の従業員は、廃棄サービス事業を積極的に売り込むことと、アフターサービス・プロセスを信頼性があり、かつ費用対効果の高いものにすることの重要性を理解するのである。

多くの企業にとっては、生産施設を継続的に稼働させる権利を揺るぎないもの

とするために、地域社会との良好な関係を築くことも戦略目標となりうる。したがって、こうした企業が環境に関するアフターサービスの目標を設定することも多い。生産プロセスで排出される廃棄物の量は、環境に与える影響度という点では、生産コストのわずかな上昇などよりも、はるかに重要かもしれない。こうした活動のすべてが、その企業の製品・サービスを利用する顧客価値の向上につながるのである。

　ここまで、内部バリューチェーンの要素であるイノベーション・プロセス、業務プロセス、アフターサービス・プロセスを見てきた。この分析により、業績評価に対する従来の方法論とバランス・スコアカードの根本的な違いが明らかになった。従来の方法論では「既存」の事業プロセスをモニターし、改善しようとする。この方法は、品質と時間に基づいた測定基準を統合することにより、単なる財務業績指標より優れたものになるかもしれないが、それでもなお、既存プロセスを改善することだけにしか注目していない。対照的にバランス・スコアカードは、顧客に対する目標と財務上の目標を達成するために、その企業が長じるべき、まったく「新しいプロセス」を明示できる。たとえば、バランス・スコアカードによる分析を進めるなかで、顧客ニーズを予測するプロセスや、顧客が価値を認める新たなサービスを提供するプロセスを開発する必要性に気づくかもしれない。バランス・スコアカードの内部事業プロセスの視点における目標が、現時点では存在しない、こうしたプロセスを浮かび上がらせるのである。

　バランス・スコアカードが持つ2番目の新しい点は、「イノベーション・プロセス」を内部事業プロセスの視点に統合することである。従来の業績評価システムは、いまある製品・サービスを、現在の顧客に提供するプロセスに焦点を当ててきた。しかしながら、企業が長期的に経済的成功を収めるためには、現在（そして将来）の顧客の顕在化しつつあるニーズに応えるべく、まったく新しい製品・サービスを開発することが求められるだろう。多くの企業において、将来の経済的成果により大きな影響を与えるのは、短期的な業務プロセスよりもイノベーション・プロセスのほうである。数年間に及ぶ製品開発プロセスをうまく管理する能力や、まったく新しい顧客層を獲得するためのケイパビリティを開発する能力は、既存業務の効率性、安定性、確実性をマネジメントすることよりも、将来の経済的成果にとって非常に重要なことだろう。バランス・スコアカードの内

部事業プロセスの視点は、業務プロセス同様、イノベーション・プロセスの目標と指標も統合できるのである。

ステップ４：学習と成長の業績変数の目標と指標の設定

バランス・スコアカードの４番目の視点である**学習と成長の視点**（learning and growth perspective）は、企業が長期的な成長と改善を実現するために構築しなければならない組織基盤を明確にする。顧客と内部事業プロセスの視点は、現在と将来の成功にとって重要な要素を明らかにしてきた。しかし、現在の技術やケイパビリティを活用するだけでは、顧客や内部事業プロセスの長期的な目標を達成することは難しいだろう。世界規模での厳しい競争に打ち勝っていくためには、顧客や株主に価値をもたらすケイパビリティを継続的に改善していく必要がある。

主に３つのことを通じて、組織は学習し、成長する。それは、人、システム、組織内の手続きである。概して、バランス・スコアカードの財務、顧客、内部事業プロセスでの目標から、現在のケイパビリティと飛躍的な成果を達成するために必要なケイパビリティとの間にある大きなギャップを発見することが多い。このギャップを埋めるためには、従業員教育、IT、情報システムに投資し、組織内の手続きと通常業務の整合性をとる必要がある。これらの目標は、バランス・スコアカードの学習と成長の視点ではっきりと示される。顧客の視点と同様に、従業員に関する指標にも、従業員満足度、従業員定着率、従業員教育、従業員の能力などを測定する調査に基づいた、定量的な成果指標が含まれている。情報システムの能力は、顧客や内部プロセスについての正確で重要な情報が、現場の従業員にどれだけ利用可能か、どれだけ適切なものかという視点によって測定できる。また、組織内の手続きにより、組織全体の成功要因と従業員へのインセンティブとの間の整合性が適切にとれているかどうかが検証でき、また、事業を行ううえで重要な顧客に関連するプロセスと内部プロセスがどれだけ改善しているかも測定できる。

複数の業界を対象にした研究によると、従業員満足度と顧客満足度は互いに密接に関連しているという。この「満足度の鏡映し」とでも言うべき現象が起こる理由は、数多くある。顧客との前向きな接触によって従業員満足度は上がり、そ

(注6) James Heskett, W. Earl Sasser, and Leonard Schlesinger, *The Service Profit Chain*（New York: The Free Press, 1997）: 101.（邦訳『カスタマー・ロイヤルティの経営』日本経済新聞社、1998年）

れが仕事へのロイヤルティを高めることにつながる。従業員のロイヤルティが向上すると、平均在職期間が延びる。時間の経過とともに従業員は自分の仕事や顧客についての理解を深めていく。その結果、より低いコストで、より良いサービスを顧客に提供できるようになるのである。より良いサービスは顧客満足度を高め、ここに好循環が生まれるのだ。この好循環を維持し続けるには、(テストや研修を通じて) 能力を測定したり、(従業員が顧客の問題に対処する際に与えられている決定権限の大きさや、顧客対応を支援する情報システムなどを評価することによって) 権限委譲のレベルを測定することが重要である。

ステップ5：バランス・スコアカードによる戦略の伝達と共有

　すでに述べたように、バランス・スコアカードにも事業を行ううえで重要な財務指標が含まれている。しかし、財務指標だけでは企業が顧客、従業員、プロセス、イノベーションへの投資を通じて「将来の」価値を創造する際の指針とはならず、またその評価にも使えない。有形資産については財務指標が教えてくれる。一方、バランス・スコアカードを用いると、無形資産によって創造される価値の枠組みを理解できる。

　ある事業部が現在および将来の顧客に価値を生み出しているのか。内部のケイパビリティを構築し、高めているのか。将来の業績を向上させるために人、システム、組織内の手続きに投資しているのか。経営者は、バランス・スコアカードを用いて、こうしたことがどれだけ効果的に行われているかを測定できる。バランス・スコアカードは、損益計算書や貸借対照表には記載されない重要な価値創出活動をとらえられるのだ。また、財務業績の視点を通じて短期的な業績への注意を払いつつ、長期的な経済的成果と競争力をもたらすドライバーを明確に示してくれるのである。

　バランス・スコアカードを上手に設計すると、企業内のあらゆるレベルの従業員が利用する情報システムのなかに、財務指標と非財務指標の両方を組み入れることができる。現場の第一線の従業員は、自分たちの判断や行動の財務的な結果を見ることができる。また役員たちは、長期的に経済的成功をもたらす要因を理解できる。バランス・スコアカードは、事業ユニットのミッションや戦略といった目に見えないものを、目に見える具体的な目標や指標に転換したものである。バランス・スコアカードの4つの視点によって、①長期と短期の目標、②株主や

顧客のための外部指標と、重要な事業プロセス、イノベーション、学習と成長といった内部の指標、③望ましい成果と、その成果をもたらす要因、④厳密で客観的な指標と、あいまいで主観的な指標、のそれぞれのバランスをとることができる。

　指標とは、行動を統制し、過去の成果を評価する手段だと多くの人が考えている。しかし、バランス・スコアカードの指標は、異なった使い方をするべきである。すなわち、バランス・スコアカードの指標は、事業戦略を明確にし、その戦略を従業員に伝達して共有し、共通の目標を達成するために個人や組織、部門間の活動の整合性をとることに活用すべきである。このように利用すれば、個人や組織があらかじめ作成された計画にしばられることはない。むしろ組織でのコミュニケーション、情報の共有、学習のための、より大きな経営管理システムの一部として活用されるべきである。

　バランス・スコアカードには多数の指標があるため、混乱すると思うかもしれない。だが、これから見るように、適切に設計されたバランス・スコアカードは、目的を1つに統一している。すべての指標が、統合された戦略を実現するという1つの方向に向けられているのだ。

Column●シグナにおけるバランス・スコアカードと戦略の一貫性

　シグナ損害保険会社（以下シグナ）は、企業戦略を一新する際にバランス・スコアカードの方法論を利用した。まず、ジェラルド・イソム社長と経営陣が3カ月をかけて、バランス・スコアカードの4つの視点を選定した。財務業績の視点、顧客の視点、内部事業プロセスの視点、そして学習と成長の視点である。イソムはこれらの指標を利用し、「商業保険業界において収益性で上位25％に入る専門保険会社になる」という同社のビジョンを実現することを明確に示した。こんなにも多くの非財務的指標に接するのは、同社のマネジャーたちにとってはまったく新しい経験であった。イソムによると、これまでは財務的数値にのみ注目し、事業で成功を収めるために重要な業績変数を理解することや、結果そのものについては十分な関心が払われていなかった。戦略を組織の末端まで伝達し共有するために、イソムは3つの事業本部と20の事業部に、それぞれバランス・スコアカードを作成し、それを継続的に見直すよう指示した。

　バランス・スコアカードの導入によって、シグナの各事業部はそれぞれの事業計画を全社

戦略と一貫させることが可能になった。たとえば、全社レベルでは保険料収入の増加を目標として設定したが、収益性を上げるために、事業部ごとに異なる計画が立てられた。新規の販売ルート（ブローカーや代理店）からの保険料収入の増加を指標とする事業部もあれば、新しいマーケットや新商品からの保険料収入を指標にする事業部もあった。また、バランス・スコアカードによって、ブローカーや代理店との強力な関係構築も目指した。これについても、各事業部がそれぞれの状況に適した指標を設定した。ある事業部ではより柔軟な保険引受、別の事業部ではよりスピーディに保険引受の意思決定を行うことや、より幅広いサービスを提供すること、より価格競争力をつけることなど目指した。

　また従業員には、バランス・スコアカードの成果に応じて価値が変動する額面10ドルの「ポジション株」が与えられた。従業員は年度始めに（その職務レベルに応じて）ある一定数のポジション株を受け取り、期中にはボーナスとして追加分が与えられた。この仕組みによって、各事業部のトップは、事業部の業績評価指標に貢献した従業員すべてに報いることが可能となった。

　シグナの役員たちは、いつでも全社の情報システムを使って事業部の業績を調べることができる。各事業部にはそれぞれ独自の目標があるが、どの事業部も共通の5段階評価を用いて自己評価することにより、容易に比較できる仕組みになっている。成果の上がらない事業部には黄色や赤の旗が立てられた。各事業部の点数は互いにオープンになっており、このことが、各事業部におけるバランス・スコアカードの見直しや、目標達成度合いのフィードバックをさらに促進している。

出典：Bill Birchard, "Cigna P&C: A Balanced Scorecard," *CFO* (October 1996): 30-34.

2　戦略実現のためのバランス・スコアカード

　適切に設計されたバランス・スコアカードは、互いにリンクした一連の目標と指標で構成されており、それぞれの目標や指標は一貫しており、相互に補強し合っている。言い換えれば、バランス・スコアカードは、ある「単一の」戦略を実現するための計器と見なせる。スコアカードの指標が統合されたシステムとして働くようにするためには、戦略の飛行計画と飛行軌道を教えてくれる重要変数間の複雑な因果関係も組み込むべきである。この連関には、成果指標とその成果を

導くパフォーマンス・ドライバーの両方を組み入れなくてはならない。

因果関係

　良い評価システムにするためには、目標と指標の間の関係を明確にし、しっかりとマネジメントしたり、有効性を確認したりできるようにする必要がある。因果関係の連鎖は、バランス・スコアカードの4つの視点すべてに行き渡っていなければならない。たとえば、財務業績の視点にROCEがあるとしよう。この財務指標のパフォーマンス・ドライバーは、既存顧客の高いロイヤルティの反映である反復購買や関連商品の購入かもしれない。顧客ロイヤルティはバランス・スコアカード（の顧客の視点）に含まれているが、これはROCEへの影響度が強いと判断されているからである。では、企業はどのようにして顧客ロイヤルティを高めるのだろうか。たとえば、顧客の嗜好を分析したところ、注文した商品が定時に納品されるかどうかが顧客の重視している点だったとしよう。だとすれば、より確実な定時納品を実現することが顧客ロイヤルティを高め、その結果、より高い経済的成果が得られると考えられる。したがって、顧客ロイヤルティと定時納品の両方が、バランス・スコアカードの顧客の視点に組み込まれることになる。

　次に、卓越した定時納品体制を実現するためには、企業はどの内部プロセスに優れているべきかを問うてみる。より精度の高い定時納品を実現するには、業務プロセスのサイクルタイムを短縮するとともに、質の高いプロセスを実現しなければならない。この2つの要素はいずれも、バランス・スコアカードの内部事業プロセスの指標である。では、業務プロセスのサイクルタイムを短縮し、その質

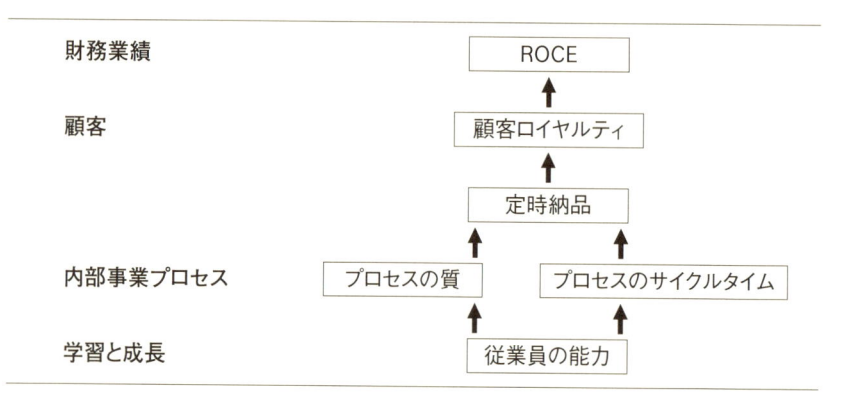

財務業績	ROCE	
顧客	↑ 顧客ロイヤルティ	
	↑ 定時納品	
内部事業プロセス	↑ プロセスの質	↑ プロセスのサイクルタイム
学習と成長	↑　　　　↑ 従業員の能力	

を高めるには、企業はどうすればよいか。答えは、業務にあたる従業員を教育し、その能力を向上させることかもしれない。これは、学習と成長の視点で設定する目標の候補の1つとなるだろう。このようにして因果関係のすべての連鎖を、バランス・スコアカードの4つの視点を貫く縦のベクトルとして描くことができる。

このように、適切に設計されたバランス・スコアカードは、事業の戦略ストーリーを語るものとなる。それは、成果指標とそれらの成果を導くパフォーマンス・ドライバーの因果関係について仮定の連鎖を探し出し、明示していなければならない。

パフォーマンス・ドライバー

バランス・スコアカードを適切に構築するには、成果指標とパフォーマンス・ドライバー（すなわち重要なインプット指標やプロセス指標）の両方を、ほどよくミックスしなければならない。成果指標だけでパフォーマンス・ドライバーが欠落していれば、その成果指標をどのように達成すればよいのかがわからない。また、戦略がうまく実践されているかどうかを、早め早めにモニターすることもできない。逆に、サイクルタイムや100万個当たりの欠陥率といった、インプットとプロセスに基づいたパフォーマンス・ドライバーは、それだけでも短期的な業務の改善には役立つ。だがその指標を見ていても、その業務改善が、既存顧客へのビジネス拡大や潜在顧客の獲得につながったかどうか、ひいては経済的成果を高めたかどうかはわからない。つまり、良いバランス・スコアカードは、事業戦略の成果（遅行指標）とパフォーマンス・ドライバー（先行指標）を、適切な割合で持ち合わせていなければならない。このようなかたちで、事業戦略がバランス・スコアカードによって相互に連関する指標の連鎖に落とし込まれ、その一連の指標が、長期的な戦略目標とその目標を実現するメカニズムを明確にするのである。

戦略指標

今日すでに多くの企業には、組織を正常に機能させ続けるために、また何らかの是正措置が必要かどうかを判断するために、数百の指標がある。しかし、こうした指標のほとんどは、その事業において競争に打ち勝って成功を収めるための要因ではない。それらは、既存業務の運営上必要なものではあるが、重要な戦略

目標を明示してくれるわけでもないし、戦略目標の達成度を測定してくれるわけでもない。

　わかりやすい例を示そう。人間が生存するためには、身体の各機能の多くは、非常に狭い範囲の条件のなかで維持されている必要がある。体温が平熱よりも1、2度変化したり、血圧が低くなりすぎたり、高くなりすぎたりすると、生命の存続に重大な支障をきたす。このような状態になったとき、我々はすべてのエネルギー（と有能な専門家）を動員して、各機能を通常のレベルに戻そうとする。だが通常の状態では、体温と血圧を最適化するために多くのエネルギーを注いだりはしない。最適条件のプラス・マイナス0.01度以内に体温を保つことができるとしても、それは、その人が社長になったり、コンサルティング会社のパートナーになったり、大学教授になったりするかどうかを決定づける戦略的な成功要因の1つとはなりえない。我々が個人的な目標や職業上の目標を実現できるかどうかを決定づけるのは、他の要因である。体温や血圧はもちろん重要だ。もしこれらの指標があらかじめ決められた範囲を外れてしまうならば、直ちにその問題に取り組み、解決しなければならない。だが、そうした指標は「必要」なものではあるが、我々の長期的な目標を達成するのに「十分」なものではないのである。

　バランス・スコアカードは、組織にある他の業績評価システムと統制システムを補完するものにはなるが、それらに置き換わるものではない。バランス・スコアカードの指標は、その指標において高い成果を上げれば競争に勝ち抜くことができると期待される要素に、マネジャーと従業員が注意を向けるように選ばれているのである。〈ボーイング747〉のコックピットには何百という計器類があるが、パイロットは通常そのうちの10個程度をモニターしているにすぎない。それらから得られる情報によって、目的地に向かうためにさまざまな変動要因のバランスをとるのである。その他の指標は、基本的な機能が作動しなくなったり、警告ブザーが鳴ったりしたときのみ重要となる。体温や血圧と同じように、生命維持要素なのだ。ビジネスにおいても、生命維持要素は競争に圧倒的に勝ち抜くための基盤ではない。そうした要素が通常の水準になければ企業が目標を達成する際の障害となりうるが、けっして戦略を成功させる基盤ではないのだ。

　たとえば、1980年代にほとんどの欧米企業は、日本の競合企業よりも製品とプロセスの質の面で見劣りしていた。そのため、多くの欧米企業は品質改善活動を最優先事項にせざるをえなかった。数年の間、この課題に懸命かつ勤勉に取り組

んだ結果、多くの欧米企業は品質水準を向上させ、外国の競合企業の水準に並んだ。この時点で、品質は競争要因としては中立的なものとなったのである。もちろん、企業は現在の品質水準を保ち、さらに継続的に改善していかなければならない。だが、品質はもはや、戦略の成功を決定づける重要な要因ではなくなった。このような状況では、品質は時折モニターされるだけであり、一方で、企業は自らを競合他社と差別化するために、価値提案のなかに別の側面を見出す必要がある。そしてこの別の側面こそが、バランス・スコアカードの核そのものなのである。

3　バランス・スコアカードの4つの視点：確認

　バランス・スコアカードの4つの視点は絶対的なルールではなく、1つのひな型として考えるべきである。この4つの視点が必要にして十分だという数学的定理などはない。企業のオーナーや資金提供者の存在は、財務業績の視点の目標や指標を通じて、どんなバランス・スコアカードにも表れる。また、顧客も財務上の目標を達成するために必要不可欠な存在であるゆえ、顧客の指標もすべてのバランス・スコアカード（の顧客の視点）に盛り込まれる。従業員のための目標や指標で傑出した業績を上げることが、顧客や株主に飛躍的な成果をもたらす場合には、それらの目標や指標もバランス・スコアカードに組み込まれるだろう。

　企業がこの4つよりも少ない視点しか使わないことはめったにないが、逆に業界の状況や戦略に応じて、1つか2つ視点を加えることが必要となる場合はあるだろう。たとえば、サプライヤーや地域社会といった、他の重要なステークホルダーの利害をバランス・スコアカードに統合する経営者がいるかもしれない。サプライヤーとの緊密な関係が、顧客に対する成果および（もしくは）財務業績を大きく向上させる戦略的要素であれば、サプライヤーとの関係についての成果指標とパフォーマンス・ドライバーが、内部事業プロセスの視点に組み込まれるべきである。また、環境や地域社会に対するパフォーマンスが企業の戦略の中心的な要素であるならば、その視点についての目標と指標もバランス・スコアカードに組み込む必要がある。[注7]

（注7）Novacor Chemicals会長兼COOのD. W. Boivinの意見を参照。"Using the Balanced Scorecard," letter to the editor, *Harvard Business Review*（March-April 1996）: 170.

◆───本章のまとめ

　急速に変化し、競争の激しいグローバルな市場では、無形資産とケイパビリティに投資し、それをうまくマネジメントする企業が成功を収める。企業の持つ専門的スキルを、顧客本位の事業プロセスに統合しなければならない。従来の大量生産と標準的な製品・サービスを提供するだけの事業のやり方は、ターゲットとする顧客層向けにカスタマイズできる、柔軟かつ対応力に優れた、革新的な製品・サービスに取って代わられつつある。製品・サービス、プロセスにイノベーションをもたらすのは、高度に訓練された従業員、効果的な情報システム、一貫した組織内の手続きである。

　企業がこうした新しい無形のケイパビリティを獲得しようと盛んに投資する時代にあっては、従来の伝統的な財務会計モデルだけでは、成功に向けて動機づけることも、その成功を測定することもできない。バランス・スコアカードは、戦略実行の核となる指標を統合してくれる。主要な財務指標は残しながらも、バランス・スコアカードは将来の経済的成果をもたらす要因を取り込んでいる。それらの要因、すなわち将来の経済的成功をもたらす、顧客、内部事業プロセス、学習と成長の視点を包含するドライバーは、企業戦略を目に見える目標や指標に明瞭かつ正確に変換することから導き出されるのである。

第III部

利益目標と戦略の達成

Achieving Profit Goals and Strategies

第10章
診断型統制システムと対話型統制システム
Using Diagnostic and Interactive Control Systems

◆

　財務目標と非財務目標を達成するためには、従業員の努力と自主性が欠かせない。すべての従業員が事業戦略を理解したうえで、自分の役割を把握することが必須である。企業が大きくなればなるほど、戦略の目標と実行の指標を全従業員に伝達することの重要性が増すが、同時に難しくなっていく。また、経営者は時間に拘束されるので、限られた経営資源をうまく活用せざるをえない。したがって、業績評価システムと統制システムを有効に使うことが、成功のカギとなるのである。

　ボストン・リテールの創業期を振り返ってみよう。創業者チームには、1つのアイデアを事業に育て上げる自信があった。手始めにある店舗を借りて、自分たちですべてのことをやり始めた。まさに起業家のやり方である。若い大学生向けファッションに焦点を絞り、自分たちの価値提案が本物かどうかを試してみたのである。客の評判は上々だった。事業を拡大し、忠実な顧客をつかむべく日夜努力した。初期の利益は事業への再投資にまわし、新しい店のレイアウト、倉庫や機材、在庫などの経営資源を確保した。やがて、夜間や繁忙期に対応するため、臨時の従業員を雇うようになる。

　日々の業務に関する重要事項は、創業者が自ら判断した。何かを決める必要があれば、いつでも現場に出向いた。オーナーが自ら小切手にサインし、在庫と書類と現金の流れをモニターした。こうして、確実に銀行に金が振り込まれ、在庫がしっかりと管理され、すべての取引が正確に帳簿に記録されるようにした。常

に目を光らせていたので間違いは少なく、問題が発覚してもすぐに修正できた。

ボストン・リテールは成長し、新店舗を開店して従業員数を増やした。従業員には十分な情報とトレーニングの場を与え、仕事がスムーズにできるようにした。しかし時間が経つにつれ、従業員の仕事ぶりをじかにモニターすることは難しくなった。事業が大きく広がりすぎたのである。ここに来て創業者は、個人でできることの限界を感じ始めた。店舗も従業員の数も増えてしまい、すべてを見て回ることはできなくなった。一方で、経営者としては事業拡大の機会の追求にもっと時間を割きたいと思い始めた。事業を成長させるには、やり方を変えなければならない。成功するためには、従業員にうまく戦略を伝達し、その実行を統制することが必要になってきた。若い同社にとって、創業以来初めてのことであった。

戦略をうまく伝達し、統制するための、２つの異なるタイプの統制システムがある。診断型統制システムと対話型統制システムである。企業は両タイプのシステムを必要とするが、その使用目的は異なる。診断型統制システムは、重要な業績変数を伝達し、目指している戦略が狙いどおり実行されているかをモニターするためのツールである。対話型統制システムは、組織の関心を戦略の不確実性に向け、市場変化に合わせて戦略を調整または変更することを可能にするツールである（図10-1参照）。

これらを詳しく検討する前に知っておくべきことがある。診断型統制システムと対話型統制システムは、設計上の違いがあるわけではない。見かけでは２つのシステムがまったく同じということもありうる。決定的な違いは、システムをど

図10-1　２つのコントロール・レバー：診断型統制システムと対話型統制システム

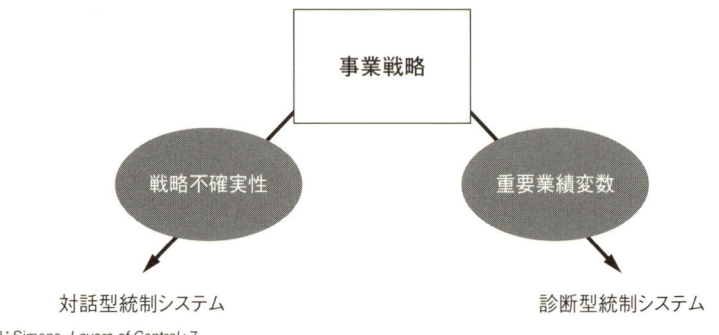

```
              事業戦略
            /         \
    戦略不確実性      重要業績変数
        ↓               ↓
  対話型統制システム   診断型統制システム
```

出典：Simons, *Levers of Control*：7.

のように使うかである。同じ利益計画システムまたはバランス・スコアカードを、診断型にも対話型にも使うことができるのである。ROM（return on management：経営者資本利益率）の最大化と戦略の実現のためには、どちらのシステムを選択するかという判断がいかに重要であるかをこれから明らかにする。

1 診断型統制システム

　車を運転する際の診断型統制システムは速度計である。計器盤の表示を見れば、実際に出している速度と制限速度を見比べることができる。必要に応じて速度を落とすなり、上げるなりして、適切なスピードに調整できる。

　ビジネスにおける多くの統制システムは、これと似た働きをする。年間利益目標やバランス・スコアカードの目標を設定した後に、月次報告を受けて達成状況を確認するのは、その一例である。目標と達成状況を対比することで、大きな乖離がないかを確認できる。目標達成の妨げとなる問題点が見つかれば、解決策を練り、挽回するためのアクションがとれる。

　診断型統制システム（diagnostic control system）とは、「業績結果が、事前に設定した業績水準からどれだけ乖離しているかをモニターするための情報システム」である[注1]。どのような情報システムでも、次の項目を満たせば診断型として使うことができる。

1．事前に目標を設定できる。
2．結果が計測できる。
3．目標と実績の乖離が計算できる。
4．乖離がある場合、事前に設定した業績水準に戻すためのインプットやプロセス変更が可能である。

　診断型統制システムとしてよく使われるのは利益計画だが、ほかにも数多くのものがある。

（注1）Robert Simons, *Levers of Control*（Boston: Harvard Business School Press, 1995）: 59.（邦訳『ハーバード流「21世紀経営」4つのコントロール・レバー』中村元一訳、産能大学出版部、1998年）

- バランス・スコアカード
- コストセンター予算
- プロジェクト・モニタリング・システム
- ブランド収益／市場シェア・モニタリング・システム
- 人事システム
- 標準原価計算システム

なぜ診断型統制システムを使うのか

　実際にどの統制システムを選ぶかは、慎重な判断を要する。どの企業にも幹部報告用の業績評価指標が何千種類もあるが、すべてに目を通すことなど到底できない。数あるなかから最適なものを選ぶには、診断型統制システムを使う2つの理由を理解する必要がある。それは、戦略を効果的に実行することと、限りあるマネジメントの関心を浪費させないためである。

戦略の実行

　マネジャーは診断型統制システムをモニターすることにより、**重要業績変数**（critical performance variables）（事業戦略の成功に不可欠な達成事項）に関する情報を得る[注2]。診断型統制システムとは、計画としての戦略をトップダウン式にモニターするツールであり、業績目標のとおり戦略が正しく実行されているかをチェックする（図10-2参照）。大組織では、診断型統制システムなしには、戦略を伝達することも実行することもできない。このシステムの重要性に鑑み、次の3点を実現することがマネジャーの務めとなる。

1. 重要業績変数の分析および把握
2. 適切な目標設定
3. 業績達成状況のフィードバック・システム

(注2) 重要業績変数について詳しくは第11章参照。

関心を効果的に集中させる

　車を長距離運転するときに、速度計を見ながら絶えずアクセルの踏み具合を調整するには、エネルギーと集中力（関心）を要する。このプロセスを自動化するのがクルーズ・コントロール・システムである。希望する速度をセットすれば、あとはコンピュータが確実に速度調整を行うので、速度だけに関心を割くことなく、ほかのことにも集中できる（ぼんやり何かを考えたり、助手席の人と話をしたり、次の予定について考えたり）。

　業績評価システムと統制システムがあれば、企業でも同じことができる。言うなれば、組織を自動操縦の状態にするのである。1人でいくつもの内部プロセスを継続的にモニターし、設定した目標と業績を見比べるのではなく、定期的に「例外レポート」を会計スタッフから受けるだけである。すべてが規定路線どおりであれば、素早くレポートに目を通した後、すぐに他の案件に移れる。大きな乖離がある場合にのみ、原因を究明して対応策を指揮するための時間と関心を費やせばよい。このプロセスを「例外によるマネジメント」と言う。

図10-2 戦略と診断型統制システムの関係

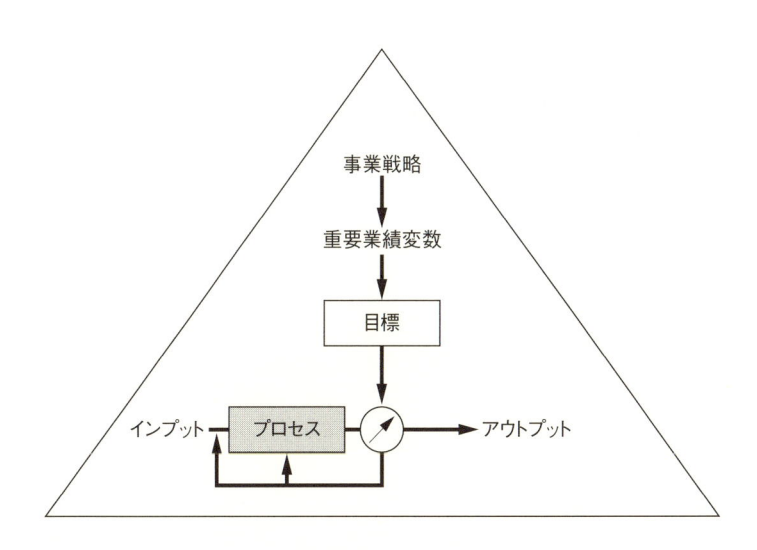

出典：Simons, *Levers of Control* : 63. から引用。

診断型統制システムの有効活用

　運転時にクルーズ・コントロール・システムを使えば関心を他に温存できることは確かだが、そのためには使い方を知らなくてはならない。運転手が速度の設定方法と調整方法を知る必要があるように、ビジネスにおいては主要な目的を設定し、状況に応じて調整する方法を知る必要がある。
　診断型統制システムを有効活用するためには、5つの点に注意しなくてはならない。それは、①目標の設定、②戦略と業績評価の合致、③インセンティブの設定、④例外レポートのレビュー、⑤大きな乖離への対応、である。

1．目標の設定

　診断型統制システムの要である業績目標は、従業員がどこに労力をつぎ込めばよいかを知らしめる。この目標が正しい方向と適切なレベルに設定されていることを確認するのが、マネジャーの重要な役割である。
　車で長旅をするとき、最初に運転速度の目安をしっかりと決めれば、当面は速度調整の心配をする必要はない。同様に業績目標は頻繁に設定するものではなく、年に1回程度でかまわない。適切な設定を行えば、後に変更する必要はなく、無駄なエネルギーを割くこともない。後は例外レポートに目を通すだけで、その期間の進捗状況を把握できる。

2．戦略と業績評価の合致

　診断型統制システムは、マネジャーがどの業績項目に責任を負うかを特定し、会計責任範囲を明確にする。したがって、このシステムを使用する際は、業績評価が戦略目標や戦略の優先順位を正しく反映していることを十分確認する必要がある。バランス・スコアカードなどは、目指す戦略と業績評価を合致させるための大事な手法である。頻繁に行う作業ではないが、非常に重要であることを繰り返し強調しておく。

3．インセンティブの設定

　車の速度コントロールの動力は電気系統より発生する。診断型統制システムにも何らかの動力源が必要である。ROMを最大化する場合、目標達成への駆動力

または動機づけとなるのがインセンティブである。診断型統制システムの業績に連動したボーナス、昇進、報償などを設定すれば、従業員への明確なインセンティブとなる。これを設定すれば、部下が目標達成に努めているかを日々確認する必要はない。業績と報酬が連動する診断型の業績評価により、全員が戦略実行に集中できる。

4．例外レポートのレビュー

　診断型統制システムを導入すれば、月次または四半期ごとの例外レポートを見て、戦略実行の進捗状況を確認することができる。業績評価システムとインセンティブがうまくかみ合えば、時間をかけない効率的なレビューが可能となり、ROMが向上する。マネジャーはレポートを斜め読みするだけで、目標からの大きな乖離や問題発生の予兆を読み取ることができる。

5．大きな乖離への対応

　診断型統制システムにはマネジャーの関心を温存する効果があるが、大きな乖離が発覚したときには素早い対応が必要となる。部下は自分と同じ業績評価システムをモニターするので（業績評価システムが会計責任範囲とインセンティブを定めるため）、診断レポートで異常を見つけたときには、すでに問題解決のためのアクションがとられている可能性が高い。この場合は部下と話をして、問題が発見されてすでに解決したことを確認するだけで済む。

Column●予算編成

『ファイナンシャル・エグゼクティブ』誌において、ニューヨークの広告代理店グループ、インターリパブリック・グループ・オブ・カンパニーズ（以下IPG）の経営陣は、同社の利益計画と予算づくりのプロセスを説明した。

　各社の事業結果と財務結果のレビューは、毎年12月の予算プロセスで始まる。我が社の3大事業の経営陣は、すべての代理店の財務と実務を担うマネジャーと面談した後に、IPGに対してプレゼンテーションを行う。これはミッション・ステートメント、事業見通し、事業戦略、新事業機会などの内容を盛り込んだ、事前に決められたフォーマットで行われる。そ

こで毎年、IPGの方針と、過去のデータに基づいた売上げ、利益率、営業利益成長率に関する目標を各代理店に通知し、同時に給与と従業員数のガイドラインを与える。予算会議では、各代理店の経営陣と共に現実的で達成可能な目標とガイドラインを決定する。

さらには、主要な市場と問題となっている市場に注目しながら、財務トレンドのデータを各代理店の経営陣と包括的に協議する。協議内容は、現預金、配当、売掛金の管理状況、必要資金、技術のニーズなどを網羅する。各代理店と予算を打ち合わせた後は、2月の取締役会で発表できるようにレビューした結果を1つにまとめると同時に、IPG全体の利益目標と事業計画をつくり上げる。

毎年4月と9月には、予算に対してどれだけの業績を上げているかを確認する会議を開催する。これらは代理店の事業内容やクライアントとの関係を洗い出す、入念で率直な意見交換の場である。各代理店の経営陣が、事業トレンド、新事業の機会、必要資金、合併または提携候補に関する情報をきちんと把握しているかを確認する目的も併せ持つ。この会議は、企業全体のマネジメントに欠かせない。IPGが代理店のマネジャーと対話してオープンなコミュニケーションを保つことは、グローバルな事業を運営するうえで不可欠である。

出典：Thomas J. Volpe and Alan M. Forster, "Ruling With A Film Hand," *Financial Executive* 11 (January/February, 1995) : 43-47.

診断型統制システムのリスク

事業を自動操縦状態にし、業績評価とインセンティブで強化することはリスクを伴う。車のクルーズ・コントロール・システムにリスクがあるのと同じことである。診断型統制システムを使う場合は、次のことに気をつけなければならない。[注3]

1. 誤った変数の測定

クルーズ・コントロール・システムをセットすれば車の速度をコントロールできるが、進んでいる方向が正しいとは限らない。北に行きたいのに、速度正しく南へ向かっては意味がない。同様に、ちぐはぐな統制システムは事業に損害をもたらす危険性がある。「測定できるものは、コントロールできる」とはよく言ったものだが、関心には限りがあるので、何を管理するかは正しく決めなければな

(注3) これらリスクについては以下に列挙されている。Simons, *Levers of Control*: 81-84. (邦訳『ハーバード流「21世紀経営」4つのコントロール・レバー』中村元一訳、産能大学出版部、1998年)

らない。誤った設計の診断型統制システムは、戦略の逸脱につながりかねない。
- 80年代後半、ダン・アンド・ブラッドストリートのクレジット・サービス部門による顧客への過大請求が問題となった。原因は診断型統制システムにあった。同社の業績評価システムとインセンティブ・システムは、顧客の利用パターンにかかわらず売上増加に報いるものであった。そのため、販売員は顧客に実際の利用パターンを教えることなく、必要以上に売りつけることに専念したのである。(注4)

2．低い目標設定

設定した目標を達成することが業績として認められる場合、達成確率を高めたいと思うのが人の常である。だれでも思いつくのは、比較的簡単な目標から始めることであり、業績目標を低く設定する人間がいても不思議ではない。マネジャーがこれを適正なレベルに正さなければ、大問題に発展することがある。

- 80年代、ゼネラルモーターズは1から100のスケールで品質欠陥を測定していた。しかし、工場のマネジャーたちの意に反して、生産された自動車からは平均で45ポイントの欠陥が検出され、品質数値は55ポイントに低迷していた。彼らは数字をよく見せるため、スケールを変えて最大値を145ポイントとした。品質は改善されなかったが、新システムでは常に100ポイント以上となり、50ポイントや60ポイントといったレベルよりも受け入れられやすい印象となった。この間、同社は顧客からの品質に対する苦情に悩まされ続けた。(注5)

3．システムの落とし穴

業績評価システムに連動したボーナスにより、従業員はエネルギーと創造力を発揮する。だれしも評価項目を達成するために力の限りを尽くすものである。しかし、その評価項目の業績を必要以上に高めたところで、目標や戦略の進展に結びつかないケースがある。これはシステムの落とし穴にはまった、誤った労力である。

(注4) J.L. Robert, "Credit Squeeze－Dun & Bradstreet Faces Flap Over How It Sells Reports on Business," *Wall Street Journal*（March 2, 1989）: A1.

(注5) M. Keller, *Rude Awakening: The Rise, Fall, and Struggle for Recovery of General Motors*（New York: Morrow, 1989）: 29-30.（邦訳『GM帝国の崩壊』鈴木主税訳、草思社、1990年）

- 顧客対応強化のため、IBMの販売員には、担当地区での製品売上げに応じて販売手数料が支払われた。これには小売業者が販売したものも対象とされたため、安易なボーナスアップを狙い、担当地区の小売業者をひたすら探し回る販売員がいた。これに費やしたまったく無駄な時間は、新しい顧客に新製品を売ることに使えたはずだ。(注6)

診断型統制システムを使うとき、ほかにも歪みが生じることがある。
- **ならし**：業績を良く見せるために取引のタイミングや記録を偽造するもので、ある会計期間のボーナスが上限に達した場合などに使われる手口。ボーナスとならない追加売上げを当該期間には申告せず、翌会計期間に申告してボーナス対象とする。
- **情報のバイアス（偏り）**：良い情報（達成された目標）だけを報告し、悪い情報（達成されなかった目標）を隠すこと。
- **違法行為**：業績評価向上によるボーナスを得るために、法を犯したり、組織の規則を破ったりすること。(注7)

　診断型統制システムのマイナス面は広く知られている。業績目標の達成に対して報酬が与えられ、達成方法を任せられたら、道に外れたことをする人が何人か出てくるものである。第1章では、良心ある人でさえ、正しい道を踏み外す場合があることを説明した。診断型統制システムに関連するインセンティブは、誤った行動の原因となるプレッシャーや誘惑をつくり出す。これはマネジャーにとって、悩ましいジレンマである。目標達成へのモチベーションを高め、ROMを向上させるためには、診断型の統制ツールに頼らざるをえない。一方で、同じツールが、ルールを破るプレッシャーや誘惑の源となり、従業員が誤った行動を引き起こすリスクにもなるからだ。
　業績評価と報償に診断型統制システムを使う際は、従業員が規律を破らないように正しい統制システムを導入し、誘惑要因に注意を払うことである。第12章と

(注6) Robert Simons and Hilary Weston, "IBM: Make It Your Business," Harvard Business Scholl Case No. 90-137（1990）.
(注7) Jacob G. Birnberg, Lawrence Turpolec, and S. Mark Young, "The Organizational Context of Accounting" *Accounting, Organizations, and Society* 8（1983）: 111-29.

第13章では、統制システムをどのように設計し、どのように活用すればよいかを検討する。

2 対話型統制システム(注8)

　診断型統制システムを設置した組織は、自動操縦状態に入ったようなものである。目標と評価とインセンティブを正しく設定しさえすれば、熱感知システムで敵をとらえる最新型ミサイルのように、利益目標と戦略の達成だけに的を絞った事業となる。このシステムを導入すれば、激しく変化する市場において、事業の成長、利益の増大、製品・サービスの最適なポジショニングに集中することができる。

　前節では、診断型統制システムの「例外によるマネジメント」をクルーズ・コントロール・システムにたとえた。しかし、ダイナミックな市場で事業を拡大し、製品・サービスの新しいポジションを探し当てるためには、違うかたちの統制システムが必要になる。たとえると、気象庁が気候の変化パターンを見出すようなシステムである。全国に配置された地上ステーションが温度、湿度、気圧、風速、風向をモニターし、衛星や航空機が嵐の発生具合などの追加情報を収集する。これらすべての情報が1カ所に集められ、状況変化が及ぼす影響を分析する。この予測によってアクション・プランが立てられ（旅を延期したほうが賢明かどうか）、発生しうる脅威に備えることができる（ハリケーンに備え、沿岸部から避難したほうがよいかどうか）。

戦略の不確実性

　いかなる事業においても、既存の戦略の前提を覆すような脅威と機会が発生する可能性がある。それが**戦略の不確実性**（strategic uncertainties）である。一般的に、不確定要素は仕事に必要な情報と組織が持つ情報の乖離に起因する(注9)。戦略の不確実性は競争ダイナミクスと内部コンピタンスの変化に関わるものであり、事業のポジションを調整するために必要な情報である。戦略の不確実性は事前に予

(注8) 本章の以下については、Simons, *Levers of Control* の第5章に挙げた考え方と例である。
(注9) Jay R. Galbraith, *Organization Design*（Reading, MA: Addison-Wesley, 1977）: 36.

知できず、予期せぬタイミングで表面化する。

　新技術の出現は事業の価値創造力を奪い取り、人口分布の変化は特定の製品・サービスのニーズを減らす。競合他社による価格引き下げは既存の価値提供に変更を迫り、欠陥商品は顧客離れにつながる。政策や規制の変化により、事業に必要な保護や援助が消失してしまうこともある。これら予期できない変化は、時には事業機会をもたらすこともある。税制の改正が新市場を生み出すこともあれば、予期しなかった競合他社の退場が新たな顧客をもたらすこともある。また突然、共同事業を提案するパートナーが現れるかもしれない。良くも悪くも、変化は既存の戦略や価値提供の変更を余儀なくする。

　このような予期せぬ機会や脅威を利用するために、戦略をどのように整合させるかを常に問い続け、組織全体を活性化させるのが経営幹部の役割である。優秀な経営者は、不確実性に焦点を当てることにより、従業員が創造性を発揮し、いかなる脅威や機会でもうまく利用できることを知っている。

　戦略の不確実性は、重要業績変数とは異なる。バランス・スコアカードなどの診断型統制システムに計上される重要業績変数は分析されるものであり、計画や目標の一部である。一方、戦略の不確実性は、計画進行状況の簡易なチェックとは違い、新たな情報や意味を探索するきっかけとなるものである。表10-1に、2つのコンセプトの違いをまとめた。

表10-1　重要業績変数と戦略の不確実性の違い

	重要業績変数	戦略の不確実性
設問	何を効果的に実行すれば戦略が達成できるのか	将来ビジョンの達成方法を変えてしまう前提の変化は何か
焦点	重要な戦略の実行	新しい戦略の試みと発掘
動力源	目標の達成	経営トップの不安と関心
期待	効率と効力	破壊的な変化

出典：Simons, *Levers of Control*: 95.

対話型統制システムの活用方法

　大企業や中堅企業にとって、組織全体の関心を戦略の不確実性に集中させるのは容易なことではない。そこで、「ボスが注目することには皆が注目する」という万国共通の真理を活用するのが有効である。

　マネジャー自身が部下の決断に関与するための情報システムを、**対話型統制システム**（interactive contorol systems）という。対話型統制システムを1つ以上使うことにより、皆が何に関心を向けるべきかを明確にすることができる。言うなれば、対話型統制システムはマネジャーの操作ボタンなのである。トップが関心を示す情報を明示することにより、部下との継続的な対話が可能となる。

　本章の冒頭でも触れたが、対話型統制システムは、設計の仕方ではなく使い方によって決まるものである。マネジャーはレポートを熟読した後、そこから得た情報を使って部下の考え方やアクション・プランに疑問をぶつける。また、対話型統制システムを使って、必要とする情報を組織中から吸い上げる。このように集中的に活用し焦点を絞ることが、異常事態のみを確認する診断型統制システムとは対照的である。

　対話型統制システムが組織の関心を一点に集中させ、新たな戦略創造を誘導する様子を表したのが図10-3である。

　図の左上の事業戦略は、顧客への価値を創出する方法、および自社の製品・サービスを競合他社から差別化する方法を定めたものである。事業の将来像を思い

図10-3　学習のための対話型統制システム活用

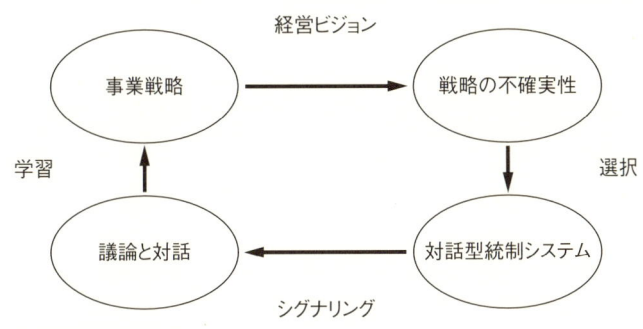

出典：Simons, *Levers of Control* : 102.

描いた経営ビジョンは、戦略の不確実性を浮き彫りにする。経営者が眠れない夜を過ごすのは、この不確定要素のためである。戦略の不確実性は、そのときの戦略や経営ビジョンによって変わるものであり、顧客の嗜好の変化、競合他社の行動、新技術、政府の規制、脅威や機会の台頭などの影響を受ける。

組織の関心を戦略の不確実性に向けるには、1つまたは複数の業績評価システムと統制システムを選び、対話型として使うことである。データを使って部下のアクション・プランに疑問をぶつけ、急な環境変化にも対応することを強要するのである。どのシステムを選択するかによって、何が大切かが明確になる。先ほども述べたように、ボスが注目することには皆が注目する。新たなデータをトップに報告するたびに、どんな質問が飛んで来るか想像がつくので、部下は質問への回答を考え、環境変化に対応するアクション・プラン提案のためのデータ収集に精を出す。新しい情報が分析される過程で、組織のあらゆるところで双方向の議論や対話が行われるのである。

このように議論と対話を繰り返すことによって、仕事の進め方、価値提案の内容、または事業戦略そのものを変える必要性が明らかになる。議論や対話は組織の学習を促し、図10-3が示すように戦略に変化をもたらすのである。ボトムアップのアクション・プランや実験から、創発戦略が発生する可能性が出てくる。

ペプシコーラ（以下ペプシ）の経営幹部は、市場シェアの週間報告を対話型統制システムとしていかに活用しているかを、次のように説明する。

> 「ペプシのトップは、最新のニールセン・データをまとめた小さなグラフを財布の中に入れて持ち歩く。これは生活に欠かせないものとなった。あらゆる市場と商品の相場がわかるので、データを熟読し、コカ・コーラを攻めるための弱点を探したり、ペプシのシェアが落ちた理由を見出したりする。ペプシで働く者にとっては、ニールセンこそが競争を定義するルールであり、すべての軸であり、コーラ戦争の戦況を知る手立てである。昔からこうだったわけではない。トップにいた1人の男が変えたのである」[注10]

そして対話型統制システムが同社のマネジャーに与えた影響を次のように語る。

(注10) John Sculley, *Odyssey: Pepsi to Apple: A Journey of Adventure, Ideas, and the Future* (New York: Haper & Row, 1987): 6-7.（邦訳『スカリー』〈上・下巻〉合津泉訳、早川書房、1988年）

「いつどこにいようと、自分が最初にニールセン速報を知らなければ気が済まなかった。問題が発生するのは仕方がないが、驚かされるのは嫌なものだ。自分が結果を知らないうちにケンダール氏（ペプシのCEO）から呼び出され、数字が悪い理由を説明をしてほしいと言われることはどうしても避けたかったので、封筒の裏など手元にある紙にメモを書いたものだ。おそらく、ものの１時間も経たないうちに、ペプシの大半の人間が同じことをしていたのではないか」[注11]

　対話型統制システムにおける議論は常に、実務を遂行するマネジャーを交えた直接対話である。会議では皆でアイデアを出し合い、あらゆるデータを用いて総合的に環境変化をとらえる。ここでの議論は、新しい情報、仮説、アクション・プランに終始する。

　統制システムを対話型に用いる環境は、上層部が定期的かつ継続的に関心を示すことにより容易につくり出される。たとえば、経営陣が部下との直接対話において、事業の予期せぬ変化や対応策についての説明を求めると、組織のトップから下部へとプレッシャーが向かう。これに反応するように、いくつかの会議を経て、新たな情報や学習効果が組織の下部から上層部へと伝わっていく（図10-4を参照）。

　第２章では、従業員が試みた実験や小さな成功の模倣により、戦略が突発的に生み出される場合があることを学んだ。これが行動パターンとしての戦略である。この運任せのプロセスを、マネジャーが意識的に導き出すのが対話型統制システムである。多くの優れた戦略は、顧客や市場と直に接する従業員から、思いもよらず生み出されたものである。ペプシでは、ある地域での実験が、同社の新戦略の土台となった。

　　「コカ・コーラの市場シェア37％に対し、我々は７％を維持するのが精一杯で、まったく勝負にならなかった。ラリー・スミスはこの状況を何とか打開したい一心で、もっと強烈な広告宣伝を行うべきだと主張した。しかし、成功を収めていた『ペプシ・ジェネレーション・キャンペーン』をへたに変え

(注11) Sculley: 6.

たくない広告担当役員（と広告代理店）はその主張に反対した。スミスはあきらめず、テキサスの広告代理店を自ら雇い、マーケティングのバイス・プレジデントを同社に派遣した。いままで当社や他の企業がやってきたこととは極端に違うものをつくり上げることが目的だった。こうして、そのテキサスの代理店から『ペプシ・チャレンジ』という、広告宣伝史上に名を残す驚異的なキャンペーンが生み出されたのである」

　対話型統制システムを使って戦略の不確実性に関心を集めることで、新たな機会発掘を導き、従業員の実験心と素早い反応を促し、無秩序なプロセスをうまく統制することができる。対話型統制システムに欠かせない議論と対話によって、戦略が生まれ変わるのである。

　　「我々は１つひとつの『チャレンジ』を大型イベントとしてとらえ、コカ・コーラとの長い戦いにおける決戦として臨んだ。『チャレンジ』の数週間前には商品の品質テストを行い、一定の水準に満たない場合は改善を施した。いつの間にか、ペプシ商品の品質向上がこのイベントの副題となっていた」[注12]

図10-4　トップダウンの圧力：ボトムアップ戦略

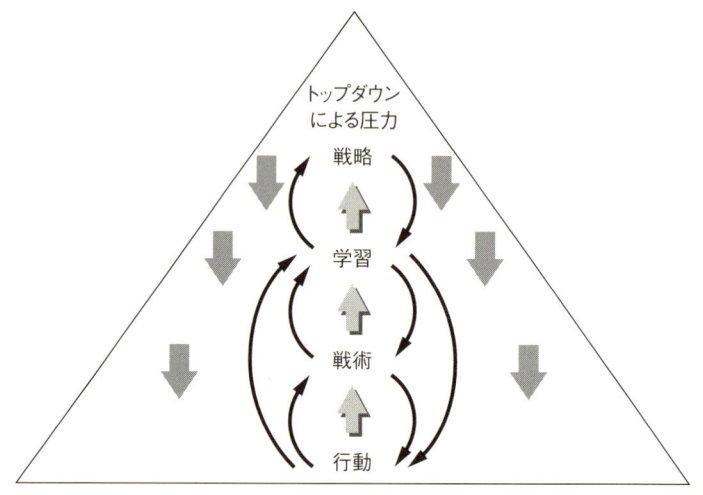

出典：Simons, *Levers of Control*: 99.

対話型統制システムの設計特徴

　対話型統制システムは特殊なものではない。どのような統制システムでも、いくつかの条件を満たせば対話型として使うことができる。利益計画システム、市場シェア・モニタリング・システム（例：ペプシが使用するニールセン・データ）、プロジェクト・モニタリング・システム、バランス・スコアカードなどはすべて対話型として使用できる。どのような組織でも、数え切れないくらいのシステムを対話型に使えるのである。

　例として、アメリカの医療業界を見てみよう。この業界で活躍する企業は、次に挙げる5つの統制システムのうちいずれか1つを対話型システムとして使う。どれを選択するかは各社の事業戦略や戦略の不確実性による。[注13]

- 新製品や新市場の創造と維持が戦略の不確実性に関係する場合、「利益計画システム」を対話型に使う（例：イノベーションが盛んな消費者向け商品）。
- 商品に関する技術が戦略の不確実性を有する場合、新しい技術プロジェクトやその応用を報告する「プロジェクト・マネジメント・システム」を使う（例：ハイテク医療機器）。
- すでに成熟した製品の魅力度を増すことが戦略の不確実性と関連する場合は、売上高、市場シェア、出荷数などのデータをブランド別または製品別にまとめた「ブランド収益計画」を選択する（例：毛染め剤などの消費財ブランド）。
- 規制や政策の行く末が不確かな場合は、社会情勢、政治動向、技術情報を発信する「情報システム」を使う（例：処方薬の製薬会社）。
- 競争市場のニーズに対応するための新たなスキル習得の場合、スキルの蓄積、マンパワーの計画、後継者の予定などの情報を発信する「人材システム」を使用する。

　図10-5に、戦略と、戦略の不確実性によりシステムを選択する過程を示す。
　対話型統制システムとして使われるのは、次の4つの条件を満たすものである。

（注12）Sculley: 43-44, 49.
（注13）Robert Simons, "Strategic Orientation and Top Management Attention to Control System," *Strategic Management Journal*（Vol.12, 1991）: 49-62.

図10-5 対話型統制システムの選択:戦略と戦略の不確実性

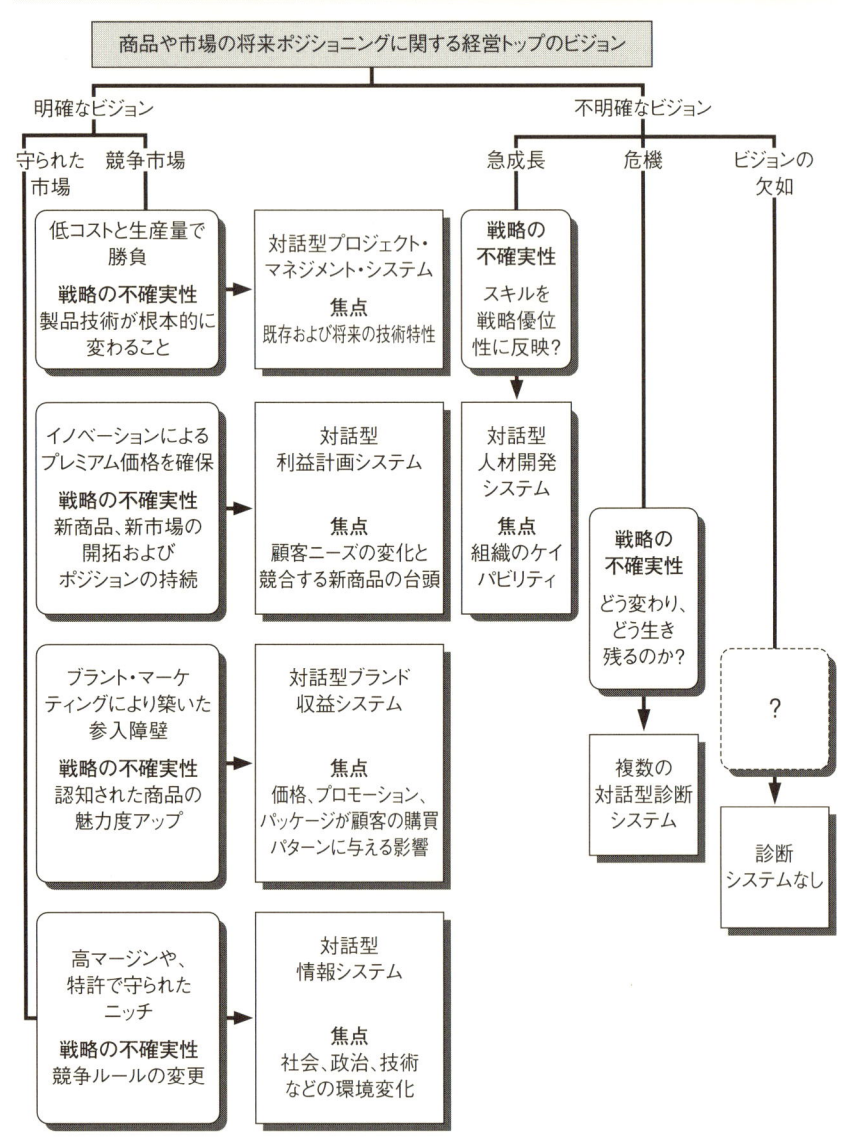

商品や市場の将来ポジショニングに関する経営トップのビジョン

- 明確なビジョン
  - 守られた市場
  - 競争市場
- 不明確なビジョン
  - 急成長
  - 危機
  - ビジョンの欠如

守られた市場 / 競争市場(明確なビジョン)

- 低コストと生産量で勝負
  戦略の不確実性
  製品技術が根本的に変わること
  → 対話型プロジェクト・マネジメント・システム
  焦点 既存および将来の技術特性

- イノベーションによるプレミアム価格を確保
  戦略の不確実性
  新商品、新市場の開拓およびポジションの持続
  → 対話型利益計画システム
  焦点 顧客ニーズの変化と競合する新商品の台頭

- ブラント・マーケティングにより築いた参入障壁
  戦略の不確実性
  認知された商品の魅力度アップ
  → 対話型ブランド収益システム
  焦点 価格、プロモーション、パッケージが顧客の購買パターンに与える影響

- 高マージンや、特許で守られたニッチ
  戦略の不確実性
  競争ルールの変更
  → 対話型情報システム
  焦点 社会、政治、技術などの環境変化

急成長

- **戦略の不確実性**
  スキルを戦略優位性に反映?
  → 対話型人材開発システム
  焦点 組織のケイパビリティ

危機

- **戦略の不確実性**
  どう変わり、どう生き残るのか?
  → 複数の対話型診断システム

ビジョンの欠如

- ?
  → 診断システムなし

出典:Simons, "Strategic Orientation and Top Management Attention to Control System," *Strategic Management Journal* 12(1991):54. をもとにした。

1. 情報が簡単に理解できること

実りある議論や対話のためには、皆が同じデータを共有し、そのデータを信頼することが大切である。データのもととなる複雑な計算式の有効性について議論するほど、無駄なことはない。ペプシのマネジャーが共有する市場シェア指標はこの条件を満たす。だれにも簡単で明確なデータを提供することにより、数字の根拠に関する疑問が生じない。

2. 戦略の不確実性に関する情報を提供すること

この条件は対話型統制システムの核心をついている。これにより組織が関心を向ける先を絞ることができる。上司が関心を示すことには部下も関心を示す。そこでシステムを使って戦略の不確実性に関するデータを集めることが重要となる。戦略の不確実性は、戦略によって異なる。顧客、技術、規制などの場合が多いが、企業価値と戦略のポジショニングに必要とされれば、何でも対象となる。

3. 組織のあらゆるレベルで使われること

マネジャーは対話型統制システムを使うことにより、部下が新たな情報を発掘し、分析を重ね、その内容について議論するように刺激を与える。システムが対話型となるには、全社で広く使われるものでなければならない。全社的な利益計画はこの条件をクリアするが、役員しか使わない長期戦略計画はこれに当てはまらない。

4. 新しいアクション・プランを生み出すこと

対話型統制システムは、変化のパターンに関心を向ける。天気予報を見て予定を変えるのと同じである。事業のマネジャーは対話型統制システムを使って、①何が変わったのか、②なぜ変わったのか（そしていちばん大事な）、③どう対応すればよいのか、といった質問を絶えず投げかける。それは創発戦略をリアルタイムで最適化するためである。

どのシステムを対話型として使うか

対話型に使えるシステムはいくらでもある。システム選択に影響を与える要因を分析してみると、少なくとも次の4つが挙げられる（**表10-2**参照）。

1．技術への依存

事業が特定技術に頼る場合（たとえば航空機メーカー）、技術の新たな応用方法に関心を向け、競争優位を保たなければならない。この場合は、対話型プロジェクト・マネジメント・システムを使って、新技術の台頭が戦略に与える影響に組織の関心を集めることが重要となる。これを欠けば、CD-ROM技術の影響を見逃したブリタニカ百科事典のように、製品がすたれていく。

逆に、技術依存度が低い場合（たとえば家庭用清掃用品）、顧客は1つの製品または製品コンセプトに引きつけられているわけではない。この場合、新商品やマーケティング戦略を通して、組織の関心を顧客ニーズの変化に集中させる。よく使われるのは、対話型ブランド収益システムや利益計画システムである。これらを使えば、さまざまなトレードオフを比較するためのモデルづくりができる。

2．規制

公益事業や製薬会社のような規制業界の企業は、事業に影響を与えうる世論、政治圧力、規制に特別な注意を払う必要がある。これらの企業にとっては、社会、政治、技術など複雑な事業環境を理解するための情報源となる対話型情報システムが不可欠である。組織のあらゆる人間が、規制や政治プロセスの変化の兆候を継続的に見張るのである。

表10-2　対話型統制システムの設計と選択に影響する要因

戦略の不確実性	不確実性が大きい場合、対話型統制システムは	不確実性が小さい場合、対話型統制システムは
技術への依存	新技術に注目	顧客ニーズの変化に注目
規制と守られた市場	社会、政治の脅威と機会に注目	競合の脅威と機会に注目
バリューチェーンの複雑さ	会計ベースの指標を採用	インプット／アウトプット型の指標を採用
戦術の反応力	計画の期間が短い	計画の期間が長い

出典：Simons, *Levers of Control*：112.

3．バリューチェーンの複雑さ

　複数製品のイノベーションで勝負するハイテク電子製品のように、複雑なバリューチェーンを持つ事業は、商品ラインと市場の入り組んだトレードオフ関係をよく観察する必要がある。このような事業では、研究開発、生産、物流、マーケティングが複雑で活発な結びつきをする。対話型利益計画システムなどの会計ベースの評価システムは、1つの変数が他にどのような影響を与えるかを確認するためのモデルづくりに有効なツールである。

　対照的に、コカ・コーラのように広く認知されたブランドは、確立されたわかりやすいバリューチェーンを持つので、複雑なトレードオフ関係が少ない。このような事業では、ブランド・ボリュームや市場シェアなどをモニターする、比較的単純なインプット／アウトプット系の評価システムを使えばよい。実際にブランド収益予算システムなどがよく使われる。

4．戦術の反応力

　競合他社の戦術を模倣するのが簡単な市場では（たとえばペプシとコカ・コーラのコーラ戦争）、計画立案に時間を費やすことができないので、戦術の反応力が競争に勝つカギとなる。このような状況下で対話型ブランド収益システムを使えば、価格設定、プロモーション、パッケージなどの戦術の有効性について素早いフィードバックが得られる。逆に、技術や市場などの関係で競合他社の戦術を模倣することが難しい場合は（たとえば自動車の生産）、計画策定にかける期間が長いので、対話型プロジェクト・マネジメント・システムや利益計画システムが有効となる。

　例として、高プレミアム商品とイノベーションを志向するジョンソン・エンド・ジョンソン（以下J&J）を見てみよう。J&Jは、新製品と新市場の開発と防御に組織の関心が集中するよう、利益計画システムを対話型統制システムとして使っている。同社のマネジャーは、戦術と新商品が、当年および翌年の利益計画に与える影響を定期的に見直す。さらには5年計画や10年計画の見直しを行う。[注14]

（注14）Robert Simons, "Codman & Shurtleff: Planning and Control System," Harvard Business School Case No. 187-081, 1987.

表10-2を見れば、J&Jが選択した対話型利益計画システムが、同社の戦略や戦略の不確実性に適することがわかる。同社は技術にあまり依存しないので、顧客ニーズの変化に焦点を当てている。また政府の規制の影響をほとんど受けないので、競争の脅威と機会に関心を集中するようにシステムを設計する。さらに、イノベーションと製品の多様化を重視する非常に複雑な事業であるため、トレードオフを観察するための会計ベースのシステムを採用する。最後に、競合他社が戦術を比較的簡単に変更できるので、計画立案期間は長くても1年未満に抑えている。

いくつの統制システムを対話型として使うべきか

中堅企業や大企業は、利益計画システム、バランス・スコアカード、プロジェクト・モニタリング・システム等、複数の業績評価システムと統制システムを持つ。これらのシステムのほとんどが診断型として使われる。事業にn個の統制システムがあれば、1つを対話型として使い、n－1個のシステムを診断型の「例外によるマネジメント」で活用するのが一般的である。対話型が1つだけなのは、次の3つの理由による。

省力化

マネジメントの関心は限りある経営資源である。対話型統制システムでは、組織全体に多大な関心を示すことが求められる。したがって、対話型統制システムを多用するとほかの仕事に手がまわらず、機会損失につながる。

処理能力

個人で処理できる情報量は限られている。情報量が増加して複雑になるにつれて、決断を下す者は情報過多に陥ってしまう。あまりに多くのことに同時に集中しようとすると、情報を取りすぎ、分析が甘くなり、焦点がぼやけ、機能停止状態に陥る。このため、部下に複数の対話型統制システムを使わせる経営者はいない（ただし、組織が危機状態にある場合は、短期間で戦略を立て直せるよう、すべての統制システムを対話型として使う）。

(注15) 組織が危機的状態にある場合の対話型統制システムについては以下を参照。
Simons, "Strategic Orientation and Top Management Attention to Control System," 1991.

戦略の実行

これが最も大事な理由である。マネジャーが統制システムを対話型として使うのは、戦略の不確実性についての学習効果を促し、新たなアクション・プランをつくるためである。つまり、対話型統制システムとは情報発信と情報伝達の手段なのである。複数のシステムを対話型に使ってしまうと、どの発信情報が大切なのかわからなくなってしまう。焦点を絞れば、伝達内容が明確になる。

対話型統制システムとインセンティブ

統制システムとインセンティブの関係には注意を要する。前節で説明したように、診断型統制システムにおける報償とボーナスは、通常は定式化する。インセンティブを定式化すれば、診断型統制システムが強化されるからだ。しかし、定式化の抜け穴を探し出す者がいることを忘れてはならない。目標設定を低くしたり、業績達成の時期をずらしたり、情報を偏らせたりする輩である。

統制システムを対話型として使う場合も、情報共有と学習促進のためのインセンティブが必要だが、形態は異なる。インセンティブを事前に決めた方式にリンクさせる方法はここでは通用しない。定式化を使えば、情報発信を怠りシステムをごまかす者が出てきて、必要な学習効果が得られない。

したがって、対話型統制システムのインセンティブは、イノベーションに対する個々の努力と貢献度に報いるのが正しい。これは主観的な評価となる。上司が自ら判断する主観的評価であれば、事前に取り決めることができない部下の革新的な行動に気づき、対話型プロセスを通して各人の貢献や努力に報いることができる。予期せぬ脅威や機会が発生する環境下で、個々の創造力に柔軟に報いられるのは主観的評価のみである。

主観的評価を使えば、組織の学習能力向上につながる3つの効果が得られる。

1. 努力や貢献に報いれば、努力しているところを上司に見せようとする動機づけとなる。貢献していることをアピールするために、問題や機会発生に関する情報を上に伝達し、自分がそれにどう対応したかを報告するようになる。情報共有、分析、アクション・プラン策定などの成果をアピールすることにより、自分のコンピタンスや創造力を示すのである。上へのコミュニケーションは、学習プロセスの糧となり、市場環境やアクション・プランに関する

理解が深まる。
2．結果ではなく努力や貢献に報いれば、診断型統制システムにつきものの情報操作を減らすことができる。コントロール外の出来事が業績評価や報償に悪影響を与えることがないので、従業員は良い知らせも悪い知らせも報告するようになる。
3．主観的評価は、部下の努力を正しく見極める能力を必要とする。事業環境、決断の背景、選択肢の数、他の選択肢の成果の見通しなどをきちんと把握することが要求される。これらを熟知せずには、公正な評価は下せない。このような知識を得るには、事業と競争環境の変化をよく理解するしかないため、評価を行う側も時間と関心を割いて学ぶことになる。

この3番目の効果の説明は、多くの企業が定式化された型の報酬体系を採用している理由でもある。主観的な評価は、学習効果と情報共有化を促進するメリットがあるが、組織の上層部から下層部に至るまで、かなりの時間を費やすことになる。戦略の不確実性に焦点を当てる対話型統制システムにおいては、このような時間をかけることはやむをえない。しかし、診断型統制システムのように目標が明確な場合は、承認された計画を自動的に実行させる定式化のほうがROMの向上に寄与する。

コンティンジェンシー

最後に、利益計画に関する特記事項がある。対話型として使う際、ある疑問が生じるのである。これまで詳しく見てきたとおり、利益計画システムは事業をまとめたり統制するための重要な診断型ツールである。株主の期待に応えるため、財務目標をしっかりと伝達することを目的とする。しかし、J&Jのように、さまざまなトレードオフ関係（研究開発、新製品発売、広告等々）に関する情報を収集するために、利益計画システムを対話型に活用することを望む企業もある。はたして、利益計画システムは統制型と対話型に、同時に使えるのだろうか。

利益計画システムを対話型として活用する際は、診断型の目標値を守るため、コンティンジェンシー（偶発性）を加味する必要がある。これは、対話型プロセスで利益計画を見直す際のバッファーとなると同時に、主要な目標値が崩れてしまうことを防ぐ。たとえば、翌年度の利益目標を1000万ドルに設定したとしよう。

通常であればこれが診断型の指標となり、目標達成と連動したインセンティブを定式化する。

この利益計画を対話型として使う場合は、「コンティンジェンシー」の項目を1行加え、1100万ドルの初期目標をマネジャーに課せばよい。100万ドルはコンティンジェンシー・ファンドとし、事業が目標を達成できない場合に取り崩すのである。月例会議で利益計画の達成状況を確認し、予期せぬ変化の原因を探り、新商品や競合他社のアクションに対応した予算変更を検討し、次なるアクション・プランを協議する。前述のとおり、利益計画の達成に対するボーナスやインセンティブは、主観的な評価で決定する。

合意が得られれば、年度中にも利益計画目標を変更することができる。絶対目標である1000万ドルを守るためにコンティンジェンシーを取り崩すことが認められる。従業員への報酬は、あくまでも1100万ドル達成のための努力に報いることとする。一方で、少なくとも1000万ドルを達成するようにコンティンジェンシー・ファンドをバッファーとするのである。

3 ROM

事業を率いる者にとっては、時間と関心を有効に活用することは重要な課題である。第1章ではROMを次のように定義した。

$$ROM = \frac{生み出された生産的エネルギーの合計}{投入される経営者の時間と関心の合計}$$

マネジャーが力を最大限に発揮するには、ROMの分子を増やし、分母を減らす方法を見つけることだ。組織の生産性向上のために、あらゆるツールやテクニックを駆使するのである。ROMを高めるためには、自分でやるべきことと、他のメンバーに任せるべきことを区別することが大事である。診断型統制システムは関心を温存するためのツールであり、モニタリングの頻度を減らした事業運営により、ROMが向上する。診断型統制システムの実作業のほとんどは担当者や会計士に任せられる。逆に、対話型統制システムはマネジャーの関心度合いを高めてしまう。マネジャー自身がシステムのデータ解釈に責任を負うので、他のス

タッフには任せられない。スタッフは単に手助けをするだけである。

表10-3は、診断型統制システムおよび対話型統制システムにおけるマネジャーとスタッフの役割分担をまとめたものである。

診断型統制システムは戦略実行の要であり、目標設定とその後の確認作業はスタッフに任せるものではない。マネジャーが自ら業績目標を設定し、戦略の方向性を確認するために自ら定期的な例外レポートを受けるべきだ。このようなシステムを設計するには高度な専門知識を必要とし、その維持には多くの経営資源がかかる。したがって、利益計画システム、バランス・スコアカード、利益率分析などの設計・運用は、専門家スタッフに任せたほうがよい。マネジャーが主要な前提と目標を伝えることにより、スタッフがデータを分析し、マネジャー宛の例外レポートを作成する。このように役割を分担すれば、ROMは大幅に向上する。

対話型統制システムの設計と運用は、特別なケアを必要とする。事業の将来ビジョンと戦略の不確実性の勘所を併せ持つ一握りの経営トップだけが、対話型システムに何を使うかを決めることができる。優秀な経営者は、部下との直接的対話により、使用しているデータ、想定した前提、アクション・プランなどについて協議し、組織全体が新しい情報に反応することを要求する。その際、スタッフの役割は、情報収集、情報提供、プロセス維持の手助けにとどめるように注意すべきである。スタッフがプロセスに関与しすぎて、対話やアクション・プランよりも、書類づくりにのめりこまないように配慮すべきである。また、すべてのマ

表10-3 診断型統制システムと対話型統制システムを使う際のマネジャーとスタッフの役割

	マネジャー	スタッフ
診断型統制システム	定期的に業績目標を設定	システムの設計とメインテナンス
	例外レポートを受け、レビューする	データの解析
	大きな乖離があればフォローする	例外レポートの作成
対話型統制システム	どのシステムを対話型として使うかを決定	データの信頼性を保証
	システムのデータについて協議するために部下と定期的な会議を設定	情報の収集と蓄積
	組織全体がシステムの情報に反応することを要求	対話型プロセスの手助け

出典：Simons, *Levers of Control* : 170.

資料10-1 | 診断型統制システムと対話型統制システムのまとめ

診断型統制システム

内容	事前に設定した業績水準と実績の差異をモニターし、乖離を修正するためのフィードバック・システム 例：利益計画と予算 　　　目標システム 　　　バランス・スコアカード 　　　ブランド収益モニタリング・システム 　　　戦略計画システム
目的	効率的な経営資源配分を可能にするため 目標を明確にするため モチベーションを与えるため 挽回策のガイドラインを示すため 事後評価を行うため 限られたマネジメントの関心を他に活用するため
使用方法	水準の設定 結果の測定 目標達成とインセンティブの関連づけ
必要条件	業績水準を事前に設定できる 結果が測定できる 目標からの乖離を正すことにフィードバック情報が使える プロセスまたはアウトプットが重要業績変数である
関係者	マネジャーは目標を設定し、例外レポートをレビューし、大きな乖離を修正する スタッフはシステムのメインテナンス、情報の収集、例外レポートの作成を行う

対話型統制システム

内容	部下の活動や事業判断に定期的に関与するためにマネジャーが使うシステム 例：利益計画システム 　　　バランス・スコアカード 　　　プロジェクト・マネジメント・システム 　　　ブランド収益モニタリング・システム 　　　情報システム
目的	戦略の不確実性に組織の関心を集め、新たな戦略を生み出すことを促進する
使用方法	部下との打ち合わせにおいて、システムのデータが重要な議題となるようにする 組織全体が常にシステムに関心を集めるようにする 部下との直接対話に参加する
必要条件	戦略の不確実性があり、大きな変化や機会の到来を見出す必要性がある
関係者	マネジャーはシステムを積極的に活用し、部下の努力に報いる主観的な評価を下す スタッフはシステムの手助けをする

出典：Simons, *Levers of Control* : 179-180.

ネジャーが使えるような、簡単なシステムにするのが何より大切だ。

診断型統制システムと対話型統制システムの特徴を、**資料10-1**にまとめてみた。

◆———本章のまとめ

第Ⅱ部では、利益計画システム、業績評価システム、統制システムの設計概念やテクニカルな特徴を見てきた。本章では、これらをどのように使うかという新たな視点を加えた。それは自分の関心や自分への報告義務がある人々の関心をどう配分するかを判断することである。

診断型統制システムは例外によるマネジメントであり、会計責任範囲を定義する。これを正しく設計すれば、各事業ユニットの目標達成を確実にすることができる。診断型統制システムは、定式化して設定するインセンティブやボーナスによって、さらに強力なものとなる。

対話型統制システムは、事業のポジションを調整するために必要なヒントを与えてくれる。このシステムはマネジメントへの負担が大きいが、トップの関心が組織全体に浸透してROMを高めるので、けっして無駄ではない。対話型統制システムを活用すれば、組織全体の関心が戦略の不確実性（経営者を四六時中悩ませる競争とコンピタンスに関する想定）に集まる。

診断型統制システムと対話型統制システムを併用すれば、戦略の実行と明日の変化への対応が可能となる。

第11章 業績目標とインセンティブの連携
Aligning Performance Goals and Incentives

◆

　ここまで、業績評価システムと統制システムをどのように設計するかについて詳しく見てきた。次に、組織で働く人々にこれらのシステムが与えるインパクトについて、もう少し丹念に見なければならない。どのような戦略の実行も、それが成功するか失敗に終わるかは、究極的には従業員にかかっているのだ。

　本章では、効果的な業績目標とインセンティブのための土台をつくる、設計の基本原則について学ぶ。目標の策定、業績評価指標と目標レベルの設計、動機づけに影響を与えるインセンティブの役割などは、それぞれ関連する問題である。業績目標とインセンティブの設計は、家づくりに似ている。まず一連のコンセプトを定め、そして最終的な完成物をどんなかたちにするべきか、大まかなアイデアを思い浮かべるところから始める。それから無数の選択を行い、設計士は図面を見直し、デザインについて代替案を検討する。建築業者は取付物や装飾物の選択について議論する。塗装業者は色、紙、特別な視覚効果などの選択肢を提供してくれる。

　家を建てるにせよ、ビジネス上の目標を設定するにせよ、いくつかの問いかけを常に心に抱いている必要がある。

- 何を成し遂げようとしているのか。
- コストも含め、選択肢のなかではっきりしているトレードオフは何か。
- 設計のどの部分がすべての状況に適用でき、どの部分が特定の戦略や目的の

ためだけに適用できるか。

1 業績目標の本質

　いかなるビジネスにおいても、経営者はほかの何にもまして、戦略を実行するためにどのように目標を使えばよいかに興味を持っている。第2章で述べた戦略の定義を思い出してみよう。戦略は、顧客のために価値を創造し、製品・サービスの差別化を図るためにしなければならない「選択」に焦点を合わせている。しかし、戦略の実行を成功させるためには、これら戦略的選択を何千何万という従業員に「伝える」必要がある。従業員1人ひとりが、自分が実現できる貢献についての指針を必要としている。業績目標は、その指針を与えるものである。目標は、目的や期待される成果のレベルを明らかにするものだ。また、経営者が達成したいと願っている「最終的なかたち」と、それを達成する「手段」を明示する。それらは、経営者が彼らに何を期待しているか、さまざまな要求に対し、何にどの程度の時間と関心を割り当てるべきかを伝えるものである。

目標、目的、ターゲット
　多くの企業は、ゴール、目的、ターゲットを区別している。たとえば、目標とは、以下のような一般的な願望を指しているだろう。

- 自家用ヨット市場に、新たなシリーズを投入する。
- 生産効率を改善する。
- 黒字にする。

　目的（objective）や「ターゲット」は、より具体的であり、進捗や成功の度合いを測るための測定基準や期限も設定する。たとえば、

- 今後9カ月以内に、新製品である32フィートの外航ヨットに対する注文を6つ取る。
- 今後1年間、四半期ごとに廃棄処理コストを10%ずつ削減する。

● 来年は売上高利益率15%を達成する。

　実際には、企業が一貫性を持って目標、目的、ターゲットといった用語を使い分けているかというと、そうではない。ある企業では、上述したような意味で目標や目的といった言葉を使い、別の企業ではまったく逆、すなわち目的は一般的な願望を指し、目標は、目的を達成するための具体的な数値を指している。
　どちらの使い方が好ましいかなどと言うつもりはない。大切なのは、「測定」が伴ってのみ、目標や目的が実現可能になるということだ。それゆえ本章では、マネジャーがどのようにして事業目標、すなわち願望の方向を設定・定義し、業績評価やインセンティブによっていかに目標を数値化し、伝達し、そしてサポートするかを理解することに集中する。そのため、**業績目標**（performance goals）という言葉を「(測定される) 実績値の期待レベル」を表すものとして使用することとする。

業績目標の役割

　利益、キャッシュフロー、ROCE（return on capital employed：使用総資本利益率）を最大化する、といった財務目標自体は、戦略を実行するうえでの必要な指針を与えてはくれない。また、財務目標は、どのようにして顧客に価値をもたらすか、あるいはどのようにして製品・サービスを差別化するか、といったことを従業員に教えてはくれない。したがって業績目標に「目的の明快さ」がなければ、従業員は利益を上げるために、各々まったく異なった方法を選択するかもしれない。ある従業員は顧客サービスを犠牲にしてコスト削減に努めるかもしれないし、別の従業員は顧客ロイヤルティを高めるために支出を増大させるかもしれない。各人が別々の方向に走れば、いかなる戦略も失敗に終わるだけだ。
　そのうえ、戦略は仮説にすぎない。戦略とは、計画やバランス・スコアカードに書き出された、因果関係についての前提と期待である。戦略に命を吹き込むために、マネジャーは具体的な業績目標を示し、部下たちに事業の方向性を伝えなければならない。すべての従業員は、彼らが何をもってして評価されるかということに注意を払っており、それゆえに、組織のあらゆる個々人は業績目標と評価指標から事業戦略を推測しようとする（**図11-1**参照）。
　たとえば、小売チェーンのマネジャーは、事業戦略によっては異なった業績評

価に会計責任を負うかもしれない。成長戦略の下では、1店舗当たりの売上増と、テキサス州での3つの新規出店に会計責任を負うかもしれない。もし会社が低コスト戦略をとっていれば、コスト削減、あるいは競合他社よりも低い価格を維持することに会計責任を負うことになる。これら1つひとつの「指標」（収入の伸び、新規出店数、コスト削減、価格競争）によって、それぞれ異なる「優先順位」が伝わるとともに、トップがどんな戦略的方向性をとろうとしているのかを従業員が「推量」できるようになる。

再度、ボストン・リテールのケースで考えてみよう。マネジャーが、ニューヨーク州に新店舗を3つオープンすることを決断したとする。この戦略の下で、第5章で作成した利益計画から主要なデータを再利用してみる（**資料11-1**参照）。

この利益計画を検討すれば、何をしなければならないかは明らかとなる——新店舗を軌道に乗せ、収入を360万ドル増加させる一方で、支出は抑えるという野心的な試みに挑戦しなければならない。ボストン・リテールのオーナーあるいはトップは、新店舗の店長に以下のような業績目標を追加で与えることもできる。

- すべての新規採用者を6月1日までに雇う。
- レイバーデーの週末の正式開店を実現する。
- 最初の6カ月間で65万ドルの売上げを達成する。

こうした業績目標や指標は、トップが店長に何に注力してほしいと思っている

図11-1 業績評価指標から戦略を推測する

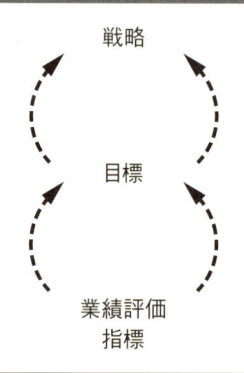

戦略
↑ ↑
目標
↑ ↑
業績評価
指標

のかを、明確かつ系統立てて伝えてくれる。口頭でのコミュニケーションだけに頼っていては不十分なのである。

業績目標が重要であるもうひとつの理由は、上述したコミュニケーションの明確さに関連している。業績目標を明確に伝えることで、トップ・マネジメントが他のことに力を注ぐことが可能になり、高いROM（return on management：経営者資本利益率）が実現できるようになるのだ。第4章で議論したように、マネジャーが情報を利用する目的を思い出してみよう。

- より良い決断ができる。
- 部下たちに動機を与え、その努力を評価する。
- どの業務、事業機会に取り組むのが望ましいかを伝える。
- 教育、トレーニング、学習を促す。
- 社外の人間とコミュニケーションをとる。

業績目標は、こうしたそれぞれの目的のROMを高めるうえで重要な役割を果たす。目標は、その本質からして、トップ・マネジメントの選好――何が大切で、

資料11-1　ボストン・リテールの拡大戦略利益計画目標

	20X1年 実績 （ドル）	20X2年 既存店 （ドル）	20X3年 ニューヨーク支店 ＋既存店（ドル）	ニューヨーク支店 による増加（ドル）
売上高	9,200	10,120	13,800	3,680
売上原価	4,780	5,258	7,170	1,912
総利益	4,420	4,862	6,630	1,768
賃金	1,530	1,591	2,387	796
賃借料	840	882	1,322	440
広告宣伝費	585	644	704	60
一般管理費	435	478	718	240
利息	72	65	97	32
減価償却費	57	109	181	72
教育・研修費	38	40	59	19
その他費用	54	56	84	28
合計	3,611	3,865	5,552	1,687
税引前利益	809	997	1,078	81

人々がどこに時間を注ぐべきだと考えているか——についてのシグナルを送る。さらに業績目標は、マネジメント・トレーニングの本質である、規律あるアプローチを与えてくれる。つまり、他の人々を導きながら事業を成功させ、自らの課題を実現する方法についてである。目標は、あらゆる重要な決断を下すうえで、参考となる指針になる。目標の達成がボーナスや昇進にリンクしていれば、動機づけのツールにもなる。また、場合によっては、業績目標は事業の見通しを伝えるという意味で、株主やアナリストとも共有できる。

重要業績変数

　マネジャーはどのように業績目標を選択するか。本書ではこれまでに、利益計画、ROE、残余利益、バランス・スコアカードについて学んできた。マネジャーが多くの選択肢のなかから業績目標を選べるのは明らかである。しかし、戦略の実行にとって真に重要なのは、そうした目標のなかのごくわずかである。これらは**重要業績変数**（critical performance variables）と呼ばれ、意図する事業戦略を成功させるために、うまく達成あるいは実行しなければならない要素のことである。マネジャーは、担当する事業の重要業績変数を特定しなければならない。
　いかなるビジネスにおいても、重要業績変数を決定するには2段階のステップがある。第1のステップは、重要と思われる**パフォーマンス・ドライバー**（performance drivers）を演繹的に見つけ出すことだ。いかなる戦略にとっても、パフォーマンス・ドライバーは、①戦略の実行が成功する可能性に影響を与える変数（有効性の基準）、あるいは、②時間の経過に伴って限界利益をもたらす最大の潜在力を持つ変数（効率性の基準）のいずれかである。
　第2のステップは、第1のステップで得られたパフォーマンス・ドライバーの候補のなかから、重要業績変数を見分けることである。そのためには、まず、現在から5年後の世界に自らが移動したと仮定し、そこで自分の事業戦略が失敗に終わったことを目の当たりにしたとする。そのとき自分が、失敗の原因として何を指摘するだろうかを想像するのである。それこそが重要業績変数、すなわち戦略を失敗に終わらせる原因となりうる、競争力学上の重要な要素である（図11-2参照）。これら重要業績変数は、事業ごとに異なり、顧客のニーズに関連していることもあれば、新しい技術の導入、新たな競争優位の開発、新市場へ参入する能力などに関連していることもある。

図11-2 失敗の可能性が重要業績変数を決定する

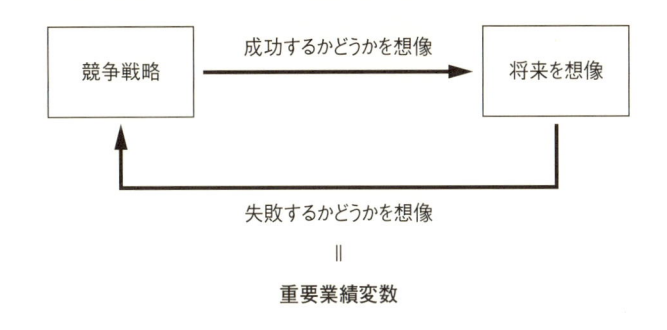

```
                成功するかどうかを想像
  ┌─────────┐ ──────────────→ ┌─────────┐
  │ 競争戦略 │                    │ 将来を想像 │
  └─────────┘                    └─────────┘
       ↑                              │
       └──────────────────────────────┘
             失敗するかどうかを想像
                    ‖
                重要業績変数
```

　どのようなタイプの事業のいかなる重要業績変数であっても、それが本当に重要業績変数であるかどうか見分けるテストは簡単である。戦略を失敗に終わらせる原因となりうる業績変数はすべて、戦略的業績目標の最終候補とすべきである。

2　業績指標の選択

　業績目標の達成を確実にするためには、望ましい結果を得るための指標を設定しなければならない。指標（measure）とは、「測定可能であり、かつ比較のために使用できる数値」のことである。業績指標には、財務的なものもあれば、非財務的なものもある。「財務指標」は金額で表され、通常、会計システムから読み取れる。例としては、売上げや利益が挙げられる。「非財務指標」とは、正式な会計システム以外のところで作成される数量的データのことである。廃棄された金属の重量は数値で測れるが、金額で表されるものではないので、非財務指標に分類される。
　ある指標が業績目標として利用するのに適しているかどうかは、次の3つのテストの結果次第で決まる。

テスト1：戦略と整合性がとれているか？
　指標によって、何が重要かがわかる。もしある従業員が顧客満足度で評価され

ているとすれば、その従業員は何が重要なのかを推量できる。もし彼がコストの削減度合いで評価されているとすれば、顧客満足度とは別のことが重要だと考えるだろう。

　良い指標であるかどうかの最初のテストは、次のような質問である。「ある従業員が会計責任を負っている指標を見たとき、自分に対してマネジャーが注力してほしいと考えている目標が正確に推定できるか?」。たとえば、工場で働く従業員に次のような指標が与えられていた場合、彼らはどのような目標を推定するだろうか。

- 1製品1単位当たりのコスト（単位：ドル）
- 毎月の廃棄費用
- 機械のセットアップ時間（単位：時間）

　また、同じ工場の従業員に次の指標が与えられていた場合、その答えは変わるだろうか。

- 品質上の欠陥
- 顧客の注文が達成されるまでの所要時間
- 新製品の品質の満足度

　上記の2つの指標群からは、優先度、目標、そして究極的には事業戦略において、まったく異なるものが導き出されるだろう。指標が適切であれば従業員は経営陣が意図している事業戦略を推定し、理解できるようになるのだ。

Column●アメリカ国税庁におけるインセンティブ問題

　納税者に対して国税庁が職権を乱用しているという申し立てに基づきアメリカ連邦議会の調査が行われ、同庁の業績目標にいくつかの欠陥があることが明らかになった。国税庁の監査部門による調査は、同庁の職員に不適切な徴税目標が課せられていることを指摘した。たとえば、課長クラスの4人に3人の年間勤務成績は、「1就業時間当たりの査定税金額」といった数値をベースに評価されている。このシステムが、同庁の職員を徴税目標金額達成のた

めの行き過ぎた税務調査や、時には違法行為にさえ駆り立てていたのである。

　国税庁長官のチャールズ・ロソッティは、「顧客満足度や財産目録の管理、徴税案件の『品質』といったものも考慮する、よりバランスのとれた方法を検討してはいるが、どのような新しいシステムも実行に移すまでに2、3年を要する。その間国税庁の職員たちは、『自分たちが何をすることを期待され、何をしてはいけないのか、まったくわからない』と考えるだろう」と述べている。

出典：Judith Bruns, "IRS Chief Promises Change, But Not Overnight," *Dow Jones Newswires Capital Markets Report*, May 1, 1998; Jacob Schlesinger, "IRS to Review Property Seizures for Wrongdoing," *Wall Street Journal*, July 13, 1998: A3; Stephen Barr, "IRS Report Says Agents Pursued Assets of Sick, Dying Taxpayrs," *Washington Post*, July 11, 1998: A9.

テスト2：実際に測れるか？

　理想的には、指標は客観的で、完全で、かつ対応性が高いことが望ましい（図11-3参照）。

図11-3　指標の本質

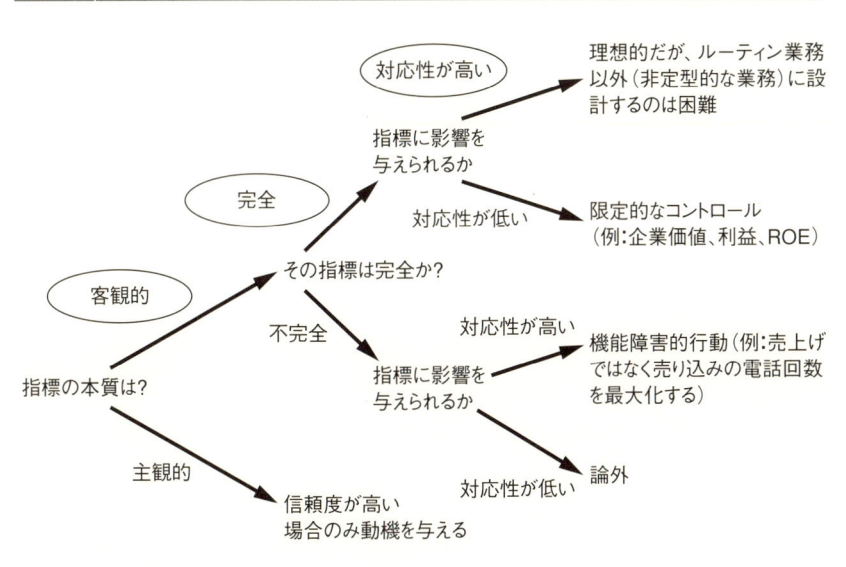

```
                                          対応性が高い   理想的だが、ルーティン業務
                                        ┌──────────→   以外（非定型的な業務）に設
                              指標に影響を                 計するのは困難
                              与えられるか
                    完全    ↗             対応性が低い   限定的なコントロール
                  ┌──────→                ──────────→   （例：企業価値、利益、ROE）
                              その指標は完全か？
         客観的  ↗                          対応性が高い   機能障害的行動（例：売上げ
      ┌────────→    不完全                 ──────────→   ではなく売り込みの電話回数
指標の本質は？       ↘  指標に影響を                        を最大化する）
                        与えられるか
                  ↘                         対応性が低い   論外
         主観的    ↘                        ──────────→
                    信頼度が高い
                    場合のみ動機を与える
```

出典：Simons, *Levers of Control*：77.

指標の本質

客観的指標（objective measure）は、単独で計測でき、またその正確性が確認できるものである。たとえば、売上げや製造原価は、外部の監査人によってその正確性を確認できるので、客観的指標と言える。客観的指標は一定の明確な式から導き出されるので、その意味や結果にはほとんどあいまいさがない。それとは対照的に「主観的」指標は、独立して計測したり、その正確性を実証したりすることができない。それらは上司の個人的判断に委ねられている。あるセールスマンの仕事ぶりは、彼の上司の観察をもとに主観的に評価される。しかし、被考課者が納得いくような判断ができるよう、上司は正しい情報を入手しなければならない。それに加えて、上司に対する信頼も高くなければならない。部下が、上司による主観的判断が公正で、適切に利用されると信じる必要がある。

指標は、その完全性や対応性の度合いによっても異なる。**完全指標**（complete measure）は、成果の関連要因をすべて反映するものである。**対応指標**（responsive measure）は、マネジャーが直接影響を及ぼせる行動のみに対応しているものである。たとえば、ボストンからバンクーバーまでドライブする場合の進み具合を計測するとしよう。スピードメーターに示される車の速度は対応指標だが、完全指標ではない。運転者が加速したり減速したりするとこの指標は影響を受けるが、休憩の回数や時間が加味されていないために、完全指標とはならない。

ビジネスにおいて、株価はしばしばトップ・マネジメントの業績を表す完全指標と見なされる。すべての経営活動はいずれ株価に反映されるからである[注1]。しかし、株価は金利など経営陣のコントロールの及ばない経済状況によっても影響を受ける。したがって、株価は経営陣の行動を完全に反映しているとはいえない。一方、利益やROEなどの指標は、トップ・マネジメントの行動に反映している。しかし、これらの指標も完全ではない。新技術への投資といった長期的に影響を及ぼす判断の将来価値を反映していないからである。

業績指標の対応性を高めるため、従業員は通常、彼らの権限内の行動についてのみ評価される。しかし対応指標は、時としてリスクを生む。彼らは評価される

（注1）一期間においては、株価は完全指標ではない場合もある。経営判断が将来期間に与える影響（特に経営陣が株主や証券アナリストが入手できない社内情報を持っている場合等）を捕捉していないかもしれないからである。

指標の数値を高めるが、企業全体の価値をほとんど高めない行動をとる可能性があるからだ。たとえば、部下のセールスマンが1週間にかけるセールスの電話の本数を評価指標としたとする。この対応指標を使うことにより、セールスマンは販売そのものではなく、電話の回数を増やすことだけに努めるかもしれない。したがってこの指標は、完全ではない。

　図11-3の上部に示されている、客観的で完全かつ対応性の高い指標は、工場の作業員やカスタマー・サービス係といった職種では適用できることが多い。しかし、上級マネジャーの場合、客観性、完全性、対応性のバランスをとるには、慎重な配慮と設計が必要である。しっかりと設計されていなければ、評価指標は前章で述べたような意図せざる結果、すなわち制度の悪用（正規の目標を達成するのではなく、数値をごまかす）、人為的な平準化（各期間で収益と費用の時期をずらして会計を調節する）、不当なバイアス（好ましくないデータを隠し、好ましいデータのみ報告する）などをもたらす。あるクレジットカード会社の例を見てみよう。その会社は顧客サービス業務の効率を上げるため、①1日当たりの応対電話数、②電話1本当たりの応対時間を指標とした。目標と報酬は、前者が増え、後者が減ることを想定しており、従業員もそのように行動した。しかし、回答に時間のかかる難しい質問を顧客がしてきたときに、従業員は他の部署にその電話をまわすようになっただけだった。この指標の欠陥をついた行動は、指標の上では高い点数を出したが、顧客を失望させ、怒らせただけだった。

テスト3：価値にリンクしているか？

　これまでの章で述べてきたように、すべての組織的プロセスは「インプット→プロセス→アウトプット」モデルに従って分けられ、いかなるインプット変数（情報、エネルギー、労働、原材料、その他）、プロセス変数（サイクルタイム、品質、稼働率等）、アウトプット変数（効率性と効果度）も測定できる。

　バランス・スコアカードの議論では、成功の先行指標と遅行指標という2つの指標を区別した。家を建てる場合を例に取ると、成功の遅行指標の1つは、完成の5年後に家を売りに出したときに得られる利益である。高い転売価格は、家がしっかりと建てられ、見た目も美しく、立地環境も理想的であることを示している。ビジネスで言えば、新製品を投入してから損益分岐点を達成するまでに要する時間が遅行指標の例として挙げられる。

しかし、家を建てるにあたって、それが良い家かどうかを見極めるのに5年も待てる人はおそらくいないだろう。その代わり、公表されている住環境のランキングや建築士の評判、建築を依頼しようと考えている業者が他の顧客から得ている評価、といったインプット指標を見るだろう。さらにプロセス指標、すなわち、現場を頻繁に訪れたり、壁が塗り込まれる前に大切な部分の建築状態をチェックしたり、建築費が予算内に収まっているか、最高品質の建材が使われているかを確認することに頼ることもできる。これらは先行指標である。

ビジネスにおいてマネジャーは、従業員の訓練、品質管理、仕掛品費用といった先行変数の測定を選択することもあれば、利益や顧客満足度といった遅行変数を選択することもある。しかし、先行指標に頼る場合には、第4章で述べた、因果関係についての重要な前提を想起しなればならない。すなわち、訓練された従業員（A）は、高い顧客満足度（B）をもたらし、それがリピート（C）に結びつき、利益をもたらす。これをモデル化すると以下のようになる。

　　A⇒B⇒C⇒利益
　　　A＝従業員の訓練
　　　B＝顧客満足度
　　　C＝リピート

これらの変数のどれかが、あるいはすべてが経済価値につながると、マネジャーはどれほどの自信を持って言えるだろうか。遅行指標である利益は、経済価値とかなり高い相関関係があるだろう。ある事業が利益を生めば生むほど、経済価値もより多く生み出されるだろうが、はたして他の3つの変数についても同じことが言えるだろうか。

右から左に遡るにつれ、変数が経済価値を生む能力についての我々の自信は小さくなっていく。リピート（C）は、「おそらく」さらなる利益につながるだろうが、必然ではない。何人かの顧客は、その購買習慣、数量や割引により、実際には企業に損失をもたらすかもしれない。顧客満足度（B）は、利益増につながるかもしれないし、つながらないかもしれない。たとえ顧客を満足させられたとしても、競合他社が提供している商品のほうが彼らのニーズにより合致していれば、やはり競合他社から買うことを選ぶかもしれない。従業員の訓練（A）に至っては、経済価値とのつながりはより希薄となる。よく訓練された従業員がいる

のはよいことだが、教育費用が企業にとって経済価値を生んでいると証明することは難しい。どういった種類の訓練を提供するか選ばなければならない、あるいは従業員の離職率が高い、などといった場合にはなおさらである。

したがって、業績指標を設計する際、経済価値が生み出されているかという点については、アウトプット指標（すなわち遅行指標）が最も高い信頼性を与えてくれる。インプット指標とプロセス指標（すなわち先行指標）は、マネジャーが因果関係を理解していると自信が持てる場合にのみ有効である。

（読者の皆さんには、上述した良い指標についての3つのテストに加え、第4章の議論を読み返すことをお勧めする。そこで我々は、インプット、プロセス、アウトプットのいずれをモニターすべきか、その選択基準について検討した。これらの基準には、モニタリングの技術的実行可能性、因果関係の理解、費用、望ましい変革のレベルなどが含まれる）

Column●公共部門における業績指標の変更

アメリカ連邦政府機関は、正しい業績変数を測定するよう診断型統制システムの改定を行っている。

たとえば、アメリカ沿岸警備隊は、職員が行った検査の回数や認可の数を測定していた。しかし、その主要な任務は人命救助であるとの認識に立ち、業績を評価するには海難による死亡率を測定すべきであることに気づいた。海難事故の主な原因は機器の故障ではなく人的ミスであるが、以前の検査は機器を対象としたものだった。沿岸警備隊は、牽引業界のように事故死亡率の高い分野に重点を置き、最も事故を起こしやすい新米作業員に対する訓練の改善を支援し始めた。5年のうちに、沿岸警備隊は以前よりも少ない職員および低いコストで、牽引業界での事故死亡率を10万件当たり91件から27件に減少させることに成功した。

連邦緊急事態管理庁も、業績評価において新しい方針を打ち出した。同庁は、災害発生時に支援金や毛布を支給することに注力する代わりに、災害にも耐えうる建築物が増えれば災害発生後に支給する援助額が減らせると考えた。早速、洪水被害の起きやすい地域の洪水に対する備えのレベルや、そうした地域での検査回数の測定を開始することで、地元自治体が建築基準規定を強化するのを支援した。こうした測定対象の変更の結果、災害1件当たりの援助額は減少した。

NOAA（The National Oceanic and Atmospheric Administration：国家海洋大気管理局）は、かつて業績指標として気象予測の回数を測定していた。しかし現在では、短期の気

象警報や予測の効果を改善するため、竜巻発生のどれぐらい前に警報を発することができるかを測っている。新たなドップラー・レーダー・システムの開発により、同局は全国平均の警報発信時間を竜巻発生の7分前から9分前に改善することに成功した。これは小さな違いに感じられるかもしれないが、危険な竜巻の進路にいる人々にとっては生死を分ける大きな違いである。

出典：Douglas Stanglind, "What Are Your Trying to Do?" *U.S. News & World Report* (March 3, 1997): 36-37.

従業員にいくつの指標を与えるか

　戦略を効果的に実行するためには、その事業に携わるすべての人が、成功のために本当に重要なごく少数の変数にエネルギーを集中することが不可欠である。評価指標をコミュニケーション手段として効果的に利用するためには、人々が注意を集中するようにする必要がある。測定されるものは管理もされるからである。

　それゆえ、マネジャーにとって大切なのは、各部下にいくつの業績評価指標を割り当てるかという判断である。優秀なマネジャーは、「経験則から言って、人は自分が思い出せる業績指標についてのみ責任を負うべきである」と考え、いくつかインパクトの大きい指標に絞って部下に与える。では、それは具体的にいくつなのか。

　ジョージ・ミラー教授は、1950年代に発表した著名な論文「魔法の数字7－プラス、マイナス2」の中で、この問いに答えている[注2]。世の中において7から成り立っているものを考えてみる。

- 電話番号
- 曜日
- 音階
- 虹の色
- 世界の不思議

（注2）George A. Miller, "The Magic Number Seven, Plus or Minus Two: Some Limits in Our Capacity for Processing Information," *The Psychological Review* 63 (1956) : 81-87.

ビジネスにおいては、

- 品質の段階
- 「7つのS」分析
- 優秀な人々の「7つの習慣」

なぜ7なのか。それは、人間が物事を思い出したり、創造性を発揮したりするのに、7ビットの情報量が適しているからである。10ビット以上では情報過多となってしまう。さらに、人は同時にあまりに多くのことを指示されると、そのいずれに対しても、成功させるのに十分な関心を注ぐことができなくなる。この経験則に従えば、1人当たり7〜9以上の評価基準を与えるべきではないと言えよう。もちろん、マネジャーが目標や評価基準を組織に与える場合、従業員はそれぞれ異なる基準で評価される。ただし、そのためには、それぞれの職務と評価基準の間に整合性がなければならない。

3 業績達成基準の設定

目標設定プロセスの一部として、達成目標や期待業績レベルを定めなければならない。ボストン・リテールのケンブリッジ支店における過去の実績データを考えてみよう。

	20X0年	20X1年	20X2年
売上目標	1300ドル	1550ドル	1450、1550、または1750ドル
売上実績	1275ドル	1450ドル	

20X2年の売上目標としてどれが適切だろうか。前年実績である1450ドル、あるいはそれよりも高い額にすべきだろうか。もし前年より高い額に設定するなら、どれぐらい高くすればよいだろうか。この問いに答えるためには、いくつかの要素を考慮しなければならない。真っ先に考えなければならないのは、事業戦略の実行における業績目標の重要性である。たとえば、ある事業戦略を実現するために、新商品群の投入によって第1四半期に5万ドル、第2四半期に7万5000ドル、

第3、第4四半期にそれぞれ10万ドルの追加収入を上げる必要があるとしよう。これらの目標が達成できなければ戦略実行の成功が危ぶまれるとすると、適正な売上目標の設定にはほとんど選択の余地がないことになる。

ベンチマーク比較

　原材料の購入、生産、ロジスティックス、マーケティング、研究開発、配送、顧客サービス、管理といった事業活動のそれぞれの分野において、他より優れた企業あるいは事業部門がある。業績目標を効果的に設定するためには、どのような企業が最も効果的に経営資源を活用できるのかを知っておかなければならない。そして次に、この「最上級」の基準に対して、自分たちがどれだけ近づけるかを推し量らなければならない。このテクニックをベンチマーキングと言う。

　たとえば、あるCFOが処理プロセス（たとえば、月に1万件の処理を行うのに必要な事務担当者の人数）、財務諸表作成作業（月締めから当該月の財務諸表を公表するのに必要な日数）、情報技術（従業員1000人当たりの最適IT関連支出額）などについて知りたいと考えているとする。これらを把握するために、個々の業務においてどの企業が優れているか、またそれらの企業がどれぐらいの有効性や効率性を達成しているのかを、さまざまな指標を使って調べることができる。調査は通常、専門のコンサルタントが行ってくれる。こうした情報を収集することにより、経営者は経営資源の活用における有効性や効果性を考えながら、業績目標を設定できる。

　複数の生産拠点や配送拠点を持っている企業では、各事業部門のデータを収集し、業績を比較することにより、社内のベスト・プラクティスをベンチマークとして使用することができる。たとえば、マクドナルドはすべてのフランチャイズ参加店舗について、売上げを1ドル上げるのに要する人件費、食材費、設備費を集計している。これらの情報は蓄積され、すべての店舗に送られ、それぞれの運営状況と比較検討するのに用いられる。

Column● ブリティッシュ・ペトロリアムのジョン・ブラウン

　ブリティッシュ・ペトロリアムのCEO、ジョン・ブラウンは、学習意欲を引き出すにはどうしたらよいかという点について、次のようにコメントしている。

> 「人々を学ばせるには、彼らに挑戦目標を与えなければならない。たとえそれが完全に達成できるものであるかが実際にはわからなかったとしても、目標を設定することは非常に重要である。急激な変革を迎えている時代には、決意を固め、人々を既成の枠から外へ踏み出させなければならないからである」
>
> 「学習を促し、業績を上げるために我々が採用しているプロセスは、けっして特別なものではない。それは、各事業の運営実績を左右する重要な指標が何であるかを理解し、それらの指標と関連する業務を、手心を加えず客観的に基準と比較し、より高い目標を設定し、それを達成するよう人々に挑戦させることである」
>
> 「我々(経営陣)は各事業部門のマネジャーと一緒に、年間業績に関する契約を作成する。その契約は、マネジャーたちが何を達成することを期待されているかをはっきりと説明しており、我々は四半期ごとに彼らの目標達成の進捗状況をレビューしている」
>
> 出典:Steven E. Prokesch, "Unleashing the Power of Learning: An Interview with British Petroleum's John Browne," *Harvard Business Review* 75 (September-October 1997): 146-168.

動機づけ

業績目標が持つ動機づけへの影響について考える際、2つの点を考慮しなければならない。第1は、高い目標がどのように個々人の仕事ぶりに影響するか、言い換えれば、目標の難易度に人間はどう反応するかである。第2は、業績達成基準の設定にだれを関与させるかである。上級マネジャーのみに目標設定を行わせるのか、それとも部下も参画させるべきであろうか。

難易度

行動科学によれば、人間の創造性や自発性は、それらを発揮するよう促す合理的なレベルのプレッシャーの下で最大限に発揮される。プレッシャーを緩和すると、業績や創造性はより緩慢なものとなる[注3]。したがって業績目標は、簡単すぎず、

(注3) 目標の難易度と業績に関する文献としては、Edwin A. Locke and Gary P. Latam, *A Theory of Goal Setting and Task Performance*, Englewood Cliff, N.J.: Orentice-Hall, 1990. の第2章を参照。

また逆に不合理に困難だと感じられないような程度で、やりがいを感じさせるものにすべきである。利益増4％は達成するのが比較的容易であり、利益増25％は逆に困難すぎるであろう。

図11-4が示すように、目標達成が簡単すぎる場合、たとえば4％の利益増の達成では、人々は挑戦心をかき立てられることもなく、動機づけとしての効果は低下する。目標がもう少し達成困難であれば、効果は増加する。多くの人が挑戦しようとやる気を起こし、その目標を達成する方法を模索する。人間が目標を達成しようと持てる力を最大限に発揮するのは、増益率が15％のときである。しかし、目標があまりにも高すぎると感じられる水準になると、あきらめ始めてしまう。目標達成が不可能か、あるいは努力するに値しないと考えるのである。図11-4は、目標が18％を超えると次第にやる気や努力が低下していく様子を示している。

目標設定に関与させる者を決定する

目標の難易度に関する議論は、もう1つの問題を提起している。それは、「業績目標の難易度の設定にだれを関与させるか」という問題である。目標を設定し、その遂行を部下に命じる上司のみに委ねるトップダウン形式とするか、それとも、その影響を受けることになる部下の意見も取り入れるべきか。

最近、計画や予算策定プロセスへの部下の参画度合いに注目した研究が行われた。そのなかでは、これら将来に関わるプロセスへの部下の参画を促している組

図11-4　動機と目標の難易度の関係

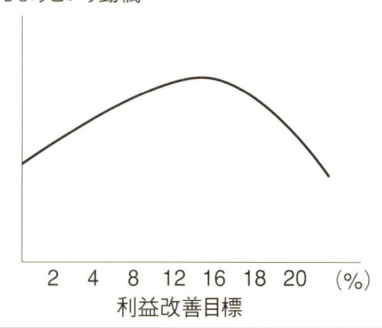

織がある一方で、部下の意見を取り入れず、トップダウンで年度目標を与えている組織もある理由を解明しようとした。

　研究の結果、経営陣が情報共有をどの程度望んでいるかが、大きなカギを握っていることがわかった。組織が不確実性の高い環境に直面し、なおかつ変化に対処するために必要な関連情報が組織の広い範囲に拡散している場合、計画・予算策定プロセスは多くの人を参画させ、相互作用的なものとなる。これに関与することで情報交換が促され、周囲の環境変化を理解するのに役立つこととなる。そしてその結果、業績が向上するのである。

　一方、安定した環境に置かれている企業は、利益計画目標について情報交換を行う必要がない。なぜなら、経営陣はすでに将来の状況を予見しているからである。こうした場合には、計画・予算策定プロセスが情報交換に利用されることはなく、単に組織内の人々に困難な目標に挑戦し、それを達成するよう求めるものとなる(注4)。

　したがって、業績目標の設定にだれを関与させるかという判断は、そのために必要な情報が組織内のどこにあると経営陣が信じるかにかかっている。もし業績目標の設定に必要な情報が組織内に広く分散していると考えるのであれば、参画型のスタイルが適当である。もし情報をトップが把握しているのであれば、部下との相談はほとんど必要ない。

　だれを業績目標の設定に関与させるかの判断は、経営陣が組織における人間の行動について、どのような仮説を持っているかにも大きく依存する。たとえば、経済学で使用される典型的な人間行動モデルは、部下は合理的かつ利己的で、効用の最大化を図り、通常はリスクを回避し、努力が嫌いな人間であると想定している。これら「エージェント」は「プリンシパル」、つまり業績目標を設定する権限を持ち、部下の努力を査定し、報酬を与える所有者や上司に雇われて働いている。このような見方をすると、問題は、エージェントがプリンシパル（あるいは上司）の最大利益にならないような行動をとる傾向をいかに最小化するか、と

(注4) Leslie Kren, "Budgeting Participation and Managerial Performance: The Impact of Information and Environmental Volatility," *The Accounting Review* 67 (1992): 511-526; Peter Brouwnell and Alan S. Dunk "Task Uncertainty and Its Interaction with Budgeting Participation and Budget Emphasis: Some Methodological Issues and Empirical Investigation," *Accounting Organizations and Society* 16 (1991): 693-703.

いうことになる。この「エージェンシー問題」の解決策の1つは、報酬や懲罰とリンクした、トップダウン型の契約（つまり目標）と強制メカニズム（たとえば業績評価・統制システム）を設定することである。このモデルでは、部下は目標設定に関与させてもらえない。なぜなら、部下は将来求められる努力を最小化し、彼らの都合のよいように目標設定プロセスを歪めようとすると考えられているからである。

これとは別の、組織行動学における一般的な見方は、部下が、①目標が道理にかなったものと考え、②彼らの意見や参画も認めるプロセスによってつくられた目標にコミットするようになれば、ほとんどの人々は生来、何かを達成することを楽しみ、組織目標を達成しようと自ら動機を持つようになる、というものである。したがって、コミットメントを高め、究極的にはやる気を高めるために、目標設定への部下の参画が求められることになる。

正しいのはどちらの見方だろうか。おそらく、どちらも真理を含んでいる。したがって経営者は、目標設定プロセス構築の目的、関連情報の所在、組織内の部下に対する信頼度合いなどによって、異なる選択を行うことだろう。

業績目標の複数の目的

業績目標は同時にいくつもの目的のために利用されるがために、その設定プロセスは複雑なものとなる。上述のとおり、業績目標は従業員に戦略を伝えて動機づけを行うことに使われるが、計画策定や調整、潜在的な問題を早期に知らせる警報、経営者や事業の事後評価などにも用いられる。

業績目標は、各事業部門間での①経営資源の最適配分や、②仕事の流れを調整するための「計画策定と調整」に必要である。計画は事前に調整し、矛盾があれば解決しておかなければならない。たとえば、生産部門が適切な生産能力を計画するためには、販売部門の売上予測を知っておく必要がある。もし生産部門の最大生産能力が月1500ユニットだったとしたら、販売部門の売上予測が月1200ユニットなのか1800ユニットなのかによって、大きな違いが出てくることになる。

業績目標は、事業が決められたコースを外れだしたとき、そのことを教えてくれる早期警報の基準ともなる。業績目標は本来、仕事が実際に動き始める前に設定される。事業が進展するにつれ、実績を業績目標と比較することによって、数値の未達や問題を特定できる。主要な指標における目標数値の未達は、経営陣に

対して問題の調査や対応策の決定を促す早期警報となってくれる。

また、業績目標はしばしば、成果の事後評価の大切な要素となる。マネジャーやその担当部署は、彼らに与えられた業績目標の達成度、すなわち目標をどの程度上回ったのか、下回ったのかによって査定される。

しかし、動機づけ、計画策定と調整、早期警報、評価といったすべての目的に業績目標を利用することは、問題を引き起こす。というのは、異なる目的のために最もうまく働くようにしようとすれば、目的ごとに目標のレベルを調節しなければならないからである。以下に例を示す。

- 「計画策定と調整」のためには、業績目標は、経営陣が最も起こりうると判断するアウトプットのレベルに設定されるべきである。希少な生産資源を確保し、振り向けるためには、業績目標と生産計画に正確な予測を反映することが重要である。
- 「動機づけ」の目的からは、経営陣は、通常以上の業績を上げるようプレッシャーをかけるために、目標レベルを引き上げたいと考えるかもしれない。たとえば、より良い業績へのやる気を引き出すために、「最も妥当な」目標から10％上積みされるかもしれない。
- 「事後評価」において、マネジャーは、期初の業績目標に修正を加え、責任の範囲外にある「予期できなかった、あるいはコントロールできない出来事」を除外するかもしれない。ある主要顧客に対して月1600ユニットを売るとマネジャーが宣言していたとしても、その顧客の工場を操業停止に追い込んだ落雷による売上減少の責任まで、負わせなければならないだろうか。[注5]

現実には経営陣はこれらの矛盾を認識しており、矛盾する各目的の妥協点を業績目標として選択している。つまり、業績目標を設定する際には、情報の正確性と動機づけに与えるインパクトをどのようにバランスさせるかを判断しなければならないのである。

(注5) M. Edgar Barrett and Leroy B. Fraser, "Conflicting Roles in Budgeting for Operations," *Harvard Business Review* 55 (1997): 137-146.

4　インセンティブの整合性

　一般的には、組織目標に向かって働くよう人々を動機づける方法には2通りある。第1は、目標が道理にかなったものであり、そのため人々が目標達成のために進んで努力する場合である。これが**内的動機**、すなわち内なる動機である。内的動機は、人々がキリスト教会やユダヤ教会、慈善団体など、その組織目標を本質的に信じている慈善組織に自発的に参加したときに自然に発生するものである。人々はその組織が追求している使命を信じているがゆえに、喜んで努力する。経済学者はこれを動機づけの最良の方法としている。

　経営者はさまざまな方法で内的動機を高められる。1つは、第1章で述べたように、従業員が事業の総体的な使命に貢献したいと思うよう、事業の理想や信念を強調することである。言い換えれば、自分の仕事場に対する誇りを持たせるのである。また、従業員が目標を道理にかなったものと感じる可能性を高めるために、目標設定プロセスに従業員を巻き込むこともできる。インプットや情報を与えてくれるよう頼み、従業員を目標設定プロセスに参画させることで、彼らはその目標が合理的であるとより感じるであろうし、それらを達成しようと一生懸命働くであろう（もちろんリスクもある。彼らは、可能であれば期待達成レベルを低くし、より達成しやすい、予測しやすい目標にしようと試みるかもしれない）。また、現在の戦略の根底にある因果関係のつながりを伝えることで、組織がその目標を達成するうえで自分が果たす役割を、従業員により深く理解させることもできる。

　目標達成に関心を向けさせるための第2の方法は、報償や報酬といった正式な**インセンティブ**（incentive）を利用するものである。金銭的なインセンティブは、ほとんどの業績評価システムの設計上、必要不可欠な要素である。これらのメカニズムは**外的動機**、すなわち外部から動機をつくり出すことである。ボーナスなどの金銭的な成果報酬は目標達成にはっきりと結びつけられ、それによって外的動機を高められる。具体的には、利益の一定割合を支給する、あらかじめ決めておいた成果の達成をボーナスに連動させる、といった方法がある。

　たとえば、あるセールスマンが総売上げの7％のコミッションを受け取ることができ、上限はないものとしよう。売れば売るほど個人の所得も増えるという方

法である。このやり方は、部門の利益の一定割合を支給するというかたちで、部門長にも適用できるかもしれない。しかし、この方法はセールスマンなど一部の従業員には理にかなっているが、複数の商品や複数の定量・定性的な目標のバランスをとる必要がある場合には問題となってくる。したがって、あるマネジャーの業績目標が、EVA、市場シェア、製品の品質、顧客満足度など複数にわたっているのであれば、利益の一定割合だけをインセンティブとして支払い、他の目標を考慮しないのは賢明なやり方ではない。

マネジャーに対するインセンティブは、普通、事前に決められた特定の目標や成果の達成度合いにリンクしている。主要な目標(たとえばヨーロッパでの市場シェアを5%アップする)を達成できれば、ボーナスが支払われる。この方法では、先に触れた比較基準となるデータ、戦略的重要性、動機づけに対する効果などを反映させるよう、目標をいろいろなレベルに設定できる。

このようなインセンティブを設計する際には、3つの主要な決定を下さなければならない。それは、①ボーナス原資、②配分方式、③インセンティブのタイプと組み合わせ、である。

Column●ランテックにおける業績連動給与の落とし穴

ランテックは、ケンタッキー州に本社を置く小さな(従業員数325人、1995年の売上高6500万ドル)ビニール包装機(小売商品をビニールで包む機械)メーカーである。同社は1970年代後半、インセンティブをベースとした給与を導入しようと考え、従業員に同僚の業績評価を行うよう指示した。その結果、従業員の間には緊張感が高まり、計画は頓挫した。その10年後、今度は5つの製造事業部がそれぞれ上げた利益に基づいてボーナスを支給する制度を導入しようとした。このボーナスは製造事業部にいる従業員の給与の10%に相当した。

ランテックの創業者、パット・ランカスターは当時のことをこう述懐している。「90年代初頭まで、私は自分の時間の95%を顧客に対して使うのではなく、対立の解決に費やしていた」。問題は、ランテックの製造事業部は相互依存度が高かったために、ボーナスを決める要素である費用と売上げを各事業部に公平に振り分けるのが困難なことだった。従業員たちは、会社の利益を増やすのに一生懸命働く代わりに、自分たちに有利になるように事業部の利益を計上することに奔走した。各事業部長の目標は、他の事業部から利益を横取りすることと、費用をできるだけ他事業部に付けまわすことだった。この行為は、過剰在庫(どの

事業部もできるだけ多くの製品を他事業部にまわそうとした)と技術導入の遅れ(費用の負担割合で合意に至らなかったため、現場で必要な高額なクレーンの購入を決定するのに何年も費やした)の両面で高くついた。最もばかばかしかったのは、トイレット・ペーパーの費用負担に男女間で違いをつけるべきかどうか、というものだった。

　CEOのランカスターは、業績ベースのシステムをやめ、給与をベースにした利益配分システムに移行したのだった。

出典:Peter Nulty, "Incentive Pay Can Be Crippling," *Fortune* (November 13, 1995): 235.をもとにした。

ボーナス原資

　インセンティブという言葉は、業績が基準を上回った場合により多額の報酬が支払われることを暗に意味している。言い換えれば、大きな成果を出せば給与も上がり、成果が不足すれば給与も下がるということである。一見単純に見えるが、その仕組みはとても複雑なものになることもあり、またすべてのケースにおいて慎重な設計が必要となる。

　任務を成功させたことに対する追加的な報酬である**ボーナス**(bonus)は、通常、インセンティブや表彰のための資金の貯えである**ボーナス原資**(bonus pool)から支払われる。この原資は一般的に、事業や全社レベルの業績に応じて決定される。たとえば、全社の年間利益の15%がボーナス原資に貯えられ、インセンティブの支払いに充てられる、という具合である。

　ボストン・リテールのボーナス原資は以下のように表せる。

売上げ	920万ドル
ボーナス支払前税引前利益	95万2000ドル
ボーナス原資への積立割合	15%
対象者に配分されるボーナス原資	14万3000ドル
ボーナス支払後税引前利益	80万9000ドル

ボーナス配分方式

　ボーナス原資の次に決めなければならないのは、各個人へのボーナスの配分で

ある。ボーナスの配分を決めるにあたって一般的に利用されるのは、個人の業績、事業部の業績、全社の業績の3分野である。たとえば、GEのあるマネジャーは、個人の目標達成、所属している事業部の業績、全社の業績に基づいてボーナスを支給されるというものである。

どのマネジャーも、これら3つの業績変数のどれに、どのくらいのウエートを配分するか決定しなければならない。一般的には、単一事業部内での個々のマネジャーの管理範囲が広ければ広いほど、個人の業績よりも事業部門の業績により大きなウエートが置かれる。また、その事業部門が他部門と協業することが多ければ多いほど、全社の業績のウエートが高められる。例として、次のような選択肢を考えてみよう。

	マネジャーA	マネジャーB
全社業績	20%	40%
事業部業績	20%	40%
個人業績	60%	20%
	100%	100%

個人業績に相対的に高いウエートを置いているマネジャーAの構成は、管理範囲の狭い担当者レベルのマネジャーにより適しているといえるだろう。これとは対照的に、主として全社や事業部の業績にウエートを置いたマネジャーBの構成は、他部門との共同作業が多い事業部を率いる上級マネジャーに適しているといえる。

これらのウエートづけをしたうえで、実際の支給額をどのように計算するかについても決めなければならない。たとえば、事業部業績に40%、個人業績に20%というウエートづけをした場合、どのように達成度を評価するか。それには、算定式による方法と、主観的な判断による方法の2つがある。

算定式は、たとえば以下のようなものである。

利益＝Xの場合	ボーナス＝Yドル
X＜利益＜X＋10%の場合	ボーナス＝Yドル＋2万ドル
X＋10%≦利益＜X＋20%の場合	ボーナス＝Yドル＋5万ドル
利益≧X＋20%以上の場合	ボーナス＝Yドル＋7万5000ドル

算定式に基づいた配分システムには2つの明らかな利点がある。第1は、どのような結果が期待されているか、あるいはどのように査定されるかについてあいまいさがないことである。したがって、従業員は自分が何をすれば評価されるのかをはっきりと理解できる。第2は、第1点に関連するが、ボーナス配分方法を頻繁に設定する必要がなく、通常は年1回で十分であり、マネジャーはそれほど関心を注ぐ必要がない点である。したがって、算定式に基づく配分システムは高いROMを実現する。目標を設定し、ボーナス支給算定式を決めれば、部下は算定式に反映されている目標に向かって努力してくれると、自信を持ってほかのことに集中できる。

もう1つの方法は、業績報酬を主観的評価に基づいて配分するものである。これを行うには、マネジャーは自らの知識、経験、判断に基づいて部下の貢献を評価しなければならない。この方式は、部下との強い信頼関係を必要とするだけでなく、業績を評価するのに十分な情報を収集する必要があり、上司はかなりの時間をかけなければならない。主観的評価をうまく使うには、前章で述べた対話型統制システムがうまく機能していなければならない。

ボーナス支給算定式には、これまで述べたいかなる目標、すなわち利益、キャッシュフロー、ROCEや、市場シェア、新製品開発といったバランス・スコアカードの目標、教育指導や訓練といった個人的目標も適用できる。また時には、これまでの章で述べてきたような特定の指標や目標の欠点を補う補助目標が設定されることもある。たとえば、重要な目標がROCEを向上させることである場合、ROCEが改善するのに合わせてより大きな報酬を支払うような支給算定式を考案したいだろう。しかし、そこにはリスクが存在する。なぜなら、いかなる比率も向上させるには2通りの方法があるからだ。第1の方法は分子、すなわち純利益を増加させることで、これは望ましいことである。しかし第2の方法、すなわち分母を小さくするやり方もある。したがって、自分たちのボーナスを増やすために、部下が資産への投資を抑えたり、時には将来事業に価値をもたらす資産を売却してしまうかもしれない、というリスクが伴うのである。

このリスクを軽減するには、図11-5のようなマトリックスを策定してもよい。このマトリックスのボーナス支給算定式は、ROCEと資産額の双方が増加して初めてボーナス額が増えるようになっており、それによって分母を小さくしようとするインセンティブを取り除いている。これによってメッセージは簡単明瞭にな

図11-5 ROCEマトリックス

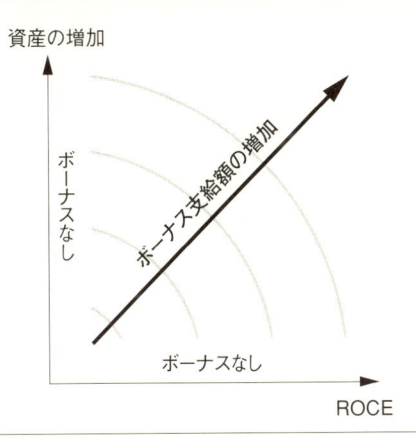

```
資産の増加
  ↑
  │ ボ
  │ ー      ボ
  │ ナ      ー
  │ ス      ナ
  │ な      ス
  │ し      支
  │        給
  │        額
  │        の
  │        増
  │        加
  │              ボーナスなし
  └──────────────────→ ROCE
```

る。「ROCEを改善し、かつ事業の規模を拡大せよ」

Column● イーライ・リリーのEVA連動報酬

　巨大製薬会社であるイーライ・リリー（以下リリー）は、経営陣の報酬をEVAに連動させている。1994年に同社が業績評価指標にEVAを利用することを決定したのは、次の2つの理由による。第1はEVAは株主価値との整合性が高いこと、第2は経営陣の目を資本投下に向けさせることである。製薬産業は非常に資本集約的であるため、EVAは経営陣に、自分たちがROCEに責任を負っていることを強く意識させることになる。

　それまでリリー経営陣の報酬は売上げと純利益に連動していたが、これらの指標は株主価値とあまり連関していないことが判明した。毎年毎年、継続的にEVAの改善を達成する経営陣に対して高い報酬を与えることで、同社は経営陣が株主価値の向上に集中し続けるよう動機づけようとした。

　リリーは、EVAを広めるためにトップダウンの方法をとった。現場レベルの従業員の報酬はEVAに連動していなかったが、彼らも経営陣のボーナスが何に左右されるかを理解しており、結果として資本に対する意識が全社レベルで急速に変わったのである。従業員のEVAに対する理解をより深めさせるため、社内報でEVAについて解説したり、経営陣が従業員にEVAの仕組みを説明したりした。同社は、EVAの概念を経営陣に教えるには数日か

かると予測した。また、この考え方をアメリカ以外にも広めるには、さらに多くの講習が必要だと考えていた。

　リリーは、事業レベルのEVAではなく、全社レベルのEVAに基づいてボーナスを算定することにした。それは、同社が当時、グローバル事業部制にするための大規模な組織改編を行っていたこと（同時に報酬システムも新しくすると、従業員の負担が過大になってしまうかと懸念された）、また個々の事業部長が自部門のEVA最大化に走り、結果として全社のEVAが最大化が阻害されるリスクを避けたいと考えたからだ。

　リリーはまた、EVAは1年ごとに計算されるため、経営陣が長期の株主価値を考えず、近視眼的な決定を下すかもしれないことを理解していた。たとえば、在庫をなくして資産を減らせばその年のEVAを上げられるが、翌年には売るべき商品がなくなってしまう。こうした行動を防ぐため、経営陣のEVA連動ボーナスはその一部分しか支給せず、残りは「ボーナス銀行」に預けることとした。経営陣がボーナス銀行から預金を引き出せるのは、EVAが毎年改善したときだけである。一方、3年後のEVAを減少させるような投資を初年度に行った場合には、ボーナス銀行の預金を減額させる。また、EVA連動ボーナスの年間支給額に上限を設けた場合に起こりうる歪曲行為を避けるため、限度は設けなかった。

出典：Justin Martin, "Eli Lilly Is Making Shareholders Rich. How? By Linking Pay to EVA," Fortune (September 9, 1996): 173. をもとにした。

インセンティブのタイプと組み合わせ

　設計プロセスの最後の決定事項は、従業員の業績を評価するのにどのようなタイプのインセンティブを与えるかである。普通、ボーナスというと現金支給を考えがちだが、金銭的なインセンティブにも幅広い選択肢が存在する。現金に加え、一般的に見られるのは次のようなものである。

- 記念品や賞品
- 繰延現金支給
- 自社株賦与
- ストック・オプション賦与

　これらのインセンティブは、貸借対照表上の資産に似ている。貸借対照表を見

るとき、我々はまず最も流動性の高い資産、すなわち現金を見て、続いて流動性の高いものから低いものへ順に並んでいる他の資産を見ていく。インセンティブの場合も、まず流動性の最も高い現金支給から始めて、順に他のインセンティブを見ていく。すなわち、記念品や賞品、繰延現金支給、株式賦与、ストック・オプション賦与の順である。

現金が持つインセンティブとしての価値は明らかである。しかし、他のインセンティブはさらに別の利益も与えることがある。記念品や賞品はしばしば業績を称える方法として絶大な効果を持つ。たとえば、顕著な業績を上げた者に対するご褒美としてのハワイ旅行の贈呈式は、3000ドルの現金ボーナス支給よりも従業員を活気づけるだろう。公の場での表彰は強力な動機づけのツールである。この公の場での表彰と賞品という手法は、メアリー・ケイ・コスメティックスのような多くのダイレクト・セールス会社によって非常に効果的に使われている。

また、繰延現金支給のような、長期にわたる支払いを伴うインセンティブを与えることによって、マネジャーは決断を下すにあたって短期と長期のトレードオフをより慎重に考えるようになるだろう。たとえば、売上げの伸びに連動した現金ボーナスの支給を12カ月繰り延べ、売掛金を回収できない顧客との取引金額を考慮して、ボーナス額を調整するとしよう。できるだけ早く売上げを伸ばそうと考え、格付けの低い顧客にも製品やサービスを販売しようと考えていたセールスマンは、はたして自分のやり方がよいのかどうか、いま一度考えさせられることだろう。なぜなら、不良債権があれば最終的なボーナス支給額を減額されてしまうからである。

インセンティブの支払いを、自社株やストック・オプションのかたちで行うこともできる。自社株の所有は、従業員が株主価値、すなわち株価を上げるような決断や行動をとる動機づけとなり、従業員のインセンティブと株主の利益が整合性を持つようになる。ストック・オプションの場合、これに加えて別の作用もある。オプションとは、ある決められた価格（行使価格）で株を購入する権利である。インセンティブとして支給する場合には、今日現在の価格に基づいて価値を計算したストック・オプションを従業員に賦与する。このオプションの所有者は、将来いつでも権利を行使して、行使価格で会社から株を購入できる。もちろん、オプションが価値を持つのは会社の株価が上昇したときだけである。

たとえば、あるマネジャーにボーナスとして、今日の株価の終値23ドルで1万

株を賦与したとしよう。もし株価が20ドルに下落したら、マネジャーの持っているオプションは価値がない。合理的な人間ならば、20ドルの価値しかないものを買うのに23ドルを払いはしないだろう。しかし、株価が40ドルまで上昇すれば、そのマネジャーは1万株を行使価格である1株当たり23ドルで購入するにちがいない。その株はそのまま所有することもできるし、直ちに株式市場において40万ドルで売却し、売却益17万ドルを手にすることもできる。もちろんこの報酬の効果は、マネジャーに対して自らの力の及ぶ範囲で株価を上昇させようとするインセンティブを与えることである。

　株式市場が上昇基調にあるときには、当然のことながら、自社株賦与やストック・オプションが最も人気の高いインセンティブ報酬形式となる。アメリカが歴史上最長の強気相場を享受していた1990年代には、自社株賦与やストック・オプションが隆盛を迎えていた。97年に行われたある調査によれば、オプション賦与プランを持つ大企業の45％が、全従業員にストック・オプションを与えていた。94年にはたった10％でしかなかったのにである。(注6) それとは対照的に、インフレ調整後の実質ベースで株式市場が下落していた1966年から1981年にかけては、この種の報酬はほとんど顧みられなかった。

Column● サウスウエスト航空のパイロットの報酬

　多くの航空会社では、パイロットには一律の給与が支払われている。給与は、パイロットが航空機を操縦する技術と能力という、価値のあるインプットを会社にもたらしていることへの対価である。この給与体系の前提になっているのは、適当なパイロットを雇用し、他社並みの給与を支払い、年間運行スケジュールを渡していれば期待する量と質の航空サービスが実現できる、という考えである。

　しかし、すべての航空会社が同じ考えを持っているわけではない。1995年、サウスウエスト航空のパイロットは、今後5年間の昇給を見送る代わりに、あらかじめ決められた価格で毎年140万株の自社株を買う権利を得ることに合意した。これは同社のキャッシュフローに寄与するだけでなく、パイロットが飛行機を操縦する技術以外のものを会社にもたらすことを意味していた。彼らはリーダーシップを発揮し、顧客サービスに努め、日頃の業務を通

(注6) Gretchen Morgenson, "Stock Options Are Not a Free Lunch," *Forbes* (May 18, 1998): 213. その調査では、従業員5000人以上の企業を大企業と定義している。

じて会社の評価を高めた。自社の株式を所有することで、パイロットは長期の業績に利害関係を持つこととなった。パイロットがもたらすインプット（操縦技術）に対して報酬を与えるだけでなく、アウトプットの一部を報酬として与えることで、パイロットも同社の究極的な目的に沿って行動するようになったのである。

出典：Thomas P. Flannery et al. *People, Performance & Pay*. The Hay Group. (New York: The Free Press, 1996): 112. をもとにした。

5　フォード経営陣の報酬

　フォード・モーター（以下フォード）の経営陣の報酬体系は、経営陣と株主の利益を関連づけるとともに、利益目標と戦略の実現を報酬に結びつけるにはどうすればよいかを示す典型的な例であり、多くのアメリカの大企業が同じような報酬体系を採用している。(注7)

　他の業績好調な企業同様、フォードも優秀な経営者を引きつけ、引き止めておくために、他社に負けない魅力的な報酬を用意する必要がある。同社の取締役会は、例年、外部のコンサルタントを雇い、世界中の自動車業界ならびに主要なアメリカ企業の経営陣の報酬を調査させている。その調査結果に基づいて、企業の規模や業績、評判や事業の複雑さなどを加味して調整したうえで、平均的な報酬レベルを設定している。

　そのうえでフォードは、報酬を年間報酬と長期報酬の2つに分けている。年間報酬には給与や年間ボーナス、長期報酬にはストック・オプションや自社の普通株式の賦与などが含まれている。年間ボーナスは前年度の個人やグループの業績に対する報酬で、既定の算定式に基づいて計算される。同社の場合、税引前残余利益の6％をボーナス原資とし、EVAに連動させている。残余利益は、税引前利益から事業の使用資本の10％を資本コストとして差し引いて算出される。

　一方、経営陣の決断がその後、長期間にわたって会社に影響を与えるとの認識の下、長期目標の達成や株価を長期報酬と結びつけている。ストック・オプショ

（注7）フォード・モーターが1998年4月に発表したProxy Statementを参考。

ンと株式賦与(あらかじめ決めておいた株式数を受け取る権利)がフォードの長期報酬の主な要素である。同社のストック・オプションは、経営陣が自社に留まるよう、また長期の株価動向に神経を注ぐよう動機づけるため、10年間にわたって分割して賦与される。

しかしストック・オプションは、株式市場の動向によっては必ずしも経営陣と株主の利益を一致させるわけではない。たとえば、経営陣のインセンティブが利益の出ない状態(すなわち現在の株価が行使価格を下回っている状態)であれば、経営陣は業績と株価を急激に向上させることを狙ってリスクの高い決定を下すかもしれない。このリスクを軽減してバランスをとるために、フォードは経営陣に対する長期報酬の一部として株式を与えている。(ストック・オプションだけでなく)株式を所有することにより、経営陣は自分たちの決断が失敗した場合のリスクにもさらされることになる。1994年、同社の取締役会はバイス・プレジデント以上のすべての経営陣に対し、それぞれ給与額の数倍相当の自社普通株を所有するという目標を与えた。98年までに経営陣のほとんどがこの目標を達成した。

フォードは過去の業績をベースに株式を賦与している。たとえば、1992年と94年にそれぞれ経営陣に与えられた「臨時株式受給権」は下記のような分野で5年あるいは、3年間にどれだけ目標を達成できたかによって賦与された。

1992年-1996年	1994年-1996年
品質と世界シェア (35%)	品質と世界シェア (35%)
コスト削減 (25%)	全社ROE (25%)
製品プログラム (25%)	製品プログラム (25%)
従業員との関係 (15%)	従業員との関係 (15%)

フォードの幹部5200人は、四半期ごとにこれらの目標達成に向けた進捗状況について報告を受けている。[注8]

1997年にフォードの取締役会は、経営陣がどれくらい各目標を達成しているか評価した。その結果、92-96年期間での達成度は80%、94年-96年期間では83%だったことが判明した。この結果に基づき、フォードの経営陣は92年と94年のそれぞれの目標達成度と同じ割合だけ臨時株式を受け取った。

(注8) Alex Taylor Ⅲ, "The Gentlemen at Ford Are Kicking Butt," *Fortune* (June 22, 1998): 75.

1998年、フォードの取締役会は業績目標と報酬の設計に引き続きバランス・スコアカードを使用することを決定し、次の分野での目標と将来の株式賦与を結びつけることにした。

- 石油会社を除くフォーチュン上位50位の企業のROEとの比較
- 製品プログラム
- 顧客満足
- いくつかの社内財務指標
- 製品の品質
- 従業員との関係

◆──本章のまとめ

業績目標と報酬の設定は、マネジャーにとってきわめて重要な責務である。すべてのマネジャーは、自らが管理する部下や組織、事業に与える目標を設定しなければならない。経営幹部の場合、目標設定の失敗はリーダーシップの欠如を意味している。フィリップ・セルズニックは次のように述べている。

> 「目標設定失敗の一因は、その作業が大変な頭脳労働を伴うことに起因している。毎日の現業だけでも大変なのに、この作業はさらに負担を増大させる。また別の要因は、明確な目的やそれに付随する要求や責任を重荷に感じる組織内外の人々との対立を避けたいという気持ちである。企業でさえ、方針の確立にまったく役立たない決まり文句、『我々の目標は利益を上げることである』という使い古された言葉を提示することでお茶を濁しがちである」(注9)

この発言が示唆するように、目標設定は容易ではない。習得しなければならないのは、業績評価の技術的側面に関する知識と、業績目標を組織内に行き渡らせるのに必要なプロセスの流れを把握し、それらを組み合わせる技術である。業績

(注9) Philip Selznick, *Leadership in Administration* (New York: Harper & Row, 1957): 62-64.

目標とそれに関連する報酬こそが個々人の成功（そして失敗）を決定づけるがゆえに、このテーマを考える際には、目標や指標と人間行動の相互作用を考慮することが欠かせないのである。

第12章 戦略リスクの認識
Identifying Strategic Risk

◆

　どの業界でも競争にリスクはつきものだが、積極的かつ速いペースでビジネスを進めるほど、間違いを犯す可能性は高まるものである。この章ではまず、企業に危機をもたらしうるさまざまな「戦略リスク」について考察する。続いて、リスク検出計算法の使い方を説明する。これは、さまざまなリスクを危険なレベルまで押し上げる圧力の存在を突き止めるための分析ツールである。最後に、従業員が故意に事業をリスクにさらしてしまうような条件についても論じたい。

　戦略リスクの誘発原因を突き止めた後は、これらのリスクをマネジメントするための統制ツールとテクニックについて検討する。

1　戦略リスクの根源

　辞書によると、リスクとは「損害もしくは損失を被る可能性」(注1)のことを言う。ビジネスにおいては、特定の種類のリスクを危険なレベルにまで追い込んでしまう条件について、注意を払わなくてはならない。ここで言う条件は、経営トップが選んだ事業戦略と密接に関係する。

本章は承諾を得て、以下を再掲載したものである。Robert Simons, "Identifying Strategic Risk," Harvard Business School Note No. 199-031, 1998. Copyright © 1998 by the President and Fellows of Harvard College.
（注1）*The American Heritage Dictionary of the English Language*, 3rd ed.（Boston: Houghton Mifflin, 1992）.

事業を効果的に経営するためには、経営陣全員が戦略リスクを把握する必要がある。**戦略リスク**（strategic risk）とは、目標とする事業戦略を実行する経営能力を大幅に低減させてしまうような、予測できない出来事または状況のことである。図12-1に注目してみよう。出発点は、図の中心にある事業戦略である。ここから外側に向かって、「オペレーション・リスク」「資産減損リスク」「競争リスク」という、3つの基本的な戦略リスクがある。これらはいずれも、あらゆるタイプの事業に影響を及ぼす可能性がある。これらのリスクのどれか1つでも過大化した企業は、フランチャイズ・リスクにさらされることになる。

オペレーション・リスク

オペレーション・リスク（operation risk）は、操業、製造、加工などの主要なケイパビリティが機能しなくなることにより生じる。製造あるいはサービス活動で価値を創出している企業は、程度の差こそあれ、オペレーション・リスクに直面している。オペレーションの失敗は起こりうるし、現実に起こるものである。欠陥品が発送されたり、不十分な保守により故障が起きたり、顧客の品物が紛失したり、間違った取引が行われたりする。このような、高品質の製品・サービス

図12-1 事業リスクの源泉

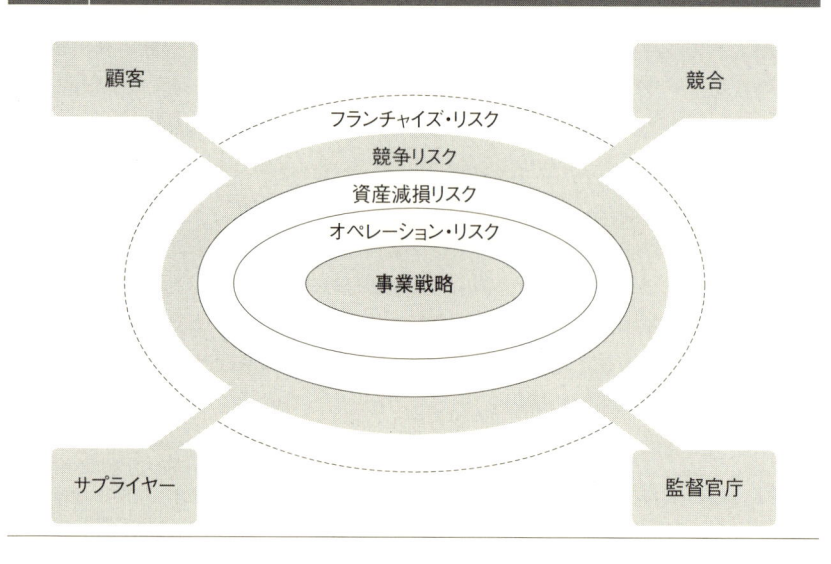

の流れを妨げるオペレーション上の過失は、企業に損失や損害責任をもたらす。

製品の欠陥やプロセス上の重大な過失がある場合、オペレーション・リスクは戦略リスクとなる。食品や薬品のメーカーの製造過程で、不注意により有毒物質が混入された場合がこれに当たる。金融機関であれば、間違った取引が行われた場合や、代金清算システムが機能しなくなったときに、オペレーション・リスクは現実のものとなる。たとえば、フィディリティ投信（以下フィディリティ）は、1日100万件以上もの投資信託取引を処理している。4000億ドル以上を投資している顧客は、取引が素早く、正確に処理されることを当然期待する。もし、処理システムが一部でも機能しなくなれば、事業は悲惨な結果となる。

事業戦略は、あらゆる企業のオペレーション・リスクの露呈に影響される。たとえば、AOL（現AOLタイムワーナー）は競合相手から市場シェアを奪い取るために、価格を下げ、無料のアクセス・ソフトを提供するという、積極的な成長戦略をとってきた。しかし、モデムとネットワークの処理能力が不十分であったため、急増した需要にサーバー・ネットワークが対応できず、ユーザーから訴訟を起こされ、サービス能力の低さを公衆の面前にさらすという不名誉な結果となってしまった。加工食品業界では、瓶入りのリンゴジュースを製造するオドワラが、新鮮で豊かな風味により製品を差別化しようとした。最高の風味を確保するため、同社の経営陣はジュースを殺菌しないという戦略的決断を下した。不幸にも、この戦略に起因したオペレーション・リスクは厳しい結果をもたらした。腐った製品が不注意にも出荷されてしまい、その結果病人が発生し、死者をも出してしまったのだ。オペレーション・リスクにより、刑法上の罪や訴訟に直面し、消費者の信用を失い、会社の存続そのものが危ぶまれるに至った。[注2]

概ねどの業界でも、オペレーションの安全と質の確保が事業成功の必須課題となる戦略を意識的にとる競合他社がいるものだ。相当なオペレーション・リスクを覚悟のうえである。他の卸企業から電力を購入するよりも、自ら原子力発電を行うことを選択する電力会社は、これに当てはまる。発電事業への参入という上流への統合戦略を、化石燃料でなく原子燃料を使用するという決断と組み合わせると、オペレーション・リスクは大幅に増加する。

オペレーションの特定部分が、戦略実行の「ミッション・クリティカル」（目

（注2）Pam Belluck, "Juice Maker Pleads Guilty and Pays $1.5 Million in Fatal Poisoning Case," *The New York Times*（July 24, 1998）: A12.

的達成のために不可欠）であるハイテク業界では、いかなるミスや中断でも、事業そのものの存続を脅かす。フィディリティのような大手金融機関におけるオペレーション・リスクの大きさについては、前述したとおりである。ジョン・F・ケネディ・スペースセンターにおけるオペレーション・リスクについても考えてみよう。どのようなオペレーション上のミスでも、スペースシャトルおよび乗組員の安全を脅かしうるのである。NASAは複雑な技術に依存するがゆえに、かなり大きなオペレーション・リスクを内包しているのだ。

　オペレーション・リスクは、往々にして従業員の過失によって発生する。これらの過失のほとんどは意図せざるものであり、また、偶然である。しかしながら、業績目標を達成するため、あるいはボーナスを手に入れるために、従業員が意図的に品質と安全性の手順を省略することがある。たとえば、旧ソ連のチェルノブイリの恐ろしい原発事故は、現場の作業員やマネジャーが、生産目標を達成してボーナスを得るために運転数値を偽ったことが原因なのだ。

「インプット→プロセス→アウトプット」モデルの適用

　オペレーション・リスクを認識し、マネジメントするためには、「インプット→プロセス→アウトプット」モデルを適用することが不可欠である。技術上の過失が非効率や操業停止をもたらす場合には、特に必要である。

　「インプット→プロセス→アウトプット」モデルでオペレーションを分析すると、どの主要プロセスを標準化して厳しく管理すれば、安全と品質を確保できるかがわかる。これは、オペレーション・リスクの査定の第1段階である。第4章で述べたとおり、事業のオペレーションの中核に位置する主要な内部プロセスは、標準化するのが妥当である。したがって、「インプット→プロセス→アウトプット」モデルをバリューチェーンのすべての重要箇所に適用し、システムエラーによって主要なオペレーションに損害が発生したり、資産の価値が減少したりするようなポイントを突き止めるべきである。そうすれば、標準化やTQM（total quality management：全社的品質管理）などを採用して、オペレーションの非効率や中断によって重大なリスクが発生しないようにすることができる。

資産減損リスク

　戦略リスクの2番目の要因は、図12-1においてさらに外側にある**資産減損リス**

ク（asset impairment risk）である。資産とは、将来のキャッシュフローを創出するために企業が保有する資源のことである。将来のキャッシュフローを受け取る可能性が減り、資産の現在価値が大きく損なわれることを、資産の「減損」と言う。他のリスクと同様に、資産減損リスクは、経営者が選んだ競争方法と相関関係がある。

　資産減損リスクが戦略リスクになるのは、戦略の実行に必要な財務的価値、知的財産権、資産の物理的な状態などが悪化した場合である。

金融資産の減損

　金融資産の減損は、再販売のために、もしくは担保として保有している貸借対照表上の重要な資産の市場価値が下がることに起因する。企業に入る将来のキャッシュフローが、その資産の貸借対照表の評価額（将来のキャッシュフローのNPV〈net present value：正味現在価値〉として計算される）に満たない場合に、その資産は減損したことになる。たとえば、メキシコの資産を多額に保有していた企業は、メキシコ政府が1994年の後半にペソを切り下げたときに、資産の減損を経験した。ロシアの資産も1998年に同様に減損した。このいずれの場合でも、通貨の切り下げが将来のキャッシュフローの期待価値を減少させた。同様に、長期の債券ポートフォリオの価値は、市場金利の上昇により大幅に減少することがある（市場金利の上昇は、同時にNPVの計算に使われる割引率を押し上げる）。

　製品またはサービスを信用取引で販売するすべての企業は、売掛金——これは貸借対照表上の金融資産だが——が回収不能になるリスクに直面している。「信用リスク」は、債務者が破産ないしは倒産し、満期が到来しても契約上の義務を履行できなくなったときに発生する。支払条件を供与する事業はすべて信用リスクにさらされているが、選択する戦略によっては信用リスクが増大する。したがって信用供与の条件と期間を決める際には、リスクとリターンのバランスをとる必要がある。信用リスクが高い顧客に緩い信用条件を供与すれば、たいていの企業は売上げを増やすことができる。しかし、支払期間が長く、担保の内容が悪ければ、支払不能リスクやコストが増加することにもなる。逆に、信用売りをしなければ貸倒損失を減らせるが、売上げは減少してしまう。そこで、貸付金の返済を確実にするために市場性のある担保を設定するか、全額が支払われるまで法律上の所有権を留保する方法もある。

企業の戦略にもよるが、債務者は個人であったり、企業であったり、また政府であったりもする。極端な場合、外国政府が債務を支払えなくなったり、支払いを渋ったりすれば、企業は国家レベルのリスク（ソブリン・リスクと言う）に直面することになる。もちろんソブリン・リスクが最大になるのは、政治的に不安定な国における金融リスクを大量に抱えるような戦略をとったときである。1998年当時の、インドネシアをはじめとするアジア諸国における不安定な情勢は、多くの企業のソブリン・リスクを増大させた。

　金融取引を業とする企業は有価証券の売買を日常的に行い、時には、将来のある時点において資産の売買を行う契約を結ぶことがある。これが、先物取引と呼ばれるものである。このような企業は、信用リスクのなかでも特殊な「カウンターパーティ・リスク」を負う。すなわち、支払不能あるいは約束したものを引き渡せないという理由により、取引相手が契約上の義務を履行できないリスクにさらされることになる。多数の取引や先物取引が比較的少数の相手に集中している場合や、特定の金融機関の破綻が市場全体の支払不能につながるような場合には、カウンターパーティ・リスクは大きなものとなる。

　銀行、証券会社、株式投信会社などの金融取引事業では、どのような事業戦略を選択するかで、事業における金融資産減損リスクの程度が決まる。ハイリスク戦略をとる企業は、国際的なデリバティブや、価値が短期間かつ不規則に変動するレバレッジの高い証券などの、ヘッジされていない資産を保有する傾向がある。より保守的な競合企業は、金融資産減損リスクを限定するような戦略をとる。すなわち、レバレッジの高い金融商品は避け、管理がより容易な投資を選択する。

　金融資産減損は、往々にして市場の予期せぬ変化により発生する。しかしながら、オペレーション・リスクと同様、従業員の意図的な行為によって資産が減損することもある。

- 銀行の副社長が、期末の貸借対照表の状況を改善したいと思った。そこで、担保付融資のポートフォリオを関係の良い銀行に売却した。この副社長は、6カ月後に担保付融資のポートフォリオを買い戻す取り決めについてはだれにも通知しなかった。
- 債券のトレーダーが通貨取引で100万ドルの損失を出したが、経理担当者に、この損失を仮払い勘定に記帳するように指示した。相当額の利益が出ること

が確実なオープン・ポジションで、この損失を相殺するつもりだったと、このトレーダーは釈明した。

このようなケースでは、従業員が業績目標を達成するため、あるいは過去の損失を埋め合わせるために、事業の資産を減損リスクにさらしてしまうのだ。

製造業やサービス業は金融資産減損リスクに無関係というわけではない。余裕資金を短期の金融資産に投資すれば、どのような事業であっても減損リスクが生じる。たとえば、重工業や消費財企業の経営者であっても、金融市場が予測どおりの方向に動けば利益が出るような、ヘッジの必要がない金融商品のポジションをとって短期の収益性を上げる誘惑にかられることはあるだろう。この種の賭けの結果、プロクター＆ギャンブルはレバレッジの高いデリバティブのポジションにより、数百万ドルの損失を被った。大きな話題となった1990年代半ばのカリフォルニア州オレンジ郡の地方自治体の破産も、同様の金融投機により引き起こされた。

Column●銀行の融資リスク

自分が金融資産を利用できる状況にいると、越えてはならない一線を越えてしまう従業員もいる。ある銀行の支店長の例が、まさにこの典型である。顧客である建設会社が、他の銀行から融資を受けられずに困っていた。支店長はこの企業に対し、自分の家の無料工事と引き換えに、融資を行うことを約束した。どうやらこの支店長は、この取引が相互に満足のいくものであると思ったらしい。建設会社は必要としていた融資を受けられ、彼は家を改築できるという理屈だ。さらに彼は、この後に融資を申し込んできた建設会社2社に対して同じアプローチをとった。やがて同エリアの担当役員がこの支店の信用リスク増加に気づき、調査を行った。その結果、融資が承認された理由がすぐに発覚し、支店長は解雇された。

知的財産権の減損

今日の多くの企業にとっては、知的財産権や独自の顧客情報などの無形資産のほうが、貸借対照表上の有形資産よりもはるかに重要である。多くのソフトウエア企業やインターネット企業がそのよい例である。マイクロソフト、アマゾン・ドットコム、ネットスケープ・コミュニケーションズなどの企業の巨額な市場価

値は、貸借対照表の大きさとは関係なく、無形の知的資産が将来生み出すキャッシュフローの推定価値を反映している。同様に、メルクやファイザーのような製薬会社の市場価値は、主として研究開発力、特許権および企業秘密にある。

これらの企業にとって、知的財産権の減損や損失の可能性は、重大な戦略リスクとなる。減損は次のような原因で発生する。

- 競合他社による知的財産権の不正使用（例：特許権侵害）
- 競合他社あるいは第三者への企業秘密の不正開示（例：企業秘密であるコンピュータ・コードや、製造工程、製法のリーク）
- 時間の経過とともに資産が減耗するにもかかわらず、知的資産への再投資を怠った場合（例：情報関連資産のアップグレードや従業員への教育投資を怠った場合）

物理的な減損

資産の減損は、重要なプロセスや製造の施設が物理的に破壊されることによっても起こりうる。これは、火災、洪水、テロリズムや他の天災が原因となる。大型データセンターに依存する事業では、オペレーション能力を大幅に損なうことなくバックアップ・システムに処理を移行できるようにしておかなくてはならない。保険をかけることのできる物理的な減損リスクには適切な付保を行い、事業継続に不可欠なプロセスのバックアップ・プランを立てておくことは、リスク・マネジャーの責任である。

競争リスク

ここまで、取引の流れの欠陥によるリスク（オペレーション・リスク）ならびに、貸借対照表上の重要な資産および無形資産の価値減損によるリスク（資産減損リスク）の２つの戦略リスクを検討してきた。戦略リスクの３つめは、市場競争に内在するリスクと関係がある。**競争リスク**（competitive risk）は、企業の価値創出能力や製品・サービスの差別化能力を損ねてしまうような、競争環境の変化に起因する。事業が価値を創出する能力を妨げる競争リスクには、以下のような例がある。

- 競合他社がより優れた製品・サービスを開発する（たとえば、コンパクト・ディ

スクが塩化ビニールのレコードに置き換わる）
- 規制や公共政策の変化（例：規制当局が、電力会社の発電設備売却を強制する）
- 顧客の嗜好や欲求の変化（ファッションの変化）
- サプライヤーの価格や方針の変化（スーパー・リテイラーへの優先価格）

　競争リスクは、その定義上、変動する市場で競争するすべての企業が経験するものである。どのような業界で競争しようと、活発な競合と要求の高い顧客がいる限り、企業は競争リスクにさらされる。第２章で説明した「５つの競争要因」の分析は、リスクがどの方向から発生するのかを検討するよい出発点になる。

- 競合他社との激しい競争関係は、価値創出の基盤を変えてしまう可能性がある。
- 要求の高い顧客は、サプライヤーを切り替えるかもしれない。
- サプライヤーは、供給の制限や価格の引き上げを行える。
- 新しい技術や製品を携えた新規参入者が登場する可能性がある。
- 代替品や代替サービスが、より優れたコストや特性で利用可能になるかもしれない。(注3)

　これらの競争リスクが読めず、早急な対応ができなければ、競争のルールが自社に不利に働いてしまう危険性があることを常に警戒する必要がある。しかし、従業員の行動が競争リスクを引き起こすこともある。従業員が短期的な収益増大を狙い、不注意に事業をだめにしてしまう場合である。このようなリスクは、顧客、サプライヤー、競合他社に対して、従業員が不適切な対応をとることによって発生する。次の一連の質問に答えることにより、従業員のどのような行動が戦略を無効にするかがわかるだろう。これはあらゆる戦略に言えることである。

顧客：従業員のどのような行為が顧客離れを引き起こすか
- ある小さなコンサルティング・ファームが、要求の高いクライアントから特別なサービスを依頼された。一方、その支店の従業員は、大企業でかつ重要なクライアントのライバル企業へのコンサルティング・サービスを行ってし

(注3) Michael E. Porter, *Competitive Strategy*（New York: The Free Press, 1980）.（邦訳『競争の戦略』土岐坤訳、ダイヤモンド社、1995年）

まった。この大企業が利害の相反に気づいた結果、そのコンサルティング・ファームとの取引は中止された。

サプライヤー：重要なサプライヤーは、従業員のどのような行為によってその企業との取引をやめてしまうのか
- あるビール物流会社の事業の大半は、全国展開している某ビール・メーカーとの取引に依存していた。だが、従業員は自己満足に陥り、サプライヤーとの関係を悪化させてしまった。質の低いサービスのせいで、そのサプライヤーは物流の権利をライバルの卸業者へ移してしまった。

代替品：顧客は、従業員のどのような行為によって、競合製品やサービスに移行してしまうのか
- コミッション・ボーナスを得ようとした電子機器会社の販売員は、在庫となっていた時代遅れの製品を顧客に勧めた。最新技術の製品を購入したいと思っていた顧客は、市場シェアを築こうとしている新しい業者に注文することにした。

新規参入：従業員のどのような行為が、ライバル企業の新規参入を招いてしまうのか
- ケーブル・テレビ各社の顧客サービスが悪かったので、政府は競争を誘発するために新規参入者にライセンスを認可した。

　脅威や機会の発生に関する情報の流れを妨げる障壁がつくられやすい企業では、競争リスクをモニターするための対話型統制システムを持つことが必要である。

フランチャイズ・リスク

　ここまで説明してきた3つの戦略リスク（オペレーション・リスク、資産減損リスク、競争リスク）とは異なり、フランチャイズ・リスクそのものは事業リスクの源泉ではない。フランチャイズ・リスクは3つの基本的なリスクのいずれかが過度に大きくなる結果、現れるものである。**フランチャイズ・リスク**（franchise risk）とは、重要な関係者からの信用を失い、事業全体の価値が悪化したときに

発生するものである。何らかの問題が企業全体の存続に脅威を与えるような場合に、フランチャイズ・リスクは顕在化する。最悪の場合、企業が達成すると約束している成果を信用できなくなったという理由で、顧客はその製品やサービスの購入をやめてしまうのである。しかし、他の関係者——サプライヤー、政府、事業パートナー——からの信頼が失われる場合にも、企業は同様の打撃を受けるだろう。

ここまで説明してきた3つのリスクのいずれもが、ブランドや企業全体の信頼喪失——すなわちフランチャイズ・リスクの特質——を引き起こしうる。以下の事例で考えてみよう。

- オペレーション・リスク——フロリダの墜落事故で新聞紙面をにぎわせたエアトラン・ホールディングス（旧バリュージェット航空）は、同社の航空オペレーション能力と安全対策が十分であることを説得できず、一般大衆の信頼を回復できなかった。その結果、乗客は低価格の航空会社全般を信じなくなり、同地域の他の割引運賃運行会社もシェアを失ってしまった。
- 資産減損リスク——貯蓄貸付組合の危機の際、一般預金者は、不動産担保損失の打撃を受けた銀行の返済資金に対する信頼を喪失した。「銀行への殺到」という事態がいくつか発生し、信頼回復のために連邦機関が介入し、預金の保証などを行う結果となった。
- 競争リスク——競争力の喪失と技術的優位性の後退により、アップルコンピュータの市場シェアが大幅に低下した際、業界の多くの企業は同社の製品サポート能力を信用しなくなった。その結果、ソフトウエアのサプライヤーはアップル用のアプリケーションへの投資をやめてしまい、顧客はライバル企業の製品を選び、アップル製のコンピュータを使わなくなった。

フランチャイズ・リスク——**評判リスク**（reputation risk）と呼ばれることもある——は、事業上の問題や行為が、その製品・サービスを使う顧客の印象に悪影響を及ぼすことで発生するものである。顧客がその製品・サービスの特徴や品質に対して支払おうとする金額を基準に、固有の事業価値（すなわち顧客への価値提案）は決定される。オペレーション上の重大な問題、資産の減損、競争優位の

喪失などは、イメージに悪影響を与え、顧客離れを招いてしまう。

　競争市場で事業を行う企業にとって、評判は企業価値を継続的に創造するために重要である。どの企業の商品を購入するかという選択肢が顧客にある場合、評判リスクは経営陣にとっての懸案事項となる。また、競争優位の重要な源泉が、顧客を獲得・維持する際の誠実さ・信頼性にある企業にとっても、フランチャイズ・リスクは重要である。たとえば、会計事務所、軍需の契約企業、航空会社、薬品会社は、事業の誠実さ・信頼性が問われる点において、一般からのフランチャイズを得ているといえよう。もし、投信ファンドのマネジャーが投資家をだますために公表数値を操作していたと新聞の朝刊に掲載されたら、どのような影響があるだろうか。事業のフランチャイズはどのくらいの期間続くものなのだろうか。悪化した評判は、フランチャイズを文字どおり一夜にして崩壊させ、最終的にはその事業すらもだめにしてしまうのである。

Column●レストランのリスク・マネジメント

　レストランで外食することは、現代人のライフスタイルの重要な部分を占めている。顧客の関心は、店員の礼儀正しさから、食中毒対策などの安全水準まで多岐にわたる。このため、600店舗を持ち12億ドルの売上げのあるカジュアル・レストラン企業のブリンカー・インターナショナル（以下ブリンカー）のCFO、デブラ・スミサートは、リスク課題に取り組むために、社内監査の仕組みを設置した。そして、「自らリスク監査を行ってみると、財務手法や外注品ではヘッジできない事業リスクがあることに気づいた」と言う。

　そこで彼女は、すべてのオペレーションを自動化し、そのなかにリスク防止のプロセスを組み込むことを決定した。このために、必要があれば財務担当の人間を非財務部門に送り込んだ。レストランのマネジャーのボーナスは、損失コントロールの状況を反映するように変更され、アクシデントに関わる費用は毎月の財務諸表に記載されるようになった。レジはすべての取引を140以上の方法で把握できるように改良され、やかんは熱湯によるやけどを防ぐように変えられた。また、E-coliバクテリアの汚染を予防するため、あらゆる可能性を調査した。なぜなら、これをカバーする保険はなく、オペレーション上どのような衛生対策をとっても完璧に防ぐことは不可能だからである。ブリンカーの監査役は、テスト手順を共同開発するサプライヤーの選定を行う前に、その屠畜場を訪問した。

　ブリンカーの経営陣は評判リスクも責任を持って管理した。顧客からの苦情には経営トッ

プが24時間以内に回答した。1993年、ポロ競技の事故で会長兼CEOのノーマン・ブリンカーが一時的に危篤状態に陥ったときにも、取締役会は臨時の後継者を2日で決定した。同社がマスコミの称賛を受けたのは、この後継者危機問題を回避した手腕だけではない。2年後、ミシシッピー州ジャクソンの店が火災により焼失した際には、ブリンカーはすべての店員の再就職先を見つけたのである（大半がブリンカーの他店舗）。

出典：Stephen Barr, "Redefining Risk", *CFO* (August 1996): 61-66.

経営陣に問題の発生を早期に知らせるシステムが設置されていれば、リスク・マネジメントの落とし穴の多くは回避できる。主要な指標にフォーカスした異常診断レポートがあれば、経営陣はリスクレベルが許容範囲を超えるような事態を感知できる。一般的なリスク指標は以下のとおりである。

オペレーション・リスク
- システム停止時間
- エラー数
- 説明のつかない製品のバラツキ
- つじつまの合わない勘定
- 製品歩留まり／品質基準
- 顧客からの苦情

資産減損リスク
- 貸借対照表上のヘッジされていないデリバティブ
- 未実現保有損益
- 貸金の集中あるいはカウンターパーティへの残高（たとえば特定の金融機関への債務合計）
- デフォルト履歴
- 商品売上高の低下

競争リスク
- 競合による新商品発売

- 最近の規制変更
- 業界誌に報告された顧客購買行動の変化
- 流通システムの変化

フランチャイズ・リスク
- 顧客／入札での競合への敗北
- 望ましくないニュースの報道
- 係争中の訴訟
- システム停止時間
- 競合の事業失敗

2　社内リスク圧力の測定

　これまでのところで、あらゆる企業に影響を及ぼしうる、さまざまなタイプの戦略リスクに関する知見を得た。個別の事業戦略と照らし合わせて、企業がこれらのリスクにさらされている度合いを把握することが必須である。

　分析の第2ステップは、組織の運営内容によっては戦略リスクが増大することを理解することである。同じ商品市場で競争する企業でも、さまざまな要因により、リスクにさらされる度合いが異なることがある。**リスク検出計算法**（risk exposure calculator）（図12-2参照）は、戦略リスクが危機へと「発展してしまう」企業内の圧力レベルを分析する。これらの圧力は成長、組織文化、情報マネジメント、などから生じる。要約すれば、これらの圧力とオペレーション上の過失、資産減損、顧客の信頼喪失危機などが合わさると、経営陣を驚愕させるようなリスクを生み出すのである。

　リスク検出計算法は、リスクの影響度を測定し、重大な失敗や故障を引き起こす「圧力」のタイプを診断するツールである。図12-2に記載されているように、9個の圧力スコアが加算される。1つの点数がその他へとつながっていく。もし圧力が高くなりすぎれば、オペレーション・リスク、資産減損リスク、競争リスクは取り返しのつかないダメージを引き起こしてしまう。それぞれの圧力スコアを見てみよう。

成長によるリスク圧力

　成長は高収益ビジネスの基本的な目標である。しかし、市場主導の成長の達成は、3つの理由からリスクをもたらす。第1の理由は、高成長企業の証明とも言える収益のあくなき追求というプレッシャーに関連している。高成長企業は、経営陣や従業員に高い業績を期待する。目標の要求レベルは高く設定される。従業員は結果を出すように期待されている（結果を出さなければ罰則、あるいは異動などの処分がある）と知らされる。報酬やボーナスは直接、あるいは明示的に業績とリンクしている。こうした状況の下で、人々はどんなことをしてでも成功しなければならないという強いプレッシャーを感じ、その結果リスクを招くような行為に及んでしまうかもしれない。たとえば、彼らは信用レベルの低い顧客に製品やサービスを販売するという、許容されていない信用リスクを取ってしまうかもしれない。オペレーションの速度を上げるため、手抜きをするかもしれない。あるいは、すべての販売が完了する前に売上げとして計上する誘惑に駆られるかもしれない。プレッシャーがもっと強くなれば、従業員は部分的に収益が落ちていることを隠すことさえ考えるかもしれない。

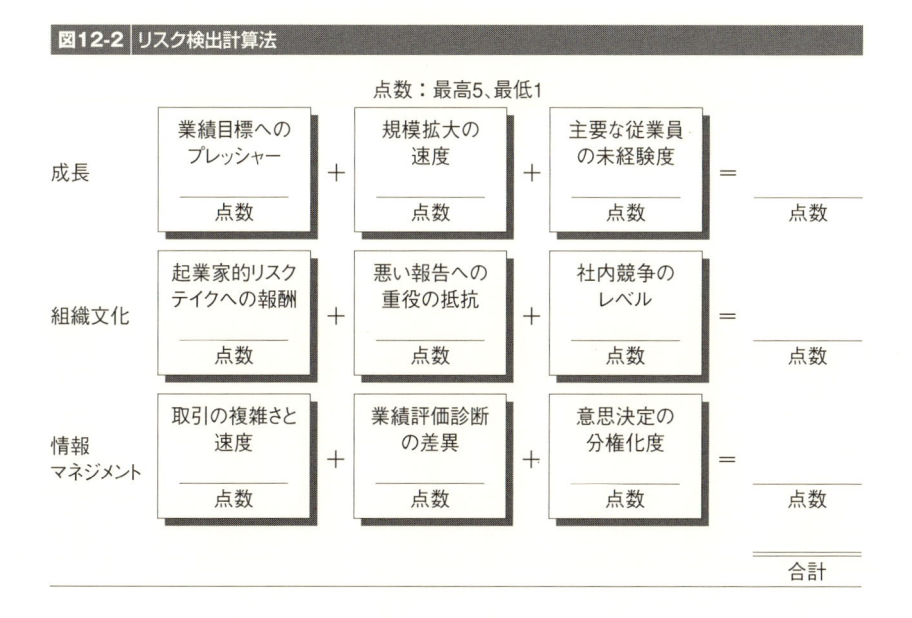

図12-2　リスク検出計算法

点数：最高5、最低1

成長	業績目標へのプレッシャー（点数） ＋ 規模拡大の速度（点数） ＋ 主要な従業員の未経験度（点数） ＝ 点数
組織文化	起業家的リスクテイクへの報酬（点数） ＋ 悪い報告への重役の抵抗（点数） ＋ 社内競争のレベル（点数） ＝ 点数
情報マネジメント	取引の複雑さと速度（点数） ＋ 業績評価診断の差異（点数） ＋ 意思決定の分権化度（点数） ＝ 点数
			合計

オペレーションの急激な規模拡大は、成長の証である。成功企業は大きく成長していく。しかし、急激な規模の拡大は、望ましくないレベルのリスクを呼び込んでしまうことがある。人的資源やシステムは、通常機能している許容量を超えて限界に達してしまう。小さなオペレーションのために設計されたインフラは、すぐに不十分になってしまう。新しい生産・物流・サービス設備が用意され、オペレーション全体と統合されなければならなくなる。急激に拡大するオペレーションの結果、ミスや機能停止が発生し、オペレーション・リスクが忍び寄りやすくなる。新規の顧客は信用リスクを増大させるかもしれない。フランチャイズ・リスクが増大し、製品・サービスの品質が問題になるかもしれない。

　成長とは、多くの新しい人材をスタッフとして採用することも意味している。しかし、適切な人材がそろうまで新しい製品・サービスの発売を待っていては、競争優位は築けない。時には、新しいポジションへの採用を急ぐために、経歴調査のチェックが省略されたり、業績基準や学歴水準の最低ラインが引き下げられたりするかもしれない。新しく採用された従業員は十分なトレーニングや経験を積んでおらず、業務を十分に理解していないかもしれない。そのため、経験数の低下が不注意な過失を増やす結果となるかもしれない。不適切な事業判断によって、企業は資産減損リスクやフランチャイズ・リスクにさらされるかもしれない。

　これらのリスクは、事業が一貫性のある価値をなくしたときに著しく増加する。一貫性のある強い基本的価値観は、厳しい競争市場では必須の基盤となるものである。新しいスタートアップ事業では、一貫性のある事業価値の創出や維持に時間をかけられず、経営陣や従業員は組織の目的や許容される行動規範を推測することが難しいかもしれない。大手企業で、事業が多岐にわたる場合には、同じ企業のなかでも事業によって異なる基本的価値観が存在するかもしれない。たとえば、製造業のGEは、証券会社のキダー・ピーボディを買収し、経営しようと試みた。ところが、2社の基本的価値観があまりに違ったため、許容されるリスクや行動規範について全社レベルでの統一を図ることは困難であった。一方で許される信用リスクやオペレーション・リスクは、他方ではまったく許されないものであり、その逆もあった。価値観や信念についての混乱は、プレッシャーの下で個人が行動する際にリスク、特に資産減損リスクやフランチャイズ・リスクの増加を招くのである。

　これらの3つの圧力、すなわち、あくなき業績の追求、オペレーション規模の

拡大、経験レベルと価値共有の低下は、怠慢や任務の失敗の発生確率を高める。単純に、人々はプレッシャーがあれば過失を犯すのである。**怠慢による過失**（error of omission）は、従業員がフランチャイズや事業資産を守るための行動をとらなかったときに発生する。**任務による過失**（error of comission）は、リスクを増大させたり、資産を減損させたり、あるいは事業を危険にさらすような行動を、従業員が意識的にとったときに発生する。

　矛盾するようだが、成功と成長こそが、潜在的に怠慢と任務による過失を生じさせる。業績へのプレッシャー、事業規模の拡大、新しい従業員の採用は、一般的には健全な活気のある企業の特徴を示している。しかし、その同じ力が、簡単に重大なリスクや過失の触媒になってしまうのである。

組織文化によるリスク圧力

　多くの企業において、リスク圧力の2番目の要因は組織文化である。組織文化は、歴史や経営者のリーダーシップ・スタイルにより培われる。たとえば、多くの企業の組織文化は、起業家的にリスクを取ることを奨励する。従業員が市場における事業機会を発掘・創造する際に、可能な限り創造力を発揮するよう励ますのである。これは健全なことではあるが、従業員が戦略リスクを大幅に増大させてしまうような事業機会を追求したり、創造してしまったりする危険性がある。起業家的リスクを取る組織文化では、リスクの高い資産への投資が行われ、契約履行能力に乏しい相手先との取引が行われ、遂行困難なコミットメントがなされ、従業員が自社の評判を落とすような行動をとる可能性がある。

　組織文化は、部下が上司に対して、事業が抱えるリスクをどれだけ報告するかにも影響を及ぼす。オペレーション、顧客、サプライヤー、競争市場に日々接する従業員にとって、問題発生の早期警告は往々にして明白である。ところが、この重要な情報が上司に伝わらないことが多い。よくある「悪いニュースを伝える恐怖」から情報伝達をためらうケースが見受けられる。上司が、反論に対する許容度が低かったり、あるいは「メッセンジャーを撃ち殺す」ことで知られていたりする場合には、情報障壁は避けられない。人々は制裁などのかたちで自分に悪影響が及ぶことを恐れ、懸念事項を口にすることを怖がってしまうのである。結果として、早期警告情報が伝達されず、不意に問題が明るみに出たときに、トップ・マネジメントの準備が整っていないという事態を迎えてしまう。

また、社内競争を奨励する組織文化も、リスクに関連するさまざまな課題をもたらす。このような企業では、ボーナスや昇進を狙う部下たちの競争意識を、トップ・マネジメントが意識的に育てている。個人が得た情報は、その保有者に力と報酬をもたらすことが多いので、人々は用心して情報を囲い込む。この傾向は、昇進がゼロサム・ゲームのときにはさらに悪化する。自分のキャリアアップのため、従業員は短期的に業績を底上げしようとし、事業リスクや信用残高、企業の評判を賭けに使うことによって、事業リスクを増大させてしまうかもしれない。残念ながら、このようなやり方での結果はまったく違ったものとなる。もしギャンブルがうまくいけば、個人は高額のボーナスや昇進で報われる。しかしギャンブルに失敗して企業が大損した場合、従業員にとって最悪のシナリオは職を失うことである。そして最終的には、企業が巨大な財務的損失あるいは信用低下を被ることとなる。

　これら組織文化に関係する3つの要因（起業家的なリスク、悪い情報を伝えることへの恐れ、社内競争）は互いに相まって、経営情報の不備をもたらす原因となる。これらの圧力が強い組織の経営陣は、事業に潜む危険を知らされないおそれがある。従業員は、許容されていないリスクを取り、悪いニュースを隠し、情報を共有することに抵抗する。そうとは知らず、経営者は業績へのプレッシャーを強め、潜在的なリスクをほとんど理解せずに事業規模を拡大してしまう。

情報マネジメントによるリスク圧力

　情報マネジメントはいろいろなリスクを引き起こす。第1に、取引件数が増大し、処理スピードが向上することは、オペレーション・リスクを増加させる。たとえばフィディリティの1日の取引処理件数は、1991年には25万件だったが、98年には100万件以上になった。この著しい増加に情報技術がついていけなければ、オペレーション上の過失は避けられなかっただろう。当然のことながら、同社は情報技術への巨額な投資を実行し、事業拡大に十分なサポート体制を整えた。同社にとって、オペレーション・リスクは常に懸案事項である。一方、AOLにおいては、情報システムのインフラ整備が必要処理の増加スピードについていけず、取引量拡大に関連する情報処理リスクの影響に苦しんだ。

　取引の複雑さもリスクを増大させる。取引が複雑になればなるほど、その本質や管理方法を完全に理解できる人は少なくなる。国際取引における国境を超えた

契約、顧客購買に関する独創的な資金繰り、入り組んだコンソーシアム契約などは、かなり複雑な契約となる。契約上の義務やキャッシュフローの不確実性をきちんと理解しない限り、資産減損リスクが大きく増加する。レバレッジの効いた金融デリバティブ商品（現物資産の変動によって、その価値が変動する金融商品など）による複雑な取引の増加により、巨額損失を経験した優良企業は数社にとどまらない。

　業績評価の診断の欠如も、リスクを増大させる。起こりうる問題に気づかなければ、リスクを抑えるための対抗策を講じることができない。どのような種類のリスクでも、リスクレベルを追跡し、警告シグナルとなるような、適切な診断システムが必要である。オペレーション・リスクや財務・信用リスクを示す指標と、競争リスクやフランチャイズ・リスクの変化を早期に警告するシステムが必要なのである（これらの指標については、この章の後半で説明する）。多くの場合、これらの診断指標は、分散したオペレーションからの情報を一元化する特殊な情報処理システムを必要とする。このシステムがバラバラなものであったり、問題に関する不十分な情報しか提供できなかったりすると、リスクは増大する。

　最後に、意思決定の権限委譲もリスクを増大させる。このような企業では、個々人が上司からモニターされることなく独断で意思決定を下し、事業機会を創造することが奨励されている。第3章で説明したとおり、この体制は、関心と意思決定をローカルな市場に集中させたいときには有効である。権限委譲された体制においては自由度が増し、実務担当マネジャーに課せられるオペレーション上の規則や課題は少なくなる。結果的に、彼らは経営陣の承認なしに、リスクが増大するような活動を遂行できる。また、同じ企業内で異なる事業が個別に運営されている場合、それぞれの事業ユニットのリスクを合わせた全体リスクを理解することが重要である。もし複数の事業が同じ顧客に対し危険度の高い貸付けを行っているならば、それぞれの事業ユニットの信用リスクを合算する必要がある。分権化により各事業に信用の承認を任せると、信用リスクの集中を招いてしまう。

　これら3つの圧力ポイント（取引の複雑さと速さ、業績評価診断の欠如、分権化された意思決定）は、情報判断のミスと、取引処理の非効率やシステムの故障を引き起こす。このような非効率と故障は、オペレーション・リスク、資産減損リスク、フランチャイズ・リスクを増大させる。

　図12-2に記載された9つの圧力は、従業員および経営陣の過失、システムの故

障、誤った情報などによる巨大なリスクと損失の可能性を測定する手助けとなる。リスクが発見できれば、戦略リスクの影響の大きさを測定し、組織の関心を重要なリスクの統制に向けられるのである。

3 不正と詐欺

　ここまで、戦略リスクの内容と、それを増大させる圧力について説明してきた。しかし、不正表示や詐欺といった特別なケースについては、別途に考察しなければならない。前述したような圧力の影響で、経営陣や従業員は時々、意識的に企業を許容不可能なレベルのリスクにさらしてしまうことがある。従業員は自らの業績（あるいは事業の業績）を不正確に表示したり、企業の資産を横領したりすることがある。誤った決断をごまかし、企業の重要資産を減損させることもある。ほとんどの場合、金額は小さい。しかしこのような行動が、担当する事業に大きなダメージを与えたり、崩壊させたりすることもある。

　本書の第Ⅰ部では、高業績組織で働く人々の性質について性善的な解釈を施した。つまり人々は、貢献すること、物事を成し遂げること、創造すること、満足のいく仕事をすること、社会的な価値観（家族や宗教の教え、法律、組織規範などから学んだもの）に基づき正しい道を選ぶこと等々を望んでいると推測した。一方で、このような志向をねじ曲げ、機能障害的な行動につながるような組織上の障壁についても同時に見てきた。貢献する方法への戸惑い、誘惑やプレッシャー、限られた経営資源のなかでの多様な要求、失敗の恐怖などである。我々は、これら組織上の障壁が引き起こす結果を直視しなければならない。

　これらのケースの多くにおいて、上級マネジャーは、従業員が事業をリスクにさらしていることに気づいていなかった。従業員は、定められた規律を犯してしまったことを隠したり、問題発生の早期警報となりえた報告を怠っていたりしたのである。ベアリングズ・バンクのトレーダーのニック・リーソンの一件は、あらゆる経営者にリスクへの対峙の必要性を思い起こさせる、ぞっとする事件であった。

　このように、従業員がデータを不正に表示または改ざんしたり、詐欺を行ったり、事業を許容不可能なリスクのレベルにさらしてしまったりするような力につ

いて、我々は分析しなければならない。

危険な3要素

　一般的に、事業会社や非営利事業に雇われている人々は、悪事を起こすために勤め始める訳ではない。不正表示や詐欺の露骨なケースも含め、ほとんどの場合には、小さな悪事をきっかけに「滑りやすい坂道」を転げ落ち、時間が経つにつれ、勢いづいて大事に至ってしまうものである。ごまかしは次第にコントロールが利かないほど大きくなってしまう。不正表示や詐欺などを含め、事業をリスクにさらすような間違った行為を従業員がとってしまう可能性は、3つの条件が同時に存在した場合に最大となる。プレッシャー、機会、正当化というこの3つの条件は、図12-3に描かれたとおりである。これから述べるように、大半の人間が滑りやすい坂道を転げ落ちていくのは、3つの条件がすべてそろったときである。(注4)

1．プレッシャー

　高業績の組織において、業績目標の達成と戦略実行のプレッシャーはとても厳しいものである。リスク検出計算法が、これらのプレッシャーの多くを指し示してくれる。内圧と外圧が合わさることにより、私欲のために会計記録を操作したり、企業の資産を誤用してしまうようなプレッシャーが生み出されることがある。

図12-3　危険な3要素

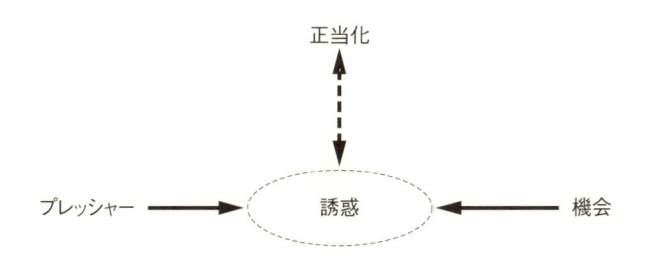

```
                    正当化
                      ↑
                      ┊
                      ↓
プレッシャー　→　（　誘惑　）　←　機会
```

（注4）詐欺が起こるための必要条件については、フィディリティ投信副社長のピーター・ファンファリーがリスク・マネジメントのプレゼンテーションで詳しく述べている。

外的なプレッシャーは、前章で取り上げた収益目標とインセンティブに大きく影響を受ける。高業績の組織は、高プレッシャー組織の典型である。従業員は往々にして、困難な業績目標を達成するよう強力なプレッシャーを受けている。その業績目標を達成すれば、給与アップ、ボーナス、場合によっては昇格を含む、巨大な金銭的報酬を手にできる。目標を達成するプレッシャーは、上司、部下、同僚から成功を認められたいという欲求からも促進される。同様に、業績目標の達成に失敗すれば地位の喪失、報酬の減額、そして時には解雇という結果がもたらされる。報酬への期待と失敗への恐怖が、成功（時にはどんな手段を使ってでも）することへのすさまじいプレッシャーをもたらすのである。

　仕事以外の個人的な問題により、規則を破ったり、会社の資産や資源を悪用したりするプレッシャーが生み出されることもある。債務や依存症をはじめとする個人のさまざまな危機により、会社を利用したり、会社の資産を不適切に使用したりする詐欺や不正を働くプレッシャーが生み出される可能性がある。

2．機会

　意図的な過失や詐欺を行うための第2の必要条件は、機会である。業績目標を達成するために、ルールを破り、資産を悪用する大きなプレッシャー下に置かれた人がいたとしても、そのような機会が存在しなければ誤った行為を起こしようがない。別の言い方をすれば、価値のある資産にアクセスでき、発見されないように会計・業績の評価システムを操作できる立場の人間でなければならない。

　そこで、機会はいくらでもあるが経営の関心には限りがあるという、第1章の経営のジレンマを思い出してみよう。従業員はさまざまな機会に囲まれている。従業員の創造性に頼る先鋭的な組織では、特にそうである。しかし、経営陣の関心は限られている。すべての従業員の活動を見張るには、時間と関心がとても足りないのである。

　私欲のためや業績評価を膨らませるために企業の資産を悪用する機会が、業績へのプレッシャーと合わさったとき、危険な状況が生み出される。これらの状況では、どんな個人も誘惑を感じるものである。報酬を確保する誘惑、あるいは自分を有利にするために管理システムの甘さを利用する誘惑などである。

　このような強い誘惑があったとしても、会社をリスクにさらす誤った行動をとるためには、もう1つの条件が必要となる。すなわち、自分のしていることが、

自分にとっても事業にとっても本当のリスクを生み出していないと信じ込むことである。

3．正当化

強い誘惑やプレッシャーに駆られている従業員でさえも、悪意のある行動をとることの正当性が見出せない限り、実行に移すことは少ない。従業員は善と悪の違いを知っているので、普通であれば社会的モラルに反するような行動はとらないものである。さまざまな研究の結果によると、従業員が破壊的で倫理に反する行動をとるのは、以下の理由で自らを正当化できるときのみである。

- **その行動は「本当は」間違っていない**：「他の多くの人も同様のことをやっているのだから」とか、「この行動は関心を集めるほど重要ではない」と従業員が自分を説得した場合。たとえば、会計監査人がクライアントの予算目標に合わせるために、部下の勤務時間を常に少なめに報告するなど。
- **捕まる可能性は少ない**：会社の記録を改ざんして自分のしたことを隠す機会は多いので、自分は見つからないと信じてしまうことがある。このような場合、従業員は自分の行動が露見することへの恐怖をほとんど持たないのである。
- **この行動は、組織にとって有益である**：従業員が業績の不正表示やデータの操作について、会社の利益を優先するためだと自分を説得した場合。たとえば、政府の調査官が事業の「敵」で、事業を傷つけようとしていると信じている場合、従業員は調査官に嘘をつく可能性がある。
- **発覚しても会社は大目に見て、関係した人間を許すであろう**：会社の利益を守るための行為であると従業員が信じられる限りにおいては、彼らの論理は正当化への道を突き進む。自分が捕まり、内容と理由を説明させられたとしても、上司は理解を示し、サポートし、味方をしてくれるであろうと自分を説得するのである。(注5)

業績へのプレッシャーと自由裁量が混在することが多い高業績企業においては、従業員が安易に正当化に頼らないようにしなければならない。

（注5）Saul W. Gellerman, "Why 'Good' Managers Make Bad Ethical Choices," *Harvard Business Review* 64 (1986): 85-90.

Column● クルズウェイルの企業ぐるみの詐欺事件

　音声認識ソフトウエア・メーカーのクルズウェイル・アプライド・インテリジェンス（以下クルズウェイル）の経営幹部は、監査人、取締役、1993年8月の上場引受会社の綿密な調査にもかかわらず、詐欺を実行できた。最も驚くべきことは、これが、ハーバード・ビジネススクール時代のクラスメートからも保守的で清潔潔白な性格と認められてきたCEO、ベルナルド・ブラッドストリートの統治下で起きた事件だったことである。自ら35％を保有する自社株の価値の押し上げへと駆り立てたのは、ブラッドストリート個人の出費の増加と見る向きがある。また、会社を上場させるために6四半期連続の業績向上に固執するあまり暴走したとの見方もある。

　クルズウェイルが最初に黒字となったのは1991年で、売上げ1050万ドルに対して、利益は11万ドルであった。ブラッドストリートは四半期ごとの収益目標を達成するために、顧客への出荷の2、3日前でも、会計上の取引として計上することを許した。92年には会計基準がさらに緩和され、出荷の2週間前であれば、売上げとして計上できた。出納係の証言によると、その翌年には「売上計上の方針は実質的になくなり、必要であれば何でも実行するようになった」のである。

　凋落の始まりは92年の年末だった。四半期の目標を達成するために、クルズウェイルの営業副社長が、営業担当者に22万ドルの売上げを獲得するようプレッシャーをかけたのである。営業担当者は副社長の了解の下、顧客のサインを偽造して架空の注文をでっち上げた。同社の年次監査の一環として、会計士はこれらの顧客に確認証を送付した。営業担当者は監査人の用紙にも顧客の偽サインで署名した。同社は、93年にも同様の怪しい取引を遂行した。93年8月、同社は1株10ドルで公開し、時価総額は6800万ドルになった。

　94年初旬、次の年次監査が近づき、経理部長は物的証拠となるようなファイルを一掃するよう従業員に命じた。だが、彼らの企みは94年の4月に発覚した。顧客に送付済みとされていた商品の9カ月分の在庫預かり証を監査人が発見したのである。クルズウェイルの帳簿を再検査したところ、94年の売上げ1840万ドルのうち、少なくとも630万ドルは計上すべきではない売上げであったことが判明した。

　クルズウェイルのCEO、営業担当副社長、経理部長、経理職員、そして大半の営業マンが解雇された。経理部長は証言を行った代償として起訴免除となったが、CEOと営業担当副社長は告訴され、有罪判決を受けて刑務所行きとなった。

出典：Mark Maremont, "Anatomy of A Fraud," *Business Week* (September 16, 1996): 90-94.

プレッシャー、機会、正当化という3つの条件がそろうことにより、私欲のために情報や資産を悪用する状況が整うのである。3つの条件のうち2つだけが顕在している場合は、大きなリスクとなる可能性は低い。たとえば、機会とプレッシャーだけで正当化がなければ、善悪の判断力が働くので、誘惑に駆られたとしても道を踏み外した行動を起こすことは稀である。同様に、ルールを破らせようとする外的・内的な誘惑がなければ、正当化と機会がそろっても悪事に発展しないことが多い。理由もなしにリスクを取る必要はないのである。最後に、プレッシャーと正当化は危険な組み合わせではあるが、事業をリスクにさらす行動を起こす機会がなければ、コントロールが利くのである。統制システムと安全対策によって、会計記録や価値のある資産への許可のないアクセスを拒否できるのである。
　このように、従業員による意図的な不正や詐欺のリスクをコントロールするためには、3つの条件のうち、少なくとも1つを排除する必要がある。これを効果的に実行する手法については次の章で説明する。

4　リスク回避手段の学習

　残念ながら、リスクを避けるための最も一般的な学習方法は、直接の当事者として苦しむことである。これには痛みが伴う。たとえば、業績達成のために売上げをごまかすことは、大きく恥をさらすことにつながり、時には訴訟に発展することもある。取り返しがつかないほど評判を落としてしまう可能性がある。開示情報に重大な誤りがあれば、財務諸表を差し換え、監督官庁に無分別な行為を報告する義務がある。業界紙にも取り上げられるだろう。こうした場合、間違いなく2つのことが起きる。まず、その行為に関連したマネジャーが懲戒されるだろう。リーダーシップの欠如と監督責任を問われる上司と共に、解雇されるのがおちである。次に、同じような破滅行為が2度と起こらないよう、新しい統制システムが導入される。このシステムは、一線を越えてしまいそうな者に対して、処罰を明確に示すものとなる。
　他事例からの学習は、他の事業の失敗や不運を目の当たりにし、自分の事業にも同様のことが容易に起こりうると認識することから得られる。たとえば、キダー・ピーボディとベアリングズ・バンクが、個人トレーダーの未監査取引によっ

て致命的な損害を被った際、これらの企業に衰退をもたらした行為が自社で行われることを防ぐため、ウォール街の同業他社は新しい統制システムを急いで整備した。[注6]

　戦略リスクを見極めるためには、失敗を見つめ直すことが非常に役立つ。あるアメリカの優良建設会社のように、年に1度すべての失敗プロジェクトを見直すのは1つのやり方である。つまり、予算を大きく超えたもの、あるいは、クライアントの期待に応えられなかったものを見直すのである。そして、失敗の原因究明と、失敗を繰り返さないための教訓を見出すための真剣な会議を何度も行う。時間の経過とともに、自らのコア・コンピタンスに合致しないタイプのプロジェクトを知り、それらが特別のマネジメントと経営者の関心の下に置かれるべきであることを学んだ先の建設会社は、ビル下水処理の実績が芳しくないことを知り、同タイプのプロジェクトをやめることを宣言した。

◆───本章のまとめ

　戦略リスクには多くの異なる形態がある。選択した競争市場での戦い方に基づき、事業が直面するリスクの本質を把握する必要がある。リスクの基本形態は、オペレーション・リスク、資産減損リスク、競争リスクである。これらリスクのなかの1つでも増え過ぎると、事業全体のフランチャイズが危険にさらされることになる。

　事業に潜むリスクのレベルを把握するためには、9つの圧力スコアを分析する必要がある。これらの圧力は、成長、組織文化、情報マネジメントに起因する。これら圧力の組み合わせは、過失、マネジメントへの不完全な情報、非効率や故障を導く。

　従業員の行為や不作為によって、リスクが悪い結果を導き出すことが多々ある。これらの行為はほとんどの場合は不注意によるが、時には意図的なものもある。原因が何であれ、組織内の圧力が高いときに、従業員の行動がリスクを発生させやすい。

(注6) John R. Dorman, "Brokerage Firms Take Action to Detect Potential Rogue Trades in Their Midst," *The Wall Street Journal* (Nov.29, 1995): C1.

個々の従業員が、不正や詐欺という過ちを犯すことにより、リスクを生み出すこともある。これは３つの条件がそろったときに起こりやすい。①ルールを破るプレッシャー、②価値のある資産や会計記録へアクセスする機会、③これらの行動が「本当は悪くない」と考える正当化の３つである。

　次の章では、戦略リスクをどのようにコントロールするかについて説明する。リスクを効率的にマネジメントするには、特別のツールと技術を利用しなければならない。リスクが事業の存続に関わることもあるので、どのように管理するかを理解しなければならない。

第13章
戦略リスクの管理
Managing Strategic Risk

◆

　前章では、リスクのタイプ、その事業戦略との関連性、リスクの実現性を高めたり損失の可能性を増加させたりする圧力について説明した。この章では、業績目標と戦略を達成するときに、経営者がこれらのリスクを統制していく方法について説明する。

　いままで説明してきたリスクの多くは、運転手が車のスピードを上げようとアクセルを強く踏むときのように、経営者が挑戦的とも言える業績目標やインセンティブによって組織を活性化し、機動力をつけようとするときに発生するものである。そこで本章では、高速で運営されている事業を統制するために経営者が利用できるブレーキ、つまりもう1つの経営システムについて見ていきたい。高性能な自動車の場合と同様、高業績企業には高性能のブレーキが必要である。車には、ドライバーがスピードを落としたり、安全に停止できるようにするために、必ずブレーキがついている。しかし、車にブレーキがついている理由はもう1つある。ブレーキがついているおかげで、ドライバーは自信を持って速いスピードを出せるのだ。レース場における高性能レーシング・カーを想像してみよう。ドライバーは、急なターンで車を制御できるすばらしいブレーキに頼れることがわかっているからこそ、トップ・スピードで運転できるのである。最速の自動車同様、高業績企業の経営者には、事業をその最高のポテンシャルまで加速したときに発生する戦略リスクをもコントロールできる、最高のブレーキが必要である。

　戦略リスクを統制するための主な方法には、企業行動と戦略の双方の活動境界

を効率的に規定する方法と、有効な内部統制システムを導入する方法がある。境界システムを導入する目的は、避けるべきリスクを明らかにし、企業を望ましくないレベルのリスクにさらす行為の発生要因を排除することにある。内部統制システムは、資産を守り、取引や業績評価に関わる不注意なミスや意図的な過ちを犯す機会を排除できるように設計される。これら2つのシステムは、事故や故意の過失が顧客・株主・従業員への価値を創造する能力を阻まないよう、必要な統制力を与えてくれるのである。

1 理念と境界

　意思決定を任される、あるいは業務への責任を任されるなど、権限を与えられた従業員は、企業価値を創造する方法について日々選択を迫られている。彼らは、収益・成長・統制の関係、短期目標と長期目標の関係、私欲と組織の成功に貢献したいという欲求の関係などをうまくバランスさせなければならない。うまく対処できれば、これらの対立概念は、企業価値や戦略を活性化するイノベーションへとつながる。過去10年間の企業が市場に向けて生み出したイノベーションや、個人が創造した新しい市場を振り返ってみよう。携帯電話、GPS（衛星による位置確認システム）、金融デリバティブ、インターネット、そして中国・東欧への市場の地理的拡大などがその例である。人間が機会を発見し創出する潜在的な可能性は、事実上無限大である。

　しかしながら、前章で述べたとおり、人間は時として、結果的に企業を害するかたちでの機会追求を行うことがある。意図された事業戦略に沿わない機会を追求してしまうかもしれない。違法行為の発生が報道されて、会社の評判を傷つけてしまうこともある。たとえば、今後発生する事業取引の情報を個人的に利用してインサイダー取引を行ったり、問題が生じないという誤解から品質基準に満たない製品の出荷を決定したりするかもしれない。従業員が選択を迫られるときにはいつでも、事業が衝突して炎上しないようにする高性能のブレーキが必要なのである。

　従業員に確実に適切なタイプの行動をとらせるためには、経営者は従業員が明確な基本的価値観にコミットするように、従業員を鼓舞しなければならない。基

本的価値観（core values）とは、組織の基本的な原理・目的・方向性を明確化した信念である。これは、創業者の個人的な価値観を源としているものが多い。基本的価値観は、顧客・従業員・地域社会・株主に対する責任について指針を与えるものである。そして、短期的収益の追求と長期的責任のトレードオフに関する経営トップの見解を明確に定義するものである。基本的価値観は従業員に対し、ルールや運用基準だけでは満たしきれない指針を示すものだ。

組織行動学の研究によれば、周囲を鼓舞できるリーダーは、①関連する人々の価値観に対して自分のビジョンを適切に表現し、②各個人がビジョン実現に貢献していることの実感と満足感を持たせ、③努力に対する熱心なサポートを提供し、④すべての成功について表彰や報酬を奨励する[注1]。従業員は、自分がコミットし誇りを持つ組織に対しては、最高の利益をもたらすためにもう一息努力し、勤勉に働くだろう。たとえば、成功している非営利組織やチャリティ組織では、ミッションや目標に対するコミットメントによって、低い報酬や、あるいは無償でも優秀な人材を引きつけている。一方、組織の目標に対するコミットメントがなければ、成長や収益を生み出す意思決定に対しても、人々は完全には共感できないだろう。

小さな企業であれば、基本的価値観は非公式にでも伝えられるだろう。しかし、組織が大きくなれば、経営者は**理念体系**（beliefs systems）を正確に表現し、公式に伝達するプロセスを制度化しなければならない。理念体系とは、組織としての基本的価値観、目的、方向性を経営者が公式に伝え、強化するための「組織としての明確な定義」のことである[注2]。第2章で述べたように、経営者はミッション・ステートメントやクレド（信条）を用いて、すべての従業員に誇りと目標を与えようとする。基本的価値観と目標を積極的に伝えることによって、行動指針を与えようとする。これは戦略の4Pの1つ、パースペクティブとしての戦略である。

経営者はミッションやクレドの作成準備をけっして人に任せてはならない。経営者は、基本的価値観とその重要性を自ら伝えるために、文書や口頭で伝えられるすべての機会を利用しなければならない。しかしながら、ROM（return on

---

(注1) John P. Kotter, *A Force for Change* (New York: The Free Press, 1990): 63. （邦訳『変革するリーダーシップ』梅津祐良訳、ダイヤモンド社、1991年）

(注2) Robert Simons, *Levers of Control*: 34. （邦訳『ハーバード流「21世紀経営」4つのコントロール・レバー』中村元一訳、産能大学出版部、1998年）

management：経営者資本利益率）を増加させるために、文書の配布、教育プログラムの設計、組織内での基本的価値観の認知度調査の実施については、スタッフに権限委譲することが可能であり、そうすべきだろう。

ミッションやクレドは、トラック運転手から社長に至るまでの、組織内のすべてのレベルに効果的であるように設計されるため、抽象度が高く、なおかつ汎用性も高く表現されなければならない。したがって、いかに競争するか、あるいは、ある状況下でいかに適切な行動を選択するかなど、人々が直面しうる困難な選択に対する具体策を示してはいない。精神面に訴える理念は、方向性を明確に示すにはあいまいすぎるのである。経営者は、事業をリスクにさらしてしまう従業員の特定の行動を、どのようにしたら回避できるのだろうか。

第4章において、人間の行動を統制する2つの基本的な方法について説明した。最初の方法は、「これをやれ」と命令することである。すなわち、どの機会を追求すべきかを伝え、どのように価値を創出し、阻害要因を克服するかについて詳細に示す方法である。これは、軍隊の戦術的なオペレーションにおいて「コマンド・アンド・コントロール」と呼ばれる手法である。ミッションや目標は最高レベルの指揮官によって決定される。斥候や諜報からの情報が現場指揮官に与えられ、迫り来る脅威や機会の特異性が伝えられる。戦術的・戦略的決定を下すのは、権限を持つ人のみに限定される。指揮官は、部下が忠実に従えるような明確な命令を出す。

ビジネスの世界では、権限を与えられた従業員が継続的に価値を創出することに依存しているため、軍隊モデルは機能しない。いままでに述べてきたように、「これをやれ」と命令する方法では、革新性も創造性も失われてしまう。「指揮官」の手にすべてが掌握される軍隊とは違い、ビジネスの世界では、脅威や機会に関する特定の知識や、商品や市場に関する新しいアイデアは、組織全体に拡散している。市場や顧客に最も近い立場にある従業員に蓄積されたすべての知識を、経営幹部に伝達することは不可能であろう。

人間の行動を統制する2つ目の方法は、これも第4章で説明したように、結果に対する責任を人々に持たせ、最も効果的に業務を行う方法の選択については彼らのイニシアチブや創造性に任せることである。変化が速く、競争の激しい市場において、戦略の実行を部下に任せたいというマネジャーはこの手法を利用するだろう。しかし、これはまさに最も大きなリスクを伴う手法なのである。従業員

は探求すべき事業機会のタイプについて、大きく異なる仮説を持つかもしれない。無駄な行動や現在の事業戦略に合致しない行動をとるかもしれない。時には、事業そのものをリスクにさらすかもしれない。個々人が高い業績に責任を持ち、かつ創造性を発揮することを求められる状況においてこそ、マネジャーは高性能のブレーキを必要とする。

　高業績企業のマネジャーは、従業員が事業機会を探求する行動を統制する方法を決定する際に、ジレンマに直面する。一方では、貪欲に事業機会を探求することこそが、厳しい競争市場でイノベーションを生み出す核心となる。このような変化の激しい市場では、マネジャーは新しいアイデアや価値創造の方法を常に探すよう、部下を励ましていかなければならない。しかし他方では、この事業機会の探求こそが大きなリスクを招くのである。経営幹部であれば間違いなく回避しようとする結果へと事業を追い込んでしまう機会を、従業員が追求したり、創造したりするかもしれない。

　したがって、高業績企業では、マネジャーはミッションや理念といったものをよく嚙み砕いて説明しなければならない。すべての従業員に対し、追求すべきでない行動や事業機会の範囲について明確に説明しなければならない。言い換えれば、マネジャーは部下に何をしてはいけないかを説明しなければならず、そのうえで、明確に定義された範囲内でできるだけ速いスピードでイノベーションを起こし、すべての事業機会を探求することを奨励すべきなのである。

　機会を探求する行動に範囲を設定するというアイデアは、目新しいものではない。この概念はユダヤ教の十戒にも深く浸透している。

1．あなたには、わたしをおいてほかに神々があってはならない。
2．あなたは、いかなる像も造ってはならない。……それらに向かってひれ伏したりそれらに仕えたりしてはならない。
3．あなたの神、主の名をみだりに唱えてはならない。……
4．安息日を心に留め、これを聖別せよ。……
5．あなたの父母を敬え。……
6．殺してはならない。
7．姦淫してはならない。
8．盗んではならない。

9．隣人に関して偽証してはならない。
10．隣人の家を欲してはならない。……

　十戒は人々に何をすべきかではなく、何をしてはいけないかを告げたものである。許容されない行動を明確にしているのである。
　これは単純だが、すべてのマネジャーにとって非常に強力な原則であろう。もしマネジャーが従業員に革新的・創造的な起業家精神を求める場合、何をすべきかを告げるのと、何をすべきでないかを告げるのとでは、どちらが効果的か自問してみていただきたい。何をすべきかを告げた場合には、何が起こるか。きわめて単純に、従業員は言われたことだけをするのである。会社に来て、指示や作業マニュアルに従って仕事をし、夜になれば家に帰る。彼らは革新的になりうるだろうか。起業家精神や創造性を持とうとするだろうか。答えはもちろん、ノーである。
　戦略を実行するためのもうひとつの方法として、優れたマネジャーは、①共有できる理念やミッションを作成し、②挑戦的な目標を設定し、③目標達成と成功報酬を結びつけ、④特定の行動を明確に禁止することによって、従業員の最大限の努力とイノベーションを喚起するのである。そして、そのときに初めて、彼らは能力と想像力の範囲内で創造性を発揮しつつ、安全に事業機会を追求することとなる。
　以下で説明する理念と事業戦略の境界との関連性は、**図13-1**のとおりである。

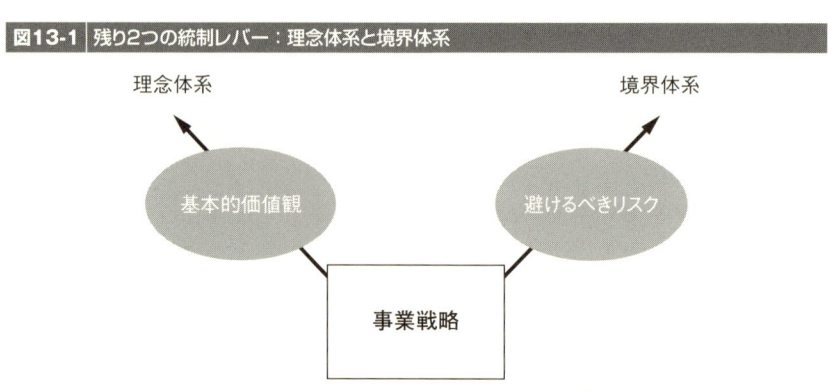

図13-1 残り2つの統制レバー：理念体系と境界体系

理念体系　　　　　　　　　　　境界体系

基本的価値観　　　　　　　避けるべきリスク

事業戦略

出典：Simons, *Levers of Control*：7.

2 企業行動の境界（ガイドライン）

　事業ごとの固有の戦略に基づき、境界体系は回避すべき特定のリスクを明確にしてくれる。最も基本的な**企業行動の境界**（business conduct boundaries）は、すべての従業員に対して企業行動の基準を定義し、伝達するものである。これは通常、企業行動規則と呼ばれるものである。モーゼの十戒のように、企業行動規則は否定形で書かれ、特定の行為を禁止している。典型的な違反行為とは次のようなものである。

- **利害対立**：従業員は自社に製品やサービスを提供する企業の株式を所有してはならない。
- **独占禁止法に違反する行為**：従業員は競合他社と談合してはならない。
- **企業秘密情報の非開示**：従業員は企業秘密情報を、それを知る権利のない何者にも開示してはならない。
- **未公開情報に基づく株式取引**：従業員は未公開情報が公表された際の影響を予期した株式売買をしてはならない。
- **政府官僚への贈収賄**：従業員は、特別のサービスを受けたり便宜を図ってもらったりするために、法に抵触する支払いをしてはならない。

　資産規模が1億ドルを超える中規模から大規模の企業のうち75％以上は、正式な企業行動規則を整備している。[注3] 私腹を肥やすために違反行為を犯しそうになる従業員のための規則もある。不法行為を規定し、禁止する理由を経営者が明らかにしている規則もある。しかしながら、業績目標を達成するため、あるいは悪い結果から事業を守るために、従業員は会社を傷つける行為や倫理的に誤った行為を犯してしまうことがあることも、経営者は忘れてはならない。たとえば、多くの人に尊敬されていた公益企業の副社長は、公聴会の席で宣誓したにもかかわらず嘘をつき、逮捕された。彼は私欲のためではなく、監督官庁の質問に答えるこ

（注3）Robert B. Sweeney and Howard L. Siers, "Survey: Ethics in Corporate America," *Management Accounting* (1990): 34-40.

とが自社の正当な利益を傷つけると思ったため、嘘をついたのである。[注4]

このように、業績目標を達成する、あるいは自社を守ろうとする熱意によって、善意のある従業員が、会社の長期的な体力を傷つけてしまう場合がある。この副社長は解雇されたが、スキャンダルを沈静化するためにCEOも辞職を余儀なくされた。新しいCEOは、会社の評判を修復し、監督官庁からの信頼を回復するために、数年間を費やした。

十戒は、我々が日常的に避けて通れないプレッシャーや誘惑と向き合う際に、越えてはいけない一線を教えてくれる。プレッシャーや誘惑は高業績企業にはつきものである。数々の調査が繰り返し示すとおり、経営者や従業員の大半は、企業の目標を達成するために自分の信念を曲げ、妥協せざるをえないプレッシャーを感じることがある。[注5] たとえば1997年の研究では、調査を受けた1300人のマネジャーと従業員のうち半数以上（56％）が、倫理的でない行動をせざるをえない大きなプレッシャーを感じていた。調査対象の60％は、この5年以内でそうしたプレッシャーが著しく増加したと感じていた。[注6]

前章で説明したとおり、人間は自分の行動に理由をつけて正当化できれば、プレッシャーや誘惑に屈してしまうものである。業績からのプレッシャーと行動の自由度が大きい高業績企業のマネジャーは、従業員がこうした理由づけに陥らないように注意しなければならない。従業員がプレッシャーや誘惑にどのように立ち向かうべきかについてあいまいさが残らないよう、明確な行動規則がコミュニケーション・ツールとして利用されるべきである。

企業行動規則の必要性は、戦略が品質・信頼・評判に立脚するような事業では特に大きくなる。このような事業のマネジャーは、フランチャイズを守るため、企業行動の境界を設定しなければならない。ヘルスケア製品メーカー（例、ジョンソン・エンド・ジョンソン）、食品メーカー（ゼネラル・ミルズ）、製薬会社（メルク）、自動車メーカー（フォード・モーター）のように、非常に多く存在する消費者向けメーカーなどがこれに当たる。これらの企業では、市場での評判を傷つ

(注4) Ken Goodpaster, "Witness for the Corporation," Harvard Business School Case No. 384-135, 1983.
(注5) Archie B. Carroll, "Managerial Ethics: A Post-Watergate Review," *Business Horizons* 18 (1975) : 75-80.
(注6) Alison Boyd, "Employee Traps－Corruptions in the Workplace," *Management Review* 86 (1997) : 9. The American Society of Chartered Life Underwriters and Chartered Financial Consultant, and the Ethics Officer Association のスポンサーによる調査

ける従業員のあらゆる行為が、フランチャイズ価値を破壊する可能性を秘めている。不良製品の出荷、製品内容の虚偽表示、必要とされる安全試験の不履行など、健康や安全性を阻害する行為は、競争力のあるフランチャイズの基盤である信頼性を危険にさらす。

　失墜した評判は、事業の戦略実行能力を深刻に、時には修復できないほど傷つけてしまう。バリュージェットが安全チェックを怠ったケースや、デニーズのマネジャーが採用に関わる差別で報道メディアに糾弾された結果を思い出していただきたい。

　新規顧客の獲得が信頼・誠実さの評判によって決定されやすい企業にとっては、フランチャイズ・リスク（評判リスクとも称される）は特に重要である。戦略コンサルティング会社や会計事務所は、顧客データの秘密保持や虚偽報告に関し、非常に厳しい企業行動規則を定めている。これにはそれなりの理由がある。コンサルティング活動や監査のために収集された主要な戦略データが、競合他社に漏らされていると顧客が疑ったとしたら、マッキンゼーやプライスウォーターハウスクーパースの評判と営業力はこれほど長続きしてきただろうか。顧客の信用がなければ、彼らのフランチャイズと顧客を獲得し維持する能力は、著しく失墜しただろう。したがって、これらの企業では、評判を傷つけるような活動はすべて禁止事項として規定されている。

　同様に、公共の信頼を必要とするような職業では、行動規則に常に準拠していることが、メンバーであることの必要条件となる。会計士、弁護士、医師など、プロフェッショナルとしての行動規則が評判を守るのである。境界は、その職業のイメージを損なう行動のタイプを明確に規定しており、これに反した場合には会員資格を剥奪されなければならない。たとえば、会計士の行動倫理基準では、会員は次のようにしなければならないと規定されている。

- 実質的、または明らかな利害相反を避け、対立の可能性がある関係者へのアドバイスを避けること。
- 倫理的に職務を執行する能力を損なういっさいの活動を控えること。
- 行動に影響を与える、あるいは与えうる贈り物、厚遇、接待を避けること。
- 組織の正当性や倫理的目標を覆しうる積極的・消極的活動のいっさいを控えること。

- 責任ある判断や高い成果を損なわないように、プロフェッショナルとしての限界や他の制限を認識し、伝達すること。
- 職業の信用を貶めるような行動や、それを支援するような行動を控えること。[注7]

　プロフィットセンターのマネジャーを対象とした非倫理的な行動の状況についての調査によれば、競争環境の不確実性が高い場合には、利益の数値を操作する誘惑に駆られやすいという回答が得られた。[注8]ブレーキを導入する際、経営者は事業上の業績へのプレッシャーや誘惑が大きければ大きいほど、企業行動のガイドラインを導入する必要性も大きくなる、ということを理解しなければならない。ベアリングズ・バンクやキダー・ピーボディなどの詐欺行為や統制システムの崩壊例は、金銭的に魅力的な業績評価ボーナスと関連づけられた厳しい業績目標がきっかけとなっている場合が多い。マネー・マネジャーや株式トレーダーが働くトレーディング部門では、管理監督が行き届かないトレーダーが、ボーナスを増やそうと非倫理的な行為を犯してしまうリスクが常に存在している。このような状況では、禁止する行為を明確にした企業行動規則を設定しなければならない。経営者は、従業員が危険な行為を正当化できないよう、あいまいさをできるだけなくさなければならない。

　利益計画、バランス・スコアカード、診断型・対話型統制システム、業績目標と評価制度など、前章まで検討してきた手法は、戦略を実行するために経営者が利用するツールである。しかし同時に、業績へのプレッシャーや誘惑が生じた際に利用できるツールでもある。このプレッシャーは健全なものである。なぜなら、プレッシャーがイノベーションを推し進めるからである（逆に言えば、規制によって保護されている産業、独占企業、または公共事業のように市場競争のプレッシャーに直面していない事業において、いかにイノベーションが生まれないかを考えればわかりやすいだろう）。経営者がアクセルを強く踏めば踏むほど、事業ブレーキの存在と、境界体系の質と強固さへの自信が重要になるのである。

(注7) Institute of Management Accountants (formerly National Association of Accountants), "Statement on Management Accounting: Standards of Ethical Conduct for management Accountants," Statement No. 1C (New York, 1983).

(注8) Kenneth A. Merchant, "The Effects of Financial Controls on Data Manipulation and Management Myopia," *Accounting, Organizations, and Society* 15 (1990): 297-313.

ルール遵守徹底のためのインセンティブ

　他の統制システム同様、報酬と処罰は企業行動規則と連動していなければならない。だが、統制システムのためのインセンティブは、どのように設計されるべきだろうか。アメとムチは行動規制を遵守させるのに適切な手法だろうか（お子さんをお持ちの読者の方は、この質問の答えはおわかりだろう）。

　大半のビジネスの場面では、従業員に誠実に行動させるために報酬を出す必要はほとんどない。経営幹部は基本的に、自分の部下が誠実に仕事をこなしてくれることを当然だと期待すべきだろう。実際、従業員の大半は、明確なインセンティブや報酬がなくても、個々人が自分の主義として正しいと思ったことを実行する。誠実であることに対し報酬を出すことは、組織の業績を上げることには結びつかず、コストを増やすだけとなる。

　したがって、善良な行動に報酬を出すのではなく、発生するのは稀だが、起こってしまった場合には大きな問題となる「行動規制に適合しないケース」に対して、罰則を規定する方法を選ぶのが一般的である。処罰が効果的であるためには、罰則の厳しさが、企業行動規則の一部として伝えられなければならない。従業員は、規制違反は解雇を含む懲戒処分にまで至ることを理解しなければならない。経営者は、処罰は「例外なく」適用されることを明確にしなければならない。たとえば、戦略コンサルティング会社は、クライアントの秘密情報を漏らした従業員には、申し開きの機会を与えず、例外なく解雇を言い渡す。アカデミー賞の投票数を数える公認会計事務所であるプライスウォーターハウスクーパースでは、「自分の監督者以外の人に得点について話した場合には、解雇する」[注9]というスタッフへの明確なルールを定めている。そのうえ、許容できないタイプの行動が発生しないように、経営者はしばしば、事業フランチャイズをリスクにさらした人の事例を説明している。

企業行動の境界と組織の自由度

　車のブレーキ同様、組織の境界体系は、抑制（すなわち車を停止させる）をもたらす一方で、解放（高速での運転を可能にする）をもたらすと考えられる。こ

(注9) Ed Brown, "The Most Glam Job in Accounting," *Fortune* (March 31, 1997): 30.

こまでは、コインの一面である抑制サイドを説明してきたが、ここからは逆の面について見ていきたい。逆説的な言い方に聞こえるかもしれないが、抑制が存在することによって、創造性を発揮できる自由度が担保されるのである。

たとえば、あなたが、ボストン・リテールの店舗で販売員の仕事を始めた状況を想像してみよう。1日目の朝、上司からルールはないと告げられ、「顧客を満足させることは何でもやってみてください」と言われたとしよう。ところが、その日、お客が2カ月前に買った商品の返却を受け付けたあなたは、店長から30日以上前の返品は認めてはいけないと、ひどく叱りつけられた。翌日、自分の店では扱っていない商品を探していた客に、近くのライバル店で扱っていることを教えたら、店長から2度と同じことをしないようにと、また強く注意された。このようなことが続き、何か新しいことをすると上司に怒られる。こうなるとあなたは、恥をかいたり、処罰を受けたりするようなリスクをはらむ行動を次第に避けるようになるだろう。これは、行動の境界がはっきりしないために発生することであり、この状況ではイノベーションはいっさい生まれなくなるだろう。

これを別の状況と比較してみていただきたい。初日にあなたは、返品方針、顧客サービスなどについて、してはいけないことを明確に規定した販売マニュアルを与えられたとしよう。店舗方針のすべての行動規制を詳しく学んだ後であれば、あなたは、方針に規定されたことに抵触しない範囲内で、新しい試みや改革を実施することに自信を持てるであろう。そのうえで、上司から「顧客を満足させることは何でもやってみてください」と言われれば、定義された境界内で創造性を発揮することについて、ますます自信を持てるであろう。十戒同様、ひとたびルールが理解され、自分のものになれば、ルールはやっかいなものとは映らないのである。規定された境界内で、独自に行動したり、顧客への価値を創出したりする機会が十分に残されているので、行動規制は本質的には自由度を制限しない。

効果的な企業行動の境界とは、通常、非常に単純なものである。シアーズでは、新任のCEO、アーサー・マルティネスが、2万9000ページにも及ぶ規則と手順を、「自由」と「義務」と呼ばれる2冊の非常にシンプルな小冊子に置き換えた。マルティネスは、「守っていきたいのは、企業の優れた品質です。その品質とは、『伝統、誠実さ、正義感』と定義できるかもしれません。我々はマネジャーに、彼らが何に責任を持ち、意思決定を行う際にいかなる自由度を持ち、サポートが必要な場合にどこに頼ればよいのかを伝えようとしています。しかし、可能性の

あるすべての状況を規定したいとは思いません」^(注10)

　企業行動の境界を設定することは、経営者が誠実な行為の重要性についての理念を説明するうえで、きわめて優れた方法といえる。このような行動規則があれば、自分が間違っていると信じる行動を上司から命じられたとき、従業員がその命令を拒絶することを経営者が支援できるのである。ミドル・マネジャーはしばしば自分自身が激しい業績のプレッシャーにさらされているため、主要な業績目標を達成するために、部下にルールを破るように（たとえば、「新年度になるまで経費を計上するのをやめよう」）プレッシャーをかけるかもしれない。企業行動の境界は、もし広く公表され説明されていれば、こうした上司による間違った指示に対しても、議論の余地のない武器を従業員に提供できるのである。

　章末の**資料13-1**は、理念体系と境界体系に必要な項目をまとめたものである。

3　内部統制

　理念体系と境界体系は、基本的価値観と禁止行動を記載している。しかし、意図的な違反と業務プロセス上の無意識の過失（任務による過失と怠慢による過失）の両方から企業を守らなければならない。経営者が数値の正確性を信頼できるときにのみ、損益計算書のデータ、ROI（return on investment：投下資本利益率）やEVA（economic value added：経済付加価値）などの指標、バランス・スコアカード、その他の評価システムに頼ることができる。しかし、すべての経営者は、会計システムや評価システムに過失が含まれている可能性と戦わなければならない。過失はいろいろな方法で起こりうる。経験のないスタッフが取引を誤って処理するかもしれない。あるいは、経験のある従業員が日々の業務処理を急がされた結果、無意識の過失を起こすかもしれない。稀にではあるが、高い代償を支払わされる事例として、従業員が私欲のために企業の資産を横領し、発見されないように会計記録を改ざんすることがあるかもしれない。

　これらの避けようのないリスクのために、どんなに小さな事業のマネジャーでさえも、すべての取引情報（売上げ、入金等）が適切に計上され、従業員が資産

（注10）Patricia Sellers, "Sears: In With the New," *Fortune* (October 16, 1995): 98.

を着服したり横領したりする機会の発生を防ぐために、統制（コントロール）と安全予防策（セーフガード）のシステムを導入しなければならない。これらのシステムと手順は**内部統制**（internal control）と呼ばれ、①会計システムによる情報が信頼できることを保証し、②企業資産を確実に保全するための一連の規則と手続き、と定義される。

内部統制は、3つのカテゴリーの安全予防策に分類できる。すなわち、**構造の安全予防策**（structural safeguards）、**システムの安全予防策**（system safeguards）、そして**スタッフの安全予防策**（staff safeguards）である（図13-2参照）。経営者や企業オーナーが、資産の保全や会計処理について部下に権限を委譲しているすべての事業で、これらの安全予防策が必要不可欠となる。

構造の安全予防策

内部統制の最初のカテゴリーである構造の安全予防策は、企業の資産を管理し、会計取引を記録する個人の権限を明確に規定するために設計されるものである。その内容は以下のとおりである。

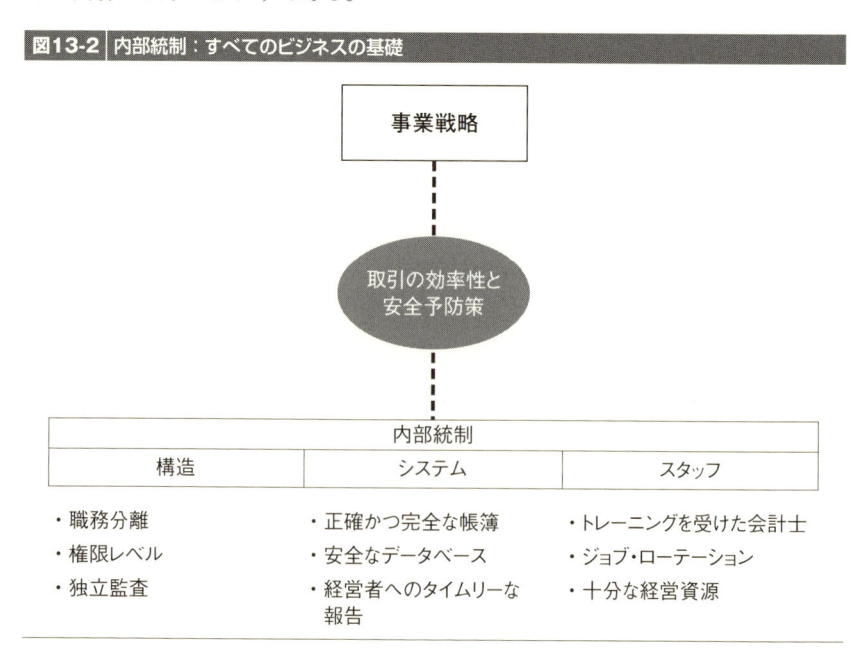

図13-2　内部統制：すべてのビジネスの基礎

事業戦略

↓

取引の効率性と安全予防策

↓

内部統制		
構造	システム	スタッフ

- ・職務分離
- ・権限レベル
- ・独立監査

- ・正確かつ完全な帳簿
- ・安全なデータベース
- ・経営者へのタイムリーな報告

- ・トレーニングを受けた会計士
- ・ジョブ・ローテーション
- ・十分な経営資源

職務分離

　内部統制の重要なルールは、貴重な企業資産に関わるあらゆる取引において、決して1人の人間だけが処理することがないようにすることである。特に資産の会計取引は、物理的に保管している人以外の人が担当すべきである。**職務分離**(segregation of duties)のルールでは、ある人が別の人の仕事の検査と確認を必要とする。もしだれかが過失を犯したり、あるいは意識的に取引について虚偽の報告をしても、2番目の人が会計記録と実際の保有資産や取引の領収書を照合した際に、過失や不安を発見するであろう。

　従業員の詐欺の大半は、個人が現金や証券に接触でき、かつ、これらの資産の会計処理を行う権限も持っているときに発生する。職務分離がなければ、不徳な人物は横領したお金を隠すために、たとえば違う口座に取引を転記するなどして、会計記録を操作するだろう。ベアリングズ・バンクでは、職務分離システムがなかったためにニック・リーソンに承認されていない証券取引を許し、会計記録への虚偽の入力によって取引損失が隠蔽された。彼の詐欺は200年の伝統を持つ金融機関を破綻に追い込んでしまったのである。

- ボストン・リテールでは、1人目が受領した小切手を銀行に預金する。そして2人目が、すべての受領小切手が預金されたことを確認するため、小切手受領記録と銀行預金残高をチェックする。

権限レベルの定義

　この原則は、企業資産へのアクセス権限を責任レベルに適応させることによって、過失や詐欺にさらされる可能性を限定しようとするものである。

- ボストン・リテールでは、店長は500ドルまでの金額の小切手にサインできる権限を与えられている。それ以上の金額については、本社マネジャーのサインが必要となる。

重要資産の物理的安全予防策

　盗難の対象となりうる価値のある資産は、いつも金庫や鍵のかかる倉庫に保管されるべきである。これらの資産へのアクセス権限は、損失に対して責任を持ち

うる従業員に限定されるべきである。たとえば、多くの企業では、無記名債券は銀行の金庫に保管している。通常は、権限を付与された2人の従業員が立ち会う場合には、金庫を開けてもよいと企業から指示される。2人いれば、それぞれの従業員が、債券が適切に手渡され報告されたことを、独立して確認できるからである。

　重要資産が簡単には数えられず、確認できない場合には、個々人がその資産を十分安全に守っているかをチェックする直接的な監視システムが必要になる。高速道路の料金所で料金回収スタッフが監視カメラでチェックされているのは、このためである。

- ボストン・リテールでは、キャッシャーの現金は2時間ごとに回収され、各店舗の事務室にある金庫に保管される。

独立監査

　すべての企業は、内部統制の徹底度を検査するために、外部監査人、すなわち公認会計士を使わなくてはならない。監査の一部として、監査人は会社の資産と会計情報の信頼性を調べる。発見された事項は、虚偽報告を修正すべき立場にある経営者や取締役に報告される。

　取締役は、株主に対して責任を持つ、内部統制の最終責任者である。大企業では外部監査役の仕事を監督する監査委員会のメンバーには、取締役のなかでも最も経験の豊かな人々が通常選出される。

- ボストン・リテールでは、財務諸表の監査と内部統制が徹底されているか調査するため、著名な会計事務所を雇っている。監査の一環として、監査人は内部統制レベル向上の方法を経営者にアドバイスしている。

システムの安全予防策

　システムの安全予防策とは、取引処理と定期的な経営報告が適切なプロセスで行われるための内部統制の仕組みである。システムの安全予防策には、以下のものが含まれる。

正確で完全な帳簿記帳

　内部統制の手続きは、すべての取引が正確かつ迅速に帳簿に記帳されることを担保するものでなければならない。帳簿データは正確かつ迅速に記載されなければ、経営の観点からは意味がない。データの確認や照合を行うためには、十分な書類の履歴（あるいは電子入力データでも）を保有していなければならない。個々の取引の元データまで戻り、その後の処理方法を追跡調査することが可能になるからである。こうして初めて、顧客の支払いを売掛金明細にまで戻ってチェックでき、さらにこの明細から、売上伝票や郵送記録にまで遡ることができる。

- ボストン・リテールの監査人は、複式簿記の会計処理が正確になされていることを確認するために、銀行の口座と売掛金の記帳が合致するか、毎月の帳簿を比較している。

情報システムとデータベースへのアクセスの制限

　会計処理記録を変更したりチェックしたりする権限を持つ人のみに情報システムへのアクセスが許されている場合には、会計データは信頼性のあるものとなるだろう。電子データを多用する現在、不正アクセスやデータの改ざんからデータベースを守ることも重要となる。数年前、シティバンクのコンピュータ・システムに、モスクワのハッカーが侵入した。不正に手に入れたアクセスコードを利用し、そのハッカーは銀行預金の資金を移動させることができたのである。情報の信頼性を守ろうとすれば、パスワード、認証などの手順の徹底が必要となる。

- ボストン・リテールの各店では、店長のみが会計処理システムへのアクセスやプロセス変更のパスワードを知らされている。このパスワードは毎月変更される。

タイムリーな業績報告

　データが処理され次第、経営者はそれに基づく会計・統制レポートを受け取るべきである。タイムリーな報告がなされなければ、アクションのためのフィードバックが遅れたり、正しくない情報をもとに誤った意思決定がなされたり、事業が減損リスクにさらされたりするかもしれない。

- ボストン・リテールの創業者は、毎月末から8営業日以内に、月次の損益計算書と貸借対照表を入手している。そのうえ、各店舗からの販売実績の報告を毎週受けており、重要な休暇シーズンには毎日報告を受けている。

スタッフの安全予防策

　スタッフの安全予防策とは、会計取引を処理するスタッフが、適切なレベルの専門知識、教育訓練、経営資源を持っていることを保証する内部統制の仕組みのことである。スタッフの安全予防策には、次のようなものが含まれる。

会計・統制スタッフにとって十分な専門知識

　優良な内部統制の仕組みの設計および運営には、高い専門知識が必要とされる。効果的な内部統制システムを設計する訓練を受けた会計の専門家である公認会計士（CPA：米国公認会計士やCMA：米国公認管理会計士）は、こうした専門知識を企業に提供する。

- ボストン・リテールの経営者は、まだ会社が小規模だったときに採用した監査人を代えるべきか悩んでいた。会社の成長に伴ってオペレーションが複雑になり、業務内容がその監査人のスキルや能力を超えてしまっていたからだ。創業者は、財務副社長のポジションをつくり、専門の会計士の候補者を探すよう、ヘッドハンティング会社に依頼した。

主要な仕事のローテーション

　ある従業員が経理上の不正を隠蔽している場合、別の人がある程度の期間その仕事を引き継げば、通常はその不正を発見するだろう。同様に、重要な会計処理記録へのアクセス権を持つ従業員に定期的な休暇を取らせることも、良い習慣といえるだろう。担当者が不在の期間、他の人がその仕事を引き継ぐのである。大和銀行の11億ドルの詐欺事件は、債券取引へのアクセス権を持つ従業員が、自分の取引損失をカバーするために債券を販売していたことによって隠蔽されていた。彼は自分の不正を隠すために偽りの取引処理を入力していたので、11年以上も長期休暇を取っていなかった。なぜだろうか。休暇中に、だれかが自分の仕事を代わりに行い、不正を発見するのではないかと思い、発見されるリスクを減らした

かったからである。この期間、経営陣は彼が休暇を取らず会社に貢献していたことを誉めていた。[注11]

- ボストン・リテールの経営陣は、会計処理の信頼性の精度については、監査人によるチェックに依存していた。小規模な事業であるため、主要な会計業務担当のなかでローテーションを実施することは実務的ではないと考えていたからである。

十分な経営資源

　内部統制はお金がかかるものである。会計の専門家を雇わなければならず、システムを導入し、事務スタッフも照合やチェックができるようトレーニングしなければならない。職務分離は、1人でできる業務を2人で行うことを課している。照合やチェックといった追加的な仕事は、事業の効率性にはまったく寄与しない。それは資産の安全性や情報の正確性を担保するためのものである。

　多くの企業が内部プロセスをリエンジニアリング（再構築）した結果、過去10年間で重要な過失や不正の数が急激に増加したと会計事務所は報告している。リエンジニアリングや人員削減は、業務の重複やミドル・マネジャーなどを減らす結果をもたらした。しかし、こういった一見無駄に見えるものが、実は取引処理を正確にしていたのである。したがって、事業プロセスを効率化した場合は、内部統制の十分なレベルを保つための多くの配慮が必要になる。

- ボストン・リテールの創業者は、内部統制のためのスタッフを増加した。これは、ギャンブルでの負けをカバーするために100万ドルを盗んだ従業員のせいでボストン・リテールに似た業種の企業が倒産した話を、取引銀行のマネジャーから聞いたためである。

内部統制の責任

　内部統制は、さまざまな種類の過失から企業を守るものである。良い内部統制の仕組みとは、過失によって重要なオペレーション・システムが蝕まれたり、権

（注11）Jathron Sapsford et al., "How Daiwa Bond Man in New York Cost Bank \$1.1 Billion in Losses," *The Wall Street Journal*（September 27, 1995）: A6.

限のない人の行動によって資産が目減りしたりすることがないよう、チェック・アンド・バランスの仕組みを経営者に担保してくれるものである。内部統制は、データを改ざんしたり、資産を横領したりしようとする誘惑に駆られる人に、そのチャンスを与えない仕組みでもある。内部統制はどのような事業においても必須となるが、オペレーション・リスクや資産減損リスクが相互作用によって大きくなっている事業の場合には、特に重要になる。このような状況では、怠慢による過失や権限委譲による過失が起こりやすく、しかも過失が起きた場合には高い代償を支払う結果を招くからである。

経営者は通常、内部統制システムの設計や監督にほとんど時間を割かない。その権限を会計士や監査人に委譲してしまう。しかし、もし劣悪な内部統制の仕組みのために財務上やオペレーション上の損失が発生した場合には、経営者がその責任を取らなければならない。内部統制システムは資産の安全性と業績情報の信頼性を確保するために必須のものであり、きちんと整備することは経営者の責任である。したがって、内部統制システムが効果的に機能するように十分な資源が配分されていることについて、経営者は自信を持てなければならない。

大企業では、内部統制の失敗は財務的な損失、名誉失墜、そして時には輝かしいキャリアの終焉にもつながる（いかに多くの企業が内部統制システムの欠落によって失敗に追い込まれたかは、ウォール・ストリート・ジャーナルの１面を見れば明白であろう）。小さなスタートアップ企業では、内部統制システムの不十分さが倒産に結びついてしまうことがある。こうしたリスクがあるため、大規模な公認会計士事務所では、企業によっては監査を断るケースが増えている。たとえば、内部統制システムの弱い企業や、業績へのプレッシャーの高さから経営者が統制を回避する可能性が高い企業などが、その対象である。(注12)

内部統制システムの根底にある前提

資料13-2は、内部統制システムが効果的に機能するために重要となる前提条件の分析である。組織内での人間行動の本質に対する考え方の自己診断ツールと、効果的な内部統制システムに対する前提条件の意味合いについても説明している。資料13-3は、参考資料として使えるよう、内部統制システムに必要な項目をま

（注12）Elizabeth McDonald, "More Accounting Firms are Dumping Risky Clients" *The Wall Street Journal* (April 25, 1997).

とめている。

4 戦略の境界

　理念体系、企業行動の境界、そして内部統制は、人々が利益、成長、統制のバランスをとる際に誤った選択を行うリスクを小さくするために設定されるものである。しかし、長期的利益や成長に対し、同じように危険をもたらす違う種類のリスクも存在する。それは、事業戦略に合致しない活動が希少な資源を無駄にしてしまうリスクである。たとえば、電力会社のマネジャーが図書館のデータベース構築事業に時間を費やすことに意味があるだろうか。消費者向け製品のメーカーが、航空サービスやホテル事業を行うのはどうだろうか。常に新しい事業機会を探すことを部下に奨励する一方で、部下の労力が経営者の望んでいない分野の活動に費やされないようにすることはできるのだろうか。

　高業績企業にありがちな基本的なジレンマがここに存在する。すなわち、成長が確実に期待できる事業機会は市場に多すぎるほど存在するが、それに振り向けるだけの経営者の時間と関心は非常に少ないという事実である。この状況下で経営者が選択しうる最悪のシナリオは、関心と経営資源を多くの事業機会にばらまいた結果、どの活動も成功するのに十分な原動力と経営資源を得られなかったというものである。

　戦略の境界の根底にある基本原則は当然のことであり、ここまで述べてきた議論から見てわかりやすいものである。従業員が発見・創造するすべての事業機会を経営者が予測することは不可能だろう。したがって、個人がビジネスの世界で価値を創出するすべての方法を、経営者が戦略の境界として列挙することには意味がない。従業員にイニシアチブや創造性を発揮させ、顧客のニーズを把握するための最良の方法や、社内プロセスを最も効率的かつ効果的に実施する方法を検討させればよい。活動の焦点を絞り切らない限り、希少な資源である財務資源や経営者の時間が浪費されてしまうという事実を認識すべきである。したがって、組織にいる個人が事業の基本戦略に沿った活動を実施することを担保するためには、どんなタイプの事業機会の探求は避けるべきかを経営トップが明確にし、個人が追求すべき事業機会の領域がどこに位置するのかを描いてやることが必要で

ある。つまり、**戦略の境界**（strategic boundaries）とは、その企業にとって望ましい市場ポジションを規定することと同義であると考えてよい。

　著名な経営理論家であるチェスター・バーナードは、50年以上も前に次のように述べている。「同様な機会が非常に多く存在すれば、人間の選択力は麻痺するだろう。選択を行うためには、何らかの範囲を決めることが必要である。実行すべきでないことの理由を探すことは、何をすべきかを意思決定するためによく使われる手法である。意思決定のプロセスとは、選択肢を狭める技術にかなり近いといえよう」[注13]

　事業機会を探求する行動の焦点を絞るために、さまざまな業種の経営者たちが、次のような戦略の境界を設定している。

- GEのCEO（現在は退任）であるジャック・ウェルチは、業界で1位か2位になれないビジネスに対しては投資しないことを、すべての従業員に明確に説明した。
- 大手コンピュータ会社では、直近の事業計画期間中に推進する可能性があると予想されるすべての事業機会のマトリックスを開発した。そして事業機会を「緑のスペース」か「赤のスペース」に分類した。緑のスペースに識別された事業機会は積極的に推進すべきもの、赤のスペースに識別された事業機会は着手してはならないもの、と決められた。
- アメリカ最大の給与データ処理企業であるオートマティック・データ・プロセッシングは、事業機会への投資基準のリストを整備している。投資基準は、収益性、成長性、競合に対する比較優位性、商品特性、経営陣の強みなどに関係している。これらの「ハードル」の最低条件をクリアできなくなった場合には、投資からの撤退を余儀なくされる。
- クライスラー（現ダイムラークライスラー）の再建にあたって、CEOのリー・アイアコッカは、北アメリカの自動車とトラック製造業に経営資源を再度集中することを決定した。ヨーロッパ、アフリカ地域、そして自動車以外の事業は事業領域外と決めた。この結果、国際事業、タンク事業は売却され、リース事業からも撤退した。

（注13）　Chester I. Barnard, *The Functions of the Executive*（1938; reprint, Cambridge, Mass.: Harvard University Press, 1968）: 14.（邦訳『新訳経営者の役割』山本安次郎訳、ダイヤモンド社、1956年）

これらの各事例は、経営者が企業の方向性を示しROM（return on management：経営者資本利益率）を最大化するために、戦略の境界を用いてきたことを示唆している。有能な経営者は、従業員が示された戦略の実行にすべての時間を捧げられ、組織のエネルギーをできるだけ生産的に利用したいと望むものだ。同時に、上級マネジャーたちは、部下の活動が戦略的方向性に適合しているかのチェックに、自分たちのすべての時間を使いたいとは思っていない。それゆえに、固有の戦略を明確にすること——顧客に対しどのように価値を創造するか、あるいは自分たちの製品・サービスをいかに差別化するかを明らかにすること——によって、経営者は戦略に合致しない事業機会を特定し、着手すべきでない範囲を宣言するのである。

Column◉マイクロソフトにおける戦略の境界

　マイクロソフトの創業者でCEOであり、また世界一裕福なビル・ゲイツでさえも、対象外にする事業機会を明確にしている。

　明らかにしておきたいのは、我々は自社で電話会社、ケーブル会社などの通信ネットワーク会社そのものを保有する予定はない、ということである。我々はコンピュータ・メーカーや消費者向け電機製品メーカーのようにハードウエアをつくらない。我々は、システム・インテグレーションや企業の情報システムに対するコンサルティングも行わない。アンダーセン・コンサルティング（現、アクセンチュア）やEDSは、我々をその事業ドメインでの競合とは見ていないだろう。

出典：Brent Schlender, "What Bill Gates Really Wants," *Fortune* (January 16, 1995): 40.

　ある銀行が新規事業戦略として、個人富裕層に対しプライベート・バンキング・サービスを実施するという新規事業戦略を打ち出した場合を考えてみよう。経営陣たちは経営資源を集中させるため、年間の純利益が毎年5000ドル以上を見込める顧客層に絞ることにした。このセグメントの顧客に集中するために、プロフィールに適合しない既存の顧客は除かれた。新しい戦略実行を討議するための支店長とのミーティングで、ある支店長が「一度しか来店しないが、外国為替取

引で2000ドルの手数料をもたらす客が来た場合には、どうするのか。我々は本当にその客を追い返すのか」と質問した。

この質問に対する回答は「イエス」であった。新規事業戦略への組織的な集中の障害となるすべての日常的な出来事を排除したいと、経営陣は思っている。個々の取引はそれぞれの事情で魅力的に見えても、それに対処することで従業員の気が散り、新しい戦略にとって重要な顧客に十分な配慮を払えなくなることが、経営陣にとっての一番の心配事なのだ。短期的には同程度に価値を生むような事業機会であっても、それを追求すれば、限りある経営資源を引き出してしまうというコストをもたらす。明確な戦略を実行しているときに、これらの「機会コスト」は非常に高くつく。だが、短期的な価値を簡単に創造できるチャンスを目の前にしている従業員には、この機会コストの高さはピンとこないものである。

ITTの伝説的なCEOのハロルド・ジェニーンは、コンピュータ開発に絡むすべての活動を禁止するという戦略の境界をつくったときのことを、次のように語っている。

> 「自分が選ばなかった道は、自分が選んだ道と同様に、別の人の人生では重要かもしれない。60年代の初め、コンピュータが次世代の流行になると見られた時代、多くの技術者、特にヨーロッパの技術者たちは、この新しい巨大な業界へと熱心にのめり込んでいった。コンピュータ開発において他社の追随を許さない立場にあった我々のドイツ支社は、IBMを入札で破って、エア・フランスのコンピュータ予約システムを受注した。我々は1000万ドルの損をこの契約で被った。私はそれ以降のコンピュータ開発を停止させた。
>
> 私は当時ITTにおいて、汎用コンピュータの開発禁止に抵抗する勢力に立ち向かった。技術者だけでなく、当社の投資顧問たちもコンピュータ開発に賛成だった。コンピュータ産業に参入できる者はすべて参入していると彼らは言った。単なる発表さえもが当社の株価を上げるだろうと、彼らは言った。私は頑なに抵抗した」(注14)

(注14) Harold Geneen, *Managing*（New York: Avon Books, 1984）: 219-220.

戦略の境界についてのコミュニケーション

　高品質、すばらしい顧客サービス、より優れた商品、そして新しい市場、といった点に関して組織が何を達成したいかを定義することは、経営者にとって比較的容易なことである。しかし、すべてのことを、すべての人のために、すべての市場で実施しようと試みることは、収益性や成長性を確実に鈍らせる罠であることを有能な経営者は知っている。選択が必要であり、選択こそが戦略の本質である。選択が存在しなければ、そこには戦略は存在しない。

Column● ダイムラー・ベンツにおける戦略の境界

　メルセデスのホールディング・カンパニーであるダイムラー・ベンツ（現ダイムラークライスラー、以下ダイムラー）の会長のユルゲン・シュレンプは、1995年5月の就任以来、厳格な経営者としての評判を築いてきた。当時、同社は、自動車、航空機、電機製品、ソフトウエア開発など、多くの事業を手がける財閥であった。いくつかの事業は損失を出しており、ROCE（return on capital employed；使用資本利益率）は低かった。

　シュレンプが経営を引き継いだとき、彼は経営資源を競争優位のある事業に絞り込み、それ以外の事業を売却した。ダイムラーが保有し続けた事業についても、カットオフ・ポイントを設定した。同社の事業として存続するためには最低でもROCE12%を超えなければならない、というものである。事業部長は、自分の職位を守るためにはこの目標を達成しなければならない。そのうえ、シュレンプは、14万人の従業員へのインセンティブ制度を、会社全体の業績への各々の貢献度によって決めるべく、労働組合と交渉した。

出典：*Fortune*（November 10, 1997):144-152. より抜粋。

　戦略策定において困難な仕事は、何をやらないかを決めることだ。効果的な戦略の境界は、望ましい市場ポジションに関して、戦略的選択を明確にし、それを伝えるものである。小さな企業では、このコミュニケーションは非公式でもよい。ボストン・リテールの場合、自分たちが欲しくない商品、着ない商品は扱わない、というシンプルなものである。

　事業がより大規模に、かつ広範になると、制度化されたコミュニケーションが

必要になる。経営トップは戦略の境界と、見切らなければならない事業機会を選択するための綿密な調査に、直接関わらなければならない。たとえば、次のような戦略の境界が正式な事業計画の一部として説明されることがある。

1．財務業績の要件

投資を続けるための最低限の財務的要件を従業員は知らされる。「利益の輪」「キャッシュの輪」「ROEの輪」の議論を思い出してみよう。主要な財務的指標とは、たとえば次のようなものを含んでいる。

- 潜在的な売上高
- 利益と収益性
- 資産稼働率
- キャッシュフローと回収期間

2．持続可能な戦略的ポジショニングの要件

従業員は、上級マネジャーたちが支持しないと思われる市場ポジショニングを事前に知っているべきである。ジャック・ウェルチは、業界1位か2位の市場シェアを取れない事業については資金を出さないだろう。小規模なベンチャー・ビジネスでは、経営者は大きな成長性を持続できる事業機会以外には出資しないと主張するかもしれない。

3．製品・サービスのコア・コンピタンスに関する要件

成功する経営者は、自社事業の差別化の源泉を理解し、そのケイパビリティをより伸ばす方法を探求している。戦略の境界はコア・コンピタンスと関連のない製品・サービスが何かということをわかりやすく列挙してくれるため、従業員は自社の強みや戦略以外の事業機会を避けられるようになる。

4．市場でのポジショニングと避けるべき競合他社

多くの産業において、豊富な資源と財源を持つ競合他社が市場のすべてのセグメントを独占している場合がある。オペレーティング・システムでのマイクロソフトが好例である。小規模な企業の経営者は、これらの競合と正面から戦ったの

では勝ち目がないことを知っている。経営者は、これらの競合との競争を避けるよう、従業員に警告を促すための戦略の境界を設定する。

以上に挙げた戦略の境界に適合していることが、投資を行ったり、事業機会を追求したりするための必要条件だが、十分条件ではないということも理解しておかなくてはならない。境界の条件が適合したとしても、経営者がその案件を必ず支持しなければならないわけではない。基本的なハードルをクリアしただけである。資源投下の最終意思決定の前に、投資が正当であるかを判断するため、前述したようなテクニカルな分析（SWOT分析、資産配分分析、利益の輪の分析、バランス・スコアカード分析など）を実施すべきである。

境界体系と専門スタッフ

企業行動の境界と戦略の境界のいずれも、イノベーションと高業績から発生するリスクを正しく評価できる特別な地位にある経営幹部によって設定される。しかし、これらの境界が望ましい効果を上げるためには、経営者はコミュニケーションとモニタリングという2種類の重要な業務をスタッフ部門に任せなければならない。

専門スタッフは、通常、企業行動規則を成文化するために（法律の専門家の手を借りることもある）担当として任命され、規則を定期的に全社に配布する。経営者はドラフトをチェックして、過去に経験した、あるいは予想されるフランチャイズ・リスクが十分に勘案されているかを確認する。そのうえで専門スタッフは、企業行動ガイドラインの利用者がその内容を理解し、それを遵守していることを確認書類に定期的にサインするプロセスを設定する。

これらの企業行動や計画ガイドラインの規則に含まれる情報は定期的に説明され、専門スタッフがフィードバックを分析する。従業員はガイドラインに従っているかが問われ、ここでは専門スタッフが警察官という第2の重要な役割を担う。企業によっては、企業行動の規則違反に関する正式な苦情をヒアリングする、オンブズマンと呼ばれる専門スタッフを雇う場合もある。これらのスタッフは、申し立てをフォローし、従業員の行動が会社の評判を傷つけていないか確認する。

戦略の境界はこれらとは異なる。戦略の境界の設定とは市場におけるポジショニングの確立であり、暗示的に戦略を規定するものである。したがって、戦略の

境界は経営トップが設定するものであり、スタッフが設定するものではない。しかし、専門スタッフには経営トップが支持しない戦略的な案件のタイプを説明する責任がある。たとえば、財務的な収益性の要件、戦略的ポジショニング、製品・サービス要件、避けるべき市場などを説明することである。最もよく見受けられるのは、これらの戦略の境界を文書化し、年度の経営戦略計画書の一部として配布する方法である。また、専門スタッフは、従業員が範囲外と設定された事業機会を秘密裏に推進することを取り締まる役目も担う。ハロルド・ジェニーンは、コンピュータ開発を禁止する戦略の境界を遵守させるために、どのようにスタッフを使って従業員をモニターしていたかを以下のように述べている。

> 「従業員の一部はコンピュータ開発をずるがしこい方法で続けていた。私はこの事実を知ったとき、2名の優秀な技術者を採用し、7年間特別任務を与えた。世界中の技術・新製品開発研究所を歩きまわり、どんなコードネームで呼ばれていようが汎用コンピュータの開発と思われるものは探り出し、排除し、停止させる任務である。もしこの2人が停止処分を言い渡すのに何かの障害を感じれば我々本社に連絡し、我々が開発を停止させるということを徹底した」(注15)

表13-1に、経営者と専門スタッフが理念体系と境界体系を設計・利用する際の役割分担と責任範囲をまとめたので、参考にしていただきたい。

戦略の境界を設定する際のリスク

前述したとおり、戦略策定の難しい部分は、何をしたいかを特定する部分ではなく、何をしたくないかを決定し説明していく部分である。経営者は戦略の絞り込みを行う際に「優良な」とか「顧客を喜ばせる」といった抽象度の高い概念を使いがちである。ミッション・ステートメントやビジョン・ステートメントに記されるような広範な意味合いの戦略ステートメントに対しては、だれも反対したり非難したりしないからである。

一方、「年間の手数料収入が5000ドルを生み出さない顧客は取り扱わない」と

(注15) Geneen: 220.

か、「大量生産をできない製品については投資しない」と明示することは、非常に困難である。これらのメッセージであれば、どのタイプの事業機会を避ければよいかという点においてあいまいな部分はない。戦略の境界を設定するにあたり、企業をその戦略の方向に導くために、選択肢を明示しなければならない。

しかし、定期的にこれらの決定を見直す機会がなければ、大きなリスクが発生することになりかねない。経営者が競争環境の変化を見出すのが遅く、その結果タイムリーに戦略の境界を見直さなかった事例は、歴史上いくつも散見される。たとえば、ワン・コンピュータは、IBMが独占的プレーヤーとして他を凌駕しているコンピュータ市場には参入しない、という明確な戦略の境界を設定していた。当初は、ワン・コンピュータはこの戦略の境界に則し、IBMが選択しなかったワープロ市場でニッチ戦略をとり、利益を確保した。しかし、技術が進化したにもかかわらず、ワン・コンピュータは戦略の境界を修正しなかった。ハードウエアとソフトウエアの進化により、パソコンはワープロ機能のソフトウエアを搭載することが可能になり、ワン・コンピュータの収益は急激に減少し、最終的には倒産に追い込まれた。

このケースは、戦略の境界が誤っていることを示唆するのではない。潜在的な利益の最大化のために戦略の境界の設定は必須である。しかし一時期の戦略は時間とともに朽ちる運命にある。技術変化、業界地図の変遷、市場における価値創造の新しい手法の発展に合わせ、戦略の境界というブレーキを定期的に調整しなければならない。

表13-1 理念体系と境界体系をコミュニケーションするための経営者と専門スタッフの役割

	経営者	専門スタッフ
理念体系	・組織としての想いを自らドラフトとしてまとめる ・メッセージと重要性を伝える	・文書の配布、教育プログラム組織調査などを通じて理念への意識とコミュニケーションを促進する
境界体系	・自ら戦略の境界を定める ・専門スタッフによって成文化された企業行動の境界を精査 ・違反行為者を罰する	・企業行動の境界を定める ・戦略の境界と企業行動の境界をコミュニケーションする ・境界の重要性を組織に啓蒙 ・遵守状況をモニターする

出典：Simons, Levers of Control : 170.

◆──本章のまとめ

　有能な経営者は、望ましくないハイリスクを招く可能性のある事業機会を排除しようとする。そのために経営者は、理念や企業行動の境界を従業員に説明すべきである。ミッション、クレド、事業目標などに記されている理念や基本的価値観は、高業績を生み出す組織には必須要件となる基盤である。達成が難しい目標が設定され、報酬が業績と強く結びついている場合には、特に明確で強制権のある処罰と結びついた境界体系が重要になる。業績へのプレッシャーの高い状況では、目的を達成するために、個人はルールを破る誘惑に駆られるかもしれないからだ。

　大企業であれ中小企業であれ、すべての経営者は、資産と経営情報の正当性を守るための正式なプロセスというべき内部統制の仕組みを導入している。内部統制は、怠慢による過失や任務による過失が取引処理の流れのなかで発見されるための、チェック・アンド・バランスの仕組みを提供する。効果的な安全予防策、たとえば構造の安全予防策（職務分離など）、システムの安全予防策（正確な記帳と文書化など）、そしてスタッフの安全予防策（十分な知見と主要な職種の配置替えなど）によって、だれかが無意識（あるいは意識的）に過失を引き起こし、事業をリスクにさらす危険性を制限することができる。

　最後に、経営者は往々にして戦略的活動に一定の境界を強いることがある。戦略の境界の目的は、従業員が事業機会を探求し、希少な資源を投入する領域を制限することにある。創造性と起業家的な行動への十分な統制のため、経営者は戦略に適合しない行動や事業機会のタイプ、すなわち範囲外を伝えることも忘れてはならない。企業行動の境界と同様、どのような企業と競争せず、どのような事業機会の追求を従業員が避けるべきかを列挙することに注力しなければならない。

　境界体系をつくることは選択を伴う。選択は、戦略の本質である。経営者は往々にして、意思を明示的に伝えるリスクを取りたがらない。しかしそれこそが、利益、成長、統制の3つを効果的かつ持続的にバランスさせるための唯一の方法なのである。

資料13-1 理念体系と境界体系の要約

理念体系

内容	組織の基本的価値観、目的、方向性を明確に定義した理念 価値の創造方法、要求される業績のレベル、人間関係なども含まれる
目的	事業機会探求の行動に勢いと指針を与えるため
方法	ミッション・ステートメント ビジョン・ステートメント クレド 目標ステートメント
いつ使えるか	劇的に発展する事業機会に直面するとき 経営トップが戦略的方針を変更したいとき 経営トップが現場を元気づけたいとき
関係者	経営トップが自らドラフトを書く 専門スタッフはコミュニケーション、フィードバック、意識調査などを推進

境界体系

内容	禁止行為や違反行動を列挙して定義し、関連する懲罰についても規定したもの
目的	定義された範囲内で個々人が自由に創造性を発揮するため
方法	企業行動規則 戦略的計画システム 資産買収システム 営業ガイドライン
いつ使えるか	企業行動の境界：評判の代償が高いとき 戦略の境界：事業機会の探求や実験によって企業の資源が損なわれるリスクが高いとき
関係者	弁護士などの専門スタッフの技術的サポートを得て、経営トップが実行し、処罰の執行も自ら行う 遵守状況のモニタリングは専門スタッフが実施

出典：Simons, *Levers of Control*: 178.からの抜粋。

資料13-2 内部統制についての行動に係る仮説

　有能な経営者は適切な人材を採用することの重要性を理解している。たとえば、目標を達成し、貢献し、誠実に行動できる人材である。しかしながら、ビジネスは時に、混乱するような対立関係や矛盾する動機づけをつくってしまう。業績へのプレッシャー、不明確な会計責任、誘惑、によって良い人材がしばしば事業を阻害する行為に及んでしまうことがある。

　無意識の過失を防いだり、資産の横領や不正につながる行為を思いとどまらせたりするために内部統制は設計される。このシステムを設計するためには、人間の行動と内部統制の関係をもとに会計士が作成する仮説を、経営者は理解しなければならない。(注16) もしこれらの仮説が間違っていると立証されれば、内部統制システムは非効率だとされるかもしれない。表13-2にある仮説を自分でも試してみていただきたい。内部統制システムを設計する際にその前提となっている仮説は、以下のとおりである。

1. 人は生来、道徳的な弱さを持っている。したがって、資産を守ったり、確かな情報を確保したりするために、内部統制は必要である。人々が貢献し、目標を達成し、事業のために正しいことをすると経営者は信じているかもしれないが、内部統制システムは最悪の場合を想定している。すべての人が不注意に業務を行うとか、業務上の立場を使って資産を横領するとか、誤った情報を入力すると言っているのではない。内部統制は、ある個人が誘惑やプレッシャーの犠牲者になってしまうという、非常に稀ながら高くつくかもしれない状況を想定して設計されている。
2. 不正が発覚した際の脅威が明らかになっていれば、内部統制システムは効果的に機能し、人々は不正を働かないだろう。内部統制の設計者は、リスクが大きければ人々は盗みを行わないと想定している。
3. 独立した個人は不正を認識したら報告するだろう。この仮説、すなわち2人目が不正を発見し報告するという前提は、職務分離が有効に働くための必須条件である。もし不正が発見されながら上級マネジャーに報告されないならば、独立したチェックは意味のないものになるからである。
4. 横領のサポートをだれかに頼むのは非常にリスクが高く、2人以上の人が共謀する確率は低い。内部統制システムは、従業員は他人の過失や不正を報告すると想定している。しかし、たとえば在庫管理をしている人が在庫の経理を担当している人と共謀し資産横領をする場合には、内部統制のどんなシステムも不正を発見するシステムとしては機能しえないだろう。
5. 組織図上の公式な職位と会計責任は、組織内でだれがパワーを持っているのかを示している。内部統制の設計者は、パワーと影響力は組織のトップから発生するものだと想定している。したがって部下は、統制の弱さや不正の情報を上司に報告すると想定している。
6. 記録や文書は行動や取引の証拠を提供する。内部統制は文書や電子記録が実際の取引の証拠となることに依拠している。もし文書や記録が間違っていたり不正確であれば、取引が適切に記録されたことを担保できなくなってしまう。
7. 業績目標と信頼できる情報提供の間には固有の利害対立はない。会計士は高業績と信頼性のある情報の確保という2つの目標は、組織内で同時に達成しうる目標であると想定している。

表13-2 内部統制の前提となる仮説

以下に記載しているのは、組織の内部統制の前提となる一般的な仮説である[注17]。あなたはそれぞれに賛成か、反対か。

1. 人は生来道徳的な弱さを持っている。したがって内部統制は資産や情報の安全予防策として必要である。
   - ☐ 賛成
   - ☐ 反対

   しかし、この前提を次のように規定し直したい：

2. 不正が発覚した場合の脅威が明らかになっていれば、内部統制によって効果的に不正を防げる。
   - ☐ 賛成
   - ☐ 反対

   しかし、この前提を次のように規定し直したい：

3. 独立した個々人は不正を認識したら報告する。
   - ☐ 賛成
   - ☐ 反対

   しかし、この前提を次のように規定し直したい：

4. 横領のサポートをだれかに頼むのは非常にリスクが高く、2人以上で詐欺を共謀する確率は低い。
   - ☐ 賛成
   - ☐ 反対

   しかし、この前提を次のように規定し直したい：

5. 公式な職位と会計責任は組織内の基本的なパワーの源泉である。
   - ☐ 賛成
   - ☐ 反対

   しかし、この前提を次のように規定し直したい：

6. 記録や文書は行動や取引の証拠となる。
   - ☐ 賛成
   - ☐ 反対

   しかし、この前提を次のように規定し直したい：

7. 業績目標と信頼できる情報提供の間には固有の利害対立はない。
   - ☐ 賛成
   - ☐ 反対

   しかし、この前提を次のように規定し直したい：

資料13-3 内部統制システムの要約

内部統制システム

内容	企業資産が盗難や事故などによる喪失から確実に保全され、会計記録や財務情報が信頼できることを保証するための一連のシステム
目的	取引プロセスの非効率、不正確な情報を元にした誤った意思決定、詐欺行為などを防ぐため
方法	構造の安全予防策 　職務分離 　権限レベルの定義 　価値ある資産へのアクセス権限の限定 　独立した監査機能 　取締役会における活発な監査委員会 システムの安全予防策 　完全で正確な帳簿記録 　情報システムとデータベースへのアクセス権限の限定 　適切でタイムリーな経営陣への報告 　十分な書類証拠と監査 スタッフの安全予防策 　経理、管理、社内監査スタッフに対する十分な知見と研修 　主要な業務のローテーション 　十分な経営資源
いつ使えるか	すべての事業に対していつも
関係者	専門スタッフ(トレーニングされた会計士、独立監査人) 経営トップは通常、内部統制の詳細設計や調査に時間を費やすべきではない

出典:Simons, *Levers of Control*: 181.

(注16) Douglas R. Carmichael, "Behavioral Hypotheses of Internal Control," *The Accounting Review* 45 (April 1970): 235-245. この記事は30年前のものであるが、これらの行動に関わる仮説は、いまだにすべての内部統制システムの土台となっている。

(注17) Douglas R. Carmichael, "Behavioral Hypotheses of Internal Control," *The Accounting Review* 45 (April 1970): 235-245.

第14章
戦略実行のための統制のレバー
Levers of Control for Implementing Strategy

◆

　最終章では、利益目標と戦略を達成しようとするときに利用可能な業績評価・統制システムのツールについて要約する。その際、経営者と医師を比べてみるとわかりやすい。医師は、訓練、実務研修、実践を通じて、①患者の症状を診断する方法を学ぶ、②病気に適用可能な幅広い治療法や医薬品を理解する、③患者の健康を回復・維持するための治療技術を身につける、ことが期待される。経営者にとっては、事業が患者である。医師の場合と同様、事業の状況を判断する方法を学び、望んでいる目標を達成するために利用可能な各種の業績評価・統制システムを理解し、状況に合った解決策を適用する技術を身につけることが望まれる。

　以下、本章ではここまで扱ってきた業績評価・統制システムのツールを、**統制のレバー**（levers of control）と称する一貫したモデルにまとめる。次に、経営者がどのように組織を診断し、特定の利益目標と戦略を達成するためにさまざまな状況下で、いつ、どのような方法でこうした統制のレバーを使うべきかを明確にする。

1　統制のレバー[注1]

　本書ではこれまで、基本的な前提について説明し、業績評価システムと統制システムの技術面での「道具箱」と呼べるものを築き上げ、経営者が具体的な目標

を達成するためにそれらのツールを使用するにはどうすればよいかを示してきた。各統制システムと、それを利用する技術を説明する際には、それぞれが持つ独自の特徴や特質を強調するため、できる限りその違いを明らかにするよう努力した。各々のシステムを別個に検討してきたことによって、いま1つの重要な命題を提示できる。すなわち、事業戦略の統制は、理念体系、境界体系、診断型統制システム、対話型統制システムの4つのレバーを統合することによって実現されるということである。戦略を実行するうえでこれらのレバーの力は、それぞれが単独で用いられる場合にではなく、一緒に使用され、互いに補足し合う場合に生まれる。正の力と負の力の相互作用から、偶然の産物であるイノベーションと予測可能な業績実現の間に、ダイナミックな緊張関係が生じる。この緊張は、収益性の高い成長を促進し、統制するために必要不可欠なものである。

統制のレバーによる戦略の方向づけ

4つの統制のレバーと、その間に生じる力学に焦点を当てる前に、戦略プロセスの本質に立ち戻らなければならない。第2章で論じたように、戦略とは計画、行動パターン、市場におけるポジション、あるいは独自のパースペクティブとして表せる。統制のレバーが有効に働くには、それぞれの戦略タイプの役割を把握しなければならない。

分析の手助けとして、意図した戦略、創発戦略、実現された戦略の差違を簡単に検討してみよう。**意図した戦略**(注2)(intended strategy)とは、競合他社と自社現在のケイパビリティの分析に基づき、特定の商品市場での実現を試みる計画のことである。すなわち、経営者が実現を望む戦略である。対照的に**創発戦略**(emergent strategy)とは、従業員が実験や試行錯誤を通して予測不能な脅威や機会に対処する際に、組織内で自然に発生する戦略のことである。これは計画していない戦略である。**実現された戦略**(realized strategy)は両方の流れの産物、すなわち、現実に起こったことを指す。実現された戦略は、意図した戦略のうち実

(注1) 本章の最初の2節は、Robert Simons, *Levers of Control: How Managers Use Innovative Control Systems to Drive Strategic Renewal* (Boston: Harvard Business School Press, 1995). (邦訳『ハーバード流「21世紀経営」4つのコントロール・レバー』中村元一訳、産能大学出版部、1998年) の第7章からの引用である。

(注2) Henry Mintzberg, "Patterns in Strategy Formation," *Management Science* 24 (1978): 934-48.

際に実行されたものと、自然に発生した計画外の創発戦略との組み合わせである。事業戦略の統制にレバーをどのように利用できるかを理解すれば、この異なる戦略の違いが重要であることがわかる（図14-1を参照）。

診断型統制システムは、意図した戦略を実現された戦略に変換するために必須のマネジメント・ツールである。このシステムでは事業と個人の目標達成が焦点となる。診断型統制システムは計画としての戦略に関連する。診断型統制システムによって、結果を測定し、実績を所定の利益計画および業績目標と比較できる。このシステムがなければ、意図した戦略が達成されたかどうかを判断できない。

しかし、意図した戦略のなかには実現されないものもあるかもしれない。目標が適切に設定されていなかったり、状況が変化したりすれば、目標達成は不可能になるか、あるいは望ましいものでなくなる。予測不能な障害や資金不足により、一部の意図した戦略は実現されない。ここでも診断型統制システムが、こうした状況をモニターするのに必要とされる。

対話型統制システムは診断型統制システムとは異なる。このシステムは、結果として創発戦略となるような実験と機会追求に影響を及ぼすツールを提供する。事業部レベルでは、正式な計画や目標がなくても、マネジャーは何らかの統制シ

図14-1 統制のレバーと実現された戦略の関係

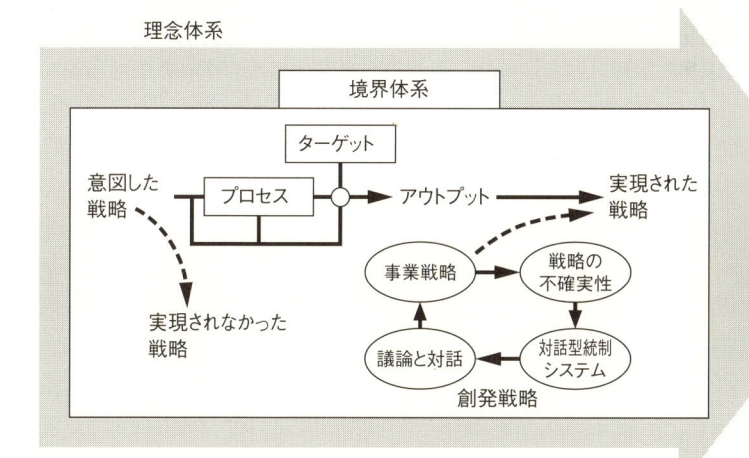

出典：Simons, *Levers of Control*: 154.

ステムを対話型に使用することで、一貫性のある、独創的な機会追求プロセスを導き出せる。このシステムは行動パターンとしての戦略と関連する。戦術的な日々の営業活動や独創的な実験は、戦略の不確実性への対応を通じて確立されたものとなり、時を経て実現された戦略になりうる。

　組織の理念体系は、意図した戦略と創発戦略の両方に刺激を与える。ミッション・ステートメントやクレド（信条）に示される経営者のビジョンは、組織の構成員に対し、組織全体の任務を達成するための機会追求とイノベーションを促す動機となる。このシステムはパースペクティブとしての戦略に関連する。理念体系は、目標を持った組織に属して貢献したい、という人々が抱く生来の願望に訴えかける。さらに、理念体系は目指すべき戦略と創発戦略を融合させる気運と推進力を生み出し、個人の機会追求を導き、活性化する。

　境界体系は、実現された戦略が許容できる範囲に確実に収まるようにする。境界体系はポジショニングとしての戦略を管理し、事業活動が所定の商品市場内で、かつ許容可能なリスクレベルの下で確実に実行されるように保証する。境界体系がなければ、独創的な機会追求の行動や実験によって企業の資源が浪費されかねない。このシステムは、境界を外れて禁止された行動をとる従業員に課せられる代償を明確にする。表14-1に、4つの統制のレバーと戦略の関係を要約してある。

ダイナミックな力学の相互作用

　戦略の統制は新たな独自の業績評価システム・統制システムを通じてではなく、

表14-1　4つの統制のレバーと戦略の関連

統制システム	目的	伝達	戦略の意義
理念体系	権限委譲と機会追求活動の拡大	ビジョン	パースペクティブ
境界体系	自由の限界を明示	戦略的領域	ポジショニング
診断型統制システム	意図した戦略の実現の調整とモニター	計画と目標	計画
対話型統制システム	創発戦略の刺激と誘導	戦略の不確実性	行動パターン

出典：Simons, *Levers of Control*: 156.

理念体系、境界体系、診断型統制システム、対話型統制システムが相互に機能し、意図した戦略の実行と創発戦略の形成の両方をコントロールすることによって達成される。戦略を統制する力強いエネルギーは、これらのシステム間で、またシステムの内部で生じる緊張から引き出される（図14-2を参照）。統制システムのうち、理念体系と対話型統制システムの2つは、独創的に機会を追求し、機会の枠を広げるように組織の構成員を奨励する。これらのシステムは情報の共有と学習を促進するポジティブな情報環境をつくりあげることによって、本質的な動機づけを行う。理念体系と対話型統制システムは積極的なシステム、中国哲学で言えば「陽のシステム」である。あとの2つのシステム、境界体系と診断型統制システムは、機会追求の活動を制限し、限りのある経営者の時間と関心を配分するために使用される。これらのシステムは具体的目標、一定の方式に基づく報酬、機会追求の制限といった明示的目標を利用する。境界体系と診断型統制システムは消極的なシステムであり、「陰のシステム」である。

前述したように、それぞれのシステムは、限りある経営者の時間と関心を最大限に活用し、ROM（return on management：経営者資本利益率）を最大化するために、さまざまな方法で使用される。診断型統制システムは時間と関心を節約し、

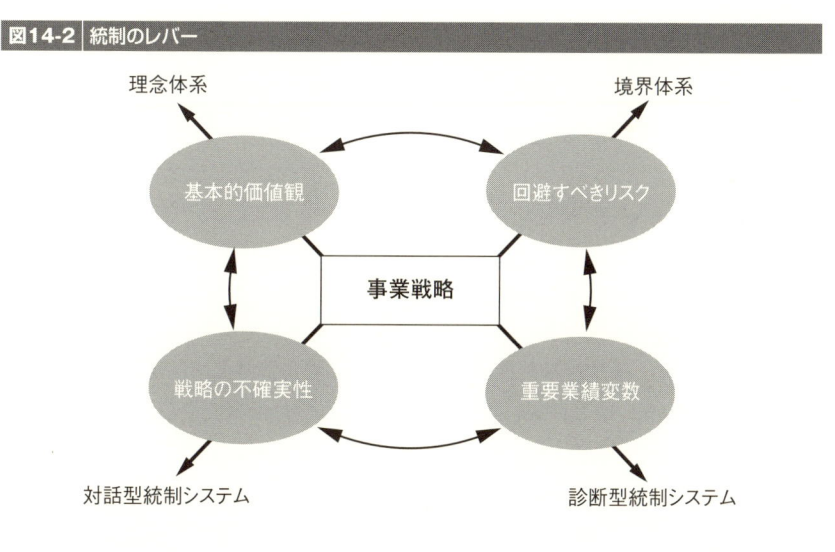

図14-2　統制のレバー

理念体系　　　　　　　　　　　　　境界体系

基本的価値観　　　　　　　　回避すべきリスク

事業戦略

戦略の不確実性　　　　　　　重要業績変数

対話型統制システム　　　　　　診断型統制システム

出典：Simons, *Levers of Control* : 159.

対話型統制システムは時間と関心を増幅させる。理念体系と境界体系は、組織の全員が確実に基本的価値観とゲームのルールを理解できるようにする。

したがって、独創的なイノベーションと予測可能な目標達成との間の緊張関係が、高収益を生み出す方向へ昇華されたときに、戦略の統制が達成される。この緊張が意味することは、効率的な組織のマネジャーであるためには、高度な学習と高度な統制を共に実現せねばならないということである。

統制のレバーによって、イノベーションと効率性との間のジレンマを調整できる。境界体系は主に、制御し抑制することにウエートを置く。だがそれと同時に、戦術の失敗やライバルの行動によって事業経営や戦略範囲を調整せざるをえないため、組織学習の側面との関係も深い。診断型統制システムは明らかに統制と効率性を重視するが、目標設定、結果の測定、差異の修正、報酬の付与などは、イノベーションと組織学習の要素を含む。ほとんどはシングル・ループの学習であるものの、時にはダブル・ループの学習も促す[注3]。また、対話型統制システムは統制と学習を含むが、経営幹部がこのプロセスを触媒にして組織を活性化し、変化する市場動向をモニターすることや、データや推定、行動計画について議論することを奨励するような場合は、学習とイノベーションが中心的な目的となる。やがて、対話型統制システムからもたらせる情報と学習は、診断型統制システムによってモニターされる戦略と目標に取り込まれる。

4つのシステムが持つ原動力の間に相互作用が生じるだけでなく、各システム内でもそうした原動力の緊張が生じる。たとえば、境界体系の場合は処罰の直接的脅威と、正しい行為をしたいという生来の願望の両方が原動力となる。診断型統制システムは経済的報酬の増大と、何かを達成し他人に認められたいという生来の願望によって動機づけられる。対話型統制システムの原動力となるのは、経営幹部の個人レベルでの関与と、従業員が抱くイノベーションと創造への生来の願望である。

どの組織の構成員に対しても、相反する力は常に作用している。学習と統制、誘導と禁止、動機づけと強要、報酬と処罰、それぞれの間で生じる創造的な緊張は、陽と陰、安定と変化を同時に進展させるダイナミックな力となる。

(注3) Chris Agyris and Donald A. Schön, *Organization Learning* (Reading, Mass.: Addison-Wesley, 1978): 18-20.

2 統制のレバーと人間の行動

　高い業績を上げる事業のマネジャーは、人材こそが成功のカギであることを理解している。革新的で、新しい機会を追求する起業家精神にあふれた人材を発掘し、雇用し、訓練し、やる気にさせることは、ダイナミックな市場で競争力を実現し、持続していく唯一の方法である。だが、第1章で定義した組織上の障害も念頭に置いておかねばならない。この障害は、非常に有能な従業員が、その生産的エネルギーを組織内で生かすことを妨げてしまう。組織が従業員の能力を阻害してしまうのは、主に従業員が、①組織の目的と貢献の仕方をよくわかっていない、②プレッシャーや誘惑を受けている、③集中する対象がないか、経営資源を有していない、④イノベーションを行う機会を与えられていない、⑤既存の体制に反することを恐れているからである。組織のなかでの人間の行動について明確な仮説を持っていれば、統制のレバーをこうした障害の克服に利用できる。

　人間の行動に関する仮説は、現実のリスクを伴う。つまり、仮説自体から生じるリスク、仮説が誤っているというリスクを伴う。これは統計を学ぶ学生にはなじみの、タイプⅠとタイプⅡのエラーである。タイプⅠのエラーは、正しい仮定を拒絶する場合に発生する。タイプⅡのエラーは、誤った仮定を受け入れる場合に発生する。

　マネジャーは人間の行動における2つのモデルのいずれかを選択し、それに応じて部下を処遇するとしよう。第1のモデルは、部下が正直かつ勤勉で、最大限の能力を発揮して貢献を果たすものと仮定する。このモデルでは、部下は潜在能力を大いに発揮しようとする。第2のモデルは、部下がもともと不正直かつ怠惰で、努力を要する仕事を何とか避けようとするものと見なす。このモデルでは、部下を注意深くモニターし統制する必要がある。

　第1のモデルを選択した場合、実際に部下が正直で勤勉であれば、マネジャーは部下の能力を引き出すことができ、部下は業績向上に貢献するために与えられた機会に応える。

　第2のモデルを選択した場合、実際は部下が正直で勤勉であれば、タイプⅠのエラーが発生する。このケースでは、自己本位的な行動が企業に弊害をもたらす

ことを懸念して、部下は主要な決定に参画させてもらえない。部下は信頼されていないとわかれば、組織の目標に貢献するために努力しようとは思わなくなるだろう。その結果、ギャンブル的またはその他の機能障害的な行動が生じる。このように当然の帰結として、タイプⅠのエラーは、部下の貢献を阻み、場合によっては企業への不利益をもたらすことになる。

一方、部下が実際には怠惰で努力しないにもかかわらず、第1のモデルが正当だと信じると、タイプⅡのエラーが発生する。マネジャーの行動（または行動しないこと）によって、部下が怠けたり、資産を不正流用したりする機会ができる。このケースでは、統制とモニターの欠如によって、部下の利己的目標が組織の目標に取って代わる。

明らかに単純かつ短絡的すぎるが、これらの例は人間の行動特性を誤って定義した際に起こりうる、犠牲と落とし穴を示すものである。マネジャーが人間の行動に関してどのような仮説を持つかは、戦略を統制するうえで必要な選択にとって、きわめて重要である。

当然のことながら、ほとんどの組織では両方の行動モデルの正しさを立証できよう。人間は貢献と献身を重んじるだけでなく、利己的な特性も示す。リーダーシップと目的意識がなければ、個人は必然的に利己主義にならざるをえず、組織の目標にほとんど関心を払わずに自分の利益のために働く。したがって、有効な統制は両方のモデルに対応するものである。

本書で採用した人間の行動モデルは、上記の2つの見方を調和しているが、基本的には、人は自ら望んで、①達成し、貢献する、②正しいことを行い、③創造しイノベーションする、と仮定している。我々の仮説では、これらの人間行動に問題が起こるのは主に、組織内で働く人々の基本的性格の読み違えというよりも、むしろ組織上の障害が原因になっている。

表14-2に、これらの仮説と経営者の行動との関係を示す。最初の列は人間行動の仮説を示し、2列目は組織内で人間の能力を阻害しがちな組織上の障害を示している。最後の2つの列は、経営者の行動と統制のレバーの両方における改善措置を示す。

人間の行動に関する我々のモデルの前提は、人々は貢献したいと望んでいるが、組織障害によって、個人がより大きな努力目標に対して、的確に付加価値を生み出すには何をすればよいのかを理解しにくくなっている、という考え方である。

有能な経営者はこういった組織障害を認識し、基本的価値観と組織のミッションを積極的に伝達することによって、障害を除去しようとする。小規模な組織では、経営者が従業員と常に非公式に意思疎通を図ることが可能であり、またそうすべきである。大規模な組織では、経営者は組織へのコミットメントを喚起し、組織障害を減らすために制度化された仕組み（理念体系など）に頼らねばならない。

　我々のモデルにおいては、人は社会の倫理規範に従って行動したいと望むが、誘惑とプレッシャーが常に組織内に存在するために、手抜き、資産の流用、より厳しい行動規範に抵触する行動を選択する可能性がある。経営者はゲームのルールを明確に規定し、その遵守を徹底して要求することによって、これらの障害を除去しようとする。従業員の行動のなかには、けっして許容できないものもある。経費報告を100ドル水増ししたマネジャーの解雇は、多くの組織でよく耳にする話である。この措置が示すように、些細な出来事でさえ、倫理的および道徳的境界を踏み外した結果は厳しいものであり、情状酌量の余地がない。大きな組織は、この境界が確実に伝わり理解されるよう、制度化された境界体系を活用しなければならない。

　さらに、我々のモデルでは、人は業績を上げたいと望んでいることを想定する。それは目に見える経済的利益のためであるが、達成から得られる満足感自体が目的となる。しかし残念なことに、目標達成とその結果である達成感を、組織が阻害することがある。たとえば、目標を達成できるようにエネルギーを集中する機会が、個人には与えられないかもしれない。往々にして、個人は自分の能力を発

表14-2　人間の行動、組織障害、統制のレバー

人の欲望	組織障害	経営上の解決策	関連する統制のレバー
貢献	目的が不明確	基本的価値観とミッションの伝達	理念体系
正しいことをする	プレッシャーと誘惑	ルールの明確化と強制	境界体系
達成	集中と資源の欠落	明確な目標の設定・支援	診断型統制システム
創造	機会の欠落とリスクへの恐れ	組織内対話による学習の活性化	対話型統制システム

出典：Simons, *Levers of Control* : 173.

揮できるだけの資金を与えられない。有能な経営者は、明確な目標を伝え、目標達成に必要な資金を提供することで、これらの障害の除去を試みる。組織が大きくなるほど、このバランスを実現するために診断型統制システムを利用する。

最後に、我々のモデルの仮説では、個人はイノベーションと創造を望むが、組織がこの生来の願望を抑え込む場合が多い。個人は実験の機会を拒否されるか、現状打破の試みに伴う組織上のリスクを懸念する。有能な経営者は組織内での対話の道を開き、意見の相違と新しいアイデアを重視する学習環境を促進することによって、これらの障害を除去する。組織が小規模であれば、非公式にこのような環境をつくることは可能である。組織が大きくなればなるほど、対話型統制システムが学習、実験、情報共有に必要な触媒の役割を果たす。

統制のレバーの効果的な利用には、人間の特性に関する仮説の考え方が大きく影響する。前章末（381頁）の表13-2を用いて、人間の行動に関するあなたの仮説をテストしてみよう。この理論の根底にある仮説に、あなたは同意するか。同意しない場合、人間の行動に関してどのように想定するのか。あなたの仮説によれば、戦略策定と実行に際しての人間の行動はどのようになるか。権限委譲に対してはどうか。その仮説が誤りである場合、タイプⅠとタイプⅡのエラーの影響はどうか。人間の行動に関する暗黙の仮説を現実と調整することによって初めて、組織において人間の潜在能力を生かすことができる。

3　統制のレバーの適用

戦略を実行し、生産的エネルギーを発揮させるために、どのように統制のレバーを利用できるかを要約してきたが、以降の2節では、2つの異なる文脈で統制のレバーを利用して、利益目標と戦略を達成する方法を説明する。業績評価システムと統制システムはまったく同様につくられているわけではない。どのタイミングでいかに適用するかは、医師と同様、事業ライフサイクルの診断と、正しい統制のツール選択、技術の活用次第である。最初の例では、企業の成長と成熟に応じて、どのように統制のレバーを適用できるかを検討する。第2の例では、新任のマネジャーが事業を担い、課題と戦略を実行するために、どのように統制のレバーを利用できるかを検討する。

統制のレバーと組織のライフサイクル

　事業は時間をかけて進展・成長していくので、一連の予測可能なライフサイクルを経る。統制のレバーは利益、成長、統制の間で有効にバランスをとるために、事業のライフサイクル全般を通じ、段階的に変更していかねばならない。後述するように、事業の成長の適切な段階で統制のレバーを適用する能力は、持続可能な事業展開を行うために不可欠である。

　初期のボストン・リテールのような小さな企業の場合は、非公式に戦略の4Pを管理することが可能であり、またそうすべきである。専門スタッフ、技術サポート、マネジメント・トレーニングなどを伴う制度化された情報システムは必要とされない。基本的価値観は創業者の行動によって効果的に伝達され、優先事項に関する日々の議論を通じて強調される。また、オーナーは従業員の行動や他企業の観察を通じ、どの種の行動が事業リスクとなるかを身をもって学ぶため、回避すべきリスクも容易に伝えられる。財務面、非財務面のそれぞれにおける重要業績変数は、制度化されたレポートや測定に頼らずともモニターできる。戦略の不確実性に関する情報は、顧客、展示会、サプライヤー、競合企業などのさまざまな情報源から収集可能である。これらの情報は、主に業界の噂話や最新動向のニュースから成る。内部統制は最小限に抑えられるが、それでも監査や銀行の要求事項を満たすのに十分である。統制の不十分な点は、オーナーが個別の取引を入念に精査することで補完できる。

　しかし、事業が大きく成長すると、これらの非公式なプロセスでは不十分になる。従業員との定期的な直接のコンタクトは、経営者が時間に追われて減少する。従業員、営業所、顧客、製品のすべてが増加することによって、経営者はあまりにも多方面に注意を払わなくてはならない。その結果、戦略や計画に関する情報を従業員に伝達しにくくなる。また、経営者自身も、目標達成への進捗状況について常に把握し、新たに生じる脅威や機会を認識することが次第に困難となってくる。

　統制機能の崩壊は、問題の最初のシグナルとなることが多い。エラー、判断ミス、タイミングの乗り遅れ、混乱などが続くと、組織のエネルギーは次第に弱まる。利幅は侵食され、競争上の地位は低下する。企業が生き残っていくためには、かつては十分であった非公式な統制を、制度化しなければならない。

次に、一般的な会社のライフサイクルの段階──創業、急速な成長、成熟──について説明する。企業の個々のライフサイクル段階全体にわたって利益目標と戦略を達成するには、本書で学んだ技術とツールを統合して適用する方法を学ばなければならない。図14-3に、事業の成長と成熟に合わせ、統制のレバーをうまく適用する方法を簡単に示す。

段階1：創業期

組織の発展における最初の段階、すなわち創業期には、強烈な目的意識が事業に浸透している。新しい製品やサービスに対する情熱によって、献身的な努力が続けられる。事業が生き残りをかけて苦闘する間、カギとなる対策は利益の伸びとキャッシュフローを中心に展開する。価値提案が市場で受け入れられれば、製品・サービスをより広い市場に届けるために、従業員が新たに雇用される。従業員はアイデアと行動プランを共有しているので、脅威や機会に迅速に対応する。目標達成のための役割と責任を共有することによって、全員が協力して働く。

起業家精神にあふれた企業の初期段階では、制度化された統制システムの必要性はほとんどない。しかし、どんなに小さな会社でも、資産を守り、会計情報を

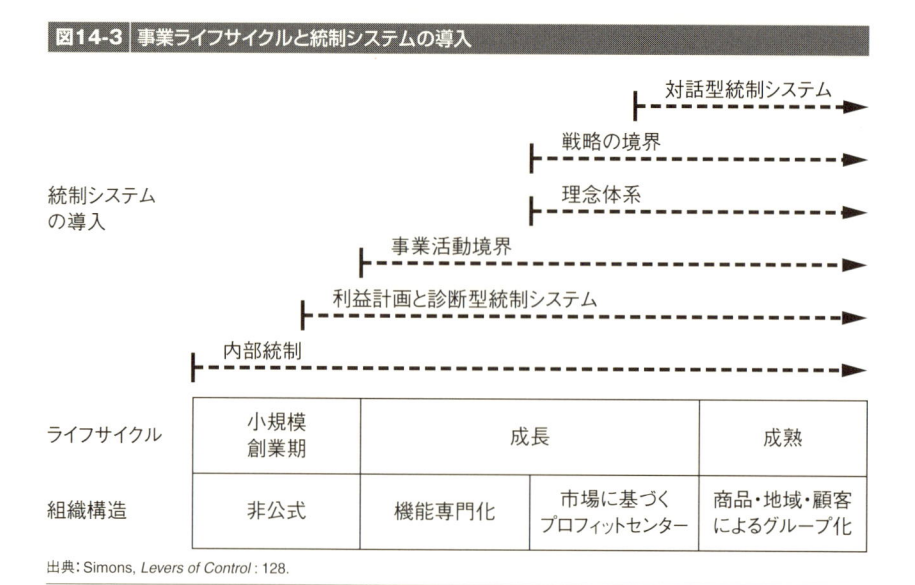

図14-3 事業ライフサイクルと統制システムの導入

ライフサイクル	小規模創業期	成長		成熟
組織構造	非公式	機能専門化	市場に基づくプロフィットセンター	商品・地域・顧客によるグループ化

統制システムの導入（導入順）：
- 内部統制
- 利益計画と診断型統制システム
- 事業活動境界
- 理念体系
- 戦略の境界
- 対話型統制システム

出典：Simons, *Levers of Control*: 128.

信頼のおけるものにするための、内部統制システムを設置しなければならない。

- ボストン・リテールでは、内部統制システムは企業内会計士によって整備されている。内部統制システムは、取締役会が雇った公認会計事務所が行う年次監査の一環として、毎年検査とテストを受ける。

前述したように、企業が繁栄し成長すれば、早かれ遅かれ非公式には統制できないほどの規模に拡大する。階層レベルと地理的距離のあるコミュニケーションも次第に困難になる。創業者はもはやすべての主要決定に関与できない。有効な業績評価システムと統制システムがなければ、非効率化が進み、市場の機会を逸することになる。

成長を持続するため、最初に経営者は、意思決定と統制に対する経営ニーズを満たす効果的な利益計画を導入する。重要業績変数と、それに関連する他の診断型統制システムも導入する必要があり、インセンティブと目標達成を制度上で結びつけるべきである。その後、経営者は例外事項の報告と戦略的分析に基づいて、主要な成果と利益計画の達成度をモニターする。

しかし、これらの新システムを導入することによって生じるリスクも理解しておかねばならない。インセンティブと報酬を組み合わせた業績評価システムの正式な導入によって、なかには手抜きをしたり、企業の資産を悪用したりする従業員が出てくる可能性がある。したがって、事業活動の制限に関する明確な規定を即刻導入し、事業活動を阻害しかねない行為を禁止する必要がある。

- ボストン・リテールのマネジャーは利益計画を作成し、キャッシュフローとROE（return on equity：株主資本利益率）目標を設定している。彼らは、新規開店や市場シェアのような、限られた数の非財務的業績変数に対する目標も掲げている。そして、利益計画を利用し、銀行や株主、主要顧客とのコミュニケーションを図る。戦略が軌道に沿って確実に実行されるように、収益源を分析する。これらの計画と目標は、今後達成すべき財務的および非財務的な通過点を表す。

段階2:急速な成長期

　成長が加速すると営業所が新設され、新たな製品ラインが投入される。作業の重複を減らして効率性を上げるため、それぞれ独自の専門分野を持つ機能別の担当部門を設立する。製造、研究開発、マーケティング、財務は、別々のコストセンターとして設置される。経営者は、会計責任を持つ各部門担当マネジャーに対し、詳細な業績目標、予算、インセンティブを設定したうえで、注意深くシステムをモニターする。

　専門化が進むと効率が高まり、粗利益が増すことによって成長と収益性が両立する。ただし残念なことに、事業全体で機能別の効率性向上に成功すれば、創業段階の事業の特徴であった、創造性と自発性が抑制されるようになる。高度の専門化と機能別の厳しい業績目標によって、次第に従業員は、現地の市場環境に独創的に対応しにくくなってくる。事業は、市場の脅威と機会に迅速に対応する活力と能力を失い始める。

　こうした企業のライフサイクルの重要な分岐点において、迅速な対応能力と成長力を回復するには、個別市場ごとにプロフィットセンターを設置するなど、会計責任を構造的に導入することによって、意思決定を分散させなければならない。新たな分散構造の下でプロフィットセンターには、事業運営にあたって固有の顧客ニーズを満たすための大きな自由が与えられるべきである。このときプロフィットセンターは、事業戦略と人員配置を決定し、固有の研究開発と生産に充てる資産を獲得し、製品・サービスのマーケティングに責任を負う。プロフィットセンターのマネジャーに権限が与えられ、個々の市場への集中度が増せば、企業は脅威と機会に迅速に対応する能力を取り戻す。成長は、再び根を下ろしたしっかりとしたものになる。

　しかし、主体的なプロフィットセンターに過度な独立性が与えられれば、いくつかの統制を追加することが必要となる。まず、経営者は公式の理念体系によって、基本的価値観を創造・伝達しなければならない。マネジャーの意欲を起こさせ、権限を与え、方向性を持たせるには、ミッションとビジョンを明記し、伝える必要がある。2番目に、戦略の境界を明確化して伝達しなければならない。意思決定の権限委譲が進行すれば、企業の全体戦略の実現に貢献しない機会に対して限られた資産が投入されるリスクが生じる。したがって経営者は、逸脱、投資の誤り、プロジェクトの失敗を避けるために、境界を超えた行動を特定し、明言

すべきである。3番目に、会計手法については収益性（すなわち、売上高に占める純利益の割合）だけでなく、利益創出のために費やした資産にも焦点を当てねばならない。よって、ROCE（return on capital employed：使用総資本利益率）と残余利益（EVA：economic value added＝経済付加価値など）が、事業部マネジャーとその担当事業を評価するうえで主要な評価軸となる。この評価軸は、企業戦略と戦略実行の方法を企業全体に伝えるバランス・スコアカードなどによって補強されることが望ましい。

● ボストン・リテールの創業者は、その事業の価値と方向性を定義するために、独自性を強調し、企業のメンバーに誇りを与え、組織を定義するシンボルとしてのミッションを活用しようとした。創業者は簡潔なミッション・ステートメントで、以下のように基本的価値観と理念を明言した。
　「ボストン・リテール・クロージングは、若者の心を持った顧客に最高のファッションと価値と楽しさを提供するために創設された。我々社員はチームとして一致団結して働き、お客様の声に耳を傾け、学び、仕えることに最善を尽くす。我々は自分自身が所有し、身につけることに誇りを持てない商品は販売しない。我々はファッションのトレンドを予測し、我々の商品が確実に流行を創り出していくようにする」
　創業者はミッション・ステートメントのなかで「我々は自分自身が所有し、身につけることに誇りを持てない商品は販売しない」という、簡潔だが明確な境界を伝えている。望ましくない市場機会の種類を明確に伝えることによって、ボストン・リテールの事業が、その価値提案の中核であるファッション市場に集中し続けることを確実にしようとする。たとえ短期的に利益を生むにせよ、その他の機会は見送られるのである。

段階3：成熟期

　第3段階に入ると、事業は拡大し、成熟し、複雑化して、もしかしたらフォーチュン500社に名を連ねて、ニューヨーク証券取引所かNASDAQに上場しているかもしれない。いくつかの事業部を抱え、複数の商品市場で競争している。ここでは、管理範囲、会計責任範囲、関心範囲のバランスをとるため、異なる事業部門を統合して、より大きな市場の観点からの組織を形成し、商品、地域または顧

客別に事業のグループ化を図る。重要度が増してきた計画策定システムを管理し、限られた経営資源を事業間で配分する新しい資産配分システムを設計するため、新たなスタッフ・グループが組織される。専門スタッフは、戦略優先課題が全社で首尾一貫していることと、財務基準が一貫して達成されていることを保証する。

大規模な成熟企業では、イノベーションと戦略の新しい方向性を生み出すために、従業員による機会追求型の行動を活用する方法を学ばなければならない。この時点で、1つ以上の統制システムを対話型のものにするべきである。対話型統制システムによって、議論と学習をどの時点で行うべきかがわかる。経営者が関心を寄せれば、組織全体は戦略の不確実性と、それが戦略の実行に及ぼす潜在的な影響に焦点を当てる。スタッフ・グループは情報を収集し、それを促進するための支援を行うが、官僚的な機能不全を避けるためにその役割はある程度制限される。

ここで概説したような、ライフサイクルのある段階から次の段階への移行は、常にスムーズに行われるとは限らない。有効な業績評価システムと統制システムがなければ、組織はマネジャー、従業員、最終的には事業全体を危険にさらす状況に陥りかねない。場合によっては、その危機によって新しい経営者を雇用することになり、新任経営者は抜本的改革と、収益性の高い成長を目指した事業再建を求められるかもしれない。この点については次で考察する。

4 事業を担当するにあたって

事業のライフサイクルのどの時点でも、利益目標および戦略を達成できなかった現経営者の後任として、あるいは通常の経営者の継承計画（すなわち経営トップの退職）の結果として、新しい経営者が採用され、経営を引き継ぐことがある。新しい経営者の義務は、収益性の高い成長軌道の継続であることもあれば、業績を黒字に転換し、収益性と成長性を回復することでもある。戦略課題を効果的にマネジメントして実行するためには、統制のレバーの使い方を理解しなければならない。表14-3に、戦略の転換または戦略の刷新を推進するために統制のレバーを使用する方法を要約して示す。

戦略転換を推進する統制のレバーの使用

　企業が利益目標および戦略を達成できなかった場合、取締役会は新任経営者が速やかに事業を転換し、収益性の高い新たな成長軌道に乗せることを期待するだろう。新任経営者は業績不振の原因となってきたルーティンと戦略を変える断固とした決意を持って、対処しなければならない。こうした状況下で、新任経営者は統制のレバーを利用して、①組織の惰性を打破する、②新しい経営課題の内容を伝達する、③実行の時間軸と目標を設定する、④インセンティブを通じて意識の高さを継続する、ことができる。

組織の惰性を打破するために
- 戦略の境界を決定し、以前の戦略と仮説が今後は許容されないことを従業員に知らせる。

表14-3　新任経営者による統制のレバーの使用

目的	戦略の転換	戦略の刷新
最初の12カ月		
(1) 組織の惰性を打破	・戦略の境界の構築と伝達	・診断型統制システムによる 　・ボーナスと財務指標のリンク 　・業績達成基準と財務目標のリンク
(2) 新しい経営課題の内容を伝達	・新しいミッション・ステートメント（理念体系）による新戦略の構築と伝達 ・診断型統制システムを活用した取締役会へのプレゼンテーション	・部下への計画ガイドラインの発行による新しい戦略計画の概括
(3) 実行の時間軸と目標を設定	・取締役会へのコミットメントに基づいた部下への業績目標の明示 ・診断型統制システムと重要業績変数のリンク	・診断型統制システムの目標を用いた新しい経営課題の教育と実験 ・診断型統制システムの目標と重要業績変数のリンク
(4) インセンティブを通じて意識の高さを継続	・ボーナスのインセンティブを新経営課題に基づき、主観的に変更	・ボーナスのインセンティブを新財務目標に基づいて定式化し、リンクさせる ・統制システムの操作に対応した行動境界の導入
次の12カ月		
(5) 将来へのビジョンと関連する戦略的不確実性への組織学習	・1つの統制システムの対話型活用による優先順位の明確化と議論と対話の動機づけ	・1つの統制システムの対話型活用による優先順位の明確化と議論と対話の動機づけ

出典：Simons, *Levers of Control*: 150.

（注4）新任経営者の統制のレバーの使い方に関する詳細な説明は、Robert Simons, "How New Top Managers Use Control Systems as Levers of Strategic Renewal," *Strategic Management Journal* 15 (1994): 169-189. を参照のこと。

新しい経営課題の内容を伝達するために
- 新しいミッションと基本的価値観を明記し、これを伝えることにより、従業員に新たな目的意識と方向性を与える。
- 業績目標を利用して、期待成果と利益目標および戦略が達成される時間軸を上司(すなわち取締役会)に伝える。

実行の想定期間と目標を設定するために
- 組織に危機感を駆り立てるため、診断型統制システムの目標を利用して、部下に期待する内容と主要目的を達成する時間軸を伝える。
- 戦略目標を確実に実行するため、診断型統制システムの目標を戦略の前提となる重要業績変数に関連づける。

インセンティブを通じて意識の高さを継続するために
- 新しい経営課題へのロイヤルティを獲得するために、個々の部下が新しい戦略課題の実現に向けるコミットメントとロイヤルティを新任経営者が主観的に判断し、ボーナスを決定する。

戦略の刷新を推進する統制のレバーの使用

　成功している事業を引き継ぐ経営者にとっては、問題点は異なるが、課題は同様に難しい。変動する競争状況に事業を適合させるため、新たな戦略的リーダーシップを導入したいと考えるだろう。それと同時に、前任経営者が利益目標と戦略の実現に成功したため、従業員は現状に満足し、新任経営者が望む変革に抵抗するかもしれない。

　しかし、企業が将来にわたって成功を収め、変動する市場環境に適応していかなければならないとすれば、戦略の刷新が必要となろう。この場合も戦略の転換と同じく、統制のレバーを利用して、①組織の惰性を打破する、②新しい経営課題の内容を伝達する、③実行の時間軸と目標を設定する、④インセンティブを通じて意識の高さを継続する、ことが可能である。

危機感を生み出すために
- 業界の一流企業をベンチマークすることにより、目標に対する達成基準の最

低ラインを引き上げ、現状への満足感を打破し、危機感を生み出す。
- さらに、マネジャーのボーナスを、新たな戦略目標につながる財務目標と重要業績変数に、定式によって関連づける。

戦略刷新のための新しい経営課題を伝達するために
- トップダウンの業績目標とバランス・スコアカードを用いて期待を伝える。
- 次いで、目標設定プロセスを活用して、部下が提示したボトムアップの目標と活動計画を検討し、修正する。このプロセスは、導入した新経営課題についての、部下の理解度と対応をテストするために用いる。

実行の時間軸と目標を設定する
- これらの行動を支援するために、新たな利益目標と戦略の達成状況をモニターするのに十分な診断型統制システムを活用しなければならない。既存の診断型統制システムが不十分であれば、新システムを構築すべきである。

戦略の不確実性の重視

　戦略の転換、戦略の刷新のどちらの場合であっても、新しい経営課題の設定が整えば、新任経営者は新しい戦略に関連する戦略の不確実性に、組織全体の注目を集めたいと考えるだろう。そのために、経営者は1つ以上の統制システムを対話型のものにすべきであろう。これらの対話型統制システムは、競争ダイナミクスの変化をモニターし、新たな進展を経営幹部に伝えるために、組織全体で使用されることになる。やがて、対話型統制システムによって組織的な関心や議論を導き、集中させることにより、独創的な実験的試みが一貫した行動パターンとして組織に組み込まれ、新たに生じる脅威や機会に対応する力となるのである。

5　利益目標と戦略の達成

　利益目標と戦略を達成するために、高い業績を上げているどの組織にも見られる固有のジレンマに対処しなければならない。このジレンマは以下の要素の間で生じる。

- 利益、成長、統制
- 意図した戦略と創発戦略
- 無限の機会と限りある関心
- 私利私欲と貢献への願望

　これらの障害を克服してジレンマに対処するために、統制のレバーを組み合わせたさまざまな業績評価ツールの使い方を把握しなければならない。
　優秀な経営者は統制のレバーを利用し、組織目的へのコミットメントを駆り立て、実験や競争の領域を明確にし、現行の戦略の実行を調整およびモニターし、将来へ向けた戦略の追求へと組織を刺激し、導いていく。独創的なイノベーションと予測可能な目標達成との間の緊張関係をうまく活用することは、収益性を高めて成長するためのカギである。
　統制のレバーを第Ⅱ部の業績評価ツール——利益計画、戦略収益性分析、企業業績の測定ツール、バランス・スコアカード、資産配分システム——と組み合わせることによって、事業を効果的にマネジメントできる。全体的な視点に立てば、これらの業績評価ツールと統制システムは、動機づけ、測定、学習、統制を生み出すことにより、企業のライフサイクル全般にわたる効率的な目標達成、環境への独創的な対応、収益性の高い成長を実現する。

用語集

◆

＊用語が最初に出てきた章、もしくは定義された章をカッコ内に表示した。

アルファベット・数字

EBIAT（第5章）
税引後支払利息前利益（Earnings Before Interest and After Taxes）の略称。

EBITDA（第5章）
支払利息・税金・減価償却前利益（Earnings Before Interest, Taxes, Depreciation, and Amortization）の略称。発生主義ではなく（あるいは現金ベースでの）営業利益を大まかに計算したもの。損益計算書から算出できる。

EVA（第8章）
一般的に用いられている経済付加価値の略語。（スターン・スチュワート社の登録商標）。「経済付加価値」を参照。

NOPAT（第5章）
税引後営業利益（Net Operating Profit After Taxes）の略称。

ROCE（第5章）
使用総資本利益率（Return On Capital Employed）の略称。純利益を売上高で除したものと、売上高を使用総資本で除したものとの積によって算出される比率。「使用資本」も参照。

ROE（第5章）
株主資本利益率（Return On Equity）の略称。純利益を株主資本で除して算出した比率。自己資本利益率ともいう。

403

ROEの輪（第5章）
ROE wheel
事業を通じた自己資本の流れをモデル化したもの。新たな資産に投資するための金融資本を引きつけるのに十分な価値を企業が創造しているかどうか、という問いに答える。

ROI（第5章）
投下資本利益率（Return On Investment）の略称。インプットとしての財務的な投資に対して、その事業のアウトプットとしての利益の比率を表す指標。全体的な財務業績を最もよく表す会計指標の1つ。

SWOT分析（第2章）
SWOT
強み（Strengths）、弱み（Weaknesses）、機会（Opportunities）、脅威（Threats）の頭文字。SWOT分析によって、競争力学（「5つの競争要因」を参照）に基づいた効果的戦略の可能性、企業の経営資源とケイパビリティを理解することができる。

5つの競争要因（第2章）
Five forces
競争状況の厳しさと特徴を判断するために行われる、競争戦略についての体系的分析。5つの要因とは、顧客（買い手）、サプライヤー（売り手）、代替品、新規参入、競合企業である。

あ行

アウトプット標準（第4章）
Output standard
業績の期待値を公式に表したもの。

アフターサービス・プロセス（第9章）
Post-sale service process
内部バリューチェーンの最後の段階。製品保証や修繕サービス、欠陥品や返品の取り扱い、支払管理など。

移転価格（第8章）
Transfer price
同じ企業内の部門間で、製品・サービスの移転が起こったときにそれを会計処理するために内部的に設定された価格。

意図した戦略（第2章）
Intended strategy
競合分析や現状のケイパビリティ分析に基づいて、特定の製品市場において実行することを計画した戦略。

イノベーション・プロセス（第9章）
Innovation process
内部バリューチェーンの要素。価値創造の「長期的な波」を表す。

インセンティブ（第11章）
Incentive
業績に向けて動機づけるために使われる報酬あるいは支払い。

オペレーション・リスク（第12章）
Operations risk
基幹業務、製造、あるいは加工などの業務遂行能力が、弱体化するリスク。

か行

会計システム（第1章）
Accounting systems
企業の取引についての情報を集めるための手続きと仕組み。取引勘定は、最終的には、貸借対照表、損益計算書、キャッシュフロー計算書などの財務諸表に集約される。

会計責任（第3章）
Accountability
ワーク・ユニット（職務単位）ごとに期待されるアウトプットと、そのマネジャーと従業員が達成するべき業績の水準。

会計責任範囲（第3章）
Span of accountability
業績を評価するのに利用される評価指標の範囲。もっとも基本的には、マネジャーが責任を持つべき財務諸表の項目。

回収期間（第7章）
Payback
ある一定期間（月もしくは年単位）にその資産が生み出すと予測される現金（あるいはコスト削減する現金）の収入額の総額で、資産の取得費用総額を除した数値。時間単位で表される。

外的動機（第4章）
Extrinsic motivation
金銭あるいは昇進など、目に見える報酬を期待して行動しようとする欲求。

外部とのコミュニケーション（第4章）
External communication
企業の方向性と将来展望について、株主やサプライヤー、顧客に知らせること。

価格プレミアム（第6章）
Price premium
単位当たりの価格で、利益計画での見積もりよりも高くなった部分。効果的な差別化や市場ポジショニングをうまく行った結果もたらされる。

学習と成長の視点（第9章）
Learning and growth perspective
バランス・スコアカードの4つの視点の1つ。長期的な成長と改善を実現するために企業が構築する必要がある基盤を示す。

確定費用（第5章）
Committed costs
過去にすでに意思決定され、投資された、物的設備に関する費用。それゆえ、現在の収支計画の期間では管理できない。

加重平均資本コスト（第7章）
Weighted average cost of capital（WACC）
資本の平均的なコスト。個々の資金源ごとによるコストを、企業の時価総額に占める比率によって重みづけして算出する。資金提供者が期待する最低投資収益率を表す。

価値提案（第8章）
Value proposition
価格、製品特徴、品質、利便性、イメージ、購買経験、販売後の保証サービスなどの点について、企業が顧客に提供する製品・サービスの特性の組み合わせ。

活動基準間接費（第5章）
Activity-based indirect costs
製品・サービスに直接結びつけることができない原価。支援業務活動のレベルによって増減する。

関心の拡散（第3章）
Diffusion of attention
従業員が常に新たな活動に注力して時間を無駄にするような状態。業務と業務の間を行ったり来たりしているような状態。

関心範囲（第3章）
Span of attention
マネジャーの視野にある業務の範囲。各自が情報を集める対象と、影響を与えようとしている対象についての定義。簡単に言うと、人が気にかけ、注意を払う対象。

間接法（第5章）
Indirect method
長期間にわたる現金の必要性を予測する手法。マネジャーは収支計画に示された予想収入をもとに、実際の現金受取額と支出額を反映させて、その発生額を調整する。

完全指標（第11章）
Complete measure
その目標を達成した際の適切な属性すべてを表現する指標。

感度分析（第5章）
Sensitivity analysis
事業環境についての暗黙の仮定あるいはその他の予測が上方あるいは下方に修正される際、その利益の変化を予測すること。通常は最悪のケース、可能性の高いケース、最良のケースという3つのシナリオを作成する。

管理範囲（第3章）
Span of control
マネジャーに報告する部下や部門の数（および種類）。あるマネジャーの統制のもとにある、人や職務単位などの経営資源を表す。

企業業績（第8章）
Corporate performance
市場を構成するステークホルダー（顧客、株主、サプライヤー）に対して、その企業が価値を創造した達成レベル。

企業行動の境界（第13章）
Business conduct boundaries
企業行動についての基準。禁止行為や違反行動を列挙し定義したもの。

企業戦略（第2章）
Corporate strategy
企業が統制する経営資源の価値を最大限に引き出そうとする方法。自社の経営資源をどこに投資するかが、企業戦略の意思決定の焦点となる。

企業（事業）ポジショニング（第2章）
Position of a business
次の2つの問いを投げかけるもの。わが社は顧客に対して、どのように価値を創造するのか。わが社はどうやって製品・サービスを競合他社と差別化するのか。

基準（第4章）
Standard
業務の期待値について公式に表現したもの。

機能（第3章）
Function
組織の最も基本的な要素。特定の職務プロセスを専門にするマネジャーと従業員の集団により構成される。

規模の経済（第3章）
Economies of scale
効率的で大規模な資源の活用と大量生産によって、単位当たりのコストが削減されること。

基本的価値観（第13章）
Core values
組織の基本となる原理、目的、方向性を示す信念。

客観的指標（第11章）
Objective measure
個別独立で検証することのできる指標。

キャッシュの輪（第5章）
Cash wheel
事業を通じてもたらされる営業キャッシュフローのモデル。年間を通じて十分な支払能力が企業にあるかどうかが問われる。

境界体系（第13章）
Boundary systems
避けるべき特定のリスクの範囲を明確に限定して伝達する公式の情報システム。「企業行動の境界」、「戦略の境界」も参照のこと。

業績評価システム（第1章）
Performance measurement systems
実際の成果と戦略目標を比較し、事業戦略の実行がどの程度進んでいるかを経営者が把握する情報システム。一般に業績評価システムは、事業目標とその達成度を明らかにする定期的なフィードバック情報によって構成される。

業績評価システムと統制システム（第1章）
Performance measurement and control systems
経営者が組織行動を維持または変更するための情報伝達の手順、手続き。

業績目標（第11章）
Performance goal
測定できる具体的な業績をもとに示された、望ましい達成レベル。

競争リスク（第12章）
Competitive risk
価値を創造し、自社の製品やサービスを差別化するケイパビリティを損なう恐れがある競争環境の変化。

業務プロセス（第9章）
Operations process
内部バリューチェーンの要素。既存製品・サービスを生産し、顧客に提供するプロセス。

経営資源（第2章）
Resource
有形資産あるいは無形資産に具体化されている企業の強み。半永久的に企業に結びつ

いているもの。

経営者資本利益率（第1章）
Return on management（ROM）
組織で生み出された生産量の合計を、投入された経営者の時間と関心の合計で除した数値。

計画（第4章）
Plans
事業のロードマップ。「計画策定」を参照。

計画策定（第4章）
Planning
事業の経済的、戦略的なロードマップを策定するプロセス。業績目標を通じて大きな目標を設定したり、その目標を実現するための適切な経営資源の内容とレベルを明らかにするフレームワークを提供する。

計画策定システム（第1章）
Planning systems
社内において日常的に繰り返し行われる手続き。計画の前提となる仮定を社内に告知し、市場情報を収集し、関連する詳細な分析を伝え、さらに経営者に対して必要な経営資源、業績目標とその達成プランの計画を促す。

経済付加価値（第8章）
Economic value added（EVA）
残余利益と似た概念だが、次の点で異なる。①発生主義による会計上の歪みを排除し、調整する。②資本コストとして、資金の源泉である負債と資本の両方を考慮する。

コア・コンピタンス（第2章）
Core competencies
「独自ケイパビリティ」を参照

貢献利益（第6章）
Contribution margin
販売価格から変動費を差し引いたもの。

交渉移転価格（第8章）
Negotiated transfer price
標準直接原価に加えて、使用資本に対応する利益分を足して算出された製品の内部移転価格。

構造の安全予防策（第13章）
Structural safeguards
企業資産を管理し、会計取引を記録する個人の権限を明確に定義することを保証する内部統制の仕組み。

効率差異（第6章）
Efficiency variance
アウトプットを出すために費やされたインプットのレベルが予期せず変動したため、当初の収支計画あるいは予算計画と実績の間に生まれた差異。

効率性（第6章）
Efficiency
ある水準のアウトプットを達成するために費やされる資源のレベル。アウトプットに対するインプットの比率に焦点を当てる。

顧客の視点（第9章）
Customer perspective
バランス・スコアカードの4つの視点のうちの1つ。その事業部門が競争しようとす

る市場セグメントや顧客を明確にする。

コストセンター会計責任（第3章）
Cost center accountability
多くの企業で見られる会計責任の最も狭い範囲。提供する製品・サービスに関連する支出のなかで、コストセンターのマネジャーは自分の部門での支出にだけアカウンタビリティがある。「プロフィットセンター・アカウンタビリティ」も参照のこと。

コスト・ドライバー（第5章）
Cost drivers
操業度に関連しない間接的な資源を消費する活動。

さ行

差異情報（第4章）
Variance information
実際のアウトプットと事前に設定した標準値との差異。是正措置をとる際にフィードバック情報として利用する。

サイバネティクス（第4章）
Cybernetics
フィードバックのプロセスにおける情報とその活用法についての研究。

差異分析（第6章）
Variance analysis
会計期間の開始前に作成された収支計画あるいは予算計画での各項目の数字と、その会計期間終了後に作成された財務諸表に記載された収入あるいは支出との差額分析。

財務業績の視点（第9章）
Financial performance perspective
バランス・スコアカードの4つの視点のうちの1つ。企業戦略によって、利益の改善が実現しているかどうかを示す。

財務減損（第12章）
Financial impairment
転売を目的として、あるいは担保物件として計上している貸借対照表上の資産の市場価値が、大幅に減少すること。

財務レバレッジ（第5章）
Financial leverage
株主資本に対する資産の比率。「使用総資本のうち何％が株主によるものであり、何％が負債によるものであるのか」という質問により、財務のレバレッジの度合い（資金効率）に焦点が当てられる。

裁量費用（第5章）
Discretionary costs
ほとんど制約なしに、増減させることができる支出。

残余利益（第8章）
Residual income
期待投資利益率を確保した上で残る、事業へ再投資可能または株主へ配当可能な利益の指標。「経済付加価値」も参照のこと。

時価総額（第8章）
Market capitalization
1株当たり株価に発行済み株式総数を乗じて算出する、企業の市場価値。

事業ケイパビリティ（第2章）
Business capabilities
「独自ケイパビリティ」を参照。

事業戦略（第1章）
Business strategy
自ら定義した製品・サービス市場において、企業がどのように顧客への価値を創造し、自社を競争相手と差別化していくかについての方法。

事業目標（第1章）
Business goals
経営者が事業部に対して提示する数値化された努力目標。事業戦略との関係で目標は設定される。たとえば、売上高利益率14％を達成するというような財務的な目標もあれば、市場シェアを6％から9％にするというような非財務的な目標もある。

シグナリング（第4章）
Signaling
経営者が組織内に広く合図を出して、自社の基本的価値観、優先事項、従業員に積極的に探索・開発して欲しい事業機会などを伝えること。

事後評価（第4章）
Ex post evaluation
事前の期待値に対して、実際の努力と成果を比較すること。

資産（第2章）
Asset
企業が統制・所有し将来の経済的利益をもたらす資源。工場、設備、現金、在庫など。

資産減損リスク（第12章）
Asset impairment risk
将来その資産から発生するキャッシュフローが減少する可能性によって資産価値が劣化するリスク。

資産投資計画（第5章）
Asset investment plan
収支計画を実現するために必要な営業資産と長期的な資産への投資を要約したもの。

資産配分システム（第7章）
Asset allocation system
新たに資産を取得する際の要望を評価して処理する公式の業務手続き。

事実に基づく経営（第4章）
Fact-based management
直感やひらめきによるのではなく、データや事実をもとに行う経営。

市場価値（第8章）
Market value
金融市場で決定された価格による株式の価値総額。もっとも高度なレベルで、企業の価値創造力を集約的に表す指標である。「時価総額」も参照。

市場付加価値（第8章）
Market value added
現在の市場価値がその企業の資本（つまり調整済み簿価）を超えている余剰部分。

支出差異（第6章）
Spending variance
実際にインプットした単位原価が予期せず変動したために発生した、当初の収支計画

あるいは予算と実績利益の差異分。

システムの安全予防策（第13章）
System safeguards
取引の処理と定期的な経営報告について適切な手順を保証する内部統制の仕組み。

事前評価（第4章）
Ex ante
あらかじめ設定されるもので、通常は事前に設定される基準のこと。

実現された戦略（第14章）
Realized strategy
実際に実行された戦略。意図した戦略と創発戦略の成果である。

指標（第11章）
Measure
比較する目的のために、測定することのできる定量的な価値。業績目標の達成を確実にするためには指標が必要となる。

資本投資計画（第5章）
Capital investment plan
長期的な生産資産の投資計画。

資本予算（第7章）
Capital budget
「資産配分システム」を参照。

収益性（第5章）
Profitability
売上げに対する純利益の割合。1ドルの売上げに対してどの程度の利益がもたらされたかを示す。

集権化組織（第3章）
Centralized organizations
事業部門のマネジャーの関心範囲を狭くするように設計された組織。対照的に分権化組織では、マネジャーの関心範囲が広く設計されている。

重要業績変数（第10章）
Critical performance variables
意図した戦略を企業が成功させるために達成あるいは実行しなければならない要素。

純利益（第5章）
Net income
「利益」を参照。

使用資本（第5章）
Capital employed
マネジャーの直接の管理範囲にある資産。一般的には、売掛金、在庫、工場その他資産など。償却対象でない営業権のような全社レベルの資産は、プロフィットセンターに配賦される場合もある。

情報（第4章）
Information
あることがらに対する知恵や知識を、コミュニケーションしたり、または受け取ること。収支計画、業績評価、経営コントロールの重要な伝達手段。

正味現在価値（第7章）
Net present value（NPV）
時間価値を調整した後の、現金収入と投資金額の現在価値を差し引きして算出した、現時点での正味価値。割引現金収入価値分析による。

職務分離（第13章）
Segregation of duties
内部統制の構造的側面的での特色。貴重な企業資産に関わる取引のあらゆる面について、1人の人間だけが扱うことがないようにする。

診断型統制システム（第10章）
Diagnostic control system
企業の業績をモニタリングし、あらかじめ設定した標準との差異に対して是正措置をとるためにマネジャーが利用する公式の情報システム。

スタッフの安全予防策（第13章）
Staff safeguards
会計取引を処理するスタッフが適切なレベルの専門知識、教育訓練、手段を持っていることを保証する内部統制の仕組み。

事業用資産（第2章）
Productive assets
顧客に対して製品やサービスを生産するために使用される資産。通常、貸借対照表に計上される。

製品事業部（第3章）
Product division
ある製品群を生産・販売するため専用に分離した職務単位。

製品市場（第2章）
Product market
ある特定の製品あるいは製品カテゴリーとして定義された競争市場。

製品ミックス（第6章）
Product mix
ある事業の製品ラインで生産する個別の製品によりもたらされた売上合計の割合。

製品ミックス差異（第6章）
Product mix variance
貢献利益の違う製品構成の売上げが予期せず変わったため、当初の利益計画や予算とは異なる利益の差額。

全社的品質管理（第4章）
Total quality management（TQM）
高いレベルの品質および（あるいは）低い欠陥率を確保するために、重要な業務プロセスを標準化して合理化する経営手法。

前提条件（第5章）
Assumptions
収支計画を作成する際には、まず最初に、将来に対するいくつかの前提を設定することから始める。その前提条件は、さまざまな市場（顧客市場、サプライヤー市場、資本市場）の将来の姿について、マネジャー間の共通認識を表したものである。

専門化（第3章）
Specialization
専門知識、特殊な訓練、専用の資源を必要とする特定の職務にフォーカスした個人や経営資源。

戦略収益性（第6章）
Strategic profitability
業務効率性を通じてもたらされた利益（あるいは損失）と、競争有効性を通じてもたらされた利益（あるいは損失）の合計。

戦略収益性分析（第6章）
Strategic profitability analysis
戦略の実行を通じて、企業が狙いどおりに利益を生み出しているかを評価する差異分析の手法。

戦略の境界（第13章）
Strategic boundaries
自社の戦略とその固有のリスクを評価した後に、「禁止区域」として宣言された事業機会。自社の事業領域を暗黙的に示す。

戦略の不確実性（第12章）
Strategic uncertainties
現在の事業戦略のもととなっている前提条件を無効にしてしまう可能性のある脅威と機会の出現。

戦略リスク（第12章）
Strategic risk
意図した事業戦略を実行するための経営能力を著しく低下させるような予期せぬ出来事あるいは前提条件の変化。

総コスト移転価格（第8章）
Full cost transfer price
直接原価に加え、社外の顧客に販売された財の総利益によって通常は賄われる部門間接費を配賦した移転価格。

総コスト＋利益移転価格（第8章）
Full cost plus profit transfer price
全部原価移転価格に追加の値上げ分を加えて、市場価格に近づけようとする会計上の最も高い移転価格。

総資産回転率（第5章）
Asset turnover
売上高を資産で除した比率。この指標を言い換えると、企業の資産への1ドルの投資で、何ドルの売上げをもたらしたか、である。総資本回転率ともいう。

創発戦略（第2章）
Emergent strategy
予想もしない脅威や機会に従業員が対応するなかで、試行錯誤を繰り返しながら、企業に自然と創出される戦略。

組織構造（第3章）
Organizational structure
組織の構成単位の配置と統合の仕方。

組織障害（第1章）
Organizational blocks
従業員が能力を最大限に発揮するのを阻害するもの。組織がつくり出してしまう障害。

組織図（第3章）
Organization chart
企業内での責任組織単位を一覧できる図。組織の構成員は、人や経営資源がどのようにグループ化されているかが視覚的にわかるので、資料として役に立つ。また組織図により、事業の指揮者と責任者、会計情報のレポート先といったことも容易に理解できる。

組織の学習能力（第2章）
Organizational learning
外部環境と内部プロセスの変化をモニタリングし、その変化を活用するように自社のプロセス、製品・サービスを調整する組織

の能力。

た行

対応指標（第11章）
Responsive measure
マネジャーが影響を与えられる企業行動を反映する尺度・指標。

怠慢による過失（第12章）
Error of omission
従業員がフランチャイズあるいは企業の資産を保全する行動をとらずに怠った結果起こった過失。

対話型統制システム（第10章）
Interactive control system
マネジャーが部下の行う意思決定に参加するために使用する制度化された情報システム。

達成目標（第11章）
Objectives
「業績目標」を参照。

地域別事業部（第3章）
Regional business
特定の地理的な地域に焦点を当てて活動する職務単位。

長期資産（第5章）
Long-term assets
土地、建物、設備など、長い期間所有される資産。

調整（第4章）
Coordination
目標達成に向けて、組織内の本質的に異なる部分を統合していく能力。

直接法（第5章）
Direct method
ある一定期間のキャッシュフローを予測する手法。マネジャーは、流入したり支出する予定の現金を算出する。

統制（第4章）
Control
組織目標の達成に向けてインプット、プロセス、アウトプットが一貫しているかを確認する情報の活用プロセス。

統制のレバー（第14章）
Levers of control
理念体系、境界体系、診断型統制システム、対話型統制システムの組み合わせ。意図した戦略を実行し、創発戦略を取り込むために活用される。

独自ケイパビリティ（第2章）
Distinctive capabilities
企業が所有する特異な経営資源やノウハウ。市場での競争優位の源泉となるもの。

な行

内的動機（第4章）
Intrinsic motivation
自己実現の欲求のように、内発的に生まれた目標に向かってとられる行動欲求。

内部事業プロセスの視点（第9章）
Internal business process perspective
バランス・スコアカードの4つの視点の1つ。企業が卓越するべき重要なプロセスを明確にする。

内部収益率（第7章）
Internal rate of return（IRR）
キャッシュフローの価値が投資資金合計の価値とまったく同じになる場合のキャッシュフロー割引率。

内部統制システム（第1章）
Internal control systems
企業資産が確実に保全され、会計システムによる情報が信頼できることを保障するための一連の方針と手続き。

内部バリューチェーン（第9章）
Internal value chain
顧客への価値を創造する内部プロセスを組み合わせたモデル。市場の選択、製品・サービスの開発・生産・流通、さらに販売後のサービスまで含まれる。

内包された経営資源（第2章）
Embedded resources
獲得したり、また（あるいは）取り替えることが難しい有形資源。工場施設、流通チャネル、情報技術などは、どれも潜在的な強みにも弱みにもなりうる資産である。

任務による過失（第12章）
Error of commission
従業員が事業のリスクを増大させたり、資産を損なったり、あるいは事業を危険にさらすような行動を故意にとることによって起こった過失。

は行

ハードル・レート（第7章）
Hurdle rate
資産の取得が認められる前にクリアしていなければならない、最低限の社内利益率。

パフォーマンス・ドライバー（第11章）
Performance drivers
戦略の実行において、その成功可能性に影響を与える変数。あるいは長期にわたって最大の利幅をもたらす可能性のある変数。

バランス・スコアカード（第9章）
Balanced scorecard
物理的な有形資産だけでなく、ケイパビリティやイノベーションをもとに競争する際、企業が実現しなければならない相互に関連した複数の目標。企業のミッションや業績目標に係る戦略を表すことができる。

範囲の経済（第3章）
Economies of scope
複数の製品に共通する同一の経営資源（たとえば流通チャネル）の活用によって、あるいはそうした一定の経営資源のスループットを増加させる活動によって、単位あたりのコストが削減されること。

非変動費（第5章）
Nonvariable costs
売上高のレベルに直接関係なく発生する原価。

ファンクショナル・スキル（第2章）
Functional skills
研究開発、生産・製造、マーケティング・販売、管理など、企業の主要な機能分野における強み（と弱み）。

フィードバック（第4章）
Feedback
望ましい成果レベルを維持したり、あるいはシステムの安定性を統制できるように、プロセスのアウトプットからもたらされる差異情報をインプットあるいはプロセスの段階へ戻すこと。

負債依存事業（第5章）
Leveraged business
事業に必要な事業用資産確保の資金調達に際して、高い割合の負債に依存している企業。

フランチャイズ（第2章）
Franchise
市場で知覚されている価値に基づいてその企業の製品・サービスを購入しようという消費者を引きつける、その企業独自の能力。「マーケット・フランチャイズ」も参照。

フランチャイズ・リスク（第12章）
Franchise risk
重要なステークホルダーからの信頼が失われることによって、事業全体の価値がむしばまれるリスク。評判リスク（reputation risk）とも呼ばれる。

不利差異（第6章）
Unfavorable variance
計画した利益よりも実際の利益が減少した分。

プロフィットセンター会計責任（第3章）
Profit center accountability
プロフィットセンターのマネジャーの会計責任は、コストセンターのマネジャーよりも範囲が幅広い。原価だけでなく収入についても、そしてときには資産についても会計責任が求められる。「コストセンター会計責任」も参照。

分権化組織（第3章）
Decentralized organization
「集権化組織」を参照。

ベンチマーク（第4章）
Benchmark
手本とすべきワークユニット。あるいは事業の成果に基づいて公式に示される業績の期待値。

ベンチマーキング（第6章）
Benchmarking
「該当する分野での最高レベル」という尺度から、自社の成果を測定する手法。

変動費（第5章）
Variable costs
販売高あるいは生産高に比例して変動する原価。

変動費移転価格（第8章）
Variable cost transfer price
一般管理費を含まずに変動費だけを価格に含めた、会計上もっとも低い移転価格。

ボーナス（第11章）
Bonus
職務のすばらしい達成に対する追加的な報酬あるいは支払い。

ボーナス原資（第11章）
Bonus pool
従業員に対するインセンティブや表彰のために確保しておく支払金の総額。

ま行

マーケット・スキル（第2章）
Market skills
市場ニーズに応える企業の能力。

マーケット・フランチャイズ（第8章）
Market franchise
その市場での評価によって、企業の製品・サービスを購入する消費者を引きつける、その企業特有の能力。その企業のブランドが重要な収入源になっている場合、企業は「フランチャイズを所有している」と言われる。

ミッション（第2章）
Mission
企業が存在する目的、あるいは存在理由。

ミッション・ステートメント（第2章）
Mission statements
企業の基本的価値観を共有し、ステークホルダーのプライドを高めるため、ミッション（上記参照）は通常ミッション・ステートメントと呼ばれる公式の書類に文書化される。

無形資産（第2章）
Intangible assets
本質的に物質性を伴わない資産。営業権、著作権、特許権、商標、のれん、貴重な権益（たとえば放送権）、リース等。

目標（第2章）
Goal
公式に定義された願望。事業目的あるいは事業戦略の実現によって期待される達成レベルを明らかにする。

や行

有効性（第6章）
Effectiveness
望ましい業績に向けた活動が達成された程度。あらかじめ設定された期待値あるいは基準と、実績値との比較に焦点を当てる。

有利差異（第6章）
Favorable variance
計画した利益よりも実際の利益が上回った増加分。

予算編成（第5章）
Budget
資源を生み出す、または消費する、すべての組織単位についての資源計画。

ら行

利益（第5章）
Profit
（非裁量的な支払いである）支払利息と法

人税を支払った後の残余の経済価値。会計学上の仮定では、利益は残余請求者（株主）への配当あるいは事業への再投資に利用可能な経済的価値である。

利益計画 （第1章）
Profit plan
将来の個別会計期間における財務面での収益と費用をまとめたもの。通常、損益計算書のかたちで作成される。

利益の輪 （第5章）
Profit wheel
事業を通じてもたらされる営業利益の流れをモデル化したもの。企業の戦略が経済的価値を生み出しているかどうか、という問いに答える。

リエンジニアリング （第5章）
Reengineering
同じ業務をより少ない資源で達成するように業務の流れを合理化すること。

リスク検出計算法 （第12章）
Risk exposure calculator
通常は管理可能なリスクが、事業を「吹き飛ばす」危機に陥らせる限界点を解析する手法。

理念体系 （第13章）
Beliefs system
組織の基本的価値観、目的、方向性を経営幹部が公式に伝え、強化するもの。組織としての明快な定義。

流動資産 （第2章）
Current assets
通常1年間の会計期間の間に、現金への換金が可能である現金およびその他の資産。

わ行

ワーク・ユニット （第3章）
Work unit
企業の資源を利用し、成果に責任を持つ個人の集合を表したもの。

割引キャッシュフロー分析 （第7章）
Discounted cash flow analysis
正味現在価値（net present value：NPV）を参照。

索引

人名

アイアコッカ, リー ……………370
ウェルチ, ジャック ……16, 68, 370, 374
エクレス, ロバート ……………207
キャロル, フィリップ ……………225
ゲイツ, ビル ……………371
ゴイズエタ, ロバート ……………172
ジェニーン, ハロルド ……372, 376
シュレンプ, ユルゲン ……………373
ステージ, ロバート ……………41
スミサート, デブラ ……………332
スミス, ラリー ……………273
セルズニック, フィリップ ……319
デル, マイケル ……………89
バーナード, チェスター ……370

ファイファー, エッカード ………56
フォード, ヘンリー ……………85
フォルツ, ジャン・マルティン ………53
ブラウン, ジョン ……………39, 302
ブラウン, ドナルドソン ……………125
ブラッドストリート, ベルナルド ……344
ブリンカー, ノーマン ……………332
ホームズ, シャーロック ……………73
ボシディ, ローレンス …………16, 115
マルティネス, アーサー ……………360
ミラー, ジョージ ……………300
ミンツバーグ, ヘンリー ……44
ランカスター, パット ……………309
リーソン, ニック ……………340, 363
レイク, フレッド ……………188
ロソッティ, チャールズ ……………295

数字・アルファベット

- 3 M ……………………………………45
- 5つの競争要因 ……………24, 329, 404
  - 競合他社 ………………………………25
  - 顧客 …………………………………24
  - サプライヤー …………………………24
  - 新規参入者 ……………………………25
  - 代替品 …………………………………25
- ABC→活動基準原価計算
- CFOマガジン …………………………122
- DCF分析→割引キャッシュフロー分析
- EBIAT ……………………………112, 403
- EBITDA …………………………119, 403
- EVA（経済付加価値）
  …………………216, 218, 317, 403, 408
- EVA連動報酬 …………………………313
- GE→ゼネラル・エレクトリック
- GM→ゼネラルモーターズ
- IRR→内部収益率
- ITT …………………………………372
- LIFO在庫 ……………………………219
- MCE→生産サイクル効果
- MCIコミュニケーション ………………14
- MVA（市場付加価値）…………218, 410
- NOPAT ……………………………112, 403
- NPV→正味現在価値
- ROCE（使用総資本利益率）…126, 403
  - ──のツリー ………………………127
- ROE（株主資本利益率）………124, 403
- ROEの輪 ……………………103, 140, 404
- ROI（投下資本利益率）
  ……………………124, 173, 215, 404
- ROM→経営者資本投下利益率
- SKF …………………………………176
- SWOT分析 ……………………………23, 404
- TQM→全社的品質管理
- TQMメソッド …………………………85
- WACC→加重平均資本コスト

あ行

- アウトプット ……………………76, 80, 141
  - ──の測定 ……………………………136
  - ──の統制 ……………………………87
- アウトプット標準 ……………………77, 404
- アクションプラン ……………………162
- アメリカ・オンライン（AOL）………11
- アメリカ国税庁 ………………………294
- アライドシグナル ……………………16, 115
- 安全予防策 ……………………………362
  - 構造の── ……………………362, 408
  - システムの── …………………362, 364, 411
  - 重要資産の物理的── ………………363
  - スタッフの── …………………362, 366, 412
- イーライ・リリー ……………………94, 313
- 移転価格 ………………………………198, 404
  - ──設計のトレードオフ ……………209
  - 活動基準── …………………………205
  - 交渉── ………………………………204, 408
  - 市場価格を用いた── ………………200
  - 社内会計データを用いた── ………201
  - 総コスト── …………………………203, 413
  - 総コスト＋利益── …………………204, 413
  - 変動費── ……………………………201, 416
- イノベーション ………………………360, 388
- イメージと名声 ………………………237
- 因果関係の連鎖 ………………………252
- インセンティブ ………………308, 359, 404
  - ──の設定 ……………………………264
  - ──のタイプと組み合わせ …………314

インプット ……………………… 76, 80
　——の統制 ……………………… 87
インプット→プロセス→アウトプット・モデル
　……………………………… 76, 324
ウォルマート ……………………… 35
売上差異 ………………………… 145
売上予測 ………………………… 106
営業キャッシュフロー …………… 116
　——の予測 ……………………… 119
営業費用の予測 ………………… 109
エージェンシー問題 …………… 306

か行

会計システム ………………… 6, 405
会計責任 ……………………… 51, 405
　コストセンター—— ……… 67, 409
　プロフィットセンター—— … 67, 416
会計責任範囲 ……… 65, 66, 174, 405
回収期間 ………………………… 405
　——分析 ……………………… 180
ガイダント ……………………… 94
外的動機 ……………… 90, 308, 405
外部ステークホルダー …………… 93
外部とのコミュニケーション … 93, 405
　——のための情報 ……………… 93
価格プレミアム ………………… 146, 405
学習 ……………………………… 43
　シングル・ループの—— …… 388
　戦略—— ……………………… 163
　ダブル・ループの—— ……… 388
確定費用 ……………… 111, 155, 405
加重平均資本コスト（WACC）
　……………………… 185, 221, 405
加速減価償却法 ………………… 220

価値創造 ………………………… 105
価値提案 ……………………… 236, 405
活動基準間接費 ………… 111, 156, 406
活動基準原価計算（ABC）………… 245
関係性とネットワーク …………… 33
関心
　——の拡散 ………………… 52, 406
　——の効果的集中 …………… 263
関心範囲 ……………… 65, 69, 406
間接法 ……………………… 118, 406
感度分析 …………………… 114, 406
管理範囲 …………… 65, 66, 127, 406
機会コスト ……………………… 372
企業業績 ……………………… 212, 406
　金融市場から見た—— ……… 214
　顧客市場から見た—— ……… 212
　サプライヤー市場から見た—— … 213
企業行動規則 …………………… 355
企業行動の境界 ………… 355, 375, 406
企業（事業）ポジション ……… 38, 406
危険な3要素 …………………… 341
基準 ……………………………… 78, 407
機能 ……………………………… 52, 407
　——別組織 …………………… 51, 62
規模の経済 ……………………… 54, 407
基本的価値観 ………… 351, 388, 407
キャッシュの輪 ……… 103, 116, 140, 407
境界体系 ……… 361, 379, 384, 386, 407
競合他社の行動 ………………… 108
業績指標の選択 ………………… 293
業績達成基準 …………………… 301
業績評価
　——の歪み …………………… 199
業績評価システム ……… 4, 7, 165, 407
　——と統制システム …………… 407
業績報酬の主観的評価 ………… 312
業績目標 ……………………… 289, 407

──の設定 ……………………305
──の本質 ……………………288
──の役割 ……………………289
競争有効性 …………………140, 145
業務効率性 …………140, 150, 154
金融資産の減損 ……………………325
クライスラー →………………370
繰延現金支給 ………………………314
繰延税金費用 ………………………219
クルズウェイル ……………………344
経営資源 …………………26, 407
　　無形の── ………………………28
経営者資本利益率（ROM）
　………14, 55, 163, 191, 283, 371, 387, 408
経営のジレンマ ……………………4
計画 ………………………89, 408
計画策定 …………………88, 408
　　──のための情報 ……………88
計画策定システム ……………7, 408
経済付加価値→EVA
ケイパビリティ ………26, 190, 231, 248
研究開発費 ……………………221
コア・コンピタンス ………29, 408
貢献利益 …………………147, 408
行動科学 ……………………303
行動に係る仮説 ……………………380
効率差異 ………………151, 152, 408
効率性 ……………………135, 408
コカ・コーラ ………………172, 272
顧客 ……………………………24
　　──との関係 ……………………236
　　──の需要 ……………………108
顧客維持率 ……………………235
顧客満足度 ……………………235
顧客ロイヤルティ ……………234, 235
コスト・ドライバー ……………111, 409
コマンド・アンド・コントロール……352

コンティンジェンシー ……………282
　　・ファンド ……………………283
コンパック・コンピュータ …………56

さ行

差異情報 ……………79, 96, 136, 409
サイバネティクス ……………73, 409
差異分析 ……………138, 163, 409
財務減損 ……………………324, 409
財務レバレッジ ……………126, 409
裁量費用 ……………………111, 156, 409
サウスウエスト航空 …………………316
残余価値 ……………………112
残余利益 ……………………216, 409
シアーズ ……………………360
シカゴ・セントラル＆パシフィック鉄道
　………………………………122
時価総額 ……………………217, 409
事業ケイパビリティ ………………410
事業ユニット ………………………54
事業ライフサイクルと統制システム…394
資金需要の予測 …………………117
資金調達需要 ……………………120
シグナ損害保険 ……………………250
シグナリング ……………………92, 410
　　──のための情報 ………………92
事後評価 ……………………90, 410
資産 ……………………26, 169, 410
　　事業用── ……………………27, 412
　　長期── ……………………112, 414
　　無形── ……………28, 231, 417
　　流動── ……………………27, 418
資産投資計画 ……………………112, 410
資産配分
　　──カテゴリー ……………………177

——システム …………………171, 410
　　——の制約 ……………………173
事実に基づく経営 ……………73, 410
自社株賦与 ……………………………314
支出差異 ………………151, 153, 155, 410
支出の制限 ……………………………175
市場価値 ………………………217, 410
市場規模差異 …………………………142
市場シェア差異 ………………………141
市場シェア・モニタリング・システム…275
市場対応力 ……………………………63
市場付加価値→MVA
市場別組織 ……………………………62
事前評価 ……………………………78, 411
指標 …………………………293, 411
　　——の本質 …………………296
　　完全—— …………………296, 406
　　客観的—— ………………296, 407
　　コスト—— ………………………244
　　サイクルタイム—— ……………242
　　財務—— …………………………293
　　主観的—— ………………………296
　　成果—— …………………………253
　　先行—— ……………………253, 297
　　戦略—— …………………………253
　　対応—— …………………296, 414
　　遅行—— ……………………253, 297
　　非財務—— ………………………293
　　品質—— …………………………241
資本コスト計算 ………………………221
資本投資計画 ……………113, 171, 411
資本予算 …………………………171, 411
収益性 ……………………………125, 411
　　——分析 …………………………138
集権化組織 ………………………71, 411
重要業績変数 ………262, 270, 292, 411
十戒 ……………………………………353

純便益 …………………………………171
使用資本 …………………………127, 411
情報 ……………………………73, 411
　　意思決定のための—— ……………88
　　教育と学習のための—— …………92
正味現在価値（NPV）……113, 183, 411
職務分離 …………………………363, 412
ジョンソン・エンド・ジョンソン …37, 279
診断型統制システム …260, 384, 385, 412
　　——のリスク ……………………266
ストック・オプション賦与 …………314
スポーツ・オーバーメイヤー…………109
成果基準 ………………………………136
生産サイクル効果（MCE）…………244
正当化 …………………………………343
製品・サービスの属性 ………………236
製品事業部（製品別組織）………54, 412
製品市場 …………………………22, 412
製品ミックス ……………………147, 412
　　——差異 ……………147, 148, 412
政府の規制 ……………………………108
是正措置 ………………………………165
ゼネラル・エレクトリック（GE）68, 370
ゼネラルモーターズ（GM）…………267
全社的品質管理（TQM）………85, 412
前提条件 …………………………103, 412
専門化 ……………………52, 61, 413
戦略 ……………………………8, 289
　　——と業績評価の合致 …………264
　　——の本質 ……………………373
　　意図した—— ……40, 190, 384, 404
　　企業—— ……………………22, 406
　　計画としての—— ………………385
　　行動パターンとしての——…42, 386
　　事業—— ………………8, 22, 410
　　実現された—— ……………384, 411
　　パースペクティブとしての——

――ポジショニングとしての―― …38, 386
戦略収益性 …………………………140, 412
戦略収益性分析 ……………137, 163, 413
　　銀行業界における―― ……………166
戦略的決定 …………………………………190
戦略的資産の購入 …………………………189
戦略的選択 …………………………………373
戦略の境界 ……………………369, 375, 413
戦略の実行 ………………23, 74, 262, 280
戦略の不確実性 ……………………269, 413
早期警報 ………………………96, 165, 306
総資産回転率 ………………………126, 413
創発戦略 ………………………… 43, 384, 413
組織
　　――の学習能力 ……………44, 281, 413
　　――のプロセス・モデル …………… 76
組織構造 ………………………………49, 413
組織障害 ……………………………391, 413
組織図 …………………………………51, 413
ソニー ………………………………………36
損益分岐時間 ………………………………182

た行

貸借対照表 …………………………………26
怠慢による過失 ……………………337, 414
ダイムラー・ベンツ ………………………373
対話型統制システム
　　………………………260, 269, 384, 385, 414
　　――とインセンティブ ……………281
　　――の活用方法 ……………………271
　　――の設計特徴 ……………………275
地域別事業部 …………………………58, 414
知的財産権の減損 …………………………327
調整 ……………………………………89, 414

――のための情報 ……………………88
直接法 …………………………………118, 414
賃金差異 ……………………………………153
定額減価償却法 ……………………………220
デルコンピュータ ……………………89, 109
動機づけ ………………………18, 90, 95, 303
統制 ……………………………………90, 414
　　――のための情報 ……………………90
　　事業戦略の―― ……………………384
統制システム …………………………………4
統制のレバー ……383, 389, 391, 402, 414
　　――の適用 …………………………392
　　４つの―― …………………………384
　　戦略転換を推進する―― …………399
独自ケイパビリティ ………………… 29, 414
独自コンピタンス …………………………29
独立監査 ……………………………………364
トップマネジメントの専権事項 …………188

な行

内的動機 ………………………90, 308, 414
内部収益率 …………………………186, 415
内部統制 ……………………………361, 381
　　――の責任 …………………………367
　　――の前提となる仮説 ……………381
内部統制システム ………………………6, 415
　　――の要約 …………………………382
内部バリューチェーン ……………239, 415
内包された経営資源 ………………… 30, 415
二重価格システム …………………………205
人間の行動 …………………………389, 391
任務による過失 ……………………337, 415
のれん ………………………………………33
　　――の償却 …………………………220

は行

ハードル・レート ……………187, 415
発生主義会計………………………218
パフォーマンス・ドライバー
　………………………253, 292, 415
バランス・スコアカード
　…………………232, 261, 275, 415
　──による戦略の伝達と共有…249
　──の4つの視点 …………232, 255
　　学習と成長の視点 ……232, 248, 405
　　顧客の視点 ……………232, 233, 408
　　財務業績の視点 ………………232, 409
　　内部事業プロセスの視点
　　……………………………232, 239, 415
範囲の経済 ……………………55, 415
バンガード投信 ……………………39
販売価格差異 ………………………146
非変動費 ………………110, 154, 416
　──差異 ………………………155
ヒューレット・パッカード ………182
評判 …………………………………332
ファンクショナル・スキル ……29, 416
フィードバック ………………136, 416
　──・チャネル …………………78
　──・プロセス …………………73
フィデリティ投信…………………39
フォード・モーター（フォード）…57, 317
　──経営陣の報酬 ………………317
負債依存事業 …………………126, 416
プジョー・シトロエン（PSA）………53
物理的な減損 ………………………328
フランチャイズ ………………32, 416
　──・リスク ………330, 334, 416
　──・マーケット ………………32, 417

不利差異 ………………………138, 416
ブリティッシュ・ペトロリアム …39, 302
ブリンカー・インターナショナル……332
フレキシブル予算 …………………149
プレッシャー ………………341, 356
プロジェクト・モニタリング・システム
　…………………………………275
プロセス ………………………76, 80
　──の統制 ………………………87
　　アフターサービス・──
　　……………………240, 245, 404
　　イノベーション・── …239, 240, 404
　　業務── ……………………240, 407
分権化組織 ……………………71, 416
ベアリングズ・バンク ……………340
ペプシコーラ（ペプシ）……172, 272
ペンシルバニア・パワー＆ライト……179
ベンチマーク ………………78, 416
ベンチマーキング …………154, 302, 416
変動費 ……………………110, 150, 416
ボーナス ………………………310, 417
　──原資 ……………………310, 417
　──支給算定式 ……………………312
　──配分方式 ………………………310

ま行

マーケット・スキル ……………29, 417
マーズ ……………………………31
マイクロソフト ……………………371
マクドナルド ………………………302
マクロ経済要因 ……………………108
ミッション ……………………35, 417
　──・ステートメント ………36, 417
目標 ……………………………40, 417
　──の設定 ………………………264

財務······················289
　　事業·················8, 410
　　達成···············301, 414

や行

有効性················135, 417
有利差異··············138, 417
誘惑·················342, 356
ユナイテッド・アーキテクツ······188
ユニリーバ··················31
予算編成··············101, 417

ら行

ランテック·················309
利益··················214, 418
　　──目標················74
　　純···················411
　　予測··················112
利益計画··········6, 101, 198, 226, 418
　　雑誌ビジネスにおける──······164
　　数量調整後の─·········149
利益計画システム········6, 261, 275, 282
利益の輪············103, 114, 418
リエンジニアリング········110, 418
リスク···················321
　　──回避手段の学習········345
　　──・マネジメント········332
　　オペレーション・──
　　············322, 331, 333, 404
　　競争──········328, 331, 333, 407
　　資産減損──······324, 331, 333, 410
　　信用──················325
　　戦略──·········321, 322, 413

　　ソブリン・──··········326
　　評判──················331
リスク圧力················334
　　情報マネジメントによる──·····338
　　成長による──···········335
　　組織文化による──········337
リスク検出計算法··········334, 418
リッツカールトン·············91
理念体系······351, 361, 379, 384, 386, 418
例外によるマネジメント········263
例外レポートのレビュー········265
ロイヤル・ダッチ・シェル・グループ 225

わ行

ワーク・ユニット··········50, 70, 418
割引キャッシュフロー（DCF）分析
·····················183, 418
割引収益率··············186
ワン・コンピュータ···········377

【訳者紹介】

岡島悦子（第12章、第13章担当）
Etsuko Okajima
㈱グロービス・マネジメント・バンク　シニアコンサルタント。筑波大学卒業。ハーバード・ビジネススクール修了（MBA）。三菱商事、マッキンゼー・アンド・カンパニーを経て、2003年3月より現職。ベンチャー企業を中心に、組織開発サポート、マネジメント人材のプレイスメント業務に従事。共訳書に『企業価値評価』（ダイヤモンド社）がある。

須原清貴（第7章、第8章、第9章担当）
Kiyotaka Suhara
CFOカレッジ㈱代表取締役副社長。慶應義塾大学法学部法律学科卒業。ハーバード・ビジネススクール修了（MBA）。住友商事、ボストン・コンサルティング・グループを経て、ファイナンス担当経営者を実践的プログラムで養成するCFOカレッジ㈱の設立に参加、現在に至る。

柴田健一（第5章、第6章担当）
Kenichi Shibata
㈱ベンチャーリパブリック取締役副社長。1972年大阪生まれ。1995年東京外国語大学スペイン語学科卒業後、日本生命に入社。国際投資部にて外国株式の投資業務に従事。同社退社後、ハーバード・ビジネススクール修了（MBA）。ベンチャーキャピタルを経て、2001年に株式会社ベンチャーリパブリックを設立、現在に至る。

戸嶋健介（第3章、第11章担当）
Kensuke Tojima
三菱商事㈱エネルギー事業開発ユニット担当マネージャー。1971年東京生まれ。1993年慶應義塾大学経済学部卒業、三菱商事㈱入社。液化天然ガスプロジェクトに携わった後、ハーバード・ビジネススクール修了（MBA）。2000年に帰国後、エネルギー事業グループで経営企画・事業投資を担当。現在は燃料電池・水素・海外ガス事業に従事。

福田太一（第1章、第4章、第14章担当）
Taichi Fukuda
㈱電通メディア・マーケティング局主務・電通ドットコム取締役兼任。1991年早稲田大学卒、電通入社。営業局、マーケティング局、経済同友会への出向等の後、2001年ハーバード・ビジネススクール修了（MBA）。現在、海外メディア事業、マーケティング・テクノロジー事業の戦略策定・遂行、ベンチャーキャピタル投資を担当。

山口賢一郎（第2章、第10章担当）
Kenichiro Yamaguchi
三井物産㈱エネルギー本部マネージャー。1990年、慶應義塾大学法学部政治学科卒。三井物産㈱に入社後、液化天然ガスプロジェクトおよび石油資源開発事業に携わる。2000年、ハーバード・ビジネススクール修了（MBA）。現在、同社エネルギー本部にて新エネルギーの事業開発に従事。

【著者紹介】

ロバート・サイモンズ
Robert Simons

ハーバード・ビジネススクールのチャールズ・ウィリアム記念講座教授。同校のMBAコースとエグゼクティブ・コースにて18年にわたり会計・経営管理の授業を教える。本書が教科書として使われる科目Achieving Profit Goals & Strategies（利益目標と戦略の実現）は、戦略論と会計学を統合した実践としてMBAコースの人気科目となっている。主な著書に*Levers of Control*（Harvard Business School Press, 1995）（邦訳『ハーバード流「21世紀経営」4つのコントロール・レバー』中村元一他訳、産能大学出版部、1998年）がある。*Harvard Business Review*などにも多数の論文を掲載。

【監訳者紹介】

伊藤邦雄
Kunio Ito

一橋大学大学院商学研究科教授・商学博士。1975年一橋大学商学部卒業。80年同大大学院博士課程修了。87～88年スタンフォード大学フルブライト研究員。主な著書に『ゼミナール現代会計入門』『コーポレートブランド経営』『グループ連結経営』（以上、日本経済新聞社）、訳書に『EVA価値創造への企業変革』などがある。

戦略評価の経営学
――戦略の実行を支える業績評価と会計システム――

2003年5月9日　第1刷発行
2014年3月5日　第5刷発行

著　者　ロバート・サイモンズ
監訳者　伊藤邦雄
©Kunio Ito

装丁　竹内雄二

発行所　ダイヤモンド社
郵便番号　150-8409
東京都渋谷区神宮前 6-12-17
編　集　03(5778)7228
販　売　03(5778)7240
http://www.dhbr.net

編集担当／DIAMONDハーバード・ビジネス・レビュー編集部
製作・進行／ダイヤモンド・グラフィック社
印刷／勇進印刷（本文）・加藤文明社（カバー）　製本／ブックアート
本書の複写・転載・転訳など著作権に関わる行為は、事前の許諾なき場合は、これを禁じます。乱丁・落丁本についてはお取り替えいたします。

ISBN4-478-47065-0　Printed in Japan

ハーバード・ビジネス・レビュー・ブックス

成長戦略論

ハーバード・ビジネス・レビュー[編]
DIAMOND ハーバード・ビジネス・レビュー編集部[訳]

四六判／上製／二七二頁

4-478-37353-1

成長と存続は企業の「義務」とも言える。しかし右肩上がりの経済成長が見込めず、企業間競争も激化するなかで、収益を上げつつ成長を維持することは、多くの企業にとって困難な挑戦となっている。そこで必要となるのが成長のための戦術である。
本書では、戦略構築についての提案、リスクの多い多角化を成功させる戦略、メーカーのサービス戦略から利益を生み出す方法、企業買収により株主価値を創造する方法など、最新の成長のための戦略方程式が示されている。

ネットワーク戦略論

ドン・タプスコット[編]
DIAMOND ハーバード・ビジネス・レビュー編集部[訳]

四六判／上製／三〇四頁

4-478-37357-4

ネットワークの発達は企業活動にさまざまな変化をもたらしている。知識や情報の持つ意味や価値が変わり、サプライヤーとのパートナーシップのあり方や顧客との関係性も変わった。たとえば、価値創造と競争優位の源泉であるネットを活用した生産・研究開発も進みつつある。また、双方向コミュニケーションが可能になったことで顧客の力も増大した。本書にはネットワーク経済の下で、新しい戦略やビジネスモデルを創造するためのヒントがあふれている。

コーポレート・ガバナンス

ハーバード・ビジネス・レビュー[編]
DIAMOND ハーバード・ビジネス・レビュー編集部[訳]

四六判／上製／二八八頁

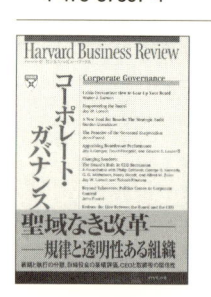

4-478-37361-2

経済のボーダレス化が進展し、経営のグローバルスタンダードの確立が求められるなかで、日本企業が適切で有効なコーポレート・ガバナンスを構築することは重要なことである。
ガバナンスの仕組みは歴史的・文化的・制度的条件に左右され、単純に他の国のものを導入できるものではないが、アメリカはこのコーポレート・ガバナンスに対する問題意識が高く、日本への影響も大きい。本書ではアメリカで議論されている問題を集め、さまざまな観点から検討している。

戦略と経営

ジョーン・マグレッタ[編]
DIAMOND ハーバード・ビジネス・レビュー編集部[訳]

四六判／上製／四〇八頁

4-478-37367-1

情報化、グローバル化など、経営環境の変化にどう対応するか。ドラッカー、ポーター、ミンツバーグなど、ハーバード・ビジネス・レビューを代表する著者たちが、これからの「戦略と経営」を論じたのが本書である。
またマイケル・デルが語る新しいビジネスモデルの創造、モンサントCEOの環境対応の経営戦略など、企業トップからのメッセージも有意義だ。

ハーバード・ビジネス・レビュー・ブックス

コーチングの思考技術

ハーバード・ビジネス・レビュー編集部[編訳]
DIAMONDハーバード・ビジネス・レビュー編集部[編訳]

四六判／上製／二七二頁

組織のフラット化やIT（情報技術）の導入をはじめ、組織のハードウエアをいじっただけではスピードやイノベーションは生まれてこない。組織を構成するメンバーの自己変革という、ソフトウエアの改革があって始めて実現するものである。そのための手段が「コーチング」であり、リーダー能力の育成に欠かせない。コーチングを実践するうえでのフレームワークを示し、その手法を紹介している。

4-478-37388-4

意思決定の思考技術

ハーバード・ビジネス・レビュー[編]
DIAMONDハーバード・ビジネス・レビュー編集部[訳]

四六判／上製／二七二頁

現在の不透明な事業環境の下で意思決定は難しい。だが状況に応じてスピーディで適切な判断を下すことこそ、組織やプロジェクトを率いるリーダーに課せられた最も重要な仕事ではないだろうか。マネジメントの権威、ドラッカーがマネジャーの意思決定の本質を論じているのは「ケプナー＝トリゴー技法」「イーブン・スワップ」などの意思決定手法の紹介、意思決定の阻害要因など、意思決定をめぐるさまざまな観点から論じられている。

4-478-49033-3

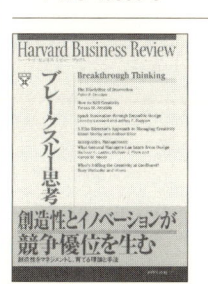

ブレークスルー思考

ハーバード・ビジネス・レビュー[編]
DIAMONDハーバード・ビジネス・レビュー編集部[訳]

四六判／上製／二二四頁

創造性やイノベーションは競争に不可欠だが、多くの組織でそうした新しいものを生み出す発想力、着想力、とらえどころのないマネジメント不可能な個人の資質と考えてしまっている。だが実際には、創造性を育てる、あるいはマネジメントするための方法はたしかに存在する。本書では、ドラッカーがイノベーションを生み出す力について語るほか、「エンパシック・デザイン」「解釈型アプローチ」などの手法を紹介している。

4-478-37329-9

業績評価マネジメント

ハーバード・ビジネス・レビュー[編]
DIAMONDハーバード・ビジネス・レビュー編集部[訳]

四六判／上製／二六四頁

知識経済の企業は、従来からの財務指標によって業績をモニターするだけでなく、「見えざる」資産（顧客のリレーションシップ、ビジネスプロセス、従業員の学習能力など）のパフォーマンスを測定する能力を備えていなければならない。さらに業績を正しく評価し、それに従って戦略を調整することは、マネジャーの重要な課題となっている。ABC、EVAなど、従来の財務指標を超えた、新しい業績評価指標の重要性について論じている。

4-478-37379-5

Harvard Business Review

DIAMOND ハーバード・ビジネス・レビュー

[世界60万人の
グローバル・リーダーが
読んでいる]

世界最高峰のビジネススクール、ハーバード・ビジネススクールが
発行する『Harvard Business Review』と全面提携。
「最新の経営戦略」や「実践的なケーススタディ」など
グローバル時代の知識と知恵を提供する総合マネジメント誌です

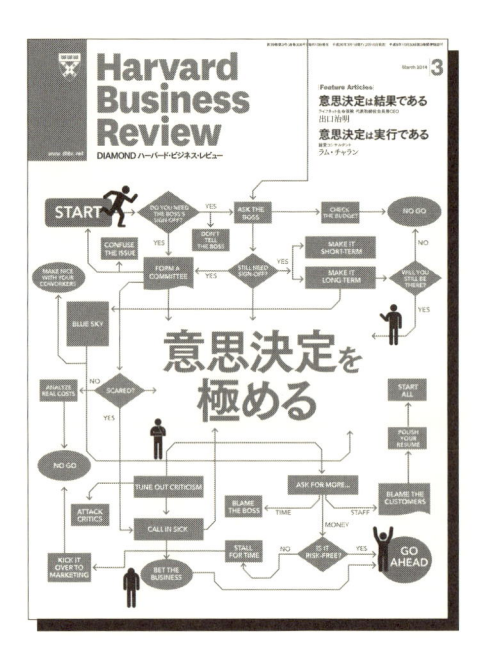

毎月10日発売／定価（本体1905円＋税）

バックナンバー・予約購読等の詳しい情報は
http://www.dhbr.net

本誌ならではの豪華執筆陣
最新論考がいち早く読める

◎マネジャー必読の大家

"競争戦略"から"シェアード・バリュー"へ
マイケル E. ポーター

"イノベーションのジレンマ"の
クレイトン M. クリステンセン

"ブルー・オーシャン戦略"の
W. チャン・キム

"リーダーシップ論"の
ジョン P. コッター

"コア・コンピタンス経営"の
ゲイリー・ハメル

"戦略的マーケティング"の
フィリップ・コトラー

"マーケティングの父"
セオドア・レビット

"プロフェッショナル・マネジャー"の行動原理
ピーター F. ドラッカー

◎いま注目される論者

"リバース・イノベーション"の
ビジャイ・ゴビンダラジャン

"ビジネスで一番、大切なこと"
ヤンミ・ムン

日本独自のコンテンツも注目！